Kopplungsangebote

Veröffentlichungen des Instituts für Energie- und Regulierungsrecht Berlin
Herausgegeben von Franz Jürgen Säcker

Band 48

PL ACADEMIC RESEARCH

Daniel Simon Travers

Kopplungsangebote

Eine Studie zum Vertrags- und Lauterkeitsrecht

PL ACADEMIC RESEARCH

Bibliografische Information der Deutschen Nationalbibliothek
Die Deutsche Nationalbibliothek verzeichnet diese Publikation in der Deutschen Nationalbibliografie; detaillierte bibliografische Daten sind im Internet über http://dnb.d-nb.de abrufbar.

Zugl.: Potsdam, Univ., Diss., 2014

Gedruckt auf alterungsbeständigem,
säurefreiem Papier.

517
ISSN 2363-684X
ISBN 978-3-631-66210-6 (Print)
E-ISBN 978-3-653-05276-3 (E-Book)
DOI 10.3726/ 978-3-653-05276-3

PL Academic Research ist ein Imprint der Peter Lang GmbH.

Peter Lang – Frankfurt am Main · Bern · Bruxelles · New York ·
Oxford · Warszawa · Wien

Diese Publikation wurde begutachtet.

www.peterlang.com

Meiner Familie

Vorwort

Die vorliegende Arbeit wurde im Sommersemester 2014 von der Juristischen Fakultät der Universität Potsdam als Dissertation angenommen. Stand dieser Veröffentlichung ist Januar 2015.

Mein herzlicher Dank gilt Herrn Prof. Götz Schulze, der diese Arbeit hervorragend betreut und durch wertvolle Anregungen unterstützt hat. Herrn Prof. Tobias Lettl danke ich für die Übernahme und die zeitnahe Erstellung des Zweitgutachtens. Herrn Prof. Franz Jürgen Säcker danke ich für die Aufnahme in die Schriftenreihe.

Meinen Eltern, Christa und Francis Travers, bin ich für ihre liebevolle Unterstützung während meiner gesamten Ausbildung zutiefst dankbar. Meiner Frau Regitze danke ich von ganzem Herzen für ihren immerwährenden Beistand, nicht nur bei der Erstellung dieser Arbeit. Ihnen ist diese Arbeit gewidmet.

Berlin, Januar 2015 *Daniel Travers*

Inhaltsübersicht

Gliederung

Einführung

A. Einleitung

Verkaufsfördernde Kopplungsangebote wurden einst als »Kundenfang«[1], »Kundenbestechung«[2] und als Angebote bezeichnet, die »in anstößiger Weise die schutzwürdigen Interessen der Verbraucher, der Mitbewerber und der Allgemeinheit«[3] beeinträchtigen würden.

Heute sind Kopplungsangebote weit verbreitet und aus dem Alltag der Verbraucher kaum mehr wegzudenken. Dies lässt sich am Beispiel eines fiktiven Verbrauchers veranschaulichen.

Beispiel: Morgens wird der Verbraucher durch den Wecker seines Mobiltelefons geweckt. Dabei handelt es sich um ein hochwertiges Smartphone, das gleichwohl »nur 1 Euro« kostete. Der günstige Kaufpreis wird durch einen an den Gerätekauf gekoppelten Netzkartenvertrag subventioniert. Beim Frühstück liest der Verbraucher eine abonnierte Wochenzeitung. Dass es zu dem Zeitungsabonnement eine Prämie gab, ist heutzutage ganz selbstverständlich. Auch für den Wechsel des Stromanbieters erhielt der Verbraucher eine Belohnung, nämlich ein vergünstigtes Elektrogerät. Der technisch ausgefeilte und im Einzelverkauf teure WLAN-Router, den der Verbraucher »gratis« zum kombinierten Telefon- und Internetvertrag erhielt, ermöglicht dem Verbraucher beim Frühstücken auch mittels Smartphone im Internet zu surfen. Mit seinem Auto, das mit einem günstigen Kredit der Bank des Fahrzeugherstellers finanziert wird, fährt der Verbraucher wenig später zur Arbeit. Auf dem Weg hält er noch beim Supermarkt. »Haben Sie eine Kundenkarte?« oder »Sammeln Sie Treuepunkte?« lauten die heute kaum mehr wegzudenkenden Fragen an der Supermarktkasse. Auch wenn der Verbraucher dankend ablehnt, dank Kartenzahlung rückt die nächste »gratis« Flugreise automatisch ein kleines Stück näher. Außerdem ermöglicht der Einkauf in dem Supermarkt dem Verbraucher, Bargeld gebührenlos an der Supermarktkasse abzuheben, was ihm den Weg zur Bank spart. Nun darf er nicht vergessen, den Bon für den Supermarkteinkauf aufzuheben. Denn – so wirbt der Supermarkt in seinen Prospekten – schickt der Verbraucher zwanzig Bons ein, hat er die Chance auf einen Lottogewinn! Wenig später im Büro angekommen, startet der Verbraucher

---

1 *Hoth*, GRUR 1961, 562, 562.

2 Nachweis bei BGH Urteil v. 13.06.1973 – I ZR 65/72 *(Geballtes Bunt)*, GRUR 1974, 345, 347.

3 *Hefermehl*, GRUR 1974, 542, 545.

seinen Computer, schließt die werksmäßig integrierte – aber bei seiner Arbeit nicht benötigte – Multimedia-Software des Betriebssystems und schon kann der Arbeitstag beginnen.

In diesem fiktiven Beispiel war der Verbraucher bereits mit zehn Kopplungsangeboten in ganz unterschiedlichen Ausgestaltungen konfrontiert. Die Bandbreite der Kombinationen reichte dabei von der einfachen Zugabegewährung (z. B. die »Gratis«-Prämie zum Zeitungsabonnement) bis hin zu einem komplexen Kundenbindungssystem, das an die sukzessive Warenabnahme einen aleatorischen-Anreiz koppelt (Chance auf Lottogewinn bei Einsendung einer bestimmten Anzahl von Kassenbons im Supermarkt). An einem Morgen war der Verbraucher damit gleichsam mit Sachverhalten konfrontiert, die – in vergleichbarer Ausgestaltung – neun höchstrichterlichen Entscheidungen und einer Entscheidung der Europäischen Kommission zugrunde lagen.[4]

Dennoch dürfte der Verbraucher von der Vielzahl der ihn umgebenden Kopplungsangebote kaum Notiz genommen haben. Denn obgleich Angebote wie die vorstehenden vor nur wenigen Jahrzehnten rechtlich ausgeschlossen gewesen wären, sind sie heute so weit verbreitet, dass sie im Alltag gar nicht mehr auffallen.

Möglich machte die weite Verbreitung der Kopplungsangebote eine erhebliche Liberalisierung des Wettbewerbsrechts, die etwa in den neunziger Jahren des

4 Die Beispiele sind den folgenden Entscheidungen nachgebildet: (1) Die Kopplung von Mobiltelefon und Netzkartenvertrag: BGH Urteil v. 08.10.1998 – I ZR 187/97 (*Handy für 0,00 EUR*), GRUR 1999, 264; (2) die Prämie zum Zeitungsabonnement: BGH Urteil v. 23.02.1989 – I ZR 138/86 (*Wirtschaftsmagazin*), GRUR 1989, 366; (3) die Kopplung im Zusammenhang mit dem Abschluss eines Stromliefervertrags: BGH Urteil v. 13.06.2002 – I ZR 173/01 (*Kopplungsangebote I*), GRUR 2002, 976; (4) Die Kopplung von WLAN-Router und Internetvertrag: BGH Urteil v. 10.12.2009 – I ZR 149/07 (*Sondernewsletter*), GRUR 2010, 744; (5) die Kopplung von Autokauf und Finanzierung: BGH Urteil v. 28.04.1994 – I ZR 68/92 (*Zinsgünstige Kfz-Finanzierung durch Herstellerbank*), GRUR 1994, 743; (6) das Kundenbindungssystem im Supermarkt: BGH Urteil v. 11.12.2003 – I ZR 74/01 (*Treue-Punkte*), GRUR 2004, 344; (7) das Kundenbindungssystem der Fluggesellschaft (Kartenzahlung): OLG Köln Urteil v. 30.11.2001 – 6 U 103/01 (*Miles and More-Prämien*), GRUR-RR 2002, 115; (8) das Geldabheben an der Supermarktkasse: BGH Urteil v. 28.10.1993 – I ZR 246/91 (*Euroscheck-Differenzzahlung*), GRUR 1994, 230; (9) das an kumulative Einkäufe gekoppelte Gewinnspiel: EuGH Urteil v. 14.01.2010 – Rs. C-304/08 (*Plus Warenhandelsgesellschaft*), GRUR 2010, 244; (10) die Kopplung der Multimedia-Software an das Betriebssystem: »*Microsoft*«-Entscheidung, EU-Kommission, COMP/C-3/37.792.

vergangenen Jahrhunderts begann[5] und sich insbesondere auf die Bewertung der Kopplungsangebote auswirkte.

Die Liberalisierung des rechtlichen Rahmens für Kopplungsangebote geschah auf verschiedenen Ebenen:[6] Nachdem der BGH in den neunziger Jahren seine strenge Haltung gegenüber Kopplungsangeboten allmählich gelockert hatte,[7] strich[8] der Gesetzgeber 2001 die Zugabeverordnung[9], ein Gesetz, das Kopplungsangebote in Form von Zugaben seit 1932 untersagte und Grundlage der restriktiven Behandlung aller Kopplungsangebote war. Kurz darauf schuf der BGH mit den Entscheidungen *Kopplungsangebote I*[10] und *Kopplungsangebote II*[11] ein neues, liberaleres Regelungsregime für die lauterkeitsrechtliche Bewertung von Kopplungsangeboten.[12]

Gleichzeitig wurde die rechtliche Bewertung der Kopplungsangebote durch Entwicklungen auf der europäischen Ebene modifiziert: Im Jahr 2004 machte die europäische Richtlinie 2005/29/EG über unlautere Geschäftspraktiken (UGP-Richtlinie)[13] eine Neukodifizierung des deutschen Lauterkeitsrechts notwendig. Das zuvor seit 1909 geltende Gesetz gegen den unlauteren Wettbewerb (UWG 1909)[14] wurde daraufhin in der UWG-Novelle 2004[15] (UWG 2004) grundlegend neu gefasst. Dabei wurde – entgegen dem Trend zur Liberalisierung – erstmals ein ausdrückliches gesetzliches Kopplungsverbot für Gewinnspielkopplungen in

---

5 *Emmerich*, Unlauterer Wettbewerb, § 1 Rn. 20.

6 Siehe hierzu ausführlich unten, S. 116 ff.

7 *Steinbeck* in Fezer, UWG, § 4-1 Rn. 177.

8 Art. 1 des Gesetzes zur Aufhebung der Zugabeverordnung und zur Anpassung weiterer Rechtsvorschriften vom 23.07.2001, BGBl. I S. 1661.

9 Teil 1 der Verordnung des Reichspräsidenten zu Schutz der Wirtschaft vom 09.03.1932, (ZugabeVO) RGBl. I 1932, S. 121–128.

10 BGH Urteil v. 13.06.2002 – I ZR 173/01 (*Kopplungsangebote I*), GRUR 2002, 976.

11 BGH Urteil v. 13.06.2002 – I ZR 71/01 (*Kopplungsangebote II*), GRUR 2002, 979.

12 Siehe hierzu unten, S. 124 ff.

13 Richtlinie 2005/29/EG des Europäischen Parlamentes und Rates vom 11. Mai 2005 über unlautere Geschäftspraktiken im binnenmarktinternen Geschäftsverkehr zwischen Unternehmen und Verbrauchern und zur Änderung der Richtlinie 84/450/EWG des Rates, der Richtlinien 97/7/EG, 98/27/EG und 2002/65/EG des Europäischen Parlaments und des Rates sowie der Verordnung (EG) Nr. 2006/2004 des Europäischen Parlaments und des Rates (Richtlinie über unlautere Geschäftspraktiken), ABl. L 149/22.

14 UWG 1909, RGBl. S. 499.

15 UWG 2004, BGBl. S. 1414.

das UWG aufgenommen, das bis heute besteht (§ 4 Nr. 6 UWG).[16] Wenige Jahre später veränderte die UWG-Novelle 2008 erneut die rechtlichen Maßstäbe, an denen Kopplungsangebote zu messen sind. Das UWG 2008[17] (UWG) weist gegenüber dem UWG 2004 tief greifende Änderungen auf[18] und führt im Anhang zu § 3 Abs. 3 UWG eine Liste von 30 stets verbotenen geschäftlichen Praktiken ein (Schwarze Liste), die sich auch auf die lauterkeitsrechtliche Zulässigkeitsprüfung der Kopplungsangebote auswirkt.[19] In wegweisenden Urteilen zur Bewertung von Kopplungsangeboten unter Geltung der UGP-Richtlinie[20] und des UWG[21] hat der EuGH entschieden, dass die Schwarze Liste der UGP-Richtlinie erschöpfend ist und es den Mitgliedsstaaten verwehrt ist, im Anwendungsbereich der Richtlinie darüber hinausgehende Per-se-Verbote für Kopplungsangebote zu schaffen.

Die rechtliche Bewertung der Kopplungsangebote wurde damit in den letzten Jahrzenten umfassend verändert. Den Marktteilnehmern stehen heute völlig neue Möglichkeiten der Angebotskombinationen offen. Daneben erlaubt der technische Fortschritt den Anbietern, zunehmend komplexe Kopplungsangebote, wie branchenüberspannende Kundenbindungssysteme, mit einer Vielzahl beteiligter Unternehmen zu organisieren. Der Markt hat – wie das obige Beispiel anhand des fiktiven Tags eines Verbrauchers verdeutlicht – die neuen Möglichkeiten aufgegriffen und eine Vielzahl zunehmend komplexer Kopplungsangebote entwickelt.

Es stellt sich hiernach die Frage, welchen Voraussetzungen diese Angebote genügen müssen, um im geltenden Vertrags- und Lauterkeitsrecht zu bestehen.

B. Ziel und Gang der Untersuchung

Ziel der vorliegenden Arbeit ist eine umfassende Darstellung der Zulässigkeitsvoraussetzungen der Kopplungsangebote im geltenden Vertrags- und Lauterkeitsrecht. Die Arbeit ist in vier Teile gegliedert:

Der erste Teil beschreibt Kopplungsangebote als tatsächliches Phänomen der Wettbewerbspraxis. Untersucht und beantwortet wird die Frage, was die

---

16 *Boesche*, WRP 2011, 1345, 1346.

17 BGBl. I S. 2949 ff.

18 Siehe hierzu im Einzelnen: *Köhler*, WRP 2009, 109.

19 Siehe hierzu unten, S. 225 ff.

20 EuGH Urteil v. 23.04.2009 – C-261/07, C299/07 GRUR 2009, 599.

21 EuGH Urteil v. 14.01.2010 – Rs. C-304/08 (*Plus Warenhandelsgesellschaft*), GRUR 2010, 244.

wesenstypischen Eigenschaften sind, die ein verkaufsförderndes Kopplungsangebot ausmachen und wie sich Kopplungsangebote von anderen Werbemethoden abgrenzen.

Ausgangspunkt der Arbeit ist die Definition von Kopplungsangeboten. Im Rahmen der Beschreibung des Wesens der Kopplungsangebote nehmen die Fragen Schwerpunkte ein, wann ein »gekoppeltes Angebot«, d. h. ein Kopplungsangebot, und kein »einheitliches Angebot« vorliegt, insbesondere ob ein Kopplungsangebot auch bei »Funktionseinheit« der gekoppelten Waren und Dienstleistungen (Angebotselemente) besteht und welche Anforderungen an die Verbindung der einzelnen Angebotselemente eines Kopplungsangebots zu stellen sind.

Überdies stellt der erste Teil der Arbeit dar, in welchem übergeordneten Zusammenhang verkaufsfördernde Kopplungsangebote Gegenstand der wettbewerbsrechtlichen Betrachtung sind. Dabei wird das Wesen der Verkaufsförderungsmaßnahmen, zu denen die Kopplungsangebote gehören, untersucht und von der klassischen Leistungswerbung abgegrenzt.

Ferner werden verschiedene Fallgruppen dargestellt, in die Kopplungsangebote kategorisiert werden können. Die unter anderen rechtlichen Vorzeichen entwickelte hergebrachte Unterteilung der Kopplungsangebote in verschiedene Untergruppen wird beschrieben und auf ihre heutige Bedeutung hin untersucht. Schließlich werden heutige Kategorisierungsmodelle für Kopplungsangebote dargestellt und auf eine Aussagekraft für die rechtliche Bewertung von Kopplungsangeboten geprüft.

Der erste Teil endet mit einer Analyse der Motivationen von Anbietern und Nachfragern von Kopplungsangeboten und einer Darstellung der praktischen Verbreitung der Kopplungsangebote in der modernen Wirtschaft.

Der zweite Teil der Studie erarbeitet die Grundlagen für die heutige rechtliche Bewertung der Kopplungsangebote, indem die Entwicklung der Kopplungsangebote und ihrer rechtlichen Bewertung dargestellt wird. Untersucht werden einerseits die historische Entwicklung der Kopplungsangebote als tatsächliche Vertriebspraxis und andererseits die Veränderungen der rechtlichen Bewertung der Kopplungsangebote im Laufe der Zeit. Ausgangspunkte der Betrachtung sind das Erscheinen moderner Kopplungsangebote in Form von Kundenbindungssystemen sowie die folgenden Diskussionen um das Für und Wider dieser Werbemethode. Im Rahmen des zweiten Teils nehmen die Liberalisierung der rechtlichen Bewertung der Kopplungsangebote ab den 1990er Jahren und die Bewertung der Kopplungsangebote nach Aufhebung der Zugabeverordnung, mithin die Entwicklung der heute geltenden Maßstäbe für die lauterkeitsrechtliche Bewertung von Kopplungsangeboten, Schwerpunkte ein. Dabei erfolgen auch eine Untersuchung des Wandels des Verbraucherleitbildes sowie eine vergleichende Betrachtung zu den vor der Harmonisierung des europäischen Verbraucher-Lauterkeitsrechts geltenden unterschiedlichen rechtlichen Bewertungsmaßstäben für Kopplungsangebote in Europa.[22] Die Darstellung der Entwicklung der Kopplungsangebote mündet in der Harmonisierung des europäischen Wettbewerbsrechts und damit im heutigen Recht.

Der dritte Teil der Arbeit untersucht Kopplungsgeschäfte im Vertragsrecht. Ausgangspunkt des vertragsrechtlichen Teils der Studie ist die Darstellung des Grundsatzes der Privatautonomie und der daraus folgenden grundsätzlichen Zulässigkeit von Kopplungsgeschäften im Vertragsrecht. Im dritten Teil der Arbeit nimmt die Prüfung einen Schwerpunkt ein, unter welchen Voraussetzungen die Kopplung von Waren und Dienstleistungen verbotsgesetzwidrig (§ 134 BGB) sein kann. Untersucht wird zum einen die vertragsrechtliche Bewertung von Folgeverträgen unlauterer Kopplungsangebote. Zum anderen werden Kopplungsgeschäfte mit Drittverantwortlichen auf mögliche Verbotsgesetzwidrigkeit untersucht. Darüber hinaus werden im dritten Teil der Arbeit die spezialgesetzlichen Kopplungsverbote dargestellt und daraufhin geprüft, ob es sich um Verbotsnormen im Sinne des § 134 BGB handelt, deren Verletzung die Nichtigkeit von verbotswidrig geschlossenen Kopplungsgeschäften bedingt. Des Weiteren wird die mögliche Sittenwidrigkeit von Kopplungsgeschäften untersucht und die Frage beantwortet, ob die Unlauterkeit eines Kopplungsangebots auch die Sittenwidrigkeit des daraufhin abgeschlossenen Kopplungsgeschäfts bedingen kann. Schließlich untersucht der dritte Teil der Studie sonstige vertragsrechtliche Folgen unlauterer Kopplungsangebote, wie etwa Vertragslösungsrechte.

Im vierten Teil der Arbeit werden die heutigen lauterkeitsrechtlichen Zulässigkeitsvoraussetzungen für Kopplungsangebote untersucht. Die Betrachtung beinhaltet die Anforderungen, die an den Inhalt und die Transparenz von Kopplungsangeboten gestellt werden und berücksichtigt dabei auch Anforderungen wettbewerbsrechtlicher Nebengesetze wie der Preisangabenverordnung (PAngV)[23]. In diesem Zusammenhang beantwortet die Arbeit unter anderem die folgenden Fragen: Anhand welcher lauterkeitsrechtlicher Maßstäbe ist die Zulässigkeit von Kopplungsangeboten zu prüfen? Welcher Systematik folgt die lauterkeitsrechtliche Zulässigkeitsprüfung von Kopplungsangeboten? Wann verstoßen Kopplungsangebote gegen die Per-se-Verbote der Schwarzen Liste

22 Der Vergleich erfolgt am Beispiel Deutschlands und des Vereinigten Königreichs.

23 Preisangabenverordnung in der Fassung der Bekanntmachung vom 18. Oktober 2002 (BGBl. I S. 4197), die zuletzt durch Artikel 4 des Gesetzes vom 24. Juli 2010 (BGBl. I S. 977) geändert worden ist.

(Anhang zu § 3 Abs. 3 UWG)? Wann sind Kopplungsangebote irreführend (§§ 5, 5a UWG)? Wann verwirklicht ein Kopplungsangebot ein Regelbeispiel des § 4 UWG? Welchen Anforderungen müssen Kopplungsangebote genügen, um hinreichend transparent zu sein (§ 4 Nr. 4 UWG)? Unter welchen Voraussetzungen geht von einem Kopplungsangebot eine unangemessene unsachliche Kundenbeeinflussung aus (§ 4 Nr. 1 UWG) und ist die unsachliche Beeinflussung ein Maßstab für die lauterkeitsrechtliche Bewertung der Anlockwirkung von Kopplungsangeboten? Wann ist ein Kopplungsangebot im Übrigen missbräuchlich? Unter welchen Voraussetzungen ist die Kopplung von Gewinnspielen an Warenverkäufe nach der *Plus Warenhaus*-Entscheidung[24] des EuGH zulässig und hat § 4 Nr. 6 UWG infolge der Rechtsprechung des EuGH und BGH noch einen originären Anwendungsbereich? Der vierte Teil der Arbeit stellt damit umfassend die Voraussetzungen dar, denen Kopplungsangebote im aktuellen Lauterkeitsrecht genügen müssen.

Die Studie schließt mit einer zusammenfassenden Darstellung aller Ergebnisse.

Methodisch nimmt in der vorliegenden Untersuchung die Darstellung und Analyse der maßgeblichen Rechtsprechung und der zugrunde liegenden Sachverhalte einen hohen Stellenwert ein, um dem Umstand Rechnung zu tragen, dass das Wettbewerbsrecht in besonders hohem Maß von unbestimmten Rechtsbegriffen bestimmt ist, die erst durch die von der Rechtsprechung entwickelten Maßstäbe ausgefüllt werden. Abstrakte Ausführungen werden an geeigneten Stellen durch Beispiele, wo möglich, durch Sachverhalte aus der Rechtsprechung, verdeutlicht.

Im Ergebnis liegt damit eine umfassende Darstellung der rechtlichen Zulässigkeit der Kopplungsangebote im geltenden Vertrags- und Lauterkeitsrecht[25] vor. Die Untersuchung stellt damit auch den Anspruch, eine Beurteilung der Zulässigkeit spezifischer Kopplungsangebote so weit wie möglich abstrakt zu ermöglichen und die Kriterien aufzuzeigen, denen ein Kopplungsangebot heute genügen muss.

---

24 EuGH Urteil v. 14.01.2010 – Rs. C-304/08 (*Plus Warenhandelsgesellschaft*), GRUR 2010, 244.

25 Ausgenommen von der Betrachtung sind die Anforderungen, die das Kartellrecht an Kopplungsangebote stellt. Insoweit wird verwiesen auf: *Fischer*, Kopplungsgeschäfte im Europäischen und deutschen Wettbewerbsrecht, S. 27–121.

Teil 1: Wesen und Erscheinungsformen von Kopplungsangeboten

A. Definition von Kopplungsangeboten, Kopplungsgeschäften und Kopplungsverboten

Die Bezeichnung »Kopplungsangebote« ist kein legaldefinierter Rechtsbegriff. Das deutsche Recht kennt auch keine Gesetzte, die den Begriff »Kopplungsangebot« verwenden. Kopplungsangebote bilden also keinen rechtlichen Tatbestand, an dessen Erfüllung das Vertrags- oder Lauterkeitsrecht eine spezifische Rechtsfolge knüpft.

Vielmehr sind Kopplungsangebote eine Werbemethode, die mit unterschiedlichen Motivationen in verschiedenen Ausgestaltungen beim Vertrieb von Waren und Dienstleistungen in der Wettbewerbspraxis eingesetzt wird. Kopplungsangebote sind eine wettbewerbliche Vertriebsstragegie, die durch das Verbinden unterschiedlicher Angebotselemente zu einem Gesamtangebot gekennzeichnet ist.

Wenngleich Kopplungsangebote somit ein tatsächliches Phänomen und keine Rechtsfigur sind, besteht in der Literatur und der Rechtsprechung weitgehende Einigkeit darüber, welche Voraussetzungen ein Angebot erfüllen muss, um unter die Kopplungsangebote zu fallen. Kopplungsangebote werden danach wie folgt definiert:

»Kopplungsangebote sind Angebote, in denen zwei oder mehr unterschiedliche Waren oder Dienstleistungen zu einem Gesamtangebot verbunden werden.«[26]

---

26 Die Definitionen im Einzelnen lauten: BGH Urteil v. 27.02.2003 – I ZR 253/00 (*Gesamtpreisangebot*), GRUR 2003, 538, 539: »Die Werbung für Angebote, bei denen mehrere Waren und/oder Dienstleistungen zu einem Gesamtpreis angeboten werden (Kopplungsangebote) [...]«; Schlussanträge der Generalanwältin Trstenjak in den verbundenen Verfahren C-261/07 und C-299/07 vom 21. Oktober 2008, Slg. 2009, I-02949, Nr. 69: »Kopplungsangebote basieren auf der Kopplung von mindestens zwei unterschiedlichen Angeboten von Waren oder Dienstleistungen zu einer Verkaufseinheit«; *Köhler* in Köhler/Bornkamm, UWG, § 4 Rn. 1.99: »Kopplungsangebote sind Angebote, in denen unterschiedliche Waren und/oder Dienstleistungen zu einem Gesamtangebot zusammengefasst werden«; *Sosnitza* in Piper/Ohly/Sosnitza, UWG § 4.1 UWG, Rn. 1/88: »Kopplung mehrerer Waren oder Dienstleistungen zu einem Gesamtangebot und Gesamtpreis bedeutet Zusammenfassung zweier oder mehrerer Waren (Dienstleistungen) zu einem einheitlichen Angebot.« *Boesche*, WRP 2011,

Synonym zu dem Begriff »Kopplungsangebote« wird häufig der Begriff »Kopplungsgeschäfte« gebraucht.[27] Diese Begriffsverwendung ist jedoch missverständlich, denn für die lauterkeitsrechtliche Bewertung eines Kopplungsangebotes kommt es nur auf die wettbewerbliche Handlung (z. B. Werbung) und nicht darauf an, ob und mit welchem Inhalt aufgrund dieser Handlung auch ein Geschäft, also ein Vertrag, zustande kommt.[28] Daher werden in dieser Arbeit als »Kopplungsgeschäfte« Verträge bezeichnet, die infolge von Kopplungsangeboten zwischen dem Werbenden und dessen Kunden zustande kommen. Kopplungsgeschäfte im hier verstandenen Sinn sind damit die Folgeverträge[29] von Kopplungsangeboten. Im lauterkeitsrechtlichen Teil der Arbeit werden also Kopplungsangebote und im vertragsrechtlichen Teil dieser Arbeit Kopplungsgeschäfte untersucht.

Spezialgesetzliche Normen, die in bestimmten Fällen die Kopplung bestimmter Angebotselemente verbieten, werden als »Kopplungsverbote« bezeichnet.[30]

B. Wesen und Abgrenzung der Kopplungsangebote

Nach der vorstehenden Definition vereint alle Kopplungsangebote, dass sie unterschiedliche Angebotselemente zu einem Gesamtangebot zusammenfassen.

1345, 1345: »Als Kopplungsangebot wird ein Angebot bezeichnet, das unterschiedliche Waren oder Dienstleistungen zu einem Gesamtangebot zusammenfasst.« Andere Definitionen verlangen weitere Tatbestandsmerkmale als der vorgenannte Konsens. So etwa *Steinbeck* in Fezer, UWG, § 4–1 Rn. 160: »Ein Kopplungsangebot ist ein Angebot, bei dem zwei oder mehr – *andernfalls selbstständig angebotene* – Produkte dergestalt zusammen angeboten werden, dass sie *nur* gemeinsam erworben werden können.« (Hervorh. durch Verf.); *Heermann* in MüKo-UWG, § 4 Nr. 1 Rn. 321: »Ein Kopplungsangebot stellt regelmäßig ein Angebot dar, das unterschiedliche Waren oder Dienstleistungen – unabhängig von einer funktionellen oder branchenüblichen Zusammengehörigkeit – zu einem Gesamtangebot zusammenfasst«.

27 So etwa *Lehmer* in Lehmer, UWG, § 4 Rn. 91; *Heermann* in MüKo-UWG, § 4 Rn. 321.

28 Nach Art. 8 UGP-Richtlinie ist lediglich erforderlich, dass der Verbraucher durch die geschäftliche Handlung tatsächlich oder voraussichtlich dazu veranlasst wird, eine geschäftliche Entscheidung zu treffen, die er andernfalls nicht getroffen hätte.

29 In der Literatur wird auch einfach von Folgeverträgen gesprochen, vgl. *Schockenhoff*, NJW 1995, 500, 500; siehe auch *Hecker* in Fezer, UWG, § 4–6 Rn. 164.

30 Vgl. etwa das spezielle Kopplungsverbot Art. 10 § 3 des Mietrechtsverbesserungsgesetzes (MRVG), *Christiansen-Geiss*, Voraussetzungen und Folgen des Kopplungsverbotes Art. 10 § 3 MRVG.

Das Wesen eines Kopplungsangebots besteht damit in der Verbindung verschiedener Leistungen, von denen unterschiedliche Kaufanreize ausgehen können, zu einem Gesamtangebot. Damit sprechen Kopplungsangebote den Verbraucher[31] mit unterschiedlichen Anreizen an.

Während unter Geltung der Zugabeverordnung die Einordnung eines Angebotes als Kopplungsangebot ausschlaggebend für die Zulässigkeit des Angebots sein konnte (Unzulässigkeit bei Vorliegen bestimmter Unterformen der Kopplungsangebote und Zulässigkeit des Angebots, wenn kein Kopplungsangebot vorlag)[32], ist nach Aufhebung der Zugabeverordnung mit der Einstufung eines Angebotes als Kopplungsangebot nicht gleichzeitig eine Entscheidung über dessen Zulässigkeit getroffen.

Gleichwohl kommt der Kategorisierung eines Angebotes danach, ob es den Kopplungsangeboten oder anderen Verkaufsförderungsmaßnahmen, wie etwa den Rabatten oder den Geschenken, zuzuordnen ist, nach wie vor eine Bedeutung zu. Denn von Kopplungsangeboten können bestimmte Gefahren ausgehen,[33] die den angesprochenen Kundenkreis und Dritte betreffen können. Für die Frage der Zulässigkeit eines Kopplungsangebots kommt es nach der Rechtsprechung des BGH deshalb primär auf die von dem Kopplungsangebot ausgehenden Gefahren an.[34] Die spezifische Gefahr, die von Kopplungsangeboten ausgehen kann, kann sich dabei zum einen aus dem Wesen des Kopplungsangebots selbst, also aus der Verbindung unterschiedlicher Kaufanreize zu einem Gesamtangebot ergeben. Andererseits kann sie sich auch aus den Eigenschaften der gekoppelten Angebotselemente selbst ergeben. In beiden Fällen kommt es für die sachgerechte Beurteilung des Angebots auf das Verständnis der Funktionsweise von Kopplungsangeboten und ihrer möglichen Gefahren an.

Hinzutritt, dass praktische Bedeutung und Komplexität der modernen Kopplungsangebote zunehmen und dass Kopplungsangebote heute oftmals nicht ohne Weiteres als solche zu erkennen sind. Um auch solche Angebote rechtlich

---

31 Kopplungsangebote wenden sich häufig – aber nicht ausschließlich – an Verbraucher. Schwerpunktmäßig werden im Folgenden verbraucherbezogene Kopplungsangebote betrachtet.

32 Siehe näher unten, S. 105 ff.

33 Vgl. BGH Urteil v. 13.06.2002 – I ZR 173/01 (*Kopplungsangebote I*), GRUR 2002, 976; BGH Urteil v. 13.06.2002 – I ZR 71/01 (*Kopplungsangebote II*), GRUR 2002, 979; BGH Urteil v. 27.02.2003 – I ZR 253/00 (*Gesamtpreisangebot*), GRUR 2003, 538.

34 Vgl. BGH Urteil v. 13.06.2002 – I ZR 173/01 (*Kopplungsangebote I*), GRUR 2002, 976; BGH Urteil v. 13.06.2002 – I ZR 71/01 (*Kopplungsangebote II*), GRUR 2002, 979; BGH Urteil v. 27.02.2003 – I ZR 253/00 (*Gesamtpreisangebot*), GRUR 2003, 538.

fassbar zu machen, sind Abgrenzungskriterien für die Unterscheidung zwischen Kopplungsangeboten und sonstigen Absatzmethoden auch nach der Liberalisierung der rechtlichen Bewertung der Kopplungsangebote von entscheidender Bedeutung.

I. Vorliegen eines Angebots

Das Kopplungsangebot verlangt, der vorgenannten Definition nach, das Vorliegen eines Angebots. Hierunter fällt zum einen das Vertragsangebot gemäß § 145 BGB. Allerdings geht das Angebot im wettbewerbsrechtlichen Sinn über das bürgerlich-rechtliche Vertragsangebot hinaus. Der lauterkeitsrechtliche Angebotsbegriff umfasst neben der bürgerlich-rechtlichen Offerte auch im rein tatsächlichen Sinn Erklärungen, die der Verkehr üblicherweise als Angebote auffasst.[35] Nach Auffassung des BGH liegt entsprechend dem üblichen Sprachgebrauch ein »Anbieten« in diesem Sinn bereits dann vor, wenn die Bereitschaft zum Ausdruck kommt, eine bestimmte Leistung gegen Entgelt zur Verfügung zu stellen.[36]

Daher sind im lauterkeitsrechtlichen Angebotsbegriff auch die invitatio ad offerendum[37] sowie Werbebotschaften[38] einbegriffen.

Ein Kopplungsangebot besteht daher mitunter bereits in einem TV-Spot, einem Werbeflyer, einem Prospekt, einem Internetwerbebanner oder einer Radiowerbung. Dabei kommt es nicht darauf an, ob aufgrund dieser Werbebotschaft ein Vertrag geschlossen wird oder nicht. Damit ein Kopplungsangebot vorliegt, muss die Werbebotschaft auch nicht bereits so konkret sein, dass ein Vertrag auf Grundlage des Angebots durch bloße Zustimmung geschlossen werden könnte. Die für einen Vertragsschluss erforderlichen essentialia negotii müssen also nicht bereits Bestandteil einer Werbebotschaft sein, damit diese ein Kopplungsangebot darstellen kann. Vielmehr kommt es allein darauf an, ob die angesprochenen potenziellen Kunden die Werbebotschaft im tatsächlichen Sinn als Angebot verstehen.

---

35 BGH Urteil v. 16.01.1980 – I ZR 25/78 (*Effektiver Jahreszins*), GRUR 1980, 304, 304.

36 BGH Urteil v. 16.01.1980 – I ZR 25/78 (*Effektiver Jahreszins*), GRUR 1980, 304, 305–306.

37 *Lettl*, Wettbewerbsrecht S. 126; *Heermann* in MüKo-UWG, § 4 Nr. 1 Rn. 322; vgl. zur rechtlichen Einordnung eines Zugabeversprechens als invitatio ad offerendum: *Köhler*, BB 2001, 1589, 1589.

38 BGH Urteil v. 13.06.2002 – I ZR 173/01 (*Kopplungsangebote I*), GRUR 2002, 976 ff.

Beispiel: Die Werbebotschaft: »Im Preis des neuen [...] ist eine einwöchige Flugreise nach Malaysia enthalten«[39] stellt unabhängig davon, ob der Gesamtpreis des Angebots oder Einzelheiten zur Reise angegeben sind, ein Kopplungsangebot dar. Denn es kommt in der Werbebotschaft der Wille zum Ausdruck, ein Kraftfahrzeug und eine Flugreise gekoppelt gegen Entgelt abzugeben.

II. Vorliegen zweier oder mehrerer Angebotselemente

Kopplungsangebote verbinden *zwei oder mehr* unterschiedliche Waren oder Dienstleistungen zu einem Gesamtangebot. Das Kopplungsangebot muss also zwei oder mehrere getrennte oder trennbare Angebotselemente umfassen.[40]

1. Problemstellung

Die Frage, wann getrennte Elemente gekoppelt werden, oder wann von vornherein ein »einheitliches Angebot« vorliegt, das in diesem Zusammenhang das Gegenstück zu einem Kopplungsangebot ist, bereitet mitunter Schwierigkeiten. Zwar ist ersichtlich, dass etwa ein Herrenanzug, obgleich aus mehreren unterscheidbaren physischen Teilen (z. B. Sakko und Hose) bestehend, ein einheitliches Produkt und keine Kopplung mehrerer getrennter Waren ist. Daher wäre es nicht sachgerecht, den Verkauf eines Herrenanzuges den wettbewerblichen Maßstäben für Kopplungsangebote zu unterwerfen. Das Wesen eines einheitlichen Angebots, wie eines Herrenanzugs, unterscheidet sich von dem Wesen eines Kopplungsangebots. Doch könnte schon anderes gelten, wenn ein Herrenausstatter anbietet, bei Kauf eines Blazers eine Hose zu einem – gegenüber dem Einzelbezug – vergünstigten Preis abzugeben. Es bestehen daher grundsätzlich Abgrenzungsschwierigkeiten zwischen einheitlichen Angeboten und Kopplungsangeboten.

Die Einteilung, ob ein einheitliches Angebot oder ein Kopplungsangebot vorliegt, wird umso schwieriger, je moderner und innovativer das in Rede stehende Angebot ist. Zum Beispiel liegt die richtige Einteilung eines Geräte subventionierenden Netzkartenvertrags in Verbindung mit einem Mobiltelefon nicht auf der Hand. Handelt es sich um ein einheitliches Angebot, weil Mobiltelefon und Netzkartenvertrag nur miteinander verwendet werden, etwa wie ein Herrenanzug, oder liegt ein gekoppeltes Angebot vor, weil sich der Netzkartenvertrag und das Mobiltelefon gegenseitig als austauschbare Ergänzungen darstellen?

---

39 Vgl. zu dem Sachverhalt: OLG München Urteil v. 25.11.1999 – 6 U 1862/99 WRP 2001, 319, 319.

40 Schlussanträge der Generalanwältin Trstenjak in den verbundenen Verfahren C-261/07 und C-299/07 vom 21. Oktober 2008, Slg. 2009, I-02949, Nr. 69.

Probleme bereitet die Einteilung auch, wenn die gekoppelten Elemente zwar unterschiedlich sind, jedoch ineinander verschmelzen und nicht mehr trennbar sind. Das ist etwa dann der Fall, wenn bei einem Sparkontovertrag vertraglich festgelegt wird, dass der Zinssatz für jeden Monat mittels eines Gewinnspieles errechnet wird. Das gekoppelte Element »Gewinnspiel« tritt also nicht zu dem Restangebot (Sparkontovertrag) hinzu, sondern ein Parameter des Hauptangebots, nämlich die Zinsen, ist an ein Gewinnspiel gekoppelt.

Auch Fälle, in denen nicht Waren oder Dienstleistungen, sondern bestimmte Rechte (z. B. Garantien) an Waren gekoppelt werden, oder der Werbende zusagt, mit den Erlösen aus dem Verkauf in bestimmter (z. B. altruistischer) Weise zu verfahren (z. B. Krombacher-Regenwaldprojekt)[41], sind mitunter schwierig einzuordnen.

Um auch und gerade diese Grenzfälle sachgerecht einordnen zu können, wird auf verschiedene Unterscheidungsmerkmale dafür, wann von einem aus mehreren gekoppelten Angebotselementen bestehenden Kopplungsangebot und wann von einem einheitlichen Angebot auszugehen ist, zurückgegriffen.[42]

2. *Unselbstständige Bestandteile eines Angebots*

Ein einheitliches Angebot und kein Kopplungsangebot liegt nach herrschender Auffassung der Literatur dann vor, wenn das gekoppelte Angebotselement ein unselbstständiger Bestandteil des übrigen Angebots ist.[43] Als unselbstständige Bestandteile werden Weiterungen oder Verbesserungen einer entgeltlichen Ware oder Leistung verstanden, für die kein zusätzliches Entgelt berechnet wird.[44] Darüber hinaus darf der unselbstständige Bestandteil nicht von der Hauptleistung

41 »Mit jedem verkauften Kasten Krombacher schützen Sie einen Quadratmeter Regenwald in der Dzanga Sangha«, vgl. *Heermann* in MüKo-UWG, § 4 Nr. 1, Rn. 257; *Lettl*, BB 2007, 2465, 2465.

42 Stimmen in der Literatur, die auf diese Unterscheidung zwischen Angeboten mit unselbstständigen Bestandteilen und Kopplungsangeboten verzichten wollen, haben sich bisher nicht durchgesetzt. Verzichtend: *Stuckel* in Harte-Bavendamm/Henning-Bodewig, UWG, § 4 Nr. 1 Rn. 50. *Köhler*, der von *Stuckel* (A. A.O.) als Vertreter seiner Auffassung zitiert wird, will auf die Ausklammerung unselbstständiger Angebotselemente gerade nicht verzichten, sondern auf das – unten besprochene – Merkmal der Funktionsverschiedenheit, *Köhler*, GRUR 2003, 729, 730. Ebenfalls nicht verzichtend: *Steinbeck* in Fezer, UWG.

43 *Sosnitza* in Piper/Ohly/Sosnitza, UWG, § 4-1, Rn. 1/93.

44 *Stuckel* in Harte-Bavendamm/Henning-Bodewig, UWG, § 4 Rn. 47.

verschieden sein, da andernfalls ein Kopplungsangebot vorliegt.[45] *Beispiel (einheitliches Angebot)*: Beim Kauf von Skiern (Hauptleistung) wird das kostenlose Einstellen der Skibindung (unselbstständige Nebenleistung) angeboten;[46] Bei der Erbringung von Laboruntersuchungen (Hauptleistung) werden die Proben vom Labor abgeholt (unselbstständige Nebenleistung).[47]

Im Gegenzug ist ein Bestandteil jedenfalls dann »selbstständig«, wenn die gekoppelten Waren oder Dienstleistungen eigenständig sind, also für sich genommen einen eigenen Wert haben, ohne dass es auf das Hinzutreten des anderen Angebotselements ankommt. Besonders deutlich wird die Eigenständigkeit der Angebotselemente bei Kopplungsangeboten, bei denen die Kopplung für die angesprochenen Kreise geradezu fernliegend erscheint, die Kunden also auf unterschiedlichen Ebenen angesprochen werden sollen. *Beispiel (Kopplungsangebot):* Mitgliedern der freien Berufe wird angeboten, bei Abnahme einer bestimmten Menge Druckerpapier (Hauptleistung) eine nicht gesondert berechnete Spielekonsole (selbstständige Nebenleistung) mitzuliefern;[48] Der Verkauf eines Gebrauchtwagens wird an eine Busreise gekoppelt.[49]

a) Streitfragen

Jenseits dieser eindeutigen Fälle besteht keine Einigkeit darüber, unter welchen Voraussetzungen ein Angebotselement selbstständig ist und unter welchen Voraussetzungen nicht. Teilweise werden für die Frage nach der Selbstständigkeit eines Angebotselementes objektive Kriterien herangezogen, etwa ob es für die Leistung einen eigenen Markt gibt und ob sie wertmäßig bestimmbar ist.[50] Die herrschende Auffassung stellt primär auf die subjektive Wirkung des Angebots ab, nämlich darauf, ob der angesprochene Adressatenkreis die zusätzliche Leistung als bloße unselbstständige Verbesserung der Hauptleistung empfindet oder als gesonderte Nebenleistung.[51]

---

45 Vgl. *Stuckel* in Harte-Bavendamm/Henning-Bodewig, UWG, § 4 Rn. 47.

46 BGH Urteil v. 25.09.1997 – I ZR 84/95 (*Skibindungsmontage*), GRUR 1998, 500.

47 BGH Urteil v. 13.06.1996 – I ZR 114/93 (*Laborbotendienst*), GRUR 1996, 789.

48 Bei einem solchen Kopplungsangebot wird die betriebliche Notwendigkeit (Druckerpapierkauf), bei der sich der Abnehmer im Wesentlichen von nüchternen Preis- und Qualitätsabwägungen wird leiten lassen, mit einem privaten Konsumgeschäft (Spielekonsole) verbunden (persönliche Ebene).

49 Vgl. OLG Hamm Urteil v. 22.06.1989 – 4 U 85/89 (*Auto und Urlaub*), GRUR 1989, 923.

50 Vgl. *Steinbeck* in Fezer, UWG, § 4–1, Rn. 164.

51 *Sosnitza* in Piper/Ohly/Sosnitza, UWG, § 4.1 Rn. 1/93 mit weiteren Nachweisen.

b) Stellungnahme

aa) Der selbstständige Markt als Abgrenzungskriterium

Das Abgrenzungskriterium des selbstständigen Marktes wurde durch die wirtschaftliche Entwicklung überholt und ist nicht mehr geeignet abzugrenzen, ob das in Rede stehende Angebotselement selbst- oder unselbstständig gegenüber dem Restangebot ist. Denn ob ein eigener Markt für eine Leistung besteht, ist aufgrund der zunehmenden Ausdifferenzierung auf Anbieterseite und des fortscheitenden Outsourcings dem zeitlichen Wandel unterworfen. Auch bei einheitlichen Angeboten können Teile einer Leistung durch Dritte erbracht werden, ohne dass das den Angebotscharakter im Verhältnis zwischen Anbieter und Kunde verändert.

So erkannte der BGH 1996 in der Entscheidung *Laborbotendienst*[52] ein Angebot, bei dem ein Labor mit einem kostenlosen Botendienst für die zu untersuchenden Laborproben warb, als einheitliches Angebot an, verneinte also das Vorliegen eines Kopplungsangebots.[53] Diese Auffassung überzeugt, denn die angesprochenen Kundenkreise (Arztpraxen) werden die Abholung der Laborproben als eine unselbstständige Verbesserung der Labordienstleistung angesehen haben. Damit entspricht das Angebot nicht dem Wesen eines Kopplungsangebots. Heute besteht ein ausdifferenzierter Markt für Laborprobenbotendienste.[54] Stellte man auf den selbstständigen Markt als Abgrenzungsmerkmal ab, müsste das Angebot nunmehr als Kopplungsangebot gewertet werden. Dabei ist nicht ersichtlich, weshalb sich die zwischenzeitige Ausdifferenzierung des Angebotes an Laborbotendiensten auf den Charakter des Angebots auswirken sollte.

Ferner würde ein Abstellen auf das Vorliegen eines eigenen Marktes zu einer uferlosen Bejahung von Kopplungsangeboten führen und damit die Konturen der Kopplungsangebote als konkrete Absatzstrategie verschleifen.

Das Vorliegen eines selbstständigen Marktes ist daher für sich genommen kein hinreichendes Abgrenzungskriterium zur Beurteilung, ob ein Angebot aus einem einheitlichen oder mehreren trennbaren Angebotselementen besteht.

bb) Die wertmäßige Bestimmbarkeit als Abgrenzungskriterium

Auch das Merkmal der wertmäßigen Bestimmbarkeit erweist sich als wenig zielführend, um zwischen unselbstständigen und selbstständigen Angebotselementen zu unterscheiden.

---

52 BGH Urteil v. 13.06.1996 – I ZR 114/93 (*Laborbotendienst*), GRUR 1996, 789.

53 BGH Urteil v. 13.06.1996 – I ZR 114/93 (*Laborbotendienst*), GRUR 1996, 789 791.

54 Die Spanne der Unternehmen reicht von Fahrradkurieren bis zu internationalen Laborkurierdiensten verschiedener Fluglinien.

Wie das Vorliegen eines eigenen Marktes ist auch die wertmäßige Bestimmbarkeit der einzelnen Angebotselemente dem zeitlichen Wandel unterworfen. Vor dem Hintergrund der fortschreitenden Ausdifferenzierung der Warenangebote kommt es heute mitunter vor, dass Angebotselemente preislich gekennzeichnet werden, die in der Vergangenheit nicht beziffert wurden. So können Kunden heute etwa beim Kauf eines Autos oder eines Computers ihr Wunschprodukt konfigurieren. Dabei werden auch Angebotselemente, die die Kunden als unselbstständige Bestandteile, Weiterungen oder Besserungen des einheitlichen Kaufobjekts ansehen (z. B. einzelne Extras beim Auto, notwendige Bauteile beim Computer), wertmäßig bestimmt und sie sind für den Kunden zu- und abbestellbar.

Es wäre jedoch falsch, solche Angebote allein deswegen als Kopplungsangebot zu werten, weil ihre Einzelkomponenten wertmäßig bestimmt sind. Denn gerade solche »Konfigurationsangebote« dürften regelmäßig trotz der wertmäßigen Bestimmbarkeit ihrer Einzelkomponenten ihrem Wesen nach eben keine Kopplungsangebote sein: Die wertmäßige Bestimmbarkeit der Einzelkomponenten eines Konfigurationsangebotes macht das Angebot transparenter und birgt nicht die den Kopplungsangeboten innewohnende Gefahr der Irreführung und Preisverschleierung.[55] Ob ein Kopplungsangebot vorliegt, hängt im Ergbenis nicht davon ab, ob die einzelnen Angebotselemente wertmäßig bestimmt sind.

cc) Lösungsvorschlag

Anstelle der Kriterien des »selbstständigen Marktes« sowie der »wertmäßigen Bestimmbarkeit« scheint die Heranziehung anderer Abgrenzungskriterien vorzugswürdig. Mit der herrschenden Lehre und der Rechtsprechung ist immer dann von einem einheitlichen Angebot auszugehen, wenn die Unselbstständigkeit des einen Angebotselementes gegenüber dem Restangebot darin besteht, dass das unselbstständige Element von den angesprochenen Kunden als eine bloße sachliche Verbesserung der Hauptleistung und nicht als Nebenleistung angesehen wird.[56]

Die Übergänge zwischen einer »sachlichen Verbesserung« und einer »Nebenleistung« sind freilich fließend. Das gilt umsomehr, wenn als Entscheidungsparameter auf die (mutmaßliche) Konsumentensicht abgestellt wird. Um gleichwohl

55 Zu diesen Gefahren der Kopplungsangebote siehe BGH Urteil v. 13.06.2002 – I ZR 173/01 (*Kopplungsangebote I*), GRUR 2002, 976, 978.

56 Vgl. BGH Urteil v. 28.04.1994 – I ZR 68/92 (*Zinsgünstige Kfz-Finanzierung durch Herstellerbank*), GRUR 1994, 743, 744; *Stuckel* in Harte-Bavendamm/Henning-Bodewig, UWG § 4 Nr. 1 Rn. 47.

belastbare Kriterien dafür zu finden, wann eine Nebenleistung – und damit ein Kopplungsangebot – vorliegt, kann aus hier vertretener Sicht ergänzend auf folgende Voraussetzungen abgestellt werden:

(i) Individualisierbarkeit der Angebotselemente

Eine notwendige Voraussetzung für voneinander selbstständige Angebotselemente, also für ein Kopplungsangebot, ist zunächst, dass die Angebotselemente voneinander abgrenzbar wahrgenommen werden können. Hierbei kommt es, wie bereits dargelegt, nicht darauf an, ob die Angebotselemente auch einzeln vermarktet werden könnten, oder ob eine Entkopplung sachlich möglich wäre. Entscheidend ist, ob die potenziellen Kunden die Angebotselemente als individualisierbar wahrnehmen können.

Dies dürfte etwa bei dem Versprechen, für jeden verkauften Bierkasten eine bestimmte Fläche Regenwald zu schützen, der Fall sein. Die Werbebotschaft: »1 Kasten = 1m²«[57] begründet daher – nach hier vertretener Auffassung – ein Kopplungsangebot. Der Kunde erwirbt das Bier und, so wird es ihm jedenfalls versprochen, davon abgrenzbar, eine konkrete wohltätige Spendenleistung des Unternehmens. Es liegt ein Kopplungsangebot mit den unterscheidbaren Angebotselementen: Bierkasten und Spendenleistung vor. Anderes würde gelten, wenn ein Unternehmen einen weniger konkreten Zusammenhang zwischen dem Warenverkauf und der Spendenleistung herstellen würde. Wirbt ein Unternehmen ganz allgemein damit, einen Teil der Unternehmensgewinne für karitative Zwecke einzusetzen, mag der Kunde dies beim Kauf der Produkte durchaus berücksichtigen. Aus Sicht des Kunden erwirbt er aber keinen hinreichend klar abgrenzbaren Anteil an diesem karitativen Engagement, wenn er ein bestimmtes Produkt des Unternehmens kauft. Also liegt in letzterem Fall regelmäßig kein Kopplungsangebot vor. Ein Unternehmen kann sein wohltätiges Engagement also werbend kommunizieren, ohne hierdurch zwangsläufig Kopplungsangebote zu schaffen. Erst wenn versprochen wird, dass ein konkreter und abgrenzbarer Teil des karitativen Engagements an den Warenverkauf gekoppelt wird, kommt ein Kopplungsangebot in Betracht.

Ein Kopplungsangebot setzt somit voraus, dass die angesprochenen Verkehrskreise die gekoppelten Angebotselemente hinreichend abgrenzbar unterscheiden können und ein konkreter Bezug zu der Hauptleistung besteht.

57 Zum Sachverhalt vgl. OLG Hamm Urteil v. 12.11.2002 – 4 U 109/02 (*Regenwald-Projekt*), WRP 2003, 396 ff.

(ii) *Schaffung exzeptioneller Angebote durch Kopplung besonderer Angebotselemente*

Selbstständigkeit eines Angebotselementes liegt auch dann vor, wenn das an das Restangebot gekoppelte Angebotselement zu einem besonders ungewöhnlichen Gesamtangebot führt:

Wenn sich die Frage stellt, ob ein Angebotselement eine unselbstständige Besserung des Restangebotes ist, dann geschieht dies oft in Fällen, in denen das Restangebot das infrage stehende Angebotselement wertmäßig deutlich übersteigt. Es kommt dem Kunden dann ganz wesentlich auf die Hauptleistung an, die selbstständige oder unselbstständige Besserung macht das Gesamtangebot nur geringfügig interessanter, wie etwa im Fall der kostenlosen Einstellung der Skibindungen beim Erwerb von Skiern.[58] Kaum ein Kunde dürfte sich zum Erwerb eigentlich nicht gewollter Skier bewegen lassen, nur um in den Genuss der kostenlosen Bindungsmontage zu kommen. Die Anlockwirkung der Bindungsmontage ist gering.

Ebenfalls von nur geringer Anlockwirkung sind regelmäßig Rechtserweiterungen. Es stellt sich daher die Frage, ob solche Rechtserweiterungen unselbstständige Besserungen der Hauptware oder Nebenleistungen eines Kopplungsangebotes sind.

Umtausch-, Rückgabe- und Qualitätsgarantien werden häufig als typische Beispiele für unselbstständige Besserung gegenüber der Hauptleistung genannt.[59] Die Einräumung solcher Rechte soll also – nach dem Verständnis – kein Kopplungsangebot begründen.

Unter Berufung auf die Entscheidung *Geld-zurück-Garantie II*[60] aus dem Jahr 2009, in der der BGH das Vorliegen einer Verkaufsförderungsmaßnahme für die Einräumung einer Geld-zurück-Garantie bei Nichtgefallen eines Joghurts bejahte, wird nunmehr teilweise auch bei der Gewährung solcher Garantien von einem Kopplungsangebot ausgegangen.[61]

In dem zugrunde liegenden Fall bejahte der BGH das Vorliegen einer Verkaufsförderungsmaßnahme, weil es sich bei der Garantie um eine zur Förderung des Absatzes gewährte geldwerte Vergünstigung handele.[62] Es spricht vieles dafür,

---

58 Vgl. BGH Urteil v. 25.09.1997 – I ZR 84/95 *(Skibindungsmontage)*, GRUR 1998, 500 f.

59 *Stuckel* in Harte-Bavendamm/Henning-Bodewig, UWG § 4 Rn. 49; *Steinbeck* in Fezer § 4-1 Rn. 164.

60 BGH Urteil v. 11.03.2009 – I ZR 194/06 *(Geld-zurück-Garantie II)*, GRUR 2009, 1064.

61 So etwa *Köhler* in Köhler/Bornkamm, UWG § 4 Rn. 1.99.

62 BGH Urteil v. 11.03.2009 – I ZR 194/06 *(Geld-zurück-Garantie II)*, GRUR 2009, 1064, 1067.

die Garantie darüber hinaus auch als eine von der Hauptleistung verschiedene Leistung anzusehen und von einem Kopplungsangebot auszugehen. Denn eine Rückgabegarantie für ein so einfaches Gut des täglichen Bedarfs ist ungewöhnlich und ermöglicht die – zweifellos gewollte – außergewöhnliche Aufmerksamkeitswerbung, die den Werbeeffekt ausmachte: »14 Tage Test-Aktion [...] mit Geld-zurück-Garantie«[63]. Der Händler integriert das Element »Geld-zurück-Garantie« mutmaßlich auch deshalb, um besondere Aufmerksamkeit zu generieren. Dieses Durchbrechen der Marktgepflogenheiten spricht zumindest indiziell dafür, von keiner völligen Unselbstständigkeit der Garantie gegenüber dem Joghurtverkauf auszugehen und damit in dem Angebot ein Kopplungsangebot zu sehen. Das Angebotselement wird vom Verbraucher nämlich dann nicht als unselbstständig wahrgenommen, wenn es besonders heraussticht und eine eigene besondere Anziehungskraft von ihm ausgeht.

Dieser Maßstab, der auf den gewollten Werbeeffekt einer ungewöhnlichen Integration eines Angebotselementes in das Restangebot abstellt, kann auch herangezogen werden, um eine andere Fallgruppe zu bewerten, bei der die Abgrenzung zwischen Kopplungsangeboten und einheitlichen Angeboten Probleme bereitet. Dies ist nämlich auch der Fall bei Angeboten, bei denen eine Verkaufsförderungsmaßnahme mit dem eigentlichen Produkt untrennbar verschmolzen wird:

Beispiel: Eine Bank bietet ein Sparkonto an, bei dem ein Teil des Zinssatzes jeden Monat aufgrund der Ziehung der Lottozahlen bestimmt wird und bei dem ein Teil der so berechneten Zinsen nicht ausgezahlt, sondern an wohltätige Zwecke gespendet wird.

Hier liegt ein Kopplungsangebot und kein einheitliches Angebot vor. Zwar wird ein verschmolzenes Gesamtangebot gebildet. Jedoch wurde zuvor ein selbstständiger Verkaufsförderungsanreiz in das Gesamtangebot integriert. Dieser besteht im Beispielsfall zum einen darin, dass zur Errechnung des monatlichen Zinssatzes ein Gewinnspiel in das Produkt einbezogen wurde. Die Kopplung des Zinssatzes an ein Gewinnspiel – und nicht etwa an einen Leitzins oder einen Wertpapierindex – macht das Gesamtangebot außergewöhnlich und die Anziehungskraft des gekoppelten Gewinnspielelementes besonders hoch. Ferner wird ein konkret bestimmter Teil des Zinsgewinns gespendet. Es wird also in ein Finanzprodukt ein karitatives- und ein aleatorisches Anreizelement integriert und dadurch – wie im Fall der »Geld-zurück-Garantie« – eine

63 BGH Urteil v. 11.03.2009 – I ZR 194/06 (*Geld-zurück-Garantie II*), GRUR 2009, 1064, 1065.

ungewöhnliche Aufmerksamkeitswerbung erreicht. Die Anreizelemente dürfte ein durchschnittlicher Bankkunde als von einem Sparkonto verschieden bewerten. Solche Anreizelemente lassen sich dann nicht mehr als unselbstständige Weiterungen oder Besserungen verstehen. Sie stellen vielmehr eine selbstständige Besserung oder Weiterung des Gesamtangebotes dar, sodass nach hier vertretener Auffassung ein Kopplungsangebot vorliegt.

(iii) Zusammenfassung

Für die Beurteilung der Selbstständigkeit eines Angebotselementes gegenüber dem Restangebot ist nicht auf das Vorliegen eines eigenen Marktes und auch nicht auf eine wertmäßige Bestimmbarkeit der Angebotselemente abzustellen. Zielführend ist allein, danach zu fragen, ob sich das Angebot für den angesprochenen Kunden als ein einheitliches Angebot darstellt. Nur dann ist ein Kopplungsangebot aufgrund unselbstständiger Bestandteile ausgeschlossen. In Grenzfällen, wenn also nicht eindeutig ist, wie sich das Angebot für den Verbraucher darstellt, ist es hilfreich, zu prüfen, ob die Einbeziehung eines Angebotselementes in das Gesamtangebot erfolgte, um eine innovative Aufmerksamkeitswerbung zu ermöglichen. Ist das der Fall, kann dies indiziell dafür sprechen, dass die angesprochenen Kunden das Angebot nicht mehr als einheitliches Angebot, sondern als Kopplungsangebot, wahrnehmen.

3. *Kopplungsangebote trotz funktioneller oder wirtschaftlicher Einheit der Angebotselemente*

Noch schwieriger als die Beurteilung der Frage, wann unselbstständige Bestandteile eines einheitlichen Angebots vorliegen, ist die Bewertung von Angeboten, bei denen zwischen den gekoppelten Angebotselementen keine Einheit im Sinne einer völligen Unselbstständigkeit der einen Teilleistung gegenüber dem Restangebot besteht, sondern eine »Einheit« im Sinne eines Gebrauchszusammenhangs, also einer »funktionellen Einheit« oder einer »wirtschaftlichen Einheit«. Eben diese Fälle sind zahlenmäßig von Bedeutung, denn bei vielen Kombinationsangeboten weisen die gekoppelten Angebotsteile einen inhaltlichen Bezug zueinander auf:

So beinhaltet etwa das Angebot eines kostenlosen oder vergünstigten Mobilfunkgerätes bei Abschluss eines Netzkartenvertrags die individualisierbaren Angebotselemente »Mobiltelefon« und »Kartenvertrag«.[64] Wertmäßig tritt

64 Vgl. zu einem solchen Angebot: OLG Frankfurt Urteil vom 12.09.2013 – 6 U 94/13, BeckRS 2014, 05790.

keines der beiden Angebotselemente vollständig hinter dem anderen als unselbstständig im oben beschriebenen Sinne zurück. Keines ist eine bloße unselbstständige Besserung oder Weiterung des anderen, der Kunde nimmt beide Angebotselemente individuell wahr. Der verständige Verbraucher wird sich mit beiden Angebotselementen eingehend befassen, sie also individuell würdigen. In aller Regel wird ihm zudem eine Kombinationsmöglichkeit offenstehen, sodass er zwischen verschiedenen Mobiltelefonen und verschiedenen Verträgen wählen kann. All dies spricht dafür, dass eine Kombination aus Mobiltelefon und Netzkartenvertrag ein Angebot mit zwei selbstständigen Angebotselementen im oben beschriebenen Sinne, also ein Kopplungsangebot, darstellt.

Unabhängig davon besteht zwischen beiden Elementen eine Gebrauchsnähe, weil sie sich technisch ergänzen. Sie bilden eine funktionelle oder wirtschaftliche Einheit. Aufgrund dieser Gebrauchsnähe wurden gekoppelte Mobilfunkangebote in der Vergangenheit von der Rechtsprechung nicht als Kopplungsangebote, sondern als einheitliche Angebote betrachtet.[65]

a) Problemstellung

Weil Kopplungsangebote in Form von Zugaben bis ins Jahr 2001 aufgrund der Zugabeverordnung verboten waren,[66] kam der Kategorisierung, ob ein Angebot ein Kopplungsangebot ist, oder (wegen funktioneller oder wirtschaftlicher Einheit) ein einheitliches Angebot, eine ausschlaggebende rechtliche Bedeutung zu. Es liegt daher eine umfangreiche und differenzierte Rechtsprechung zu der Frage nach dem Bestehen eines einheitlichen Angebots aufgrund einer Funktionseinheit vor. Seit Neubewertung der Kopplungsangebote durch die Rechtsprechung und infolge der Harmonisierung des europäischen Wettbewerbsrechts steht in der Literatur infrage, inwieweit für die Definition von Kopplungsangeboten nach wie vor auf die Rechtsprechung zu der nicht mehr geltenden Zugabeverordnung zugrückgegriffen werden kann:[67]

b) Etablierung fehlender wirtschaftlicher oder funktioneller Einheit als konstitutives Merkmal für Kopplungsangebote in der Rechtsprechung

Das Tatbestandsmerkmal der Funktionseinheit wurde durch den BGH unter Geltung der Zugabeverordnung ab der zweiten Hälfte des vergangenen Jahrhunderts

---

65 Siehe etwa BGH Urteil v. 08.10.1998 – I ZR 187/97 *(Handy für 0,00 EUR)*, GRUR 1999, 264 ff.

66 § 1 Abs. 1 Zugabeverordnung.

67 Vgl. *Stuckel* in Harte-Bavendamm/Henning-Bodewig, UWG, § 4 Nr. 1 Rn. 33; *Köhler*, GRUR 2003, 729, 730.

etabliert und in der Folgezeit ausdifferenziert und konkretisiert. Im Zentrum der Rechtsprechung stand der Wille, gekoppelte Angebote, die vom Verkehr als eine funktionelle oder wirtschaftliche Einheit aufgefasst wurden, nicht als Kopplungsangebote, sondern als einheitliche Angebote zu bewerten und daher vom Zugabeverbot auszunehmen.[68] Der Entwicklung lagen insbesondere die folgenden Entscheidungen zugrunde:

In der Entscheidung *Briefmarkenauktion*[69] prüfte der BGH ein Angebot, bei dem ein Briefmarkenauktionator damit warb, er gewähre zinslose und gebührenfreie Vorschüsse auf den Versteigerungserlös bei Einsendung von Briefmarken zur Versteigerung. Die Klägerin, die Zentrale zur Bekämpfung des unlauteren Wettbewerbs e.V. (im Folgenden: »Wettbewerbszentrale«[70]), sah darin ein damals unzulässiges Kopplungsangebot in Form einer verbotenen Zugabe. Der BGH gab der Wettbewerbszentrale Recht und bejahte das Vorliegen einer Zugabe. Eine Zugabe könne nur eine Leistung sein, die nicht Teil der Hauptleistung *im wirtschaftlichen Sinne* sei, sondern über das üblicherweise Gewünschte und Erwartete hinausgehe und ihren eigenen wirtschaftlichen Wert habe.[71] Obgleich der BGH im entschiedenen Fall im Ergebnis ein Kopplungsangebot bejahte, schuf er in seiner Begründung das Merkmal fehlender »wirtschaftlicher Einheit« als neuen konstitutiven Tatbestand für Kopplungsangebote und entschied, dass es für die Beurteilung, ob wirtschaftliche Einheit vorläge, auf die Perspektive der angesprochenen Verkehrskreise und nicht auf die Sicht des Anbieters ankomme.

In einer Folgeentscheidung *Vertrauensgarantie*[72], nahm die Wettbewerbszentrale einen Juwelier auf Unterlassung einer Werbung in Anspruch, in der der Schmuckhändler seinen Käufern ein uneingeschränktes vierwöchiges Umtausch- oder

---

68 *Steinbeck* in Fezer, UWG, § 4-1 Rn. 220.

69 BGH Urteil v. 07.03.1979 – I ZR 89/77 *(Briefmarkenauktion)*, GRUR 1979, 482 ff.

70 Die am 17.01.1912 gegründete Wettbewerbszentrale bekämpft unlautere geschäftliche Handlungen. Sie ist als privatwirtschaftlicher Verein organisiert. Ihre Mitglieder sind die Industrie- und Handelskammern sowie die Handwerkskammern und etwa 400 Verbände. Sie hat eine umfassende Verbandsklagebefugnis nach § 8 Abs. 3 Nr. 2 UWG, § 3 Abs. 1 Nr. 2 UKlaG für das gesamte Bundesgebiet. Der Unterlassungsanspruch ermöglicht der Wettbewerbszentrale auch die abstrakte Überprüfung von Allgemeinen Geschäftsbedingungen losgelöst von einem Einzelfall. Wegen eines Rahmenvertrages nach § 7 Abs. 3 EG-Verbraucherschutzdurchführungsgesetz (VSchDG) ist sie auch mit der Verfolgung innergemeinschaftlicher Wettbewerbsverstöße betraut, vgl. *Köhler* in Köhler/Bornkamm, UWG, Einleitung Rn. 2.29; www.wettbewerbszentrale.de (zuletzt aufgerufen am: 04.02.2012).

71 BGH Urteil v. 07.03.1979 – I ZR 89/77 *(Briefmarkenauktion)*, GRUR 1979, 482, 484.

72 BGH Urteil v. 11.05.1989 – I ZR 132/87 *(Vertrauensgarantie)*, GRUR 1989, 697 ff.

Rückgaberecht für seine Waren in Aussicht stellte. Der BGH entschied wieder im Sinne der Wettbewerbszentrale und hob das vorinstanzliche – ein Kopplungsangebot verneinende – Urteil auf. Seine Annahme fehlender wirtschaftlicher Einheit stützte der BGH unter anderem darauf, dass ein von objektiven Kriterien gelöstes Umtausch- und Rückgaberecht nach dem Regelfall der §§ 433 ff. BGB nicht Inhalt des Kaufvertrages sei und dem Käufer bei dem Angebot des Schmuckhändlers auch solche Risiken abgenommen würden, die mit dem konkreten Kauf nicht mehr in Zusammenhang stünden, sondern allein die Käufersphäre beträfen.[73] Weil der Kunde eine solche Rechtserweiterung nicht erwarte, handele es sich um eine gesonderte Nebenleistung,[74] die mit der Hauptleistung auch nicht in einer wirtschaftlichen Einheit stünde.[75] Es lag also nach Auffassung des BGH ein Kopplungsangebot vor.

In der Entscheidung *Nulltarif*[76] hatte sich der BGH mit einem Angebot auseinanderzusetzen, in dem eine Kaufhauskette Brillen wie folgt bewarb: »Für Mitglieder gesetzlicher Krankenkassen ist bei Verordnung von zwei Brillengläsern eine Brillenfassung aus unserem Null-Tarif-Sortiment im Festbetrag enthalten.« Darin sah die Klägerin, eine Augenoptikerinnung, ein unzulässiges Kopplungsangebot. Der BGH stimmte der die Klage abweisenden Vorinstanz darin zu, dass die Beklagte kein Kopplungsangebot unterbreitet habe. Vielmehr sei eine Brille in ihrer Gesamtheit beworben worden. In der Verkehrsauffassung der Letztverbraucher besitze allein die Brille als solche, bestehend aus Gläsern und Fassung, Bedeutung.[77] Es lag also nach Auffassung des BGH kein Kopplungsangebot vor.

In seiner Entscheidung *Handy für 0,00 EUR*[78] nahm der BGH schließlich eine funktionelle Einheit für die wirtschaftlich und insbesondere werbewirtschaftlich bedeutende Fallgruppe der Kopplung von Netzkartenvertrag und Mobiltelefon an und begründete dies damit, dass Handy und Kartenvertrag nur zusammen

---

73 Gemeint war etwa der Fall, dass der Schmuck einer vom Käufer beschenkten Person nicht gefalle, BGH Urteil v. 11.05.1989 – I ZR 132/87 *(Vertrauensgarantie)*, GRUR 1989, 697, 697.

74 Nach den heutigen Maßstäben würde bei diesem Angebot ein Kopplungsangebot nach den vorstehenden Maßstäben der Unselbstständigkeit der Vertrauensgarantie entfallen. Denn heutzutage wäre die Einräumung eines Rückgaberechts für hochpreisige Produkte wie Schmuck nicht mehr exzeptionell, sodass die Rückgabegarantie gegenüber dem Schmuckverkauf unselbstständig wäre.

75 BGH Urteil v. 11.05.1989 – I ZR 132/87 *(Vertrauensgarantie)*, GRUR 1989, 697, 698.

76 BGH Urteil v. 13.01.2000 – I ZR 271/97 *(Null Tarif)*, GRUR 2000, 918 ff.

77 BGH Urteil v. 13.01.2000 – I ZR 271/97 *(Null Tarif)*, GRUR 2000, 918, 919.

78 BGH Urteil v. 08.10.1998 – I ZR 187/97 *(Handy für 0,00 EUR)*, GRUR 1999, 264 ff.

praktische Verwendung fänden und dass in der Regel das eine nicht ohne das andere angeboten werde.[79] Es läge also eine »funktionelle Einheit« zwischen den Angebotselementen vor. Auch solche Angebote wurden fortan als einheitliche Angebote und nicht als Kopplungsangebote betrachtet.

c) Entscheidungskriterien der Rechtsprechung

Die Auswertung dieser Rechtsprechung zum Vorliegen einer »funktionellen Einheit« oder »wirtschaftlichen Einheit« lässt sich wie folgt zusammenfassen: Ein Kopplungsangebot lag nach Rechtsprechung des BGH nur vor, wenn Waren und/oder Dienstleistungen zusammengefasst wurden, die nach Anschauung des Verkehrs keine »funktionelle« oder »wirtschaftliche Einheit« bildeten.[80] Unmaßgeblich war dabei, ob sich das Angebot in verschiedene Rechtsgeschäfte aufspalten ließ und ob es durch verschiedene Vertragspartner erbracht wurde.[81] Auch kam es nicht auf die zivilrechtliche Vertragsgestaltung wie die Einräumung eines vertraglichen Anspruchs auf die Zusatzleistung des gekoppelten Angebots an.[82] Maßgebend war allein, ob die angesprochenen Verkehrskreise das Angebot als funktionelles oder wirtschaftliches Gesamtpaket wahrnahmen.

d) Kritik des Schrifttums

Die Abgrenzung anhand des Merkmals des Funktionszusammenhangs ist vielfach als nicht überzeugend kritisiert worden.[83] Dabei wird vor allem argumentiert, dass die Rechtsprechung unter Geltung der Zugabeverordnung erging und dort vor allem dazu habe dienen sollen, Angebote vom Anwendungsbereich des Zugabeverbots des § 1 Abs. 1 Zugabeverordnung auszunehmen, um der

79 BGH Urteil v. 08.10.1998 – I ZR 187/97 *(Handy für 0,00 EUR)*, GRUR 1999, 264, 266; Eine solche Bewertung ist allerdings auch dem zeitlichen Wandel unterworfen. Mobiltelefone haben sich vom schlichten funktionalen Gebrauchsgegenstand weiterentwickelt und können heute vom Life-Style-Accessoire bis hin zum mobilen Büro ganz verschiedene Funktionen erfüllen. Ihnen ist gegenüber dem Netzkartenvertrag zunehmend eine eigenständige, mitunter wohl sogar eine überwiegende Bedeutung zugekommen, sodass man heute – auch bei Beibehaltung der Abgrenzungskriterien des BGH – durchaus eine strenge Funktionseinheit verneinen könnte.

80 BGH Urteil v. 13.01.2000 – I ZR 271/97 *(Null Tarif)*, GRUR 2000, 918, 919; vgl. *Bernreuther*, WRP 1999, 475, 477.

81 BGH Urteil v. 08.10.1998 – I ZR 187/97 *(Handy für 0,00 EUR)*, GRUR 1999, 264, 265.

82 *Köhler*, GRUR 2003, 729, 730.

83 *Steinbeck* in Fezer, UWG, § 4-1 Rn. 222; *Köhler*, GRUR 2003, 729, 730.

einsetzenden Liberalisierung des Wettbewerbsrechts Rechnung zu tragen.[84] Ein weiterer Kritikpunkt war, dass die Rechtsprechung nicht zu antizipierbaren Ergebnissen führte, die Einschätzung, ob ein Angebot ein Kopplungsangebot oder ein einheitliches Angebot war, also unberechenbar war.[85]

Nach Aufhebung der Zugabeverordnung und Neubewertung der Kopplungsangebote sei die Unterscheidung nicht mehr erforderlich.[86]

e) Stellungnahme und Lösungsvorschlag

Die Kritik am Abgrenzungsmerkmal der Funktionseinheit oder wirtschaftlichen Einheit ist berechtigt. Die Auswertung der Entscheidungspraxis zeigt, dass die hierzu entwickelten Kriterien der Rechtsprechung in Grenzfällen, auf die es gerade ankommt, eine sichere Kategorisierung nicht zulassen. So hat die Rechtsprechung die folgenden Angebote im Ergebnis wie folgt kategorisiert:

Als Kopplungsangebote wurden eingestuft: 1979: Briefmarkenauktion mit Auktionsvorschusszahlung[87]; 1983: Kreditkarte mit Reiseversicherung.[88]; 1989: Schmuck mit erweitertem Rückgaberecht[89]; 1991: Restaurantessen mit kostenlosem Gutschein für Begleitperson[90]; 1991: Kostenlose Busfahrkarte bei Einkauf ab 99 DM[91]; 1993: Kostenlose Geldabhebung an der Supermarktkasse beim Bezahlen[92]; 1995: Kühltruhe mit Schweinehälfte[93]; 2001: Stromliefervertrag mit Elektrogerät für 1 DM[94]; sowie 2002: Möbelkauf mit Pauschalreise[95].

---

84 *Köhler*, GRUR 2003, 729, 730; *Fischer*, Kopplungsgeschäfte im Europäischen und deutschen Wettbewerbsrecht, S. 129.

85 *Kisseler*, WRP 1999, 580, 581.

86 *Steinbeck* in Fezer, UWG, § 4–1, Rn. 222.

87 BGH Urteil v. 07.03.1979 – I ZR 89/77 *(Briefmarkenauktion)*, GRUR 1979, 482.

88 BGH Urteil v. 27.01.1983 – I ZR 141/80 *(Diners-Club)*, GRUR 1983, 252 f.

89 BGH Urteil v. 11.05.1989 – I ZR 132/87 *(Vertrauensgarantie)*, GRUR 1989, 697.

90 BGH Urteil v. 11.07.1991 – I ZR 31/90 *(Topfgucker-Set)*, GRUR 1992, 116.

91 BGH Urteil v. 23.05.1991 – I ZR 294/89 *(Rückfahrkarte)*, GRUR 1991, 862.

92 BGH Urteil v. 28.10.1993 – I ZR 246/91 *(Euroscheck-Differenzzahlung)*, GRUR 1994, 230 ff.

93 BGH Urteil v. 30.11.1995 – I ZR 233/93 *(Saustarke Angebote)*, GRUR 1996, 363; zwar spricht der BGH dem Angebot eine gewisse Funktionsnähe nicht ab, qualifiziert es aber letztlich als Kopplungsangebot.

94 OLG Frankfurt Urteil v. 19.04.2001 – 6 U 184/00 (nicht rechtskräftig) NJW-RR 2002, 40, 41.

95 OLG Frankfurt Beschluss v. 31.10.2001 – 6 W 181/01 *(Traumreise gratis)*, GRUR-RR 2002, 30, 31.

Nicht als Kopplungsangebote sondern als einheitliche Angebote wurden hingegen gewertet: 1992: Motorrad mit Finanzierung durch eine herstellerunabhängige Bank[96]; 1992: Verkauf eines Anzeigeplatzes mit redaktionellem Beitrag zum beworbenen Produkt in einer Zeitschrift[97]; 1995: Kraftfahrzeug mit Finanzierung durch Herstellerbank[98]; 1997: Skier mit Montage und Einstellung der Skibindungen[99]; 1997: Musik-Zeitschrift mit aufgeklebter CD[100]; 1998: Netzkartenvertrag mit Mobiltelefon und Schokoladenweihnachtsmann für 1 DM[101]; 1999: Netzkartenvertrag mit Mobiltelefon für 0 EUR[102]; 2000: Brillengläser mit »kostenlosem« Gestell[103]; 2001: Entwicklung eines Farbfilms mit Abzügen für 1 Pfennig[104]; sowie 2001: Stromliefervertrag mit Elektrogerät für 1 DM[105].

Die vorstehenden Kategorisierungen sind nicht ohne Weiteres nachvollziehbar. Ähnliche und sogar praktisch identische Sachverhalte wurden unterschiedlich eingestuft. Bezeichnend ist etwa das Angebot »Stromliefervertrag mit Elektrogerät für 1 DM«. Von den drei damit befassten Oberlandesgerichten wurde das Merkmal der Funktionseinheit in jeweils unterschiedlicher Weise bewertet: Das *OLG Celle* bejahte einen Funktionszusammenhang, denn es »spricht für die Einheitlichkeit des Angebotes, dass bei den Produkten ein unmittelbarer Gebrauchszusammenhang besteht. Strom wird zum Betrieb der elektrischen Geräte eingesetzt, die ohne Strom regelmäßig funktionslos wären.«[106] Das *OLG Frankfurt* verneinte ein Kopplungsangebot aufgrund eines

---

96 BGH Urteil v. 06.10.1992 – KZR 21/91 *(Zinssubvention)*, GRUR 1993, 137 ff.

97 BGH Urteil v. 23.01.1992 – I ZR 29/90 *(Anzeigenplatzierung)*, GRUR 1992, 463.

98 BGH Urteil v. 28.04.1994 – I ZR 68/92 *(Zinsgünstige Kfz-Finanzierung durch Herstellerbank)*, GRUR 1994, 743.

99 BGH Urteil v. 25.09.1997 – I ZR 84/95 *(Skibindungsmontage)*, GRUR 1998, 500.

100 OLG Hamburg Urteil v. 23.10.1997 – 3 U 106/97 *(Max goes Music)*, NJWE-WettbR 1998, 106.

101 BGH Urteil v. 08.10.1998 – I ZR 147/97 *(Am Telefon nicht süß sein?)*, WRP 1999, 517.

102 BGH Urteil v. 08.10.1998 – I ZR 187/97 *(Handy für 0,00 EUR)*, GRUR 1999, 264.

103 BGH Urteil v. 13.01.2000 – I ZR 271/97 *(Null Tarif)*, GRUR 2000, 918.

104 BGH Urteil v. 16.11.2000 – I ZR 186/98 *(Vorzugspreis bei Erstentwicklung von Filmen)*, GRUR 2001, 446.

105 OLG Celle Urteil v. 29.12.2000 – 13 U 235/00 *(Elektrische Geräte für 1 DM)*, GRUR 2001, 855, 856; Im Ergebnis offen gelassen: KG Berlin Urteil v. 08.05.2001 – 5 U 6904/00 (nicht rechtskräftig) GRUR-RR 2011, 277, 278.

106 OLG Celle Urteil v. 29.12.2000 – 13 U 235/00 *(Elektrische Geräte für 1 DM)*, GRUR 2001, 855, 856.

Funktionszusammenhangs. Weil »der Betrieb der erworbenen Elektrogeräte nur eine der vielfältigen Nutzungsmöglichkeiten des Stromliefervertrags ist, ist der Kauf der Geräte – anders als im vom BGH entschiedenen Handy-Fall – nicht der notwendige Anlass für den Abschluss des Stromliefervertrages«[107], argumentierte das OLG Frankfurt. Das *KG Berlin* ließ die Frage nach einer Funktionseinheit offen, führte aber an, »dass auch in der Kombination von einem Stromlieferungsvertrag und einem (austauschbaren) Elektrogerät eine sinnvolle Einheit gesehen werden könne. Es bestehen ein Gebrauchszusammenhang und eine Gebrauchsnähe, da der gelieferte Strom sozusagen sinnvoll verwendet wird.«[108]

Alle drei Begründungen sind schlüssig und – aus hier vertretener Sicht – scheint keine gegenüber den anderen vorzugswürdig. Dass unterschiedliche Ergebnisse gefunden wurden, zeigt vielmehr, dass das Merkmal der Funktionseinheit zu vage ist, um eine prognostizierbare Kategorisierung von Kopplungsangeboten aufgrund einer Funktionseinheit zu ermöglichen.

Es besteht auch keine Notwendigkeit, an dem Abgrenzungskriterium der Funktionseinheit oder wirtschaftlichen Einheit weiter festzuhalten. Mit Wegfall der Rechtsfolge, die an die Zugabe als eine Erscheinungsform eines Kopplungsangebots geknüpft war, findet eine einheitliche Bewertung der Kopplungsangebote nach demselben lauterkeitsrechtlichen Maßstab statt. Der BGH hat – wie bereits angesprochen – klargestellt, dass die Zulässigkeit der Kopplungsangebote sich an den Gefahren, die von dem Angebot ausgehen, zu orientieren hat.[109] Für die von einem Kopplungsangebot ausgehende Gefahr spielt es keine oder nur eine untergeordnete Rolle, ob die gekoppelten Angebotselemente gebrauchsnah oder branchenfremd sind, denn die primäre Gefahr der Kopplungsangebote, nämlich deren Irreführungs- und Preisverschleierungspotential,[110] ist unabhängig von der Gebrauchsnähe der Angebotselemente. So spielt es für die Preisklarheit eines Kopplungsangebots im Mobilfunkbereich keine Rolle, ob das an den Netzkartenvertrag gekoppelte Gut ein gebrauchsnahes Mobiltelefon,[111] eine

---

107 OLG Frankfurt Urteil v. 19.04.2001 – 6 U 184/00 (nicht rechtskräftig) NJW-RR 2002, 40, 41.

108 KG Berlin Urteil v. 08.05.2001 – 5 U 6904/00 (nicht rechtskräftig) GRUR-RR 2011, 277, 278.

109 BGH Urteil v. 13.06.2002 – I ZR 173/01 *(Kopplungsangebote I)*, GRUR 2002, 976, 978; siehe ausführlich unten, S. 127 ff.

110 Vgl. *Sosnitza* in Piper/Ohly/Sosnitza, UWG, § 4.1 Rn. 1/91.

111 Vgl. BGH Urteil v. 08.10.1998 – I ZR 187/97 *(Handy für 0,00 EUR)*, GRUR 1999, 264.

branchenfremde Spielekonsole[112] oder – wie in dem vom BGH entschiedenen Fall »Am Telefon nicht süß sein«[113] – ein Schokoladenweihnachtsmann ist. Verstünde man Kopplungsangebote nur als Angebote, deren Kombination von vornherein fernliegend ist (*Beispiel*: Kraftfahrzeug und Flugreise)[114], klammerte man eben jene modernen und hochkomplexen Kombinationsangebote aus, deren Preisverschleierungspotential dasjenige heterogener Kombinationen wie Kraftfahrzeug und Flugreise weit übersteigt.

Die Gebrauchsnähe ist für die von einem Kopplungsangebot ausgehende Gefahr dagegen nur dann maßgeblich, wenn man – wie unter Geltung der Zugabeverordnung – die von einem Kopplungsangebot für die Verbraucher ausgehenden Risiken primär unter dem Gesichtspunkt der »unsachlichen Beeinflussung« oder des »übertriebenen Anlockens« misst. Diese Bewertung ist jedoch durch die UGP-Richtlinie und das gewandelte Verbraucherleitbild im harmonisierten europäischen Verbraucher-Lauterkeitsrecht überholt. Deshalb besteht auch aus rechtlicher Sicht heute kein Anlass mehr, bei funktioneller oder wirtschaftlicher Einheit eines Angebots, auf die rechtliche Kategorisierung unter Geltung anderer gesetzlicher Rahmenbedingungen zurückzugreifen.

Zudem verlangt auch der Begriff »Kopplungsangebote« keine Ausklammerung funktionsnaher Kombinationsangebote. Die Begriffskomponente »Kopplung«[115] setzt allein voraus, dass mehrere individualisierbare Angebotselemente miteinander gekoppelt werden. Der Begriff sagt dagegen nichts über das Verhältnis oder die Gewichtung der Angebotselemente zueinander aus und enthält insbesondere keine Aussage darüber, ob sich die Angebotselemente in ihrem Verwendungszweck unterscheiden müssen.

---

112 Vgl. BGH Urteil v. 11.12.2003 – I ZR 83/01 *(Playstation)*, GRUR 2004, 343.

113 BGH Urteil v. 08.10.1998 – I ZR 147/97 *(Am Telefon nicht süß sein?)*, WRP 1999, 517.

114 Vgl. OLG München Urteil v. 25.11.1999 – 6 U 1862/99 WRP 2001, 319.

115 Das Wort »Kopplung« stammt aus dem mittelhochdeutschen Wort »Kuppel«, das in Neuhochdeutsch »binde zusammen, vereinige« bedeutet: *Müller/Zarncke*, Mittelhochdeutsches Wörterbuch, Band 1 S. 915 (vgl. »trût, du kuppelst alle mîne sinne (…).« / »Liebe, du vereinst alle meine Sinne«, in »Der Schulmeister von Esslingen«, in der Großen Heidelberger Liederhandschrift (Codex Manesse) ca. 1340, S. 293v). Zur Entwicklung: des Wortes »Kuppel« zu »Kopplung« siehe *Grimm/Grimm*, Deutsches Wörterbuch, Band 11, Spalte 2773; heute existieren die gleichberechtigten Schreibweisen: »Kopplung« und »Koppelung« die in Literatur und Rechtsprechung uneinheitlich benutzt werden; hier wird die erste Schreibweise verwendet, außer bei wörtlicher Quellenwiedergabe, in der die ältere Schreibweise gebraucht wird.

Nicht zuletzt spricht auch die praktische Bedeutung der Kopplung funktionsnaher Waren und Dienstleistungen dafür, diese nicht von dem Begriff der Kopplungsangebote auszuklammern.

Im Ergebnis ist die »Funktionseinheit« oder »wirtschaftliche Einheit« daher mit Aufhebung der Zugabeverordnung kein fortbestehendes Abgrenzungskriterium für Kopplungsangebote.[116]

4. *Ergebnis*

Kopplungsangebote können auch Angebote sein, die Waren und/oder Dienstleistungen zusammenfassen, die in einem funktionellen oder wirtschaftlichen Zusammenhang stehen. Damit unterfallen zum Beispiel auch die Kopplungen von Mobiltelefon und Netzkartenvertrag den Kopplungsangeboten.

Es ist jedoch nicht so weit zu gehen, dass zwischen Angeboten mit völlig unselbstständigen Nebenleistungen und Kopplungsangeboten nicht weiter differenziert würde.[117] In Fällen, bei denen zwar Kombinationen von Waren und/oder Leistungen vorliegen, die sich jedoch bei jeder Betrachtungsweise für den angesprochenen Kundenkreis als ein einheitliches und nicht als ein verbundenes Angebot mit individualisierbaren Elementen darstellen, liegt schon begrifflich kein Kopplungsangebot vor. Dann fehlt es an dem Merkmal *»zwei oder mehr«* Angebotselemente, die ein Kopplungsangebot verlangt. Dafür aber kommt es nicht auf eine Funktionseinheit und auch nicht auf die Handelsüblichkeit an. Um die Einteilung fassbar zu machen, ist allein darauf abzustellen, ob die Individualisierung der einzelnen Angebotselemente eine künstliche Aufspaltung eines einheitlichen Angebots wäre.

III. Vorliegen unterschiedlicher Angebotselemente

Wenngleich funktionsnahe Kombinationsangebote zu den Kopplungsangeboten gehören, also insbesondere auch die Kopplung ähnlicher oder sich ergänzender Angebotselemente der Annahme eines Kopplungsangebots nicht entgegensteht, liegt ein Kopplungsangebot dann nicht vor, wenn *gleiche* Waren oder Dienstleistungen zu einem Gesamtangebot zusammengefasst werden.[118]

---

116 Zu dem Ergebnis kommen auch *Köhler*, GRUR 2003, 729, 730 und *Fischer*, Kopplungsgeschäfte im Europäischen und deutschen Wettbewerbsrecht, S. 129.

117 A.A *Stuckel* in Harte-Bavendamm/Henning-Bodewig, UWG, § 4 Rn. 50.

118 *Köhler* in Köhler/Bornkamm, UWG, § 4 Rn. 1.99; *Sosnitza* zählt darüber hinaus auch die Verbindung von gleichartigen Waren in Mehrfachpackungen zu den »Warenkopplungen«, nicht jedoch ausdrücklich zu »Kopplungsangeboten«, Piper/Ohly/Sosnitza, UWG, § 4.1 Rn. 1/89.

Zwar lässt sich auch das Verbinden gleicher Waren als eine Kopplung im vorgenannten Wortsinn verstehen. Dennoch werden solche Verbindungen nicht zu den Kopplungsangeboten im wettbewerbsrechtlichen Sinn gezählt:

Für diese Kombinationsangebote hat sich in der Wirtschaft ein eigener Begriff, »Gebinde«, etabliert. Ein Gebinde sind mehrere miteinander verbundene Stücke einer Art,[119] also ein Angebot, bei dem mehrere identische Angebotselemente zu einer Verkaufseinheit zusammengefasst werden.[120]

Für das Vorliegen eines Gebindes kommt es nicht darauf an, ob der Preis des Gebindes der Summe der Einzelpreise seiner Bestandteile entspricht, oder ob das Gebinde gegenüber dem Einzelverkauf einen Preisnachlass gewährt.[121] Es können daher die folgenden Formen der Gebinde unterschieden und von den Kopplungsangeboten abgegrenzt werden:

In den einfachsten Fällen entspricht der Preis des Gebindes der Summe der Einzelpreise der gebundenen Waren. Dies ist etwa im Getränkehandel für Endverbraucher häufig der Fall, wo der Getränkepreis in der kastenweisen Abnahme eines Getränks der Summe der Einzelpreise der Flaschen entspricht.

Gebinde können allerdings auch einen Preisvorteil gegenüber dem Einzelverkauf bieten. Das ist dann der Fall, wenn ein Händler gleiche Angebotselemente zu einer Angebotseinheit zusammenfasst und diese günstiger abgibt als im Einzelverkauf. Solche Gebinde gehören – wie Kopplungsangebote – zu den Verkaufsförderungsmaßnahmen. Dabei sind zwei Fallgruppen zu unterscheiden:

Erstens kann der Händler einen bestimmten Geldbetrag als Einsparung festsetzen, wie etwa in dem Fall *Sparpackung*[122], in der ein Händler Wäsche, die er auch im Einzelverkauf anbot, in Gebinden zusammenfasste und jeweils mit der Preisreduzierung des Gebindes gegenüber dem Einzelpreis warb.

Hier ist die Abgrenzung zum Kopplungsangebot deutlich: In der Mehrfachpackung liegt ein eigenes einheitliches Angebot vor,[123] es handelt sich um eine Form des Rabattes.[124]

Zweitens kann der Händler beim Angebot eines Gebindes einzelne Angebotselemente als kostenlos ausweisen (etwa »Zwei-zum-Preis-von-einem-Angebote«).

---

119 So schon 1793: *Adelung*, Versuch eines vollständigen grammatisch-kritischen Wörterbuchs der hochdeutschen Mundart mit beständiger Vergleichung der übrigen Mundarten, Band II S. 452.

120 *Köhler*, GRUR 2003, 729, 730.

121 *Köhler*, GRUR 2003, 729, 730.

122 BGH Urteil v. 25.10.1984 – I ZR 129/82 *(Sparpackung)*, GRUR 1985, 392.

123 BGH Urteil v. 25.10.1984 – I ZR 129/82 *(Sparpackung)*, GRUR 1985, 392, 392.

124 So *Köhler*, GRUR 2003, 729, 730; *Steinbeck* in Fezer, UWG, § 4–1, Rn. 166.

In solchen Fällen ist die Abgrenzung zur Zugabe, die zu den Kopplungsangeboten gehört, umstritten:[125]

In seiner Entscheidung *One for Two*[126] beurteilte der BGH einen Fall, bei dem von zwei Restaurantessen nur eines, nämlich das teurere, zu bezahlen war. Dieses Angebot behandelte der BGH als Kopplungsangebot.[127] Es handelt sich um einen Grenzfall, denn bestellt der Gast zweimal das gleiche Essen, liegt ein Gebinde vor. Ein »Zwei-zum-Preis-von-einem«-Angebot ist dann ein Gebinde und kein Kopplungsangebot, wenn das Angebot vorschreibt, dass die gleichen Angebotselemente verbunden werden. Werden hingegen auch unterschiedliche Angebotselemente verbunden, liegt ein Kopplungsangebot vor.

Anhand dieses Beispiels wird der wesenstypische Unterschied der Gebinde und der Kopplungsangebote deutlich:

Gebinde sind grundsätzlich transparenter als Kopplungsangebote. Denn zur Preisbestimmung der einzelnen Angebotselemente eines Gebindes sind vergleichsweise einfache Rechenoperationen notwendig. Der Gesamtpreis und die Anzahl der Gebindeelemente sind regelmäßig bekannt. Der Verbraucher kann den Einzelpreis der Angebotselemente eines Gebindes dann dadurch ermitteln, dass er den Gesamtpreis durch die Anzahl der Gebindeelemente teilt. Wird im Zusammenhang mit dem Gebinde ein Rabatt versprochen, kann der Verbraucher auf diese Weise seine tatsächliche Ersparnis gegenüber dem Einzelbezug ausrechnen.[128] Die Gefahr, die von Gebinden für den Verbraucher und den Wettbewerb ausgeht, ist daher regelmäßig gering.[129]

---

125 *Fischer*, Kopplungsgeschäfte im Europäischen und deutschen Wettbewerbsrecht S. 127.

126 BGH Urteil v. 23.05.1991 – I ZR 172/89 *(One for Two)*, GRUR 1991, 933.

127 BGH Urteil v. 23.05.1991 – I ZR 172/89 *(One for Two)*, GRUR 1991, 933, 933.

128 In der Praxis bereitet diese Berechnung mitunter Schwierigkeiten. Die Wochenzeitung *The Economist* stellte fest, dass Verbraucher häufig Probleme haben, Preis- und Mengenveränderungen bei Gebinden richtig zu bewerten: So ist – entgegen der Einschätzung vieler Verbraucher – eine kostenlose Mengenerhöhung um 33% nicht gleichzusetzen mit einer Preisreduktion um 33%. Vielmehr ist die Preisreduktion das deutlich bessere Angebot und entspricht rechnerisch einer Mengenerhöhung um 50%. In einem Experiment in dem eine Ware in einem Gebinde (bonus pack) oder zu einem der Mengenerhöhung äquivalent geminderten Preis angeboten wurde, entschieden sich 73% der Verbraucher für das Gebinde gegenüber der gleichwertigen Preisminderung. The Economist, The psychology of discounting: Something doesn't add up, 30. Juni 2012 S. 14.

129 Vgl. *Steinbeck* in Fezer, UWG, § 4-1, Rn. 166.

Die Preiswürdigkeit eines Kopplungsangebots ist hingegen schwieriger zu beurteilen als die eines Gebindes.[130] Denn bei Kopplungsangeboten tritt, wenn es sich um verdeckte Kopplungsangebote handelt, bei denen die Einzelpreise der Angebotselemente nicht angegeben sind,[131] eine unbekannte Variable hinzu, die die vorgenannte Rechenoperation unmöglich macht. Der Kunde kennt regelmäßig nur den Gesamtpreis des Kopplungsangebots, nicht aber auch die Einzelpreise der verbundenen Angebotselemente oder deren Verhältnis zueinander. Die Einzelpreise der verbundenen Angebotselemente sind allerdings für den Kunden häufig deshalb besonders interessant, weil er nur auf diese Weise überprüfen kann, wie hoch die durch die Kopplung möglicherweise gewährte Vergünstigung tatsächlich ist. Der Kunde eines Kopplungsangebots kann also, anders als der Kunde eines Gebindes, den Wert der einzelnen Angebotselemente nicht aus dem Angebot selbst heraus errechnen, sondern muss hierzu eigene Ermittlungen anstellen, etwa Vergleichsangebote einholen.[132] Anders als im Falle des Gebindes muss der Kunde eines Kopplungsangebots also mitunter auf externe Informationen zurückgreifen, um den Wert der einzelnen Angebotselemente zu bestimmen. Hierin liegt ein wesenstypisches Preisverschleierungspotential eines Kopplungsangebots, das bei Gebinden nicht vorkommt.

Werden nur identische Produkte verbunden, liegen hiernach keine Kopplungsangebote, sondern Gebinde vor. Weil das Preisverschleierungspotential eines Gebindes geringer ist als das eines Kopplungsangebots, handelt es sich um wesensverschiedene Angebotsformen. Gebinde entsprechen den (Natural-)Rabatten, nach deren lauterkeitsrechtlichen Maßstäben sie zu bewerten sind.

IV. Vorliegen einer Kopplung der Angebotselemente

Ein Kopplungsangebot liegt nur dann vor, wenn die Angebotselemente aneinander gekoppelt, also verbunden sind. In der Regel wird die Kopplung als eine rechtliche Kopplung realisiert, wobei auch andere Formen der Kopplung möglich sind.

1. Rechtliche Kopplungen

Bei Kopplungsangeboten, die Kopplungsgeschäfte bewerben, bei denen nur ein zweiseitiges Rechtsverhältnis entsteht, geschieht die Verbindung üblicherweise

130 *Beater*, Unlauterer Wettbewerb § 16, Rn. 69.

131 Dies gilt jedenfalls für verdeckte Kopplungsangebote, bei denen keine Einzelpreise angegeben werden. Siehe hierzu unten, S. 79.

132 BGH Urteil v. 30.11.1995 – I ZR 233/93 *(Saustarke Angebote)*, GRUR 1996, 363, 364.

dadurch, dass die einzelnen Angebotselemente zu Bestandteilen der Vertragsofferte oder der invitatio ad offerendum gemacht werden. Dies kann durch den Angebotstext selbst, oder (z. B. bei Kundenbindungssystemen) durch den Einsatz von Allgemeinen Geschäftsbedingungen geschehen.

Beispiel: Im Fall »*Saustarke Angebote*«[133] wurden eine Kühltruhe und eine Schweinehälfte in einem Werbeprospekt zu einem Gesamtpreis angeboten. Kommt auf dieses Kopplungsangebot hin ein Vertrag zustande, umfasst dieser für den Verkäufer die Pflicht zur Übergabe und Übereignung einer Kühltruhe sowie einer Schweinehälfte und für den Kunden die Pflicht zur Zahlung des Kaufpreises.

Bei mehrseitigen Kopplungsangeboten (Werbung für Kopplungsgeschäfte mit mehr als zwei beteiligten Vertragsparteien) kann die rechtliche Verbindung der Angebotselemente dadurch erreicht werden, dass das Geschäft die Pflicht zum Abschluss eines – rechtlich gesonderten – Vertragsverhältnisses mit dem Dritten beinhaltet:

Beispiel: Das Kopplungsangebot *Elektrische Geräte für 1 DM*[134] bewarb ein Kopplungsgeschäft, das den Verkäufer zu Übergabe und Übereignung eines Elektrogerätes und den Käufer zur Zahlung des (subventionierten) Kaufpreises sowie zum Abschluss des bezeichneten Stromliefervertrags mit einem genau bezeichneten Dritten verpflichtete.

Insbesondere bei solchen Kopplungsangeboten ist es in der Praxis häufig, dass neben der rechtlichen Kopplung eine tatsächliche Kopplung abgesichert wird. Das Elektrogerät wird also in der Praxis tatsächlich erst nach Unterzeichnung des Stromliefervertrag übergeben. Möglich ist auch die Vereinbarung eines Eigentumsvorbehalts, bis der Drittvertrag eingegangen ist. Die tatsächliche Kopplung betrifft indes nur die Durchsetzung der rechtlichen Kopplung. Ausschlaggebend für die Bewertung als rechtliche Kopplung ist, dass sich der Kunde schon mit dem Zustandekommen des Kopplungsgeschäfts zum Abschluss des Drittvertrags verpflichtet.

Beiden Angeboten ist damit gemein, dass durch das Zustandekommen des Kopplungsgeschäfts bereits eine alle Angebotselemente umfassende Vertragsbeziehung entsteht.

---

133 BGH Urteil v. 30.11.1995 – I ZR 233/93 *(Saustarke Angebote)*, GRUR 1996, 363 ff.

134 OLG Celle Urteil v. 29.12.2000 – 13 U 235/00 *(Elektrische Geräte für 1 DM)*, GRUR 2001, 855.

2. *Lockere Kopplung: Kopplungsangebote bei Einzelvertrieb der gekoppelten Elemente – Versprechen einer Vergünstigung als konstitutives Element der Kopplungsangebote bei gleichzeitigem Einzelvertrieb*

In der betriebswirtschaftlichen Literatur wird der Begriff »Kopplungsangebote« teilweise im Sinne einer Ausschließlichkeitsbindung beim Absatz von Waren oder Dienstleistungen verstanden.[135] Nach einem solchen Verständnis würde ein Kopplungsangebot dann nicht vorliegen, wenn die jeweiligen Angebotselemente auch einzeln vertrieben werden.

Diese Einschränkung wurde von der Rechtsprechung nicht übernommen. Ein Kopplungsangebot liegt auch dann vor, wenn die gekoppelten Angebotselemente bei demselben Händler auch einzeln vertrieben werden. Ist das der Fall, handelt es sich jedoch nur dann um ein Kopplungsangebot, wenn dieses gegenüber der Summe der Einzelpreise vergünstigt abgegeben wird.

Dies wird durch den Sachverhalt der Entscheidung *Kopplungsangebote I*[136] deutlich: Das dortige Angebot beinhaltete den Verkauf eines Videorekorders zum Preis von 49 DM, wenn gleichzeitig ein Stromliefervertrag mit einer Grundgebühr von 9,90 DM pro Monat abgeschlossen wurde. Unabhängig von dem Kopplungsangebot konnte der Videorekorder auch zum Preis von 249 DM erworben werden, wenn kein Stromliefervertrag abgeschlossen wurde (ungekoppeltes Angebot).[137]

Aus Perspektive der angesprochenen Kunden kommt es nur nachrangig auf die Bezugsmöglichkeit des Videorekorders zum Normalpreis von 249 DM an. Maßgeblich für die wettbewerbsrechtliche Bewertung des Kopplungsangebots ist die den Kopplungsangeboten wesenstypische Anlockwirkung, die durch die versprochene – nicht notwendigerweise auch tatsächlich bestehende – Vergünstigung erzielt wird. Die Vergünstigung ist in solchen Fällen obligatorisch an den Bezug des Kopplungsangebots geknüpft. Der gleichzeitige Einzelvertrieb macht das Kopplungsangebot allerdings erheblich transparenter, weil eine Vergleichsgröße geschaffen wird.

Im Ergebnis liegt ein Kopplungsangebot auch dann vor, wenn die jeweiligen Angebotselemente neben dem gebundenen Angebot auch zu ihren Normalpreisen einzeln vertrieben werden, während bei Abnahme des Kopplungsangebots eine Vergünstigung gegenüber dem Einzelerwerb gewährt oder versprochen wird.

---

135 So etwa: Gabler Wirtschaftslexikon, Bd. K-Z, S. 1758.

136 BGH Urteil v. 13.06.2002 – I ZR 173/01 *(Kopplungsangebote I)*, GRUR 2002, 976.

137 BGH Urteil v. 13.06.2002 – I ZR 173/01 *(Kopplungsangebote I)*, GRUR 2002, 976; 976.

Werden die einzelnen Angebotselemente hingegen nur gekoppelt und nicht einzeln angeboten, liegt ein Kopplungsangebot auch dann vor, wenn eine Vergünstigung nicht ausdrücklich angepriesen ist. Die Vergünstigung liegt in einem solchen Fall darin, dass die sonst nicht einzeln erwerbbaren Angebotselemente überhaupt angeboten werden. Wird etwa ein besonders begehrtes Mobiltelefon nur in Verbindung mit einem bestimmten Netzkartenvertrag auf den Markt gebracht, kommt es für die Bewertung des Angebots als Kopplungsangebot nicht darauf an, ob im Zusammenhang mit dem Angebot auch eine Vergünstigung versprochen wird.[138]

Um kein Kopplungsangebot handelt es sich dagegen, wenn verschiedene Waren gemeinsam angeboten werden, die Abnahme der einzelnen Waren jedoch fakultativ ist und keine Vergünstigung beim Bezug des Gesamtangebots gewährt wird.[139] Es handelt sich dann lediglich um eine Werbung, die einzelne Produkte zusammenfasst. Sofern eine solche Werbung nicht den Eindruck einer Vergünstigung erweckt, liegt kein Kopplungsangebot vor.

Beispiel (kein Kopplungsangebot): Eine Internet-Werbung für DSL Volumen- oder Flatrate-Tarife umfasst auch einen Hinweis auf die Bestellmöglichkeit eines DSL-Anschlusses bei einem Drittanbieter. Es wird nicht mit einer Vergünstigung bei gleichzeitiger Bestellung des DSL-Anschlusses geworben, und aus der Werbung wird deutlich, dass die Kombination fakultativ ist.[140]

Im Ergebnis lässt sich festhalten: Bei gleichzeitigem Einzelvertrieb der Angebotselemente kommt es für das Vorliegen eines Kopplungsangebotes darauf an, ob eine Vergünstigung in Zusammenhang mit der Kopplung versprochen wird.

3. *Keine Kopplung*

Nicht zu den Kopplungsangeboten gehören Angebote, bei denen es an einer festen Verbindung der Angebotselemente fehlt. Das ist insbesondere bei den folgenden Werbemaßnahmen der Fall:

---

138 Zu einem solchen Sachverhalt vgl. LG Hamburg Beschluss v. 12.11.2007 - 315 O 923/07 *(iPhone I)*, BeckRS 12.11.2007, 12216; LG Hamburg Urteil v. 04.12.2007 - 315 O 923/07 BeckRS 2008, 19970; siehe auch unten, S. 90.

139 OLG Karlsruhe Urteil v. 23.07.2003 - 6 U 89/03 *(T-DSL-Anschluss)*, GRUR-RR 2004, 86.

140 OLG Karlsruhe Urteil v. 23.07.2003 - 6 U 89/03 *(T-DSL-Anschluss)*, GRUR-RR 2004, 86.

a) Werbegeschenke

Ein Werbegeschenk ist eine unentgeltliche Zuwendung im geschäftlichen Verkehr.[141] Werbegeschenke stellen neben den Rabatten und den Kopplungsangeboten eine weitere bedeutende Fallgruppe der Verkaufsförderung dar.[142] Werbegeschenke sind Verkaufsförderungsmaßnahmen,[143] weil auch das Werbegeschenk eine Vergünstigung gewährt, nämlich das Geschenk selbst, und dazu dient, potenzielle Käufer zu einem Kauf zu animieren. Sie sind in dieser Hinsicht also den Kopplungsangeboten ähnlich.

Beispiel (Werbegeschenk): Ein Hersteller von Computergrafikkarten verschenkt auf einer Produktpräsentation Computerspiele.

Die Verbindung zwischen dem Geschenk, und der Waren- oder Leistungsabnahme ist jedoch anders als beim Kopplungsangebot nicht zwingend. Deswegen sind Werbegeschenke keine Kopplungsangebote.[144]

Das Werbegeschenk ist also über die fehlende Kopplung von der Zugabe, also einem Kopplungsangebot, abzugrenzen. Klarzustellen ist, dass das Werbegeschenk auch keine andere als eine monetäre Gegenleistung voraussetzen darf. Bei dem Werbegeschenk muss es sich um eine völlig gegenleistungsfreie Zuwendung handeln, nicht bloß um eine unentgeltliche Zuwendung. Anders als bei der »Prämie«, die in der Regel Bestandteil eines Kopplungsangebots ist, ist Wesen des Werbegeschenkes, dass gerade kein irgendwie gearteter Leistungsaustausch, sondern eine rein einseitige Leistung vorliegt.

Um keine Geschenke handelt es sich daher bei Prämien, die etwa für die gegebenenfalls aufwendige Teilnahme an einer Kundenumfrage oder dem Preisgeben der eigenen Anschrift gewährt werden. Auch »kostenlose« Reiseleistungen im Zusammenhang mit der Verpflichtung, an einer Verkaufsshow teilzunehmen (sog. »Kaffeefahrten«), sind keine Werbegeschenke. Solche »kostenlosen« Leistungen sind tatsächlich Prämien (Zugaben) und zählen daher mitunter zu den Kopplungsangeboten. Insbesondere, wenn bei einer Kaffeefahrt die Teilnahme

141 Gabler Wirtschaftslexikon, Bd. S-Z, S. 3300; *Steinbeck* verlangt darüber hinaus, dass das Werbegeschenk eine geldwerte Leistung sein müsse, *Steinbeck* in Fezer, UWG, § 4–1, Rn. 167.

142 Vgl. § 4 Nr. 4 UWG; ferner: *Sosnitza* in Piper/Ohly/Sosnitza, UWG, § 4.1, R. 1/58; *Köhler* in Köhler/Bornkamm, UWG, § 4 Rn. 1.86.

143 *Köhler* in Köhler/Bornkamm, UWG, § 4 Rn. 1.86; *Bruhn* in Harte-Bavendamm/Henning-Bodewig, UWG, § 4 Nr. 4 Rn. 26; Gabler Wirtschaftslexikon; Köhler/Bornkamm, UWG, Bd. S-Z, S. 3301.

144 *Köhler* in Köhler/Bornkamm, UWG, § 4, Rn. 1.100; *Bruhn* in Harte-Bavendamm/Henning-Bodewig, UWG, § 4 Nr. 4 Rn. 26.

an der Verkaufsveranstaltung aus tatsächlichen Gründen zwingend ist, etwa weil ein Bus in einer entlegenen Gegend am Ort der Verkaufsshow hält und erst nach deren Abschluss die Reise fortgesetzt wird, liegt ein Kopplungsangebot auch dann vor, wenn die Teilnahme an der Reise kostenlos ist und eine vertragliche Kaufverpflichtung nicht besteht. Die gewünschte Reise ist hierbei die Vergünstigung, die als Gegenleistung zur (mitunter unerwünschten) Teilnahme an der Verkaufsveranstaltung gewährt wird.

Eine Grenze kann allerdings dort gezogen werden, wo die »Gegenleistung« des angesprochenen Verbrauchers in einer völlig unverbindlichen Tätigkeit besteht, etwa wenn Besucher ein Werbegeschenk für das Betreten eines neu eröffneten Einkaufszentrums erhalten. Dann kann auch begrifflich noch von einem Geschenk gesprochen werden, denn die »Gegenleistung« des Besuchers ist – anders als bei der Teilnahme an einer Verkaufsveranstaltung bei einer Kaffeefahrt – gänzlich unverpflichtend.

Darüber hinaus ist bei der Kategorisierung einer Verkaufsförderungsmaßnahme als Werbegeschenk oder Kopplungsangebot zu beachten, dass es für die Frage nach der Unentgeltlichkeit des »Geschenkes« allein auf die tatsächliche Gegenleistungsfreiheit des Empfängers ankommt, nicht etwa darauf, ob der Werbende die Zuwendung als »Geschenk« oder als »gratis« bezeichnet. Insbesondere sind die häufig als »gratis« bezeichneten Zugaben Kopplungsangebote und keine Werbegeschenke.[145]

Abgrenzungsschwierigkeiten zwischen Werbegeschenken und Kopplungsangeboten treten vor allem in zwei – unten gesondert dargestellten –Fällen auf: Erstens, wenn durch das Werbegeschenk ein hoher Druck auf den Verbraucher ausgeübt wird (sogenannter psychischer Kaufzwang)[146] und zweitens, wenn das Werbegeschenk eine Prämie ist, die den Abschluss eines Dauerschuldverhältnisses (z. B. Abonnementvertrag) gewährt und im Falle des Rücktritts behalten werden darf.[147]

b) Warenproben

Ebenfalls kein Kopplungsangebot ist eine Warenprobe *(Sample),* die eng mit dem Werbegeschenk verwandt ist. Regelmäßig handelt es sich um eine kleine Menge einer Ware, die möglichen Käufern kostenlos zum bestimmungsgemäßen

---

145 Zu Zugaben siehe unten, S. 80.

146 *Fischer*, Kopplungsgeschäfte im Europäischen und deutschen Wettbewerbsrecht S. 128.

147 Siehe hierzu unten, S. 61.

Gebrauch gegeben wird.[148] Sie unterscheidet sich vom Werbegeschenk dadurch, dass neben den Werbezweck ein Erprobungszweck tritt.[149] Die Gewährung von Warenproben war auch unter Geltung der Zugabeverordnung zulässig.[150]

Beispiel (Warenprobe): Ein Hersteller von Computerspielen verschenkt auf einer Messe funktionsreduzierte Testversionen seiner Computerspiele.

Für Warenproben gilt dasselbe wie für Werbegeschenke: Wenn die Abgabe nicht mit einer Leistung des Kunden (außer der fakultativen Erprobung) verbunden ist, liegt kein Kopplungsangebot vor.

4. *Problemfälle*

Verlangen Kopplungsangebote eine Kopplung der Angebotselemente, stellt sich die Frage, ob auch durch nicht-rechtliche Mittel eine Kopplung erzielt und ein Kopplungsangebot begründet werden kann. Die Frage stellt sich immer dann, wenn die Kopplung schwächer ist als eine zwingende rechtliche Kopplung. Diskussionswürdig ist dies für den Fall, dass eine rechtliche Kopplung unter einem Widerrufsrecht steht, also dann, wenn die Kopplung im Nachhinein aufgelöst werden kann, sowie für den Fall der Kopplung durch »psychischen Kaufzwang« und in bestimmten Fällen der Kopplung durch technische Vorrichtungen.

a) Vorliegen einer Kopplung bei Widerrufs- und Rücktrittsrechten

Zunächst ist eine Abgrenzung zwischen Werbegeschenk oder Warenprobe einerseits und den Kopplungsangeboten andererseits dann diskussionswürdig, wenn zwar zunächst eine rechtliche Kopplung vorliegt, dem Käufer allerdings ein Widerrufsrecht zusteht, demzufolge er sich von seiner eigenen Leistungspflicht zurückziehen kann, das »Geschenk« für den Warenbezug jedoch behalten darf. Diese Konstellation tritt insbesondere bei Abonnementverträgen auf, wenn der Bezieher eines Probeabonnements eine Prämie auch dann behalten kann, wenn er sich von dem Abonnement löst, bevor dieses zu einem Regelabonnement wird, das eine Zahlungspflicht des Abonnenten begründet. Die Prämie solcher Probeabonnements wird teilweise als Werbegeschenk und nicht als Kopplungsangebot gewertet.[151]

---

148 Gabler Wirtschaftslexikon, Bd. S-Z, S. 3274.

149 Gabler Wirtschaftslexikon, Bd. S-Z, S. 3301.

150 BGH Urteil v. 22.02.1957 – I ZR 68/56 *(SUWA)*, GRUR 1957, 365, 365.

151 So etwa: *Bruhn* in Harte-Bavendamm/Henning-Bodewig, UWG § 4 Nr. 4, Rn. 23.

aa) Die Entscheidung Wirtschaftsmagazin des BGH

Diese Ansicht, bei Prämien für Probeabonnements handele es sich um Werbegeschenke, wurde in der Entscheidung *Wirtschaftsmagazin*[152] auch vom BGH vertreten. In dem zu entscheidenden Sachverhalt vertrieb ein Zeitungsverleger ein Abonnement mit einem vierzehntägigen Widerrufsrecht und einer auch im Widerrufsfall vom Kunden zu behaltenden Prämie. Die Wettbewerbszentrale sah darin ein damals unzulässiges Kopplungsangebot. Der BGH lehnte diese Auffassung ab, denn für ein Kopplungsangebot komme es auf die Abhängigkeit der gekoppelten Waren an und diese bestehe im Streitfall nicht. Der beworbene Abonnementsvertrag komme erst nach Ablauf der unausgenutzt verstrichenen Widerrufsfrist zustande, ohne dass die Zuwendung an den Abschluss des Geschäfts gebunden sei.[153]

bb) Stellungnahme

Die Argumentation, der Kunde binde sich durch die Unterschrift noch nicht an das Abonnement, weil der Vertrag erst nach Ablauf der Widerrufsfrist zustande käme, berücksichtigt nicht die Käuferperspektive, der im Wettbewerbsrecht und besonders bei der Beurteilung von Kopplungsangeboten regelmäßig die maßgebliche Bedeutung zukommt.[154] Der potenzielle Abonnent dürfte den zivilrechtlichen Grundsatz, dass an sein Schweigen keine Rechtsfolge geknüpft wird, kennen. Wenn er diese Position durch Unterzeichnen eines Probeabonnementvertrags aufgibt, sodass an das Verstreichenlassen der Widerrufsfrist eine Rechtsfolge geknüpft wird, wird er sich nicht erst dann, wenn die Widerrufsfrist verstrichen ist, sondern schon durch die Unterschrift gebunden sehen. Schon mit der Unterschrift geht der Abonnent eine Verpflichtung ein. Darüber hinaus wird der Abonnementvertrag – anders als in dem vom BGH entschiedenen Fall – häufig schon durch die Unterschrift zustande kommen, auch wenn ein Zahlungsanspruch erst nach Ablauf der Widerrufsfrist entsteht.

Ferner führte es zu einem Wertungswiderspruch, die Frage nach dem Vorliegen eines Kopplungsangebotes in dieser Konstellation von der vertraglichen

152 BGH Urteil v. 23.02.1989 – I ZR 138/86 *(Wirtschaftsmagazin)*, GRUR 1989, 366.

153 BGH Urteil v. 23.02.1989 – I ZR 138/86 *(Wirtschaftsmagazin)*, GRUR 1989, 366.

154 Vgl. *Steinbeck* in Fezer, UWG, § 4-1 Rn. 161; *Hecker* in Fezer, UWG, § 4-6 Rn. 55; *Völker/Dreyer* in Harte-Bavendamm/Henning-Bodewig, UWG, § 3 Abs. 3 »Schwarze Liste«; *Völker* in Harte-Bavendamm/Henning-Bodewig, UWG, § 1 PAngV Rn. 13.

Gestaltung abhängig zu machen, während sie in sonstigen Fällen gerade nicht davon abhängen soll.[155]

Aus diesem Grund ist die Auffassung, bei Prämien für Probeabonnements handele es sich um Werbegeschenke, abzulehnen.[156] Vielmehr dürfte regelmäßig ein Kopplungsangebot vorliegen.[157]

b) Psychischer Kaufzwang

Es stellt sich ferner die Frage, ob ein Kopplungsangebot auch vorliegen kann, wenn zwar keine rechtlich zwingende Verbindung zwischen zwei oder mehr Leistungen besteht, jedoch durch die kostenlose oder stark vergünstigte Abgabe einer (Neben-)Leistung für den Kunden eine Drucksituation aufgebaut wird, die den Erwerb einer (Haupt-)Leistung als sozial oder anstandshalber geradezu zwingend erscheinen lässt. Diese Konstellation wird unter dem Aspekt des psychischen Kaufzwangs diskutiert.[158] Unter »psychischem Kaufzwang« wird mit psychologischen Methoden vermittelter Zwang zum Abschluss eines Geschäftes verstanden.[159]

In diesem Zusammenhang stellt sich die Frage, ob in Anbetracht des Wandels des Verbraucherleitbildes hin zu einem durchschnittlich informierten und verständigen Verbraucher, der das Werbeverhalten mit einer der Situation angemessenen Aufmerksamkeit verfolgt,[160] an der Rechtsfigur des psychischen Kaufzwanges festzuhalten ist, und – soweit die Kopplungsangebote betreffend – ob durch die bloße Gewährung einer kostenlosen oder verbilligten Leistung eine solche Drucksituation ausgeübt werden kann, dass von einer obligatorischen Kopplung der kostenlosen oder vergünstigten Leistung an eine entgeltliche Hauptleistung gesprochen werden kann.

Sofern beide Fragen bejaht würden, läge ein Kopplungsangebot vor, wenn eine unentgeltliche Leistung in einer Drucksituation gewährt wird, die den

---

155 Vgl. *Köhler*, GRUR 2003, 729, 730.

156 Die gegenteilige Auffassung des BGH ist vor dem Hintergrund der damals geltenden ZugabeVO zu verstehen. Die Frage nach dem Vorliegen eines Kopplungsangebots war damals entscheidend für die Frage nach der Zulässigkeit der Vertriebsform.

157 Probeabonnements werfen zudem mitunter lauterkeitsrechtliche Fragen auf, vgl. *Körner*, WRP 2003, 1149, 1158.

158 *Fischer*, Kopplungsgeschäfte im Europäischen und deutschen Wettbewerbsrecht, S. 126; *Bülow*, WRP 2005, 954; *Fischer*, Kopplungsgeschäfte im Europäischen und deutschen Wettbewerbsrecht; *Scherer*, WRP 2005, 672; *Schmits*, NJW 2003, 3034; *Steinbeck*, GRUR 2005, 540; *Weiler*, WRP 2002, 871.

159 Vgl. *Weiler*, WRP 2002, 871, 877 (dort Fußnote 4) mit weiteren Nachweisen.

160 Siehe zum Wandel des Verbraucherleitbildes S. 117 ff. und zum heutigen Verbraucherleitbild S. 216 ff.

Abnehmer der unentgeltlichen Leistung nicht rechtlich, sondern psychisch, sozial oder anstandshalber zum Erwerb einer entgeltlichen Leistung verpflichtet. Der Unterschied zu einem Werbegeschenk läge darin, dass durch die soziale Drucksituation die unentgeltliche Zuwendung nicht völlig gegenleistungsfrei gewährt würde, sondern eine psychische oder soziale Kopplung an eine entgeltliche Leistung erfolgte.

aa) Problem der Kopplung durch psychischen Kaufzwang

In der Vergangenheit hat die Rechtsprechung die Fallgruppe des psychischen Kaufzwangs in Zusammenhang mit unterschiedlichen Werbe- und Absatzmethoden angewendet. In Betracht kamen insbesondere die Werbung mit Autoritäten, die Laienwerbung, das Ansprechen von Passanten auf der Straße, Vertreterbesuche in Privatwohnungen, das Zusenden unbestellter Waren, Werbe- und Verkaufsfahrten (sog. Kaffeefahrten), kostenlose oder vergünstigte Fahrkarten für Kunden zum Ort des Verkaufes sowie Verkaufsförderungsmaßnahmen und insbesondere Gewinnspiele und Preisausschreiben.[161]

Mit Einsetzen der Liberalisierung des Wettbewerbsrechts in den 1990er Jahren und insbesondere seit den UWG-Novellen 2004 und 2008 wird infrage gestellt, ob an dem Rechtsinstitut des psychologischen Kaufzwanges überhaupt noch festgehalten werden kann.[162]

Die heute wohl herrschende Meinung verneint die Rechtsfigur des psychischen Kaufzwanges unter den Prämissen des neuen Lauterkeitsrechts.[163] Zur Begründung wird angeführt, dass psychischer Kaufzwang empirisch nicht belegbar sei,[164] dass der nationale und europäische Gesetzgeber sich von der Rechtsfigur abgewendet habe[165] und dass sie mit dem gewandelten Verbraucherleitbild nicht zu vereinbaren sei.[166]

Andere Stimmen wollen an der Rechtsfigur des psychischen Kaufzwangs in Einzelfällen festhalten.[167]

---

161 *Weiler*, WRP 2002, 871, 871 mit weiteren Nachweisen.

162 *Bülow*, Kein Abschied vom psychischen Kaufzwang – Erwiderung auf Scherer, WRP 2005, 672, WRP 2005, 954.

163 So etwa: *Köhler* in Köhler/Bornkamm, UWG § 4 Rn. 1.77; *Hecker* in Fezer, UWG § 4–5 Rn. 38.

164 *Weiler*, WRP 2002, 871, 877.

165 *Scherer*, WRP 2005, 672, 676–677.

166 *Sosnitza* in Piper/Ohly/Sosnitza, UWG § 4 Rn. 1.26.

167 *Steinbeck*, GRUR 2005, 540, 545; *Bülow*, WRP 2005, 954, 956.

bb) Stellungnahme

Der herrschenden Auffassung in der Literatur ist darin zuzustimmen, dass bei den in diesem Zusammenhang in der Vergangenheit überwiegend diskutierten Fällen der Warenprobe ein psychischer Kaufzwang nach den heutigen Maßstäben nicht mehr anzunehmen sein dürfte.

Zwar kann es durch Warenproben durchaus zu emotional oder sozial beeinflussten Kaufentscheidungen kommen. Das ist insbesondere dann möglich, wenn Warenproben geringwertiger Produkte abgegeben werden, bei denen die Schwelle für einen Kaufentschluss niedrig ist. Als Beispiel lässt sich die Verkostung von Lebensmitteln auf einem Wochenmarkt anführen: Auch ein eigentlich nicht kaufinteressierter Kunde könnte sich, nachdem er sich auf das Probieren verschiedener Warenproben eingelassen hat, gehalten sehen, eine geringe Menge des einen oder anderen Produktes zu kaufen, ohne dass Ware und Preiswürdigkeit im Vordergrund stünden. Vielmehr könnte es dem Kunden bei seiner Kaufentscheidung zumindest auch darum gehen, nicht den Eindruck zu erwecken, er habe die Ware ohne jede Kaufabsicht probiert, sei also geizig oder wolle den Anbieter übervorteilen. Auch könnte es ihm darum gehen, dem Anbieter gegenüber nicht den Anschein zu erwecken, ihm habe das Produkt nicht gefallen.

Bei solchen Situationen handelt es sich allerdings um Vorgänge zwischenmenschlicher Interaktion, die individuell sehr verschieden sind und für die aus hier vertretener Sicht kaum eine Möglichkeit und kein Anlass besteht, ihnen mit wettbewerbsrechtlichen Mitteln zu begegnen. Denn dass eine Verkostung zu einem psychischen Kaufzwang, der schon begrifflich ein völliges Zurücktreten des eigenen freien Willens verlangt, führt, ist, jedenfalls nach den Maßstäben des heutigen Verbraucherleitbildes, regelmäßig nicht anzunehmen. Es handelt sich bei den beschriebenen Situationen vielmehr um einfache Verlegenheitskäufe, bei denen der Kunde sich durch die soziale Situation zwar möglicherweise beeinflusst sieht, aber kaum anzunehmen ist, dass seine Kaufentscheidung völlig hinter jeder rationalen Erwägung zurücktritt. Ferner dürften die Erwägungen, die den Käufer letztlich zu seinem Kauf bewegen, vielschichtiger sein, als es die Rechtsfigur des psychischen Zwangs suggeriert. Der Käufer könnte eine Ware, die er ohne die vorhergehende Verköstigung nicht gekauft hätte und für die er eigentlich keinen Bedarf hat, auch deshalb kaufen, um sich für die Probe dankbar zu zeigen, ohne dass er sich zur Dankbarkeit moralisch zwingend verpflichtet sähe. Die Rechtsfigur des psychischen Kaufzwangs gibt daher die intellektuellen und emotionalen Vorgänge einer Kaufentscheidung nur verkürzt wieder.

Der Auffassung, die Rechtsfigur des psychischen Kaufzwangs sei aufzugeben, ist ferner darin zuzustimmen, dass sich Situationen, in denen die soziale Drucksituation die Kaufentscheidung erzwingt, kaum in der Praxis nachweisen lassen.

Es ist ungeklärt, ob Verkaufssituationen, in denen der potenzielle Kunde zu umfassenden Warenproben gedrängt wird, um psychischen Kaufdruck auszuüben, in der Häufigkeit zu- oder abnehmen. Wissenschaftliche Untersuchungen zur Verbreitung solcher Situationen liegen nicht vor. Jedenfalls in Bezug auf die im Zusammenhang mit psychischem Kaufzwang durch Gewährung von Warenproben in den 1970er Jahren diskutierten unbestellten Handelsvertreterbesuche in der Privatwohnung[168] erscheint es durchaus möglich, dass diese Vertriebsform heute weniger verbreitet ist als in der Vergangenheit.

Der Anwendungsbereich der Rechtsfigur des psychischen Kaufzwangs könnte sich daher auch aus tatsächlichen Gründen reduziert haben.

Im Ergebnis ist damit festzuhalten, dass die Gewährung von kostenlosen oder stark vergünstigten Warenproben unter der Prämisse des heutigen Verbraucherleitbildes kaum mehr dazu geeignet sein dürfte, durch psychischen Kaufzwang eine Drucksituation aufzubauen, in der eine rationale Kaufentscheidung nicht mehr möglich ist.[169] Eine Kopplung durch psychischen Kaufzwang einer entgeltlichen Leistung an eine kostenlose oder stark vergünstigte Ware ist daher regelmäßig nicht möglich. Mithin ist die Rechtsfigur des psychischen Kaufzwangs regelmäßig nicht geeignet, um ein Kopplungsangebot zu begründen.

cc) Exkurs: Festhalten am Rechtsinstitut des psychischen Kaufzwangs bei der lauterkeitsrechtlichen Bewertung der Kopplungsangebote

Allerdings ist damit keine Aussage darüber getätigt, ob von einem Kopplungsangebot (z. B. für am Angebot unbeteiligte Dritte) ein psychischer Kaufzwang ausgehen kann. Es ist durchaus denkbar, dass moderne, komplexe Kopplungsangebote eine Drucksituation aufbauen können, die ein Festhalten an der Rechtsfigur des psychischen Kaufzwangs notwendig macht. Kopplungsangebote könnten dann auch an den Maßstäben der Rechtsprechung des psychischen Kaufzwangs zu messen sein. Dies setzte indes voraus, dass an der Rechtsfigur des psychischen Kaufzwangs auch unter Geltung des neuen europäischen Lauterkeitsrechts festzuhalten wäre.

---

168 *Bülow*, GRUR 1974, 254, 264.

169 Etwas anderes könnte dann gelten, wenn der mit einem kostenlosen Geschenk Werbende den Kaufinteressenten zunächst eine besondere Wertschätzung entgegenbringt und dabei eine Situation schafft, in der der Interessent diese Wertschätzung verliert, wenn er eingesteht, sich nur für das Gratisprodukt zu interessieren, vgl. zu diesem Beispiel *Steinbeck* in Fezer, UWG § 4-1 Rn. 112.

dd) Stellungnahme

Es sprechen gewichtige Argumente dafür, die Rechtsfigur des psychischen Kaufzwangs nicht per se aufzugeben, sondern lediglich ihren Anwendungsbereich an die heutigen tatsächlichen Geschäftsgepflogenheiten und die veränderten rechtlichen Prämissen anzupassen:

Zunächst ist nicht festzustellen, dass der Gesetzgeber mit der UWG-Novelle 2008 bewusst dazu entschieden hätte, das Rechtsinstitut des psychischen Kaufzwangs aufzugeben. Im Gegenteil: Ein Fall, der durchaus als psychischer Kaufzwang bewertet werden könnte, wurde sogar in die Schwarze Liste (Anhang zu § 3 Abs. 3 UWG) aufgenommen. Nach Nr. 30 der Schwarzen Liste ist die ausdrückliche Angabe, dass der Arbeitsplatz oder Lebensunterhalt des Unternehmers gefährdet sei, wenn der Verbraucher die angebotene Ware oder Dienstleistung nicht abnehme, eine per se verbotene geschäftliche Handlung. Der Gesetzgeber untersagt in dieser Konstellation also ausdrücklich eine soziale Druckausübung durch das Erwecken von Mitleid oder eines Solidaritätsgefühls. Es handelt sich hierbei um eben jene Druckausübung, die die Rechtsfigur des psychischen Kaufzwangs ebenfalls erfasst.

Auch Fälle aus der Rechtsprechung streiten dafür, an der Rechtsfigur des psychischen Kaufzwangs festzuhalten. So beurteilte der BGH etwa im Jahr 2007 in seiner Entscheidung *Tony Taler*[170] ein Aktionsangebot, mit dem sich ein Hersteller von Frühstücksflocken an Schüler wandte. Es handelte sich um ein Kopplungsangebot in Form eines Kundenbindungssystems. Die Schüler wurden aufgefordert, Wertpunkte, die unter anderem den Frühstücksflocken beigelegt waren, zu sammeln und diese anschließend unter Einschaltung eines Lehrers beim Unternehmen einzureichen. Die Schule (nicht die Schüler) erhielten ja nach Menge der gesammelten Wertpunkte von dem werbenden Unternehmen Sportartikel für den Sportunterricht. Diese waren umso hochwertiger, je mehr Punkte gesammelt und eingeschickt wurden.[171] Der BGH gab der gegen dieses Angebot klagenden Wettbewerbszentrale darin Recht, dass das Kopplungsangebot unlauter sei. Es stellte fest, dass der ausgeübte Druck ein solches Ausmaß erreichte, dass die angesprochenen Kunden (die Eltern der Schüler) in ihrer freiwilligen Entschließung beeinträchtigt würden. Denn die Werbeaktion sei geeignet, einen erheblichen Gruppendruck auf die Schüler dahin auszuüben, sich am

---

170 BGH Urteil v. 12.07.2007 – I ZR 82/05 *(Tony Taler)*, GRUR 2008, 183; vgl. auch *Steinbeck* in Fezer, UWG, § 4-1 Rn. 251.

171 So gab es etwa für fünf Punkte ein Springseil und für 400 Punkte eine Basketballanlage für die Schule, vgl. BGH Urteil v. 12.07.2007 – I ZR 82/05 *(Tony Taler)*, GRUR 2008, 183, 184.

Sammeln der Punkte innerhalb der Klassen- oder Schulgemeinschaft zu beteiligen. Die Werbung ziele damit gerade darauf ab, die in einer Schulgemeinschaft bestehenden Gruppenzwänge auszunutzen. Kinder, die sich an der Sammelaktion nicht beteiligen wollten, würden von ihren Mitschülern unter Druck gesetzt, an der Sammelaktion teilzunehmen. Auch die Autorität der Schule, insbesondere die der Sportlehrer, würde durch dieses Kundenbindungssystem ausgenutzt. Die Schüler und Eltern gerieten in die Situation, die Sammelaktion unterstützen zu müssen, um den Eindruck mangelnder Hilfsbereitschaft und Solidarität mit der Schulgemeinschaft zu vermeiden. Auch vernünftige Eltern könnten sich deshalb dazu veranlasst sehen, ihren Kindern zu erlauben, sich an der Sammelaktion zu beteiligen und hierfür die entsprechenden Produkte zu erwerben, die sie andernfalls nicht gekauft hätten.[172]

Kopplungsangebote wie das Angebot im Fall *Tony Taler* streiten dafür, die Rechtsfigur des psychischen Kaufzwangs nicht völlig aufzugeben. Denn in der Tat können sich in dieser Konstellation die Käufer einem psychischen Kontrahierungszwang ausgesetzt sehen. Auch wenn sie kein Interesse daran haben, an dem Kundenbindungssystem teilzunehmen, ist die Aussicht auf die an das Angebot gekoppelten Prämien geeignet, nicht-kaufinteressierte Eltern und Schüler zu einer Teilnahme zu bewegen. Dabei besteht der Anreiz dieses Angebotes nicht allein darin, in den Genuss der an die Warenabnahme gekoppelten Sportgeräte zu kommen, sondern auch darin, nicht als unsolidarisch dazustehen.

Aufgrund der Kopplung der Zuwendungen an konkrete Kaufentscheidungen der Schüler ist in dem Angebot auch keine Sponsoringleistung des Anbieters zu sehen, die gegebenenfalls an anderen Maßstäben zu messen wäre. Vielmehr erscheint das spezifische Kundenbindungssystem darauf angelegt zu sein, soziale Gruppenzwänge bei Kindern und Jugendlichen im eigenen Interesse des Unternehmens auszunutzen. Hinzutritt, dass ein Lehrer, der diese Aktion unterstützt, sie damit gleichsam absegnet, sodass sich die Schüler geradezu verpflichtet fühlen müssen, an der Aktion teilzunehmen.

In Anbetracht solcher Werbemethoden kann die Rechtsfigur des psychischen Kaufzwangs nicht endgültig aufgegeben werden. Denn nicht nur das Verbraucherleitbild hat sich fortentwickelt, auch die Absatzstrategien entwickeln sich stetig fort.

Es kann nicht ausgeschlossen werden, dass sich, wenn die Entwicklung der Absatzstrategien mit der Liberalisierung des Wettbewerbsrechts Schritt hält, die Gerichte auch in Zukunft mit der Beurteilung von Vertriebsstrategien

---

172 BGH Urteil v. 12.07.2007 – I ZR 82/05 *(Tony Taler)*, GRUR 2008, 183, 186.

konfrontiert sehen, die einen Rückgriff auf das Rechtsinstitut des psychischen Kontrahierungszwanges erforderlich machen.

Den Kritikern an dem Rechtsinstitut des psychischen Kontrahierungszwanges ist jedoch zuzugeben, dass psychischer Zwang von einem Kopplungsangebot in Zukunft nur noch in wenigen Extremfällen ausgehen dürfte, in denen zu dem eigentlichen Kopplungsangebot – wie im Fall *Tony Taler* – eine besondere psychologische Komponente (hier: Werbung gegenüber Kindern unter Ausnutzung der Autorität der Schule und gruppendynamischer Prozesse der Klassengemeinschaft) hinzutreten muss. Fälle, in denen erwachsenen Verbrauchern besonders verlockende Kopplungsangebote unterbreitet werden, dürften regelmäßig nicht hierzu zählen.

c) Technische Kopplungen

Schließlich stellt sich die Frage, ob Kopplungsangebote auch technisch realisiert werden können, die Bindung der Angebotselemente also nicht rechtlich, sondern nur über technische Vorrichtungen erfolgen kann.

aa) Rechtliche und technische Kopplungen

Unproblematisch handelt es sich dann um Kopplungsangebote, wenn eine technische Vorrichtung dazu dient, ein rechtliches Kopplungsangebot durchzusetzen. Dies ist zum einen bei Kombinationspackungen der Fall, in denen die Verpackung bereits ein Kopplungsangebot zusammenfasst (z. B. Kombination aus Teetasse und Tee in einem durchsichtigen Zellophanbeutel)[173]. Bei solchen Kombinationspackungen liegt eine rechtliche Kopplung vor, weil die gekoppelten Gegenstände gemeinsam in einer invitatio ad offerendum zu einem Gesamtangebot zusammengefasst werden. Es liegt dann eine rechtliche und technische Kopplung vor, wobei für die Qualifizierung als Kopplungsangebot bereits die rechtliche Kopplung genügt.

Auch komplexere Kopplungsangebote, wie etwa Geräte subventionierende Mobilfunkverträge, können rechtlich und technisch gekoppelt sein, wenn ein sogenannter SIM-Lock das subventionierte Endgerät an ein bestimmtes Provider-Netz bindet. Es handelt sich dann nach den vorgenannten Maßstäben um eine rechtliche Kopplung, weil der Erwerber des subventionierten Mobilfunkgerätes bereits vertraglich durch den Anbieter gezwungen wird, einen Netzkartenvertrag abzuschließen.

---

173 Vgl. BGH Urteil v. 22.12.1961 – I ZR 58/60 *(Glockenpackung)*, GRUR 1962, 415.

bb) Nur technische Kopplungen

Es stellt sich allerdings die Frage, wie Angebote zu bewerten sind, bei denen neben die technische keine rechtliche Kopplung tritt.

Dies ist etwa der Fall bei Hauptwaren, die durch (für den bestimmungsgemäßen Gebrauch technisch erforderliche) Nebenwaren subventioniert werden. Hat der Kunde die Wahl, die subventionierte Hauptware zu erwerben, ist aber rechtlich nicht gezwungen, auch die subventionierenden Nebenwaren zu kaufen, besteht mitunter nur eine technische Kopplung. Eine solche Vertriebsstrategie lässt sich etwa bei Druckern, Nassrasierern oder Kaffeepadmaschinen beobachten. Teilweise wird in solchen Fällen eine Primärware zu einem Preis abgegeben, der durch hohe Preise der Verbrauchsmaterialien (Druckerkartuschen, Rasierklingen, Kaffepads) subventioniert wird.

Nach hier vertretener Auffassung liegt in solchen Angeboten regelmäßig kein Kopplungsangebot vor. Die Grenzen eines Kopplungsangebotes würden verschliffen, würde man auch solche Sachverhalte darunter subsumieren, bei denen die Verbindung der Angebotselemente allein darin besteht, dass die Kunden sich durch eine Erwerbsentscheidung auf einen bestimmten Verbrauchsartikel festlegen. Weder läge kein Gesamtangebot im Sinne eines Kopplungsangebots vor, bei dem die Angebotselemente bereits von Anfang an zusammengefasst sind, noch wäre die Bindung obligatorisch. Zwar mag der Bezug der bestimmten Nebenware für den bestimmungsgemäßen Gebrauch langfristig zwingend sein. Allerdings schwächt die Subvention des Preises des Primärartikels die Bindung, denn der Kunde kann, wenn ihm die Verbrauchsartikel langfristig zu teuer werden, das System wechseln, ohne sich durch eine hohe Erstinvestition bereits festgelegt zu haben.

Angebote, die über solche technischen Kopplungen verfügen, sind in ihren Wirkungsmechanismen und ihren Transparenzrisiken den Kopplungsangeboten zwar ähnlich, sie sind jedoch wesensverschieden, weil eine Abnahme der subventionierenden Nebenleistung – anders als bei Kopplungsangeboten – nicht zwingend ist. Es liegt daher kein Kopplungsangebot vor.

C. Kopplungsangebote im Kontext lauterkeitsrechtlicher Oberbegriffe

Kopplungsangebote stehen in einer Systematik verschiedener wettbewerbsrechtlicher Oberbegriffe und bilden eine Untergruppe verschiedener wettbewerblicher Handlungen, für die das Lauterkeitsrecht bestimmte Zulässigkeitsvoraussetzungen verlangt.

Erfüllt ein Kopplungsangebot die tatbestandlichen Voraussetzungen eines wettbewerbsrechtlichen Oberbegriffes, so sind – bevor die Besonderheiten der

Kopplungsangebote zu untersuchen sind – zunächst die für diese wettbewerblichen Handlungen geltenden Voraussetzungen zu prüfen.

I. Kopplungsangebote als »geschäftliche Handlungen«

Kopplungsangebote sind stets »geschäftliche Handlung« im Sinne des UWG. Geschäftliche Handlungen sind – nach der Legaldefinition in § 2 Abs. 1 Nr. 1 UWG – »jedes Verhalten einer Person zugunsten des eigenen oder eines fremden Unternehmens vor, bei oder nach einem Geschäftsabschluss, das mit der Förderung des Absatzes oder des Bezugs von Waren oder Dienstleistungen oder mit dem Abschluss oder der Durchführung eines Vertrags über Waren oder Dienstleistungen objektiv zusammenhängt«.[174] Dies ist bei verkaufsfördernden Kopplungsangeboten, die unmittelbar der Absatzförderung dienen, der Fall. Damit sind Kopplungsangebote als geschäftliche Handlungen an den Maßstäben der §§ 3 ff. UWG zu messen.

II. Kopplungsangebote als »Geschäftspraktiken« im Sinne der UGP-Richtlinie

Wenn sich ein Kopplungsangebot – wie in der Mehrzahl der Fälle – von einem Unternehmer an einen Verbraucher richtet, so handelt es sich bei dem Kopplungsangebot um eine »Geschäftspraktik« im Sinne der UGP-Richtlinie. Die UGP-Richtlinie definiert Geschäftspraktiken (unter anderem) als Werbung eines Gewerbetreibenden, die unmittelbar mit der Absatzförderung, dem Verkauf oder der Lieferung eines Produkts an Verbraucher zusammenhängt.[175] Damit müssen verbraucherbezogene Kopplungsangebote die Voraussetzungen der UGP-Richtlinie erfüllen.[176]

III. Kopplungsangebote als Fallgruppe der Wertreklame/ Verkaufsförderungsmaßnahmen

Schließlich sind die Mehrzahl der Kopplungsangebote, jedoch nicht alle,[177] eine Erscheinungsform einer Absatzstrategie, die in der Vergangenheit als »Wert-

174 § 2 Abs. 1 Nr. 1 UWG.

175 Legaldefinition Art. 2 d) UGP-Richtlinie.

176 EuGH Urteil v. 14.01.2010 – Rs. C-304/08 *(Plus Warenhandelsgesellschaft)*, GRUR 2010, 244; *Köhler* in Köhler/Bornkamm, UWG, §4 Rn. 191.

177 Abzugrenzen von den verkaufsfördernden Kopplungsangeboten sind die machtbedingten Kopplungsangebote, die im Wesentlichen – hier nicht dargestellte – kartellrechtliche Fragen aufwerfen, vgl. *Köhler*, GRUR 2003, 729, 731.

reklame« und heute als »Verkaufsförderungsmaßnahme« bezeichnet wird.[178] »Verkaufförderungsmaßnahme« ist damit der Oberbegriff für verschiedene Vertriebsmaßnahmen, von denen die verkaufsfördernden Kopplungsangebote eine Fallgruppe ausmachen. Weil der Gesetzgeber seit der UWG-Novelle 2004 an Verkaufsförderungsmaßnahmen besondere Zulässigkeitsanforderungen stellt, ist die Einteilung der Kopplungsangebote in die Gruppe der Verkaufsförderungsmaßnahmen nicht nur für die Beschreibung und das Verständnis der praktischen Erscheinungsformen dieser Vertriebsart von Bedeutung. Vielmehr ist die Einteilung der Kopplungsangebote in die Gruppe der Verkaufsförderungsmaßnahmen auch für die Bestimmung ihrer rechtlichen Zulassungskriterien entscheidend.[179]

1. Begriffe und Begriffsentwicklung »Wertreklame«, »Verkaufsförderungsmaßnahme« und »Leistungsreklame«

Der Begriff »Wertreklame«, der eine Verwendung schon in der reichsgerichtlichen Rechtsprechung gefunden hatte,[180] wurde weder legaldefiniert, noch konnte sich eine einheitliche höchstrichterliche Definition durchsetzten.[181] Der BGH erläuterte den Begriff »Wertreklame« jeweils fallbezogen, wobei bis zuletzt Unklarheiten darüber herrschten, welche Angebote Wertreklame darstellten und welche nicht. Im Jahr 2003 erläuterte der BGH »Wertreklame« unter Geltung des UWG 1909 in den Entscheidungen *Zeitung zum Sonntag*[182] und *20 Minuten Köln*[183] so, dass Wertreklame eine Werbeform beschreibe, bei der nicht mit Worten, sondern mit Werten geworben werde. Dies könne darin bestehen, dass der Unternehmer etwas verschenke, sei es eine ungekoppelte Werbegabe, sei es eine Zugabe oder sei es die Ware selbst, für deren entgeltlichen Absatz er damit zugleich werbe.[184]

---

178 *Kügele*, GRUR 2006, 105, 106.

179 Kopplungsangebote, die zu den Verkaufsförderungsmaßnahmen gehören, müssen insbesondere den Transparenzpflichten des § 4 Nr. 4 UWG genügen.

180 Siehe etwa RG Urteil v. 23.12.1926 – III 574/26 RGSt 61, 58, 62.

181 *Charaktiniotis*, Die lauterkeitsrechtlichen Zulässigkeitsschranken der Kopplungsangebote nach der Aufhebung der Zugabeverordnung, S. 53 mit weiteren Nachweisen.

182 BGH Urteil v. 20.11.2003 – I ZR 120/00 *(Zeitung zum Sonntag)*, WPR 2003, 746.

183 BGH Urteil v. I ZR 151/01 – 20.11.2003 *(20 Minuten Köln)*, GRUR 2004, 602.

184 BGH Urteil v. 20.11.2003 – I ZR 120/00 *(Zeitung zum Sonntag)*, WPR 2003, 746, 767. BGH Urteil v. I ZR 151/01 – 20.11.2003 *(20 Minuten Köln)*, GRUR 2004, 602, 603.

Diese Beschreibung und der Begriff »Wertreklame« im Allgemeinen bergen die Gefahr, missverstanden zu werden. Denn Wertreklame liegt – anders als der Wortlaut nahelegt – eben nicht vor, wenn mit dem Wert der beworbenen Ware geworben wird. Die Werbung, ein beworbenes Produkt sei »viel wert«, koste »nur« einen bestimmten Preis und weise also ein gutes Preisleistungsverhältnis auf, ist gerade keine Wertreklame, sondern dessen Gegenstück, nämlich Leistungsreklame bzw. Leistungswettbewerb.[185] Bei der Leistungsreklame wird primär die Leistung eines Produktes beworben. Dabei umfasst die Werbung für die Leistung eines Produktes häufig auch eine Aussage über die relative Preisleistung, also das sogenannte »Preisleistungsverhältnis«. Auch solche ist Leistungswerbung und nicht Wertreklame, jedenfalls dann, wenn der Händler nicht mit einem besonderen Preisvorteil, sondern mit der Leistung des Produktes und gegebenenfalls mit dessen günstigen – nicht vergünstigten – Preis wirbt.

In der Entscheidung *Geballtes-Bunt*[186] legt der BGH dar, die Besonderheit der Wertreklame im Vergleich zur Bild- und Wortreklame bestehe darin, dass dem Kunden zu Reklamezwecken geschenkweise eine Vergünstigung gewährt werde.[187]

In diesem Zusammenhang ist klarzustellen, dass auch Wertreklame häufig »Bild- und Wortreklame« ist. »Bild- und Wortreklame« beschreibt nur das Medium der Werbekommunikation, nicht aber dessen Inhalt. Auch die Angebotsbedingungen einer Wertreklame/Verkaufsförderungsmaßnahme müssen kommuniziert werden. Dies kann mit unterschiedlichen Medien, wie zum Beispiel mittels Prospekten, Flyern, Werbeannoncen, Plakaten, Onlinebannern, Radiospots, Promotionevents oder TV-Werbung geschehen. Daher enthält die Werbung für Kopplungsangebote und sonstige Verkaufsförderungsmaßnahmen oft auch Bild- und Wortreklame. Darüber hinaus wird sich in der Bewerbung einer Wertreklame/Verkaufsförderungsmaßnahme neben der Kommunikation der besonderen Vergünstigung in aller Regel auch klassische Leistungswerbung für das abzusetzende Produkt finden, das in einem positiven Licht dargestellt wird. »Bild- und Wortreklame« ist also kein Gegenstück zur Wertreklame.

Ferner ist zwar der Anschein einer Vergünstigung ein Abgrenzungsmerkmal zwischen Wertreklame und Leistungswerbung. Die Vergünstigung muss allerdings nicht tatsächlich gewährt werden, wie im Fall der Entscheidung *Geballtes-Bunt*, sondern es genügt der bloße Anschein, eine Vergünstigung werde gewährt.

---

185 Vgl. *Hoth*, GRUR 1961, 562, 566.

186 BGH Urteil v. 13.06.1973 – I ZR 65/72 *(Geballtes Bunt)*, GRUR 1974, 345.

187 BGH Urteil v. 13.06.1973 – I ZR 65/72 *(Geballtes Bunt)*, GRUR 1974, 345, 346.

Gerade für die lauterkeitsrechtliche Bewertung des Angebots kann es von ausschlaggebender Bedeutung sein, ob eine Vergütung nur versprochen oder auch tatsächlich gewährt wird. Darüber hinaus muss die Vergünstigung auch nicht in einem Geschenk bestehen, sondern kann auch in einer anderen Weise dargeboten werden.

Aus diesen Gründen ist es zu begrüßen, dass der missverständliche Begriff der »Wertreklame« mit der Einführung des UWG 2004 durch die Bezeichnung »Verkaufsförderungsmaßnahme« ersetzt wurde. Die heute verwendete Wendung »Verkaufsförderungsmaßnahme« soll zudem wertneutraler sein,[188] jedoch besteht Einigkeit darüber, dass die Begriffe im Ergebnis dasselbe meinen.[189]

2. Heutiges Verständnis von Verkaufsförderungsmaßnahmen

»Verkaufsförderungsmaßnahme« (*Sales Promotion*)[190] ist ein aus dem Marketing stammender[191] Begriff, der in geringfügig abgewandelter Form erstmals in der Richtlinie über den elektronischen Geschäftsverkehr[192] gesetzgeberisch verwendet wurde.[193] Der Ausdruck hat mit der UWG-Novelle 2004 in § 4 Nr. 4 Eingang in das UWG gefunden. Eine Legaldefinition für »Verkaufsförderungsmaßnahmen« liegt nicht vor. Das UWG nennt jedoch Beispiele für Verkaufsförderungsmaßnahmen. Aufgeführt sind: Preisnachlässe, Zugaben und Geschenke (§ 4 Nr. 4 UWG). In seiner Entscheidung *Geld-zurück-Garantie II*[194] definiert der BGH im Jahr 2009 den Begriff »Verkaufsförderungsmaßnahme« wie folgt:

»Verkaufsförderungsmaßnahmen sind alle zur Förderung des Absatzes gewährten geldwerten Vergünstigungen, die in ähnlicher Weise wie die genannten Beispiele (Preisnachlässe, Zugaben und Geschenke) die Kaufentscheidung des Verbrauchers beeinflussen können«.[195]

---

188 *Steinbeck*, GRUR 2005, 15, 20 (dort Fußnote 1).

189 *Stucke* in Harte-Bavendamm/Henning-Bodewig, UWG § 4 Rn. 43.

190 Sprachgebrauch des EuGH; ferner: *Köhler* in Köhler/Bornkamm, UWG, § 4 Rn. 1.85.

191 *Jaeger-Lenz* in Gloy/Loschelder/Erdmann, Wettbewerbsrecht, § 51 Rn. 8.

192 Richtlinie 2000/31/EG des Europäischen Parlamentes und des Rates vom 08.07.2000 über bestimmte rechtliche Aspekte der Dienste der Informationsgesellschaft, insbesondere des elektronischen Geschäftsverkehrs, im Binnenmarkt.

193 Art. 6 c): »Angebote zur Verkaufsförderung wie Preisnachlässe, Zugaben und Geschenke (...)«.

194 BGH Urteil v. 11.03.2009 – I ZR 194/06 *(Geld-zurück-Garantie II)*, GRUR 2009, 1064.

195 BGH Urteil v. 11.03.2009 – I ZR 194/06 *(Geld-zurück-Garantie II)*, GRUR 2009, 1064, 1066, 1067.

Diese Definition wird in der Literatur weiter präzisiert. Danach sind Verkaufsförderungsmaßnahmen Handlungen eines Unternehmens, die bei einem tatsächlichen oder potenziellen Kunden[196] den Eindruck der Gewährung von Vorteilen entstehen lassen. Es handelt sich also um eine Form der Werbung, die anders als die klassische Leistungswerbung nicht nur die Ware und deren Preiswürdigkeit in den Vordergrund stellt, sondern daneben oder allein den richtigen oder falschen Eindruck erweckt, es werde ein besonderer Vorteil abgegeben.[197]

Aus § 4 Nr. 4 UWG, der bestimmte Zulässigkeitsvoraussetzungen für Verkaufsförderungsmaßnahmen normiert, ist keine Beschränkung auf bestimmte Vorteile zu entnehmen, sodass grundsätzlich jede Art von Vorteil, die der Anbieter einer Ware oder Dienstleistung seinen Kunden für den Fall des Bezugs der Ware oder der Inanspruchnahme der Dienstleistung zusätzlich in Aussicht stellt, eine Verkaufsförderungsmaßnahme begründen kann.[198]

Damit kommt es für die Beurteilung, ob ein Kopplungsangebot zu den Verkaufsförderungsmaßnahmen zählt (und damit den Anforderungen des § 4 Nr. 4 UWG zu genügen hat), auf die Perspektive des angesprochenen Kunden an, nämlich darauf, ob beim Kunden der Eindruck geschaffen wird, durch die Kopplung entstehe eine Vergünstigung.

Dies ist sowohl bei Zugaben (»Gratis-Prämie« beim Warenbezug) als auch bei komplexen Kundenbindungssystemen der Fall, bei denen der Kunde – partizipiert er an dem Kundenbindungssystem – beim entgeltlichen Bezug von Waren oder Dienstleistungen für jeden kostenpflichtigen Erwerb eine Vergünstigung in Form von Punkten erhält, die er später gegen Waren oder Dienstleistungen eintauschen kann.

Keine Verkaufsförderungsmaßnahme liegt bei einem Kopplungsangebot hingegen vor, wenn dem Kunden nicht suggeriert wird, er erhalte durch die Kopplung eine Vergünstigung. Wird etwa ein Computer als Konfigurationsangebot angeboten, bei dem einzelne Bestandteile zu marktüblichen Preisen zu- und abbestellbar sind, liegt keine Verkaufsförderungsmaßnahme vor. Wird hingegen damit geworben, dass beim Kauf eines Computers ein Zubehörteil besonders günstig abgegeben werde, dürfte ein verkaufsförderndes Kopplungsangebot vorliegen.

---

196 Vgl. *Stucke* in Harte-Bavendamm/Henning-Bodewig, UWG § 4 Rn. 2.

197 Vgl. *Stuckel* in Harte-Bavendamm/Henning-Bodewig, UWG, § 4 Nr. 1 Rn. 31; vgl. auch *Charaktiniotis*, Die lauterkeitsrechtlichen Zulässigkeitsschranken der Kopplungsangebote nach der Aufhebung der Zugabeverordnung, S. 153.

198 *Jaeger-Lenz* in Gloy/Loschelder/Erdmann, Wettbewerbsrecht, § 51 Rn. 9; vgl auch *Bruhn* in Harte-Bavendamm/Henning-Bodewig, UWG, § 4 Nr. 4 Rn. 16.

Eine Besonderheit bilden Angebote, bei denen ein gekoppeltes Angebotselement nicht im Einzelbezug erhältlich ist, aber ein gesonderter Preis dafür verlangt wird. In solchen Fällen liegt, wie oben dargelegt,[199] ein Kopplungsangebot dann vor, wenn die Kunden die Tatsache, dass sie das gekoppelte Angebotselement überhaupt beziehen können, als Vergünstigung empfinden. Es handelt sich in solchen Fällen dann auch um eine Verkaufsförderungsmaßnahme.

Zusammenfassend lassen sich Verkaufsförderungsmaßnahmen also als Werbeaktionen beschreiben, die den Verkauf entgeltlicher Produkte fördern[200] und den Anschein einer besonderen, werthaltigen Vergünstigung für den Verbraucher erwecken.[201] Verkaufsförderung ist ein Instrument der Kommunikations-[202] und Absatzstrategie. Kopplungsangebote bilden eine Fallgruppe der Verkaufsförderungsmaßnahmen.

3. *Beispiele für Verkaufsförderungsmaßnahmen*

Rechtsprechung und Literatur haben unter den Begriff der Verkaufförderungsmaßnahme neben den im Gesetz genannten Beispielen auch eine Vielzahl weiterer Werbeaktionen subsumiert. Davon gehören einige zu den hier besprochenen Kopplungsangeboten. Andere sind von Kopplungsangeboten wesensverschieden und gehören etwa zu den Rabatten oder den Geschenken.

a) Nicht zu den Kopplungsangeboten gehörende Verkaufsförderungsmaßnahmen

Nicht zu den Kopplungsangeboten gehören Geldrabatte[203] (z. B. in Form von Gutscheinen[204], zeitlich befristeten Sonderpreisen[205] oder das Versprechen, die Differenz zwischen Kaufpreis für die Hauptware und dem gegebenenfalls re-

199 Siehe oben, S. 57 ff.

200 BGH Urteil v. I ZR 151/01 – 20.11.2003 *(20 Minuten Köln)*, GRUR 2004, 602, 603.

201 *Köhler* weist darauf hin, dass im weiteren betriebswirtschaftlichen Sinn unter Verkaufsförderungsmaßnahmen über das Vorgenannte hinaus »alle Aktivitäten mit Aktionscharakter verstanden [werden], die der Aktivierung der Marktteilnehmer zur Erhöhung des Absatzes dienen.« *Köhler* in Köhler/Bornkamm, UWG, § 3 Rn. 1.85.

202 Gabler Wirtschaftslexikon, Bd. S-Z, S. 3126.

203 § 4 Nr. 4 1. Alt. UWG.

204 *Sosnitza* in Piper/Ohly/Sosnitza, UWG § 4.1 Rn. 1/67.

205 Jedoch nicht, wenn es sich um eine endgültige und bleibende Preissenkung handelt, vgl. *Jaeger-Lenz* in Gloy/Loschelder/Erdmann, Wettbewerbsrecht, § 51 Rn. 12.

cherchierten niedrigeren Preis für ein Vergleichsprodukt zu erstatten[206]). Auch Naturalrabatte, also Rabatte, bei denen kein Preisvorteil, sondern ein Mengenvorteil versprochen wird (vergünstigte Mehrfachpackungen, Gebinde)[207] stellen Verkaufsförderungsmaßnahmen dar, die nicht zu den Kopplungsangeboten gehören.

Eine weitere Fallgruppe der Verkaufsförderungsmaßnahmen, die nicht zu den Kopplungsangeboten gehören, sind die bereits angesprochenen Geschenke, insbesondere Werbegeschenke[208] und kostenlose Warenproben[209].

Einen Sonderfall bildet die progressive Kundenwerbung (sogenannte Schneeballsysteme), die ebenfalls zu den Verkaufsförderungsmaßnahmen zu zählen ist.[210] Trotz gewisser Ähnlichkeiten zu bestimmten Kundenbindungssystemen gehört die progressive Kundenwerbung nach hier vertretener Auffassung nicht zu den Kopplungsangeboten.[211]

b) Zu den Kopplungsangeboten gehörende Verkaufsförderungsmaßnahmen

Verkaufsförderungsmaßnahmen, die zu den Kopplungsangeboten zu zählen sind, sind insbesondere Zugaben[212], klassische Kopplungsangebote[213], Preisausschreiben und Gewinnspielkopplungen[214], Werbe- und Verkaufsfahrten[215], in bestimmten Fällen die Einräumung besonderer Rückgaberechte und Garantien[216] sowie Kundenbindungssysteme (Prämien- und Treuesysteme)[217].

Die Grenzen der einzelnen Verkaufsförderungsmaßnahmen sind fließend.[218] Zudem werden Verkaufsförderungsmaßnahmen wie Kopplungsangebote häufig auch mit anderen Verkaufsförderungsmaßnahmen kombiniert.

---

206 OLG Hamburg Urteil v. 24.02.2005 – 3 U 203/04 *(Gelddifferenz zurück, wenn Sie Vergleichbares billiger kaufen)*, BeckRS 2005, 08386.

207 BGH Urteil v. 25.10.1984 – I ZR 129/82 *(Sparpackung)*, GRUR 1985, 392.

208 § 4 Nr. 4 3. Alt. UWG.

209 *Heermann* in MüKo-UWG § 4 Nr. 1 458; *Sosnitza* in Piper/Ohly/Sosnitza, UWG § 4.1 Rn. 1/62.

210 *Sosnitza* in Piper/Ohly/Sosnitza, UWG § 4.1 Rn. 1/52.

211 Siehe hierzu unten, S. 187.

212 § 4 Nr. 4 2. Alt. UWG.

213 *Pluskat*, WRP 2002, 1381, 1384.

214 *Heermann* in MüKo-UWG, § 4 Nr. 1 Rn. 265.

215 *Heerman* in MüKo-UWG, § 4 Nr. 1 Rn. 490.

216 BGH Urteil v. 11.03.2009 – I ZR 194/06 *(Geld-zurück-Garantie II)*, GRUR 2009, 1064, 1064.

217 *Heermann* in MüKo-UWG, § 4 Nr. 1 Rn 494.

218 So auch *Sosnitza* in Piper/Ohly/Sosnitza, UWG § 4 Rn. 1.52.

Ein Kundenbindungssystem kann etwa Elemente eines Kopplungsangebots (Prämien) und eines Rabattsystems (Geldnachlässe) aufweisen.

4. *Zwischenergebnis*

Im Ergebnis ist festzuhalten: Kopplungsangebote sind »geschäftliche Handlungen« und unterliegen damit dem Regelungsregime des UWG. Richten sich Kopplungsangebote an Verbraucher, sind sie zudem »Geschäftspraktiken« im Sinne der UGP-Richtlinie. Sie müssen dann auch den Maßstäben der UGP-Richtlinie genügen. Schließlich sind die Mehrzahl der Kopplungsangebote eine Fallgruppe der Verkaufsförderungsmaßnahmen, die beim Kunden den Eindruck einer besonderen Vergünstigung erwecken und für die das UWG bestimme Zulässigkeitsvoraussetzungen (§ 4 Nr. 4 UWG) normiert.

D. Kategorisierung der Kopplungsangebote

Kopplungsangebote wurden in der Vergangenheit in verschiedene Fallgruppen unterteilt. Nach herrschender Auffassung der Lehre[219] und der Rechtsprechung[220] ist die hergebrachte Kategorisierung der Kopplungsangebote aufzugeben und Kopplungsangebote sind anhand eines einheitlichen lauterkeitsrechtlichen Maßstabs zu bewerten. Die alte Kategorisierung hat heute nur noch eine Bedeutung dafür, tatsächliche Erscheinungsformen der Kopplungsangebote zu beschreiben:[221]

I. Klassische Kategorisierung

1. *Offene Kopplungsangebote*

Als »offene Kopplungsangebote« wurden Kopplungsangebote bezeichnet, bei denen die einzelnen gekoppelten Angebotselemente jeweils mit einem eigenen Preis ausgezeichnet waren, der Gesamtpreis des Kopplungsangebotes ebenfalls

---

219 *Steinbeck* in Fezer, UWG § 4-1 Rn. 162; *Sosnitza* in Piper/Ohly/Sosnitza, UWG § 4.1 Rn. 1/89; differenzierter: *Köhler*, der Zugaben von den übrigen Kopplungsangeboten unterscheidet, *Köhler*, GRUR 2003, 729, 735 sowie *Stuckel*, der zwischen Gewinnspielkopplungen, Zugaben und allgemeinen Kopplungen unterscheidet, *Stuckel* in *Harte-Bavendamm/Henning-Bodewig, UWG § 4 Rn. 53.*

220 BGH Urteil v. 13.06.2002 – I ZR 173/01 *(Kopplungsangebote I)*, GRUR 2002, 976, 978; BGH Urteil v. 13.06.2002 – I ZR 71/01 *(Kopplungsangebote II)*, GRUR 2002, 979, 980.

221 *Sosnitza* in Piper/Ohly/Sosnitza, UWG § 4.1 Rn. 1/89.

ausgezeichnet war und der angegebene Gesamtpreis der Summe der Einzelpreise der gekoppelten Angebotselemente entsprach.[222] Die Offenheit des offenen Kopplungsangebotes bestand demnach darin, dass die Einzelpreise angegeben waren. Es handelte sich mithin um die transparenteste Form eines Kopplungsangebots.

Ein Beispiel für ein offenes Kopplungsangebot bildet der Fall *Glockenpackung*.[223] Es handelte sich um ein Angebot, bei dem eine Teetasse mit einer Packung Tee in einem durchsichtigen Zellophanbeutel gemeinsam angeboten wurde, wobei die Einzelpreise für Tasse und Tee sowie die entsprechende Summe als Gesamtpreis angegeben waren.

2. Verdeckte Kopplungsangebote

Als »verdeckte Kopplungsangebote« bezeichnete die Rechtsprechung Kopplungsangebote, bei denen der Anbieter nur einen Gesamtpreis, nicht aber auch die einzelnen Preisbestandteile angab.[224] Damit sind die heute verwendeten Kopplungsangebote ganz überwiegend verdeckte Kopplungsangebote, denn Kopplungsangebote, bei denen die einzelnen Preisbestandteile angegeben werden, bilden heute eine Ausnahme.

Ein Beispiel für ein verdecktes Kopplungsangebot ist der Sachverhalt der Fälle *Fiat Punto* der Oberlandesgerichte Karlsruhe[225] und Köln[226]:

Eine Supermarktkette hatte verschiedene Warenpakete, jeweils bestehend aus einem Kfz in unterschiedlichen Kombinationen mit weiteren hochwertigen Waren und Dienstleistungen (u.a. Motorroller, Laptop, Spiegelreflexkamera und

222 Vgl. *Götting*, GRUR Int 1986, 687, 694 mit weiteren Nachweisen; *Pluskat*, WRP 2001, 1262, 1264 mit weiteren Nachweisen; *Steinbeck* in Fezer, UWG § 4–1 Rn. 160. Teilweise wurde der Ausdruck »offene Kopplungsangebote« auch für Angebote verwendet, bei denen die gekoppelten Angebotselemente auch einzeln und nicht nur im Verbund bezogen werden konnten, z. B. *Fezer*, WRP 2001, 989, 1010 mit weiteren Nachweisen.

223 BGH Urteil v. 22.12.1961 – I ZR 58/60 *(Glockenpackung)*, GRUR 1962, 415.

224 *Steinbeck* in Fezer, UWG § 4–1 Rn. 160, 170; *Pluskat*, WRP 2001, 1262, 1263; *Sosnitza* in Piper/Ohly/Sosnitza, UWG § 4.1 Rn. 1/81; *Lettl*, Wettbewerbsrecht, S. 127; *Heermann* in MüKo-UWG § 4 Nr. 1 Rn. 321; *Berlit*, WRP 2001, 349, 352; *Fezer*, WRP 2001, 989, 1009; *Wagner/Ruess*, WRP 2005, 24, 27.

225 OLG Karlsruhe Urteil v. 14.08.2001 - 4 U 54/01 *(Fiat Punto)*, GRUR-RR 2001, 272.

226 OLG Köln Urteil v. 15.02.2002 - 6 U 180/01 *(Fiat Punto)*, GRUR-RR 2002, 300.

Berlinreise) zu einem Gesamtpreis von 24.500 DM angeboten. Einzelpreise für das Auto und die übrigen Angebotsbestandteile waren nicht ausgewiesen.[227]

3. *Zugaben und Kundenbindungssysteme*

Nach der Legaldefinition der Zugabeverordnung lag eine Zugabe vor, wenn einer Ware oder Dienstleistung (Hauptware) eine weitere Ware oder Dienstleistung (Nebenware) ohne besondere Berechnung oder nur für ein geringes Scheinentgelt beigefügt wurde und der Kunde nur durch Erwerb der Hauptware in den Genuss der Zugabe kommen konnte.[228] Zugaben gehören zu den Kopplungsangeboten.[229] Dies ergibt sich bereits daraus, dass bei der Zugabe – der vorgenannten Definition der Kopplungsangebote entsprechend – zwei oder mehr unterschiedliche Waren oder Dienstleistungen zu einem Gesamtangebot verbunden werden. Keine Zugabe und kein Kopplungsangebot, sondern ein Naturalrabatt liegt vor, wenn die gewährte Nebenware mit der Hauptware identisch ist (z. B.: »30% mehr Inhalt gratis«). Besonderheit der Zugabe gegenüber den sonstigen Kopplungsangeboten ist die (behauptete) Unentgeltlichkeit der Zugabe bei Abnahme der Hauptware.[230] Beim verdeckten Kopplungsgeschäft ist dem angesprochenen Verbraucher klar, dass jedes der gekoppelten Angebotselemente Absatzobjekt ist,[231] bei der Zugabe wird ihm eines der Angebotselemente als kostenlos versprochen.

Vom Werbegeschenk unterscheidet sich die Zugabe dadurch, dass die Zugabe nur bei Abnahme einer kostenpflichtigen Ware oder Dienstleistung gewährt wird.[232] Ob eine Akzessorietät zwischen der kostenlosen Zuwendung und dem Erwerb der Hauptware besteht, ist aus Sicht der angesprochenen Kunden zu

---

227 Gegen diese Angebote, mit der verschiedene Unternehmen einer Supermarkt-Gruppe auf dem Markt auftraten, klagte die deutsche Importgesellschaft des Automobilherstellers. Das OLG Karlsruhe erkannte das verdeckte Kopplungsangebot als zulässig an (OLG Karlsruhe Urteil v. 14.08.2001 – 4 U 54/01 *(Fiat Punto)*, GRUR-RR 2001, 272, 1. Leitsatz), während das OLG Köln das Kopplungsangebot als unlauter befand (OLG Köln Urteil v. 15.02.2002 – 6 U 180/01 *(Fiat Punto)*, GRUR-RR 2002, 300 1. Leitsatz); Siehe zu diesen Entscheidungen: *Pluskat*, WRP 2001, 1262 sowie *Pluskat*, WRP 2002, 789.

228 Vgl. § 1 ZugabeVO.

229 *Boesche*, WRP 2011, 1345; *Wagner/Ruess*, WRP 2005, 24, 26.

230 Vgl. Köhler/Bornkamm, UWG § 4 Rn. 1.100.

231 Pralle spricht in diesem Zusammenhang von einer »produktgestalterischen Maßnahme«, *Pralle*, Die Wertwerbung S. 110.

232 Siehe oben, S. 59 ff.

beurteilen.[233] Allerdings wird eine Werbegabe, die nach dem deutlichen Hinweis des Werbenden gratis und unabhängig von einer Bestellung geliefert wird, nicht dadurch zu einer Zugabe, dass Teile des Verkehrs irrtümlich annehmen, in den Genuss des Werbegeschenks nur zu kommen, wenn sie auch die mit diesem beworbene Ware kaufen.[234]

Beispiel (klassische Zugabe): Am Cover einer Jugendzeitschrift wird eine Sonnenbrille befestigt und mit dem Slogan »Extra! Designer-Brille« beworben. Die Zeitschrift wird mit Sonnenbrille zum üblichen Preis der Zeitschrift verkauft.[235]

Die Kopplung zwischen Zugabe und Hauptware kann nur im Einzelfall innerhalb einer Verkaufsaktion bestehen, oder es können systematisch Vorteile im Rahmen von Prämien- oder Bonussystemen gewährt werden (sog. Kundenbindungssystem).[236] In einem Kundenbindungssystem werden in der Regel abstrakte Zähleinheiten (deren Marketingnamen z. B. »Punkte«, »Treueherzen« oder »Meilen« sein können) an den Erwerb von Waren und Dienstleistungen gekoppelt. Die gesammelten Einheiten können dann gegen Prämien eingetauscht werden. Kundenbindungssysteme sind damit eine Untergruppe der Zugaben, also auch der Kopplungsangebote.[237] Kundenbindungssysteme sind insbesondere im Bereich des Warenvertriebs in Supermärkten sowie bei Flug- und Bahnunternehmen weit verbreitet. Die gewährten Produktvorteile können auch die Angebote anderer Anbieter einbeziehen. Soweit Kundenbindungssysteme anstatt Produktvorteilen Preisvorteile anbieten (z. B.: »kostenloser Haarschnitt nach 10 Friseurbesuchen«), handelt es sich um ein Rabattsystem, nicht um ein Kopplungsangebot. Moderne Kundenbindungssysteme, die Produkt- und Preisvorteile versprechen, stellen eine Kombination aus Zugaben- und Rabattsystem, mithin aus Kopplungsangebot und Rabattangebot, dar.[238]

Beispiel (Kundenbindungssystem): Eine Kreditkartenfirma bietet eine Kreditkarte an, mit der bei jedem Kartenumsatz »Bonusmeilen« gesammelt werden, die in verschiedene Waren und Dienstleistungen, insbesondere auch in kostenlose Linienflüge eingetauscht werden können.[239]

---

233 So auch *Fischer*, Kopplungsgeschäfte im Europäischen und deutschen Wettbewerbsrecht, S. 124.

234 BGH Urteil v. 17.11.1994 – I ZR 193/92 *(Kosmetikset)*, GRUR 1995, 165, 165.

235 Vgl. BGH Urteil v. 22.09.2005 – I ZR 28/03 *(Zeitschrift mit Sonnenbrille)*, GRUR 2006, 161.

236 *Bruhn* in Harte-Bavendamm/Henning-Bodewig, UWG § 4 Nr. 4 Rn. 25.

237 BGH v. 17.09.1998 – I ZR 117/96 *(Bonusmeilen)*, GRUR 1999, 515, 516.

238 *Bruhn* in Harte-Bavendamm/Henning-Bodewig, UWG § 4 Nr. 4 Rn. 25.

239 Vgl. BGH v. 17.09.1998 – I ZR 117/96 *(Bonusmeilen)*, GRUR 1999, 515.

4. *Vorspannangebote*

Die Fallgruppe der »Vorspannangebote« erfasste Kopplungsangebote, bei denen als Lockmittel für den Kauf einer zum marktüblichen Preis angebotenen Hauptware eine branchen- oder betriebsfremde Nebenware zu einem besonders günstig erscheinenden Preis angeboten wird und die vergünstigte Nebenware nicht ohne die Hauptware abgegeben wird.[240] Der Unterschied zu einer Zugabe liegt darin, dass ein Entgelt verlangt wird, das zwar (für den Verbraucher ersichtlich) vergünstigt ist, jedoch nicht ein bloßes Scheinentgelt ist. Der Unterschied zu sonstigen Kopplungsangeboten bestand in dem eindeutigen Verhältnis von Haupt- und Nebenware, wobei die vergünstige Nebenware als Lockmittel für die Hauptware dienen sollte.[241] Letztlich handelte es sich bei Vorspannangeboten um eine (unter Geltung der Zugabeverordnung regelmäßig als unlauter bewertete) Untergruppe der offenen Kopplungsangebote.[242]

Beispiele: Der Erwerb eines Radios und eines Bildbandes zum Preis von zusammen 29,80 DM wird an eine gleichzeitige Mitgliedschaft in einem Buchklub, die zur regelmäßigen entgeltlichen Abnahme einer bestimmten Mindestmenge an Büchern verpflichtet, gekoppelt.[243]

---

240 BGH Urteil v. 04.07.1975 – I ZR 27/74 *(Vorspannangebot)*, GRUR 1976, 248, 51. Teilweise werden darüber in der Literatur auch Angebote als Vorspannangebote bezeichnet, bei denen eine Kopplung des vorgespannten Angebotselements an die entgeltliche Warenabnahme nicht stattfindet, also kein Kopplungsangebot, sondern (sonstige) Lockvogelangebote vorliegen, so etwa *Hoth*, GRUR 1961, 562, 562.

241 Zur Lockwirkung der Vorspannangebote vgl.: *Berlit*, WRP 2001, 349; 352; *Fezer*, WRP 2001, 989, 1010; *Gerstenberg*, GRUR 1980, 618, 618; *Götting*, GRUR Int 1986, 687, 693; *Hefermehl*, GRUR 1974, 542, 542; *Hoth*, GRUR 1961, 562, 562; *Hoth*, GRUR 1976, 219, 219; *Hoth*, GRUR 1978, 147, 152; *Kügele*, GRUR 2006, 105, 110 (dort Fußnote 10); *Lorenz*, GRUR 1976, 512, 516; *Menke*, WRP 1997, 532, 533; *Nees*, WRP 1993, 369, 371; *Ohly*, NJW 2003, 2135, 2136; *Pluskat*, WRP 2001, 1262, 1264; *Pluskat*, WRP 2002, 1381; 1383; *Pluskat*, WRP 2004, 282, 285; *Sosnitza*, IIC 2005, 525, 528.

242 *Fezer*, WRP 2001, 989, 1010.

243 BGH Urteil v. 14.07.1983 – I ZR 67/81 *(Buchklub-Vorspannangebot)*, NJW 1984, 51. Der BGH bewertete das Kopplungsangebot seinerzeit als unlauter. Das Urteil ist nicht zu verwechseln mit dem späteren Urteil »Buchclub-Kopplungsangebot«, in dem der BGH die kostenlose Abgabe von fünf Büchern bei Eingehung einer zweijährigen Mitgliedschaft in einem Buchclub als wettbewerbskonform befand: BGH Urteil v. 10.04.2003 – I ZR 291/00 *(Buchclub-Kopplungsangebot)*, GRUR 2003, 890.

Eine Kaffee-Großrösterei koppelt den Erwerb von zwei »rustikalen Brettchen« zum Preis von zusammen 2,25 DM an den Kauf von 500 Gramm Kaffee.[244]

Eine Einzelhandelskette bietet ein Kopplungsangebot an, bei dem pro 5 DM Wareneinkauf ein Rauchglas für einen Betrag von 1 DM erworben werden kann.[245]

II. Heutige Kategorisierungen

1. Unterscheidungsmodelle nach den UWG-Novellen 2004 und 2008

Obgleich frühere Unterscheidungen zwischen Unterformen der Kopplungsangebote ihre rechtliche Bedeutung verloren haben,[246] nehmen Teile der Literatur[247] nach wie vor eine Einteilung der Kopplungsangebote in verschiedene Untergruppen vor. Für die Unterscheidung soll es auf die Intensität der Kopplung (etwa zwingende und fakultative Kopplung) oder die Funktion der Angebotsbestandteile in dem Gesamtangebot (etwa die Haupt- bzw. Nebenfunktion) sowie den Preisanteil jedes Angebotsteils am Gesamtpreis ankommen.[248] So wird teilweise zwischen Kopplungsangeboten im engeren Sinne und Kopplungsangeboten im weiteren Sinne unterschieden:

Als Kopplungsangebote im engeren Sinne werden nach dieser Auffassung Angebote bezeichnet, bei denen alle gekoppelten Güter eine Hauptfunktion innehaben, also in etwa gleichberechtigt nebeneinander stehen, sodass kein Verhältnis von Haupt- und Nebenwaren erkennbar ist.[249] Hierunter falle auch das

244 BGH Urteil v. 30.06.1976 – I ZR 119/74 *(Rustikale Brettchen)*, NJW 1976, 2013 (seinerzeit unlauter).

245 BGH Urteil v. 04.07.1975 – I ZR 27/74 *(Vorspannangebot)*, GRUR 1976, 248 (seinerzeit unlauter.

246 *Köhler*, GRUR 2003, 729, 729.

247 *Charaktiniotis*, Die lauterkeitsrechtlichen Zulässigkeitsschranken der Kopplungsangebote nach der Aufhebung der Zugabeverordnung, S. 28; vgl. auch Schlussanträge der Generalanwältin Trstenjak in den verbundenen Verfahren C-261/07 und C-299/07 vom 21. Oktober 2008, Slg. 2009, I-02949, Rn. 24, die die Kategorisierung *Charaktiniotis* übernimmt.

248 *Charaktiniotis*, Die lauterkeitsrechtlichen Zulässigkeitsschranken der Kopplungsangebote nach der Aufhebung der Zugabeverordnung, S. 28.

249 So bereits *Götting*, GRUR Int 1986, 687; Schlussanträge der Generalanwältin Trstenjak in den verbundenen Verfahren C-261/07 und C-299/07 vom 21. Oktober 2008, Slg. 2009, I-02949 Rn. 24.

Gesamtpreisangebot, bei dem unterschiedliche Waren oder Dienstleistungen zu einem Paket mit einem Gesamtpreis zusammengefasst werden.[250]

Zu den Kopplungsangeboten im weiteren Sinne gehören nach dieser Auffassung diejenigen Angebote, bei denen mehrere Waren oder Dienstleistungen zu einem Paket zusammengefasst und abgegeben werden, die dennoch nicht die charakteristischen Merkmale eines Gesamtpreisangebots aufweisen. Hierzu sollen Vorspannangebote (Haupt- und Nebenware), Zugaben sowie Gewinnspielkopplungen gehören.[251]

Das Begriffsverständnis ist jedoch uneinheitlich. Teilweise werden in der lauterkeitsrechtlichen Literatur als Kopplungsangebote im engeren Sinn auch Kopplungsangebote bezeichnet, bei denen der Anbieter eine Ware oder Dienstleistung ausschließlich innerhalb des Kopplungsangebots, also nicht auch im Einzelvertrieb, abgibt (sog. strenge Kopplung). Dagegen seien nach diesem Begriffsverständnis Kopplungsangebote im weiteren Sinne solche Kopplungsangebote, bei denen die Kopplung fakultativ ist, also Angebote, bei denen die Angebotselemente auch einzeln vertrieben werden (sog. lockere Kopplung).[252] Auch die Kategorisierung »besondere Kopplungsangebote« (Zugaben, Preisausschreiben, Gewinnspiele) und »allgemeine Kopplungsangebote« (alle übrigen) wird teilweise verwendet.[253]

2. *Stellungnahme: Verzicht auf Kategorisierung verkaufsfördernder Kopplungsangebote nach rechtlichen Maßstäben*

Die Neukategorisierung der Kopplungsangebote überzeugt nicht, soweit Untergruppen gebildet werden, um die Kopplungsangebote rechtlich zu ordnen. Das UWG gibt seit der UWG-Novelle 2004 für alle Verkaufsförderungsmaßnahmen, damit auch für alle verkaufsfördernden Kopplungsangebote, einen einheitlichen Bewertungsmaßstab vor, in dem unterschiedliche Aspekte des jeweiligen Angebots

---

250 BGH Urteil v. 27.02.2003 – I ZR 253/00 *(Gesamtpreisangebot)*, GRUR 2003, 538; *Götting*, GRUR Int 1986, 687, 694; *Charaktiniotis*, Die lauterkeitsrechtlichen Zulässigkeitsschranken der Kopplungsangebote nach der Aufhebung der Zugabeverordnung, S. 28, 29.

251 *Charaktiniotis*, Die lauterkeitsrechtlichen Zulässigkeitsschranken der Kopplungsangebote nach der Aufhebung der Zugabeverordnung, S. 33–35; Schlussanträge der Generalanwältin Trstenjak in den verbundenen Verfahren C-261/07 und C-299/07 vom 21. Oktober 2008, Slg. 2009, I-02949 Rn. 24.

252 Siehe Nachweise bei *Charaktiniotis*, Die lauterkeitsrechtlichen Zulässigkeitsschranken der Kopplungsangebote nach der Aufhebung der Zugabeverordnung, S. 31.

253 So etwa *Stuckel* in Harte-Bavendamm/Henning-Bodewig, UWG § 4 Nr. 6. Rn. 53.

für die Zulässigkeit von ausschlaggebender Bedeutung sein können. Nachdem die UWG-Novellen 2004 die ursprünglichen lauterkeitsrechtlichen Wertungsmaßstäbe (Sittenwidrigkeit und Irreführungsverbot) in »atomare Bruchstücke«[254] spalteten, hat die Prüfung eines Angebots anhand des konkreten Einzelfalls an den Maßstäben einer Vielzahl verschiedener – unten dargestellter – lauterkeitsrechtlicher Voraussetzungen zu erfolgen. Durch die UWG-Novelle 2008 sind weitere spezielle Voraussetzungen hinzugetreten.[255] Hinzutritt, dass sich auch die Kopplungsangebote selbst immer weiter ausdifferenzieren, was insbesondere für komplexe branchenübergreifende Kundenbindungssysteme gilt. Eine Kategorisierung in abstrakte Fallgruppen, die wie einst eine Vorsortierung der Kopplungsangebote in regelmäßig zulässige Kopplungsangebote (offene Kopplungsangebote) und regelmäßig unzulässige Kopplungsangebote (Zugaben, branchenfremde Vorspannangebote) ermöglichte, kann im heutigen Recht nicht mehr gelingen.

Danach empfiehlt es sich, auf eine Kategorisierung der Kopplungsangebote unter rechtlichen Gesichtspunkten zu verzichten.

Dem steht es freilich nicht entgegen, verschiedene praktische Erscheinungsformen der Kopplungsangebote als tatsächliche Phänomene zu kategorisieren. Als unterscheidbare praktische Fallgruppen der Kopplungsangebote lassen sich insbesondere beobachten:

- klassische Kopplungsangebote, bei denen ein Gesamtpaket gebildet wird (z. B. das Angebot *»Fiat Punto«*[256]),
- quersubventionierende Kopplungsangebote (ein Dauerschuldverhältnis finanziert eine Produktanschaffung z. B. *»Kopplungsangebote I«*[257] sowie viele Mobilfunkverträge[258]),
- reine Finanzierungskopplungen (z. B. Autokauf mit Finanzierung[259]),
- Kopplungen im Zusammenhang mit Mitgliedschaften (z. B. »Buchclub-Kopplungsangebot«[260]),

---

254 So *Boesche*, WRP 2011, 1345, 1356.

255 Diese bestehen insbesondere in der mit der UWG-Novelle 2008 in das UWG neu aufgenommenen Schwarzen Liste.

256 OLG Karlsruhe Urteil v. 14.08.2001 – 4 U 54/01 *(Fiat Punto)*, GRUR-RR 2001, 272; OLG Köln Urteil v. 15.02.2002 – 6 U 180/01 *(Fiat Punto)*, GRUR-RR 2002, 300.

257 BGH Urteil v. 13.06.2002 – I ZR 173/01 (*Kopplungsangebote I*), GRUR 2002, 976.

258 Z. B. BGH Urteil v. 08.10.1998 – I ZR 187/97 *(Handy für 0,00 EUR)*, GRUR 1999, 264.

259 BGH Urteil v. 28.04.1994 – I ZR 68/92 *(Zinsgünstige Kfz-Finanzierung durch Herstellerbank)*, GRUR 1994, 743.

260 BGH Urteil v. 10.04.2003 – I ZR 291/00 *(Buchclub-Kopplungsangebot)*, GRUR 2003, 890.

- klassische Zugaben (Gratis-Sonnenbrille zur Jugendzeitschrift[261]),
- Kundenbindungssysteme (z. B. Vielfliegerprogramme[262]),
- Kundengewinnungssysteme (z. B. Prämien bei der Werbung neuer Kunden[263]),
- Kopplungen mit aleatorischen Reizen (Gewinnspielkopplungen, Preisausschreiben[264]) und
- Kopplungen mit Spendenleistungen (z. B. »*Krombacher-Regenwaldprojekt*«)[265].

3. *Abgrenzung: Nicht verkaufsfördernde Kopplungsangebote*

Notwendig bleibt – als einzige Kategorisierung der Kopplungsangebote nach rechtlichen Maßstäben – die Unterscheidung zwischen allen vorgenannten verkaufsfördernden Kopplungsangeboten, die Gegenstand dieser Arbeit sind, und den machtbedingten Kopplungsangeboten, die im Wesentlichen ein Gegenstand des Kartellrechts sind.[266]

Während Motivation der verkaufsfördernden Kopplungsangebote die Erzielung einer Anlockwirkung im Wettbewerb um Kunden ist, ist das Ziel der machtbedingten Kopplungsangebote, die Marktmacht als einen Hebel zu verwenden, um den Kunden ein von diesen nicht notwendigerweise gewünschtes Produkt aufzudrängen.[267] Ziel der machtbedingten Kopplungsangebote ist damit die Übertragung von Marktmacht von einem Markt, in dem eine Machtposition besteht, in einen Drittmarkt.

Beispiel (machtbedingtes Kopplungsangebot): Ein Unternehmen, das im Markt für Computerbetriebssysteme eine marktbeherrschende Stellung genießt, bindet eine Multimediasoftware, in deren Markt sie keine beherrschende Stellung hat, in das Betriebssystem ein.[268]

---

261 BGH Urteil v. 22.09.2005 – I ZR 28/03 *(Zeitschrift mit Sonnenbrille)*, GRUR 2006, 161.

262 BGH v. 17.09.1998 – I ZR 117/96 *(Bonusmeilen)*, GRUR 1999, 515; OLG Köln Urteil v. 30.11.2001 – 6 U 103/01 *(Miles and More-Prämien)*, GRUR-RR 2002, 115.

263 LSG Rheinland-Pfalz Beschluss v. 14.06.2006 – L 5 ER 57/06 NJOZ 2006, 2815.

264 EuGH Urteil v. 14.01.2010 – Rs. C-304/08 *(Plus Warenhandelsgesellschaft)*, GRUR 2010, 244.

265 OLG Hamm Urteil v. 12.11.2002 – 4 U 109/02 *(Regenwald-Projekt)*, WRP 2003, 396; vgl. *Hartwig*, GRUR 2003, 924, 925.

266 Köhler/Bornkamm, UWG § 4 Rn. 1.102.

267 *Köhler*, GRUR 2003, 729, 731.

268 »Microsoft« – EU-Kommission, COMP/C-3/37.792. Die Kommission bewertete das Angebot als kartellrechtswidrig. Jedenfalls aus heutiger Perspektive bestehen

Machtbedingte Kopplungsangebote sind häufig gleichzeitig aufgedrängte Kopplungsangebote.[269] Aufgedrängte Kopplungsangebote zeichnen sich dadurch aus, dass der Verbraucher keine Vergünstigung erhält und ihm eine solche auch nicht versprochen wird. Deshalb gehören aufgedrängte Kopplungsangebote nicht zu den Verkaufsförderungsmaßnahmen.[270] Ein aus Sicht der Kunden gewünschtes Angebotselement wird mit einem weiteren Angebotselement gekoppelt, an dem ein relevanter Teil der angesprochenen Kunden kein Interesse hat. Der Kunde nimmt das Kopplungsangebot daher nicht wegen, sondern trotz des gekoppelten Angebotselements an.[271]

Beispiel (aufgedrängtes Kopplungsangebot): Eine Gewerkschaft schließt mit einem Rechtsschutzversicherer einen Gruppenversicherungsvertrag, durch den die Gewerkschaftsmitglieder ohne deren Zustimmung, allein kraft der Satzung, Versicherte der Rechtsschutzversicherung werden, wobei der Versicherungsvertrag aus den Gewerkschaftsbeiträgen bezahlt wird.[272]

E. Motivation für Kopplungsangebote

Die Beweggründe dafür, mit Kopplungsangeboten am Markt aufzutreten sind so verschieden wie die Kopplungsangebote selbst. Wissenschaftliche Studien zu den Motiven für Kopplungsangebote fehlen. Allerdings können aus den in der Rechtsprechung entschiedenen Fällen Rückschlüsse darauf gezogen werden, welche Motivationen Kopplungsangeboten zugrunde liegen:

I. Motivation für Kopplungsangebote aus Anbietersicht

1. Differenzierung jenseits des Preiswettbewerbs

Verkaufsfördernde Kopplungsangebote werden – wie alle Verkaufsförderungsmaßnahmen – zur Absatzsteigerung eingesetzt. Ein Motiv aus Anbietersicht, zur Förderung seines Umsatzes ein Kopplungsangebot einzusetzen und nicht etwa einen Rabatt, kann darin bestehen, dass die Angebotskombination dem Anbieter

---

gegen diese Bewertung Bedenken, vgl. *Fischer*, Kopplungsgeschäfte im Europäischen und deutschen Wettbewerbsrecht, S. 84.

269 *Stuckel* in Harte-Bavendamm/Henning-Bodewig, UWG, § 4 Nr. 1 Rn. 52.

270 *Stuckel* in Harte-Bavendamm/Henning-Bodewig, UWG, § 4 Nr. 1 Rn. 52.

271 *Stuckel* in Harte-Bavendamm/Henning-Bodewig, UWG, § 4 Nr. 1 Rn. 52.

272 Vgl. BGH Urteil v. 25.01.1990 – I ZR 19/87 *(HBV-Familien- und Wohnungsrechtsschutz)*, GRUR 1990, 522.

die Möglichkeit einer Differenzierung gegenüber seinen Wettbewerbern jenseits des Preiswettbewerbs bietet.

Hierfür besteht aus verschiedenen Gründen Anlass. So ist eine Folge der industriellen Massenproduktion und der Globalisierung, dass Verbraucher in zunehmendem Maße die gleichen Waren bei vielen verschiedenen Händlern beziehen können. Die klassische Leistungswerbung für die Eigenschaften und Güte eines Produktes sowie die Pflege der Marke werden dabei häufig von den Herstellern selbst, gegebenenfalls mittels aufwendiger und teilweise globaler Werbekampagnen, vorgenommen. Der Händler hat dann nur noch einen geringen Anreiz an eigener Leistungs- oder Imagewerbung für das Produkt. Dies ist insbesondere bei Produkten zu beobachten, die auf einen weltweiten Markt abzielen. So wird etwa ein deutscher Getränkeeinzelhändler kaum imstande sein, durch eigene Produktwerbung die Attraktivität weltweit vertriebener und praktisch überall erhältlicher Markengetränke, wie beispielsweise von *Cola Cola*, spürbar zu beeinflussen. Sein Interesse wird daher nicht in erster Linie darin bestehen, die allgemeine Nachfrage nach der koffeinhaltigen Limonade zu erhöhen, sondern darin, die Kunden dazu anzuhalten, das Produkt gerade bei ihm – und nicht bei seinen Mitbewerbern – zu kaufen.

Hierzu steht einem Händler in erster Linie das Instrument des Preiswettbewerbs zur Verfügung. Durch Anbieten des Produktes zu einem günstigeren Preis als dem der Mitbewerber kann er die Nachfrager zu sich lenken.

Dennoch steht dem Anbieter das Mittel des Preiswettbewerbs in der Praxis aus verschiedenen Gründen nicht uneingeschränkt zur Verfügung. Dies kann zum einen darin begründet sein, dass der Hersteller – im Interesse seiner Marke – dem Händler bestimmte Preisuntergrenzen vorgibt, die der Händler nicht unterschreiten darf, will er mit dem Produkt beliefert werden. Zum anderen kann die Preisuntergrenze auch auf eigenen wirtschaftlichen Notwendigkeiten des Händlers beruhen.

In einer solchen Konstellation bietet ein Kopplungsangebot eine Möglichkeit, ohne Rückgriff auf Preisreduktion, Kunden anzuziehen. Eine solche Motivation könnte etwa dem Kopplungsangebot der Entscheidung *Vorspannangebot*[273] zugrunde gelegen haben. Dort machte der Anbieter nach den Feststellungen des Gerichts durch den Verkauf der an die Warenabnahme gekoppelten Rauchgläser zum vergünstigten Preis kaum zusätzlichen Gewinn, allerdings auch keinen Verlust.[274] Finanziell war die Kopplung für den Anbieter damit praktisch neutral.

273 BGH Urteil v. 04.07.1975 – I ZR 27/74 *(Vorspannangebot)*, GRUR 1976, 248.

274 BGH Urteil v. 04.07.1975 – I ZR 27/74 *(Vorspannangebot)*, GRUR 1976, 248, 52.

Dass das Kopplungsangebot gleichwohl eingesetzt wurde, spricht dafür, dass der Händler sich dadurch erhoffte, ein höheres Volumen seiner regulären Ware umzusetzen. Kopplungsangebote können daher ein Mittel sein, jenseits des Preiswettbewerbs eine Umsatzsteigerung zu erreichen. So versuchten etwa britische Supermarktketten aus dem Premium-Segment durch die Einführung von Kopplungssystemen den Verlust von Kunden an niedrigpreisige deutsche Lebensmitteldiscounter, die in den britischen Markt eintraten, aufzuhalten.[275]

Darüber hinaus kann die Differenzierung des eigenen Angebots durch Kopplungsangebote für den Anbieter auch über das konkrete Angebot hinaus langfristig interessant sein. So können Kopplungsangebote dazu geeignet sein, durch interessante oder ungewöhnliche Zusammensetzung verschiedener Angebotselemente »das akquisitorische Potenzial«[276] eines Anbieters zu erhöhen.

2. *Eintritt in neue Märkte*

Ein weiterer Beweggrund für das Anbieten von Kopplungsangeboten besteht mitunter darin, einem neuen Anbieter den Marktzutritt zu erleichtern. So stellte der BGH in seiner Entscheidung *Kopplungsangebote I*[277] fest, dass Kopplungsangebote geeignet seien, Außenseitern den Marktzutritt zu erleichtern. Dem Angebot der Entscheidung *Kopplungsangebote I* (vergünstigter Videorekorder bei Wechsel des Stromanbieters) könnte eine solche Motivation zugrunde gelegen haben. Das Angebot steht in zeitlichem Zusammenhang mit der Liberalisierung des Strommarktes. Die Möglichkeit, den Stromanbieter zu wechseln, war für die Verbraucher seinerzeit vergleichsweise neu.[278] Durch den Anreiz des vergünstigten Videorekorders könnten Kunden – die eigentlich keine Absicht hatten, den Stromanbieter zu wechseln – dazu bewogen worden sein, sich mit dem Angebot des neuen Stromanbieters auseinanderzusetzen. Der neue Anbieter am Elektrizitätsmarkt könnte also das Kopplungsangebot eingesetzt haben, um den Marktzutritt jenseits des reinen Preiswettbewerbs zu erleichtern.

---

275 The Economist Online, More trouble than they're worth, 06.10.2014, abrufbar unter: www.economist.com.

276 *Charaktiniotis*, Die lauterkeitsrechtlichen Zulässigkeitsschranken der Kopplungsangebote nach der Aufhebung der Zugabeverordnung, S. 19; übernommen von *Trstenjak*: Schlussanträge der Generalanwältin Trstenjak in den verbundenen Verfahren C-261/07 und C-299/07 vom 21. Oktober 2008, Slg. 2009, I-02949, Rn. 69.

277 BGH Urteil v. 13.06.2002 – I ZR 173/01 *(Kopplungsangebote I)*, GRUR 2002, 976; s.o.

278 Vgl. Gesetz zur Neuregelung des Energiewirtschaftsrechts« (BGBl. I S. 730) vom 29.04.1998.

3. *Kundenbindung und Datengewinnung*

Ferner können Kopplungsangebote nicht nur dafür verwendet werden, neue Marktsegmente zu erschließen, sie können im Gegenteil auch dazu eingesetzt werden, Kunden daran zu hindern, zu einem anderen Anbieter zu wechseln. Hierzu werden insbesondere Kundenbindungssysteme eingesetzt, die Kundentreue belohnen und den Wechsel zu anderen Anbietern unattraktiv machen sollen.

Ein weiter Effekt von Kopplungsangeboten in Form von Kundenbindungssystemen ist, dass Anbieter hier umfangreiche Kundendaten gewinnen können, die sie für gezielte Werbung und Marktforschung einsetzten können.[279]

4. *Preisverschleierung*

Schließlich kann ein Kopplungsangebot auch gezielt zur Preisverschleierung eingesetzt werden.[280]

So kann ein Kopplungsangebot zum Beispiel verschleiern, dass ein Produktpreis besonders hoch ist, etwa wenn ein Smartphonehersteller sich an den Umsätzen eines gekoppelten Mobilfunkvertrags beteiligen lässt, sodass der Kunde den Preis, den der Hersteller für das Gerät erhält, nicht erfährt.

So lag es nach den Feststellungen des Landgerichts Hamburg etwa bei der Markteinführung des *iPhones* des Herstellers *Apple* in Deutschland. Der Hersteller vereinbarte mit einem marktführenden deutschen Mobilfunkanbieter, dass dieser das *iPhone* bei seiner Markteinführung im Jahr 2007 ausschließlich im Rahmen eines Kopplungsangebots mit einem Mobilfunkvertrag anbieten dürfe. Das Kopplungsangebot sah neben einer monatlichen Grundgebühr auch eine Einmalzahlung für das Endgerät in Höhe von 399 Euro vor, die als der Preis des Gerätes bezeichnet wurde.[281] Der Gerätehersteller wurde nach den Feststellungen des Landgerichts Hamburg vonseiten des Netzanbieters allerdings nicht mit 399 Euro oder einem anderen Fixbetrag pro Gerät vergütet, sondern erhielt einen Anteil an den Mobilfunkentgelten, die mit dem jeweiligen Gerät erwirtschaftet

---

279 The Economist, More trouble than they're worth, 06.10.2014, abrufbar unter: www.economist.com; auch: *Köhler* in Köhler/Bornkamm, UWG § 4 Rn. 1.135.

280 So warnte etwa die Verbraucherzentrale Nordrhein-Westfalens im Jahr 2012 aus diesem Grund vor Kopplungsangeboten im Mobilfunkbereich und empfahl, im Zweifelsfall ein gewünschtes Smartphone einzeln zu erwerben und sich unabhängig einen passenden Tarif auszusuchen, sich also gegen ein Kopplungsangebot aus Gerät und Netzkartenvertrag aus einer Hand zu entscheiden, Pressemitteilung der Verbraucherzentrale Nordrhein-Westfalen vom 09.05.2012.

281 Vgl. Frankfurter Rundschau vom 31.10.2007, S. 18.

wurden.[282] Das *iPhone* war in Deutschland zunächst ausschließlich im Rahmen dieses Kopplungsangebots und nur versehen mit einem SIM-Lock, der dieses Kopplungsangebot technisch sicherte, erhältlich. Ein Vergleichspreis des Gerätes außerhalb des Kopplungsangebots war für den Verbraucher nicht ohne Weiteres zu ermitteln.[283] Damit hatte der Verbraucher keine Möglichkeit festzustellen, wie viel er letztlich für das Endgerät zahlte.

Erst als für einen kurzen Zeitraum zwischen einer einstweiligen Verfügung, die das ausschließliche Anbieten des Geräts im Rahmen des Kopplungsangebots vorläufig untersagte[284], und der gerichtlichen Feststellung der Zulässigkeit des obligatorischen Kopplungsangebots[285], das Gerät außerhalb eines Kopplungsangebots für einen Preis von 999 EUR[286] vertrieben wurde, stand für die angesprochenen Kunden ein Vergleichspreis zur Verfügung, der immerhin um mehr als 150 Prozent über dem im Rahmen des Kopplungsangebots angegebenen Preis lag. Demnach lag der tatsächliche Preis, für den der Hersteller das Gerät vertreiben wollte, deutlich über dem im Rahmen des Kopplungsangebots angegebenen Preis.

Dies verdeutlicht, dass Kopplungsangebote durchaus dazu geeignet sind, den Preis einer Ware zu verschleiern. Das bedeutet freilich nicht, dass dies auch in dem vorgenannten Fall die Absicht des Anbieters war.[287]

II. Motivation für die Nachfrage von Kopplungsangeboten

Der Nachfrage nach Kopplungsangeboten dürften unterschiedliche Motivationen zugrunde liegen.

---

282 LG Hamburg Urteil v. 04.12.2007 – 315 O 923/07 BeckRS 2008, 19970.

283 Es konnten lediglich Preise im Ausland, wo das Gerät teilweise auch außerhalb eines Kopplungsangebots vertrieben wurde, verglichen werden.

284 LG Hamburg Beschluss v. 12.11.2007 – 315 O 923/07 *(iPhone I)*, BeckRS 12.11.2007, 12216.

285 LG Hamburg Urteil v. 04.12.2007 – 315 O 923/07 BeckRS 2008, 19970.

286 IT-Business, Heft 24/2007, S. 11. Im Jahr 2007 war ein Preis von 999 Euro für ein Smartphone ungewöhnlich hoch, vgl. *Weitmeyer*, Wirtschaftsblatt vom 03.12.2007, Heft Nr. 3002, S. 12.

287 Vielmehr bestand im Fall der Einführung des *iPhones* auch ein sachlicher Grund für die Kopplung: Das Gerät wies seinerzeit neue technische Eigenschaften auf, die den Betrieb mit einem bestimmten Vertrag sinnvoll machten. Erst später boten auch andere Netzbetreiber die Leistungen an, mit denen die Funktionen des Gerätes voll ausgeschöpft werden konnten.

Einer veröffentlichten Umfrage des Meinungsforschungsinstituts Emnid zufolge,[288] die dieses im Jahr 2012 im Auftrag eines marktführenden Bonusprogrammanbieters vorgenommen hatte, gaben die Teilnehmer von Bonusprogrammen mehrheitlich (52 Prozent) als Motivation für die Teilnahme die Möglichkeit an, Geld zu sparen, also einen Rabatt zu erzielen. 23 Prozent nahmen aufgrund der attraktiven Prämien teil, also um in den Genuss der an die Einkäufe gekoppelten Sachprämien zu kommen, während immerhin 15 Prozent der Befragten den Spaß am Punktesammeln als Motivation für die Teilnahme an den Kundenbindungsprogrammen angaben.[289]

Diese Motivationen (Ersparnis, Sachprämien, Sammelfreude) dürften auch bei Kopplungsangeboten, die keine Kundenbindungssysteme sind, vorkommen. Daneben kommen als Motivation für die Nachfrage nach Kopplungsangeboten auch weitere Motive in Betracht. So dürften etwa bei an Warenkauf gekoppelten Finanzierungsangeboten wirtschaftliche Überlegungen eine Rolle spielen, während Gewinnspielkopplungen aleatorische Reize und Sponsoringkopplungen altruistische Motive der Verbraucher ansprechen.

F. Verbreitung der Kopplungsangebote

Wissenschaftliche Studien über die Verbreitung von Kopplungsangeboten liegen nicht vor, sodass für eine Einschätzung der Verbreitung auf allgemeine Daten der Werbeindustrie sowie auf Unternehmensmitteilungen und Erkenntnisse aus der Meinungsforschung zurückgegriffen werden muss.

Insgesamt wurden im Jahr 2011 in Deutschland 29,92 Milliarden Euro in Werbung investiert.[290] Die werbestärksten Branchen in Deutschland waren im Jahr 2011 Handelsorganisationen (rund 1,8 Milliarden Euro), gefolgt von der Automobilindustrie (rund 1,4 Milliarden Euro) und Zeitungen (rund 1,4 Milliarden Euro).[291] Auch das Sponsoring war von erheblicher wirtschaftlicher Bedeutung. Im Jahr 2011 investierten die Unternehmen in Deutschland insgesamt

---

288 »Bonusprogramme in Deutschland«, TNS Emnid Medien- und Sozialforschung GmbH; Methodik: Telefonische Befragung deutschsprachiger Wohnbevölkerung in Privathaushalten von Personen im Alter ab 16 Jahren mit einer Stichprobengröße von 1.000 Personen im Zeitraum vom 01.02.2012 bis zum 13.02.2012.

289 »Bonusprogramme in Deutschland«, TNS Emnid Medien- und Sozialforschung GmbH, S. 4.

290 Zentralverband der Deutschen Werbewirtschaft ZAW, Werbung in Deutschland 2012, S. 14.

291 Zentralverband der Deutschen Werbewirtschaft ZAW, Werbung in Deutschland 2012, S. 14.

4,2 Milliarden Euro in Sponsoring.[292] In Werbegeschenke in Form von Werbeartikeln wurden im Jahr 2011 3,46 Milliarden Euro investiert.[293]

Die wichtigsten Kommunikationsmedien der Werbung in Deutschland waren im Jahr 2011 nach wie vor das Fernsehen (rund 3,9 Milliarden Euro), gefolgt von Tageszeitungen (rund 3,5 Milliarden Euro) sowie der Werbung per Post (rund 2,9 Milliarden Euro). Für Onlinewerbung wurde 2011 der Betrag von 990 Millionen Euro aufgewendet.[294]

Allerdings lassen sich aus diesen Zahlen kaum Rückschlüsse auf die Verbreitung der Kopplungsangebote ziehen, weil keineswegs alle Kopplungsangebote mit aufwendigen Werbekampagnen einhergehen. Zudem erfassen die Werbestatistiken nicht das Volumen der Waren, die mit Kopplungsangeboten vertrieben werden, sondern lediglich die Beträge, die für die Bewerbung aller Angebote aufgewendet wurden.

Es ist davon auszugehen, dass die wirtschaftliche Bedeutung der Kopplungsangebote erheblich ist. Dies ergibt sich vor allem aus der steigenden Beliebtheit komplexer Kundenbindungssysteme:

Die vorgenannte Emnidumfrage, »Bonusprogramme in Deutschland«, aus dem Jahr 2012 führte zu dem Ergebnis, dass 2012 allein fast die Hälfte aller deutschen Haushalte an dem marktführenden Kundenbindungssystem »Payback« teilnahmen. Unternehmensangaben zufolge hatte das branchenübergreifende Bonusprogramm im Jahr 2011 über 20 Millionen Kunden. Von dem Kundenbindungssystem erfasste Waren und Dienstleistungen sind in Höhe von insgesamt 15,2 Milliarden Euro umgesetzt worden.[295]

Der Lufthansakonzern gab in seinem Geschäftsbericht 2012 an, dass weltweit 23 Millionen Personen an dem Vielfliegerprogramm *Miles & More* teilnähmen.[296] Einem Bericht des *Spiegel* aus dem Jahr 2012 zufolge seien allein 550.000

---

292 Zentralverband der Deutschen Werbewirtschaft ZAW, Werbung in Deutschland 2012, S. 22. Es bleibt allerdings offen, wie hoch der Anteil der an die Warenabnahme gekoppelten Sponsoringleistungen war und ob diese in den veröffentlichten Zahlen berücksichtigt wurden.

293 Zentralverband der Deutschen Werbewirtschaft ZAW, Werbung in Deutschland 2012, S. 22. Warenproben und Werbegeschenke, die keine Werbeartikel sind (insbesondere Zugaben), sind von diesen Zahlen nicht erfasst.

294 Zentralverband der Deutschen Werbewirtschaft ZAW, Werbung in Deutschland 2012, S. 22.

295 Unternehmensinformationsbroschüre der Payback GmbH, 2012, abrufbar unter www.payback.de.

296 Geschäftsbericht Lufthansa Group 2012, S. 62.

Lufthansa *Miles & More* Kreditkarten im Umlauf,[297] was den Luftfahrtskonzern zu einem bedeutenden Ausgeber von Kreditkarten macht. Nach Erkenntnissen der Emnidumfrage verfügten immerhin neun Prozent der deutschen Haushalte über eine *Miles & More* Mitglieds- oder Kreditkarte.[298]

Die britische Wochenzeitung *The Economist* berichtete im Oktober 2014 in ihrer Onlineausgabe, dass 95 Prozent der Briten an mindestens einem Kundenbindungssystem teilnähmen und dass allein der britischen Supermarktkette *Tesco* für ihr Kundenbindungssystem jährlich Kosten in Höhe von 500 Millionen Britischen Pfund entstünden.[299]

Nach alledem ist davon auszugehen, dass die wirtschaftliche Bedeutung der Kopplungsangebote, insbesondere in Form moderner Kopplungssysteme, heute erheblich ist.

---

297 Der Spiegel 2/2012 S. 72.

298 »Bonusprogramme in Deutschland«, TNS Emnid Medien- und Sozialforschung GmbH, S. 8.

299 The Economist, More trouble than they're worth, 06.10.2014, abrufbar unter: www.economist.com. Der Bericht wirft die Frage auf, ob die hohen Kosten der Kundenbindungssysteme der Supermarktketten tatsächlich durch Mehrabsatz kompensiert würden.

Teil 2: Entwicklung der Kopplungsangebote und ihrer rechtlichen Bewertung

A. Historische Entwicklung der Kopplungsangebote und rechtliche Bewertung der Kopplungsangebote in der Vergangenheit

I. Deutsches Reich bis 1918

Es ist nicht feststellbar, wann Kaufleute erstmals damit begannen, ihre Kunden durch kleine Geschenke beim Erwerb von Waren oder durch Prämien für regelmäßige Einkäufe an sich zu binden. Denkbar ist, dass solche Werbe- und Vertriebsmethoden schon seit jeher mit dem Handel einhergingen.[300] Gleichwohl liegen keine Quellen vor, die belegen, dass Kopplungsangebote in der vorindustriellen Zeit Gegenstand rechts- oder wirtschaftswissenschaftlicher Betrachtungen gewesen sind. Das Fehlen solcher Quellen spricht nicht zwangsläufig gegen die Existenz von Kopplungsangeboten zu jener Zeit. Vielmehr könnte ein Grund für fehlende Quellen auch darin liegen, dass die in vorindustrieller Zeit gebräuchlichen Kopplungsangebote im damaligen Marktgefüge als etwas Selbstverständliches angesehen wurden, das keiner besonderen Erwägung oder Regelung unterzogen werden musste.[301]

Komplexere Kopplungsangebote und insbesondere organisierte Kundenbindungssysteme lassen sich in Deutschland erstmals um die Jahrhundertwende zwischen dem 19. und 20. Jahrhundert nachweisen.[302] Sie traten damit in einer Zeit auf, in der die Veränderungen der Produktions- und Absatzprozesse wie auch der rechtlichen Rahmenbedingungen[303] zu einem gänzlich neuen Wirtschaftsgefüge geführt und die Märkte auf Angebots- und Nachfrageseite nachhaltig verändert hatten. Eine Folge dieser Entwicklung bestand darin, dass sich mit der zunehmenden Auswahl an Waren und Dienstleistungen auch der Wettbewerbsdruck für Händler und Produzenten erheblich erhöhte.

---

300 So etwa im Jahr 1939: *Gutberlett*, Kopplungsgeschäfte, S. 11.

301 *Gutberlett*, Kopplungsgeschäfte, S. 11.

302 Eine umfassende Beschreibung verschiedener Kundenbindungssysteme aus dem Jahr 1910 findet sich bei *Huth*, Gutschein-System und Zugaben-Unwesen.

303 Zu nennen ist insbesondere die 1869 eingeführte Gewerbefreiheit, vgl. Fezer, UWG, E Einl. Rn. 4.

Wenngleich die Wirtschaft in jener Zeit bereits erheblich entreguliert wurde, trafen die neuen komplexeren Kopplungsangebote damals – wie andere neue Markterscheinungen – auf erhebliche Widerstände. Kritisiert wurde vor allem, dass eine althergebrachte und dem Grunde nach nicht zu beanstandende Werbemethode mit Einführung der organisierten Kopplungssysteme ausufern würde und missbraucht würde. Im Jahr 1910 erschien eine erste sich mit dem Thema Kopplungsangebote befassende Monografie[304], die die Veränderung der Kopplungsangebote von der einfachen Zugabengewährung zu komplexeren, auf Dauer angelegten Kundenbindungssystemen beschrieb und kritisierte.[305]

Die Kritik an den Kopplungsangeboten fußte bereits im frühen 20. Jahrhundert auf unterschiedlichen Erwägungen. Zum einen spielten protektionistische Motive eine erhebliche Rolle. So seien nach Angaben der Bochumer Handelskammer in einer Eingabe an das preußische Handelsministerium im Jahr 1910 die Kosten der Kopplungsangebote für die Unternehmer so hoch, dass sie nicht allein durch den erhofften Mehrumsatz hereingebracht würden.[306] Die geringen Margen der industriell gefertigten Produkte erlaubten es dem Händler nicht, sich dem Wettbewerbsdruck zu beugen und hochwertige Prämien abzugeben, sodass angeblich nur größere Fabrikanten attraktive Kundenbindungssysteme einsetzen könnten.[307]

Neben diesen protektionistischen Erwägungen standen bereits verbraucherschützende Beweggründe. Dabei ging das Verbraucherleitbild im beginnenden

---

304 *Huth*, Gutschein-System und Zugaben-Unwesen.

305 *Huth*, Gutschein-System und Zugaben-Unwesen, S. 1. Das Urteil über die neuen Kopplungssysteme fiel überaus streng aus. So schrieb *Huth*: »Es ist eine eingewurzelte Sitte der deutschen Kaufleute, den Hausfrauen, Dienstmädchen und Kindern bei ihren Einkäufen eine Zugabe in Gestalt einer Tafel Schokolade, einer Schachtel Seife oder einer Tüte Bonbons oder einiger Stahlfedern zu geben […]. Aus dieser alten Sitte der Kaufleute hat sich aber in den letzten Jahren ein ganz enormer Missbrauch der Fabrikanten entwickelt, der sich zum Teil sogar als gröblicher Schwindel erweist. Ich meine den Unfug, jedem Käufer bei jedem Einkauf bestimmte Waren, oder doch bei einem Einkauf von bestimmten Mengen ›hochwertige‹ Geschenke als Zugaben oder Prämien zu versprechen. Die betreffenden Fabrikanten geben in der Regel Gutscheine aus, die in den Büchsen oder Paketchen enthalten sind, oder auch Bestandteile des Kartons oder der Verpackung bilden, und verbreiten illustere Listen, welche wertvollen Geschenke derjenige zu erwarten hat, der beispielsweise 100 oder 500 oder 5000 Gutscheine einsendet«, *Huth*, Gutschein-System und Zugaben-Unwesen, S. 1.

306 Zitiert nach *Huth*, Gutschein-System und Zugaben-Unwesen, S. 5.

307 Vgl. *Huth*, Gutschein-System und Zugaben-Unwesen, S. 1.

20. Jahrhundert von einer außerordentlich geringen Kompetenz der Nachfrager aus.[308] Im Zentrum der verbraucherschützenden Kritik an Kopplungsangeboten stand damals stets eine den Kopplungsangeboten zugeschriebene preissteigernde Wirkung.[309]

Damit ist festzuhalten, dass die Kritik an Kopplungsangeboten bereits zu jener Zeit auf unterschiedlichen Fundamenten stand: dem Schutz der vermeintlich übervorteilten Verbraucher, die sich durch die versprochenen Prämien blenden ließen auf der einen Seite und dem Schutz der Händler, die durch die ausgelobten Zugaben ihre Gewinnmarge einbüßten, auf der anderen Seite.

Trotz dieser Kritik wurden Kopplungsangebote im beginnenden zwanzigsten Jahrhundert durch den Gesetzgeber nicht reguliert. Das erste Gesetz zur Bekämpfung unlauteren Wettbewerbs vom 27.05.1896 (UWG 1896)[310] bot einen Schutz gegen verschiedene unlautere Wettbewerbshandlungen, jedoch nicht gegen Kopplungsangebote. Wettbewerbshandlungen, die durch das UWG 1896 nicht ausdrücklich verboten waren, konnten allenfalls über den allgemeinen Deliktschutz nach § 826 BGB angegriffen werden, der nach Auffassung des

---

308 *Huth*, Gutschein-System und Zugaben-Unwesen, S. 4: »(Die Behauptung, Kopplungsangebote führten für den Kunden nicht zu zusätzlichen Kosten) ist unwahr, und jeder vernünftig denkende Mensch vermag sie ohne Weiteres als unwahr zu erkennen. Leider sind unsere Hausfrauen, die ja hauptsächlich die Einkäufe besorgen, die leichtgläubigsten Geschöpfe auf Gottes Erdboden – dabei ist noch besonders zu berücksichtigen, dass viele ungebildete und halbgebildete Frauen auch nicht mit den einfachsten Prinzipien des Warenhandels vertraut sind und sich durch ein im Schaufenster ausgestelltes Kaffeeservice, eine schöne Pelzboa oder einen schönen Regenschirm, die ihnen als Prämie für den Einkauf von Seife oder Backpulver oder Margarine versprochen werden, geradezu blenden lassen. Und da überlegen sie zunächst gar nicht, dass diese glänzenden Geschenke, die sich bei näherem Zusehen oft noch als Schund offenbaren, nur durch Einsendung von 500 oder 1000 Gutscheinen zu erreichen sind, dass sie zunächst einmal 500 Pfund Seifenpulver, 1000 Pfund Margarine oder 500 Büchsen Bouillonwürfel verbrauchen müssen, um diese törichten Gaben zu erlangen. Sie überlegen nicht, dass sie also alt und grau dabei werden können, ehe sie diese Mengen ein und desselben Artikels in ihrem bescheidenen Haushalt verbraucht haben, vorausgesetzt natürlich, dass bis dahin die Fabrik noch existiert.« *Huth* beschreibt ein Verbraucherbild, das jedenfalls aus heutiger Sicht als antiquiert und chauvinistisch erscheint. Es steht in diametralem Gegensatz zu dem heutigen europäischen Verbraucherleitbild des normal informierten, angemessen aufmerksamen und verständigen Durchschnittsverbrauchers, vgl. *Sack* in Harte-Bavendamm/Henning-Bodewig, UWG § 6 Rn. 12 mit weiteren Nachweisen.

309 Vgl. *Huth*, Gutschein-System und Zugaben-Unwesen, S. 23.

310 RGBl. 1896 S. 441.

Reichsgerichts im Jahr 1901 eine »Schutzwehr gegen illoyale Handlungen in umfassender Weise« zu gewähren suchte.[311] Es sind keine Fälle ersichtlich, nach denen Kopplungsangebote zu jener Zeit hierunter subsumiert und untersagt worden wären.

Auch das UWG 1909 kannte keine konkreten Kopplungsverbotstatbestände.[312] Solche waren beim Gesetzesentwurf zwar verschiedentlich gefordert worden, jedoch begründete der Reichstag seine Ablehnung eines Verbotstatbestandes für Kopplungsangebote damit, dass Zuwendungen der Anbieter sich zwar grundsätzlich auch in Formen äußern könnten, die mit den Geschäftsgrundsätzen ehrbarer Kaufleute nicht vereinbar seien, aber eine sichere Abgrenzung zwischen einwandfreien und verwerflichen Formen der Kopplungsangebote der Erfahrung nach möglich sei, sodass es eines Per-se-Verbotes von Kopplungsangeboten nicht bedürfe.[313]

Die im UWG 1909 erstmals geschaffene Generalklausel, wonach eine Wettbewerbshandlung nicht gegen die »guten Sitten« verstoßen durfte (§ 1 UWG 1909), konnte in Einzelfällen Kopplungsangebote erfassen, grundsätzlich blieben sie jedoch zulässig.

Eine gesetzliche Untersagung von bestimmten Kopplungsangeboten erfolgte erstmals in der Zeit des Ersten Weltkrieges. Um der Warenknappheit zu begegnen und der unterstellten preissteigernden Wirkung der Kopplungsangebote entgegenzuwirken, wurde im Jahr 1915 in der Preissteigerungsverordnung[314] eine Strafvorschrift geschaffen, die es mit bis zu einem Jahr Freiheitsstrafe bedrohte, wenn ein Erzeuger oder Erwerber Gegenstände des täglichen Bedarfs zurückhielt, um durch die Veräußerung einen übermäßigen Gewinn zu erzielen.[315] Diese Strafnorm war auch dann erfüllt, wenn die Abgabe der Ware an die Bedingung geknüpft wurde, dass der Kunde zugleich eine andere von ihm nicht begehrte Ware abnehme.[316] Damit waren Kopplungsangebote von Waren des täglichen Bedarfs im Wesentlichen verboten. Handelte der Anbieter durch das Kopplungsangebot in der Absicht, einen Mehrgewinn zu erzielen, so machte

---

311 RGZ 48, 114, 119, Fezer, UWG E Einleitung Rn. 20.

312 *Boesche*, WRP 2011, 1345.

313 Ausdrücklich in Bezug auf Zugaben: Drucksache Nr. 1109 des Reichstags, 12. Legislaturperiode, I. Session 1907/1909.

314 Bekanntmachung gegen übermäßige Preissteigerung vom 23. Junli 1915, RGBl. 1915, 467. Die Bestimmungen der Preissteigerungsverordnung gingen später in die Verordnung wegen Preistreiberei vom 8. Mai 1918, RGBl. 1918, S. 395 über.

315 § 5 Abs. 2 Preissteigerungsverordnung.

316 *Alsberg*, Preistreiberstrafrecht, S. 122.

er sich strafbar. Es sollte verhindert werden, dass die in der Warenknappheit liegende Kriegskonjunktur zur Ausbeutung der Notlage der Verbraucher ausgenutzt würde.[317] Es handelt sich – soweit ersichtlich – um das erste gesetzliche Kopplungsverbot in Deutschland.

Allerdings ist dieses Kopplungsverbot – wie auch vergleichbare Verbote im Zweiten Weltkrieg – eine auf die Besonderheiten der Kriegswirtschaft abzielende Norm ohne speziell wettbewerbsrechtlichen Charakter. Sie betraf im Wesentlichen auch keine verkaufsfördernden Kopplungsangebote, sondern aufgedrängte Kopplungen.

Systematische Untersuchungen zur Verbreitung der Kopplungsangebote im Deutschen Reich bis 1918 liegen nicht vor. Im Jahr 1910 gaben auf Nachfrage eines Vertreters des Verbandes deutscher Rabattsparvereine 70 Fabrikanten an, Prämiensysteme zu verwenden.[318]

Wenngleich hiernach keine verlässlichen Feststellungen zu der quantitativen Verbreitung der Kopplungsangebote möglich sind, lassen sich zu der Qualität der Kopplungsangebote im beginnenden 20. Jahrhundert Feststellungen treffen. So ist festzustellen, dass bereits ausgefeilte und moderne Kopplungsangebote unterbreitet wurden und gerade bei der Fallgruppe der Kundenbindungssysteme komplexe und teilweise auch intransparente Prämiensysteme geschaffen wurden.

Beispiel: Ein Teeimporteur lobte 1910 im gesamten Reichsgebiet durch Inserate in Tageszeitungen eine mehrtägige kostenlose Reise für Schulkinder zur Weltausstellung nach Brüssel aus. Zur Teilnahme mussten die Eltern auf Teepackungen angebrachte Prämienpunkte sammeln und beim Hersteller einschicken. Gewinner der Reise würde jeweils das Mädchen und der Junge sein, deren Eltern in ihrem Reichsbezirk am meisten Punkte für sie eingeschickt hatten.[319]

Dieses Angebot wurde bereits 1910 unter der Überschrift: »Schulkinder im Dienste der Reklame« kritisiert.[320] Das Kopplungsangebot gleiche einer Lotterie, denn die Eltern könnten nicht wissen, wie viele Bonuspunkte sie benötigen würden, um die Reise für die Kinder zu gewinnen. Vielmehr entstünde ein »Wettrennen« aller Teekonsumenten der entsprechenden Marke, die über ihre Gewinnchancen nur spekulieren könnten.[321] Daneben wurde die Intransparenz

317 *Alsberg*, Preistreiberstrafrecht, S. 122.
318 *Huth*, Gutschein-System und Zugaben-Unwesen, S. 6.
319 *Huth*, Gutschein-System und Zugaben-Unwesen, S. 22–23.
320 *Huth*, Gutschein-System und Zugaben-Unwesen, S. 22.
321 *Huth*, Gutschein-System und Zugaben-Unwesen, S. 23.

des Verfahrens kritisiert.[322] Das System habe dazu geführt, dass im Sommer 1910 »ungeheure Mengen« des entsprechenden Tees konsumiert worden seien.[323]

Es lässt sich damit festhalten, dass Kopplungsangebote im Deutschen Reich bis 1918 – mit Ausnahmen in der Zeit des Ersten Weltkriegs – bereits von Industrie und Handel eingesetzt wurden, ihre Ausgestaltung mit modernen Angeboten vergleichbar war und sie weitgehend unreguliert blieben.

II. Weimarer Republik

In der Weimarer Republik erfolgte eine – gegenüber der Zeit vor dem ersten Weltkrieg – zunehmend kritischer werdende Neubewertung der Kopplungsangebote. Im Jahr 1926 erging die erste wettbewerbsrechtliche Grundsatzentscheidung zu Kopplungsangeboten.[324] Der zugrunde liegende Sachverhalt betraf ein Kundenbindungssystem einer Kaffeerösterei. »Werte statt Worte« warben die Kaffeeröster und fügten den Kaffeebohnen »statt teurer Zeitungsreklame« Gutscheine bei, die nach fortgesetztem Erwerb des Kaffees und Sammeln der Punkte in Prämien eingetauscht werden konnten.[325] Das Reichsgericht führte aus, dass es durchaus zulässig sei, wenn ein Kaufmann, statt Geld für Reklame auszugeben, Zugaben an seine Waren kopple, hierfür aber keinen Preisaufschlag verlange. Der Kaufmann mache dann ein gutes Angebot und erwecke nicht nur den Eindruck eines solchen.[326] Kopplungsangebote im geschäftlichen Verkehr seien deshalb nicht per se unlauter.[327] Sie seien an den Maßstäben der Generalklausel des § 1 UWG 1909[328] und der Verbote der §§ 3, 4 UWG 1909[329] zu messen.

Allerdings sah das Reichsgericht in seiner Grundsatzentscheidung in dem konkreten Kopplungsangebot der Kaffeeröster eine zu jener Zeit strafbare Werbung (§ 4 UWG 1909).[330] Denn unzulässig war ein Kopplungsangebot nach Auffassung des Reichsgerichts dann, wenn der Werbende sich die als »gratis« beworbene Zugabe ganz oder zum Teil besonders bezahlen lasse, indem er bewusst über den ortsüblichen Preis der Hauptware hinausgehe.[331] Damit waren

322 *Huth*, Gutschein-System und Zugaben-Unwesen, S. 23.
323 *Huth*, Gutschein-System und Zugaben-Unwesen, S. 24.
324 RG Urteil v. 23.12.1926 – III 574/26 RGSt 61, 58.
325 RG Urteil v. 23.12.1926 – III 574/26 RGSt 61, 58, 58, 62.
326 RG Urteil v. 23.12.1926 – III 574/26 RGSt 61, 58, 63.
327 RG Urteil v. 23.12.1926 – III 574/26 RGSt 61, 58, 59.
328 *Köhler*, GRUR 2010, 177.
329 Vgl. *Boesche*, WRP 2011, 1345, 1345.
330 RG Urteil v. 23.12.1926 – III 574/26 RGSt 61, 58, 58.
331 RG Urteil v. 23.12.1926 – III 574/26 RGSt 61, 58, 63.

in der Folgezeit Zugaben nur dann zulässig, wenn sie mit keinen nachweisbaren Preissteigerungen einhergingen.

Auch im wirtschaftspolitischen Diskurs der Marktteilnehmer und der Verbände spielten Kopplungsangebote in der Zeit der Weimarer Republik eine zunehmend bedeutende Rolle. Im Zentrum der Diskussion stand der Ruf verschiedener Händler und Interessensvertreter nach der Einführung eines Verbots von Kopplungsangeboten und insbesondere der Zugaben.[332] Gegner eines Zugabeverbotes machten ihre Auffassung publik, dass unbequemer Wettbewerb nicht unlauterer Wettbewerb sei und dass Kopplungsangebote wie Kundenbindungssysteme und Zugaben zulässig bleiben müssten.[333] Die modernen Wirtschaftssysteme der USA oder des Vereinigten Königreiches, die keine Verbote der Wertreklame kannten, sollten nach Auffassung der Gegner eines Kopplungsverbots zum Vorbild genommen werden. Andere Staaten, wie Dänemark, Lettland oder Norwegen hatten Kopplungsangebote bereits weitgehend untersagt, seien aber nach Auffassung der Befürworter von Kopplungsangeboten keine mit Deutschland vergleichbaren Industrienationen und könnten daher auch nicht zum Vorbild genommen werden.[334]

Auch im rechtswissenschaftlichen Diskurs war die Frage nach der Einführung eines Zugabeverbots umstritten. Der UWG-Kommentator *Rosenthal* führte im Jahr 1930 zu § 1 UWG 1909 aus, dass Kopplungsangebote ein Werbemittel wie jedes andere seien und dass, auch wenn es Missstände gäbe, man nicht für jeden Missstand ein Spezialgesetz machen könne.[335]

Schließlich setzte sich allerdings das Zugabeverbot durch, das von einer Mehrheit der Interessenvertreter der Industrie und des Handels gefordert wurde.[336]

---

332 Dabei wurde die Diskussion von Befürwortern wie Gegnern eines Zugabeverbotes in einer – nach heutigen Maßstäben – überaus engagierten und zugespitzten Weise öffentlich geführt, vgl. RG Urteil v. 15.01.1932 – II 226/31 RGZ 135, 38, 39. Der Sachverhalt betraf ein heftiges Aufeinandertreffen des »Reichsausschusses für das Zugabeverbot e.V.« und des »Schutzverband für Wertreklame«, nachdem der Reichsausschuss für das Zugabeverbot e.V. auf wirtschaftspolitischen Kundgebungen mit Plakaten und Flugblättern ein Verbot aller Kopplungsangebote in Form von Zugaben verlangt hatte.

333 *Brune*, Für Freiheit im Wettbewerb, S. 22.

334 *Brune*, Für Freiheit im Wettbewerb, S. 18.

335 *Rosenthal* in Rosenthal, UWG, § 1, Rn. 43a (8. Auflage, 1930).

336 Bis 1932 hatten sich der Deutsche Industrie- und Handelskammertag sowie 65 der insgesamt 68 Industrie- und Handelskammern und 21 von 22 Handwerks- und Gewerbekammern für das Zugabeverbot ausgesprochen, vgl. Urteilsbegründung RG Urteil v. 15.01.1932 – II 226/31 RGZ 135, 38, 48.; näher: *Jaeger*, Deutsche Industrie

Am 09.03.1932 trat die Zugabeverordnung in Kraft.[337] Den wirtschaftspolitischen Hintergrund der Zugabeverordnung, so wurde später kritisiert, habe eine tiefe Abneigung des mittelständischen Fachhandels gegen die innovativen Marketingaktivitäten der Warenhäuser ab Ende der 1920er Jahre gebildet.[338]

Mit Inkrafttreten der Zugabeverordnung wurde die Bewertung der Kopplungsangebote erheblich restriktiver.[339] Die Zugabeverordnung erweiterte die Verbote, die sich aus den Sittlichkeitsvorschriften § 1 UWG 1909 und § 826 BGB ergaben, auch um Kopplungsangebote, denen ein ethischer Vorwurf nicht innewohnte.[340] Bei der rechtlichen Bewertung der Kopplungsangebote, die keine Zugaben waren, kam es unter Geltung der Zugabeverordnung wesentlich darauf an, ob das Kopplungsangebot als eine Umgehung des Zugabeverbots gewertet wurde.[341] Nur wenn ein Kopplungsangebot erkennbar nicht als Zugabe qualifiziert werden konnte, blieb es zulässig.

III. Nationalsozialismus

Es ist heute umstritten, ob die strenge Bewertung der Kopplungsangebote in der Zeit des Nationalsozialismus wesentlich auf der nationalsozialistischen Ideologie beruhte, oder ob sie Folge eines protektionistischen Zeitgeistes war und später den Mängeln der Kriegswirtschaft geschuldet war. Gegen eine spezifisch nationalsozialistische Motivation, Kopplungsangebote zu untersagen, wird angeführt, dass das Zugabeverbot von 1932 bereits vor der Herrschaft der Nationalsozialisten erlassen wurde.[342]

---

und Handelskammern, Handwerks und Gewerbekammern und Landwirtschaftskammern gegen das Zugabe-Unwesen.

337 RGBl. 1932 I, S. 121.

338 *Schünemann* in Jacobs/Lindacher/Teplitzky, UWG, Einl B 22.

339 Vgl. § 1 ZugabeVO: »Es ist verboten, im geschäftlichen Verkehr neben einer Ware oder einer Leistung eine Zugabe (Ware oder Leistung) anzubieten, auszuhändigen oder zu gewähren. Eine Zugabe liegt auch dann vor, wenn die Zuwendung nur gegen ein geringfügiges, offenbar bloß zum Schein verlangtes Entgelt gewährt wird. Das gleiche gilt, wenn zur Verschleierung der Zugabe eine Ware oder Leistung mit einer anderen Ware oder Leistung zu einem Gesamtpreis angeboten, angekündigt oder gewährt wird.«

340 *Jansen*, Die Kopplungsverträge im Recht der Wettbewerbsbeschränkungen, S. 97.

341 Z. B. OLG Karlsruhe Urteil v. 28.02.1958 – 6 U 7/57 *(Zulässigkeit von offenen Koppelungsgeschäften)*, NJW 1958, 913, 913.

342 Vgl. Nachweise bei *Schünemann* in Jacobs/Lindacher/Teplitzky, UWG, Einl B 22.

Demgegenüber spricht eine Auswertung der in der Zeit des Nationalsozialismus ergangenen wettbewerbsrechtlichen Rechtsprechung dafür, dass bei der Bewertung der Kopplungsangebote zumindest auch spezifisch nationalsozialistische Gesinnung zum Tragen kam:

Zunächst erweiterte das Reichsgericht 1935 den Anwendungsbereich der Zugabeverordnung auf Kundenbindungssysteme, in denen der Zusammenhang zwischen Prämiengewährung und konkretem Warenbezug nur lose war.[343] Im Jahr 1936 beurteilte das Berliner Kammergericht sodann ein Kopplungsangebot, bei dem ein Händler damit warb, Kunden mit Kindern eine Tüte Bonbons zum Einkauf beizulegen. Das Kammergericht nahm diesen Fall zum Anlass, um die wettbewerbsrechtliche Bewertung der Kopplungsangebote in den ideologischen Rahmen des Nationalsozialismus einzufügen. Das Kammergericht führte aus, dass eine solche Werbung über die »harmlosen Geschäftsgepflogenheiten geringwertiger Zuwendungen« weit hinausginge, dass »die grundsätzliche Ablehnung des Zugabewesens der nationalsozialistischen Wirtschaftsauffassung« entspräche und dass zu den Grundsätzen der »Preiswahrheit und Preisklarheit« zurückgekehrt werden müsse. Die »Beunruhigung und Gefährdung« des Fachhandels durch das Zugabewesen müsse beseitigt werden.[344] Der Kaufmann hatte sich durch das Kopplungsangebot strafbar gemacht.

Nicht nur in der Justiz, auch in der Wissenschaft wurden Kopplungsangebote zunehmend streng bewertet. Ende der 1930er Jahre erschienen drei juristische Monografien zum Thema Kopplungsangebote,[345] die deren Zulässigkeit restriktiv

343 In dem zugrunde liegenden Fall bot ein Verband, dem alle Händler für Zahnbedarf angehörten, Zahnärzten ein wertvolles Tagebuch kostenlos an. Das Reichsgericht sah ein Kopplungsgeschäft, denn der »Zusammenhang zwischen Warenbezug und Buchlieferung unterliegt jedenfalls dann keinem Zweifel, soweit die Bücher solchen Zahnärzten und Dentisten geliefert wurden, die schon im abgelaufenen Jahr Ware von der buchliefernden Handlung bezogen haben.«, RG Urteil v. 10.12.1935 – II 247/35 RGZ 149, 242, 249. Es genügte, dass in der Vergangenheit einmal bestellt wurde, um eine Kopplung mit einem danach gewährten – nicht an weitere Warenabnahme gebundenen – Geschenk anzunehmen. Nach den vorgenannten Maßstäben (siehe S. 23) ist hierin ein Werbegeschenk zu sehen.

344 KG Urteil v. 04.02.1936 – I Ss 10/36 JW 1936, 956, 956.

345 1937: *Culemann*, Kopplungsgeschäfte; 1939: *Gutberlett*, Kopplungsgeschäfte; 1939: *Kock*, Kopplungsgeschäfte. Diese Werke blieben sodann für lange Zeit die einzigen Monografien, die sich dezidiert mit Kopplungsangeboten beschäftigten. Seit diesen frühen Arbeiten sind – soweit ersichtlich – die folgenden weiteren Werke zum Thema Kopplungsangebote erschienen: 1968: *Jansen*, Die Kopplungsverträge im Recht der Wettbewerbsbeschränkungen (zum UWG 1909); 2006: *Charaktiniotis*,

bewerteten. So verlangte ein Autor, dass nach der »nationalen Revolution« die »Auswüchse des Handelsgeistes und der Profitgier, die, um schneller oder stärker zu solchem Ziel zu gelangen, vor rechtswidrigen Eingriffen in die Sphäre des Konkurrenten nicht zurückschrecken« würden, »unnachsichtig geahndet« werden müssten.[346] Das nationalsozialistische Gedankengut gewann im Wettbewerbsrecht wie in anderen Rechtsgebieten im Wesentlichen über die Generalklausel (§ 1 UWG 1909) an Einfluss auf die Entscheidungspraxis.[347]

Teilweise wurde in der Nachkriegszeit darüber hinaus angeführt, bereits der Zugabeverordnung von 1932 lägen rassistische Ressentiments zugrunde.[348] Sie habe insbesondere jüdische Unternehmer treffen sollen, deren Erfolg den Nationalsozialisten und all jenen ein Dorn im Auge gewesen sei, denen der steigende Anpassungsdruck des Wettbewerbs missfallen habe.[349] Die Zugabeverodnung verdanke ihre Existenz einem »zutiefst wettbewerbsfeindlichen auf Konservierung überkommener Strukturen bedachten, kleinbürgerlich-protektionistischem Geist.«[350] Die Fortgeltung der Zugabeverordnung unter Herrschaft des Grundgesetzes, so *Schünemann*, sei peinlich.[351]

Im Herbst 1937 wurde schließlich durch den Reichskommissar für die Preisbildung ein Verbot der Kopplungsangebote mittels der Verordnung zur Verbilligung des Warenverkehrs[352] eingeführt. Zunächst war verboten, die Abgabe von Lebensmitteln davon abhängig zu machen, dass andere Waren abgenommen werden.[353] Mit Erlass vom 30.06.1938 wurde sodann festgelegt, dass eine verbotene Kopplung immer dann vorliege, wenn eine knappe Ware mit einer nicht

---

Die lauterkeitsrechtlichen Zulässigkeitsschranken der Kopplungsangebote nach der Aufhebung der Zugabeverordnung; 2008: *Fischer*, Kopplungsgeschäfte im Europäischen und deutschen Wettbewerbsrecht, (beide zum UWG 2004) sowie die vorliegende Arbeit.

346 *Gutberlett*, Kopplungsgeschäfte, S. 16.

347 Köhler/Bornkamm, UWG, Einleitung, Rn. 2.6.

348 *Schünemann* in Jacobs/Lindacher/Teplitzky, UWG, Einl. B 23, 24.

349 Vgl. *Schünemann* in Jacobs/Lindacher/Teplitzky, UWG, Einl B 22, 23. A. A. *Brune*, der ausländische Konzerne als »Drahtzieher« der ZugabeVO vermutete und meinte, nur die Wertreklame erlaube den Kleinen gegen die Großen zu konkurrieren, *Brune*, Für Freiheit im Wettbewerb, S. 5.

350 *Schünemann* in Jacobs/Lindacher/Teplitzky, UWG, Einl. B 23.

351 *Schünemann* in Jacobs/Lindacher/Teplitzky, UWG, Einl. B 23, 24.

352 Verordnung zur Verbilligung des Warenverkehrs vom 29.10.1937, RGBl. 1937 Bd. I, S. 1142.

353 § 1 Verordnung zur Verbilligung des Warenverkehrs vom 29.10.1937, RGBl. 1937 Bd. I S. 1142.

knappen Ware verbunden wird. Damit waren bis zum Ende des Zweiten Weltkrieges – mit zunehmender Warenknappheit – praktisch sämtliche Kopplungsangebote untersagt.

IV. Bundesrepublik bis 1990

Die Beurteilung der Verkaufsförderungsmaßnahmen und insbesondere der Kopplungsangebote blieb zunächst auch in der Bundesrepublik unter Fortgeltung der Zugabeverordnung restriktiv. Rechtsprechung[354] und Literatur[355] standen Kopplungsangeboten überwiegend skeptisch gegenüber. Verkaufsförderungsmaßnahmen (damals: »Wertreklame«) wurden als »Kundenbestechung« angesehen.[356] Der Begriff des »Leistungswettbewerbs« trat in den 1960er und 1970er Jahren ins Zentrum der wettbewerbsrechtlichen Angebotsbewertung.[357] Funktion des Verbrauchers im Leistungswettbewerb sei es, seine Wahl über konkurrierende Produkte nach Vorstellungen über die Preiswürdigkeit und Qualität zu treffen.[358] Das regelmäßig als unlauter bewertete Gegenstück zum Leistungswettbewerb war der »Nichtleistungswettbewerb«. Der lautere Wettbewerb, so lässt sich die herrschende Auffassung in dieser Zeit zusammenfassen, werbe damit, dass das beworbene Produkt den dafür verlangten Preis wert sei (Leistungswettbewerb) und nicht damit, dass der Kunde aus tatsächlichen oder angeblichen Gründen mehr bekomme, als er bezahlen müsse (Nichtleistungswettbewerb).[359]

Während die strenge Bewertung der Kopplungsangebote fortbestand, war die zugrunde liegende Argumentation dem Wandel unterworfen. Waren Urteile des Reichsgerichts vor allem von protektionistischen Argumentationen getragen, trat an deren Stelle allmählich das Motiv des Verbraucherschutzes.[360] Ähnlich wie bei den gesetzlich verbotenen Zugaben wurde auch bezüglich der

354 Vgl. BGH Urteil v. 07.03.1979 – I ZR 89/77 *(Briefmarkenauktion)*, GRUR 1979, 482.

355 Vgl. *Hoth*, GRUR 1961, 562; *Hefermehl*, GRUR 1974, 542; *Borck*, WRP 1975, 75.

356 Vgl. Nachweis bei *Köhler* in Köhler/Bornkamm, UWG, § 4-1 Rn. 1.88.

357 Vgl. *Hoth*, GRUR 1961, 562, 563 ff.; *Hefermehl*, GRUR 1974, 542, 544; *Ohlgart*, GRUR 1974, 693, 694; *Hoth*, GRUR 1976, 219, 223; *Lorenz*, GRUR 1976, 512, 517; *Hoth*, GRUR 1978, 147, 147.

358 Vgl. *Eppe*, WRP 2004, 153 156.

359 Vgl. *Eppe*, WRP 2004, 153, 156.

360 Dabei wurde bis zuletzt bezweifelt, ob die restriktive Haltung gegenüber der Wertreklame wirklich dem Verbraucherschutz oder nicht doch dem Schutz des mittelständischen Handwerks diene, vgl. *Köhler*, BB 2001, 265, 268.

Kopplungsangebote besorgt, diese könnten die Käufer dadurch unsachlich beeinflussen, dass sie die Aufmerksamkeit von der Hauptware ablenkten.[361]

Die grundsätzliche Ablehnung des Nichtleistungswettbewerbs wurde zunehmend gelockert. Der Leistungswettbewerb verlor seine Stellung als wichtigstes Abgrenzungsmerkmal, nicht zuletzt deshalb, weil der Begriff des Leistungswettbewerbs schwer zu fassen war.[362]

Die Entwicklung der rechtlichen Bewertung der Kopplungsangebote vor den UWG-Novellen 2004 und 2008 lässt sich im Wesentlichen in zwei Phasen gliedern: Die Zeit bis zum Beginn der Liberalisierung des Rechts der Kopplungsangebote in den 1990er Jahren und die Zeit der Liberalisierung der Kopplungsangebote ab den 1990er Jahren.

Unter Geltung der Zugabeverordnung wurde die lauterkeitsrechtliche Zulässigkeit von der jeweiligen Art des Kopplungsangebots abhängig gemacht. Die im Folgenden dargestellte Bewertung der Kopplungsangebote galt im Wesentlichen ab den 1960er Jahren bis zu der Liberalisierung der Kopplungsangebote (und anderer Verkaufsförderungsmaßnahmen) in der Mitte der 1990er Jahre.[363] Die Zugaben betreffend, galt die dargestellte rechtliche Bewertung seit 1932 bis zur Aufhebung der Zugabeverordnung im Jahr 2001.

1. Zugaben

Zugaben waren durch die Zugabeverordnung ausdrücklich verboten. Die Zugabe wurde als »gefährliches Lockmittel für den Käufer«[364] bewertet und daher grundsätzlich abgelehnt. Während es für die Untersagung von Kopplungsangeboten, die nicht unter die Zugabeverordnung fielen, erforderlich war, die lauterkeitsrechtliche Sittenwidrigkeit gemäß §§ 1, 3 UWG 1909 jeweils aufgrund der Umstände des Einzelfalls festzustellen, handelte es sich bei dem Zugabeverbot in § 1 der Zugabeverordnung um ein allgemeines Verbot in der Form eines abstrakten Gefährdungstatbestandes,[365] dessen Verletzung allein zur Untersagung des Angebots führte, ohne dass eine Sittenwidrigkeit im Einzelfall festgestellt werden musste.

---

361 *Schmeding*, WRP 1974, 305, 307.

362 Vgl. *Eppe*, WRP 2004, 153, 156 f.; zur Abgrenzung siehe oben, S. 72 ff.

363 Vgl. *Fezer*, WRP 2001, 989, 1010.

364 *Leffmann* in Rosenthal/Leffmann, UWG, § 1 Rn. 88 (9. Auflage 1969).

365 *Fischer*, Kopplungsgeschäfte im Europäischen und deutschen Wettbewerbsrecht, S. 132.

es hierfür nicht – wie sonst im Lauterkeitsrecht – auf die Verkehrsauffassung ankam, also auf die Frage, ob die Kunden glaubten, sie erhielten das gekoppelte Angebotselement gratis oder vergünstigt, sondern auf objektive Kriterien.[379] Zulässig waren verdeckte Kopplungsangebote daher nur unter engen Voraussetzungen, die teilweise kumulativ vorliegen mussten:

Zunächst verlangte die Zugabeverordnung, dass der Gesamtpreis des verdeckten Kopplungsangebots der Summe der kaufmännisch richtig kalkulierten Preise der Angebotselemente entsprach. Es war also nicht zulässig, ein Kopplungsangebot zu unterbreiten, bei dem ein Angebotselement das andere subventionierte, oder bei dem ein Angebotselement bei Abnahme eines anderen vergünstigt abgegeben wurde. Solche Kopplungsangebote wurden als eine Umgehung des Zugabeverbots gewertet. Nach § 1 Abs. 1 S. 3 der Zugabeverordnung lag eine Zugabe bereits dann vor, wenn zur Verschleierung der Zugabe eine Ware oder Leistung mit einer anderen Ware oder Leistung zum Gesamtpreis angeboten, angekündigt oder gewährt wurde. Eine Verschleierung wurde regelmäßig dann bejaht, wenn der Anbieter ein Kopplungsangebot unterbreitete, bei dem er sich eben nicht alle Angebotselemente bezahlen ließ, sondern ein Angebotselement gratis oder vergünstigt abgab.[380] Weil es bei verkaufsfördernden Kopplungsangeboten wie oben dargelegt in der Regel gerade darum geht, den Eindruck einer Vergünstigung beim Kunden zu schaffen, stand dieses Umgehungsverbot dem Großteil der heute verbreiteten Kopplungsangebote entgegen. Die Mehrzahl der heute üblichen Kopplungsangebote wären aus diesem Grund unter Geltung der Zugabeverordnung untersagt gewesen.

Waren die verdeckten Einzelpreise richtig kalkuliert und entsprach der angegebene Gesamtpreis deren Summe, lag also keine Vergünstigung vor, kam es für die Frage der Zulässigkeit des verdeckten Kopplungsangebots darauf an, ob das Angebot eine Kombination branchengleicher oder branchenverschiedener Waren oder Leistungen war. Stammten die Angebotselemente eines verdeckten Kopplungsangebots aus verschiedenen Branchen, sollte dieser Umstand das ohnehin schon bestehende Preisverschleierungspotential des verdeckten Kopplungsangebots noch weiter erhöhen.[381] Wiesen die Angebotselemente gar

379 BGH Urteil v. 02.07.1971 – I ZR 43/70 *(Kopplung im Kaffeehandel)*, GRUR 1971, 582, 583.

380 Vgl. BGH Urteil v. 02.07.1971 – I ZR 43/70 *(Kopplung im Kaffeehandel)*, GRUR 1971, 582, 583.

381 *Charaktiniotis*, Die lauterkeitsrechtlichen Zulässigkeitsschranken der Kopplungsangebote nach der Aufhebung der Zugabeverordnung, S. 63; Vgl. auch OLG Hamm Urteil v. 01.02.1974 – 4 U 261/73 *(Verdeckte Kopplung)*, GRUR 1975, 145, 145,

keinen Bezug zueinander auf, war nach Auffassung der Rechtsprechung regelmäßig davon auszugehen, dass es für die angesprochenen Kunden nicht möglich sein würde zu beurteilen, in welchem Wertverhältnis die gekoppelten Angebotselemente zueinander stünden, sodass der Vergleich mit Konkurrenzanbietern erschwert würde.[382] So könne der Betrachter einer Werbung nach Auffassung des OLG Hamm bei der Bewertung eines verdeckten Kopplungsangebotes bestehend aus Gebrauchtwagenverkauf und Urlaub[383] »allenfalls Spekulationen anstellen, die ihn in der Bewertung des Angebotes aber nicht weiterbrächten, weil sich die nur kursorisch umschriebenen Einzelleistungen mit anderweitigen Einzelangeboten vonseiten Dritter nicht vergleichen und abschätzen ließen«.[384] Dem Betrachter der Werbung blieben daher »nur Preisspielereien übrig, die ihn dazu verleiten können, sich in Bezug auf die Preisgestaltung der angebotenen Leistungsgegenstände selbst etwas vorzumachen«.[385]

Branchengleiche verdeckte Kopplungsangebote (z. B. Fernsehgerät und Videoplayer)[386] waren dagegen regelmäßig zulässig, wenn sie die oben genannten Anforderungen an die Preiskalkulation erfüllten. Bestand ein verdecktes Kopplungsangebot aus branchenverschiedenen Angebotselementen, so war jedenfalls erforderlich, dass das Angebot eine Gebrauchsnähe aufwies, es also einen sachlichen Grund für die Kopplung gab.[387]

4. *Vorspannangebote*

Vorspannangebote (Angebote, bei denen als Lockmittel für den Kauf einer zum marktüblichen Preis angebotenen Hauptware eine branchen- oder betriebsfremde Nebenware zu einem besonders günstig erscheinenden Preis angeboten wird

---

wobei das OLG Hamm bereits ausdrücklich von einem gegenüber der Glockenpackung-Entscheidung des BGH aus dem Jahr 1961 gewandeltem Verbraucherleitbild ausgeht (145).

382 *Charaktiniotis*, Die lauterkeitsrechtlichen Zulässigkeitsschranken der Kopplungsangebote nach der Aufhebung der Zugabeverordnung, S. 64.

383 OLG Hamm Urteil v. 22.06.1989 – 4 U 85/89 *(Auto und Urlaub)*, GRUR 1989, 923.

384 OLG Hamm Urteil v. 22.06.1989 – 4 U 85/89 *(Auto und Urlaub)*, GRUR 1989, 923, 923.

385 OLG Hamm Urteil v. 22.06.1989 – 4 U 85/89 *(Auto und Urlaub)*, GRUR 1989, 923, 923–924.

386 OLG Hamm Urteil v. 15.10.1987 – 4 U 195/87 *(Video-Kopplungsangebot)*, GRUR 1988, 553.

387 *Gerstenberg*, GRUR 1980, 618, 619.

und bei denen die vergünstigte Nebenware an die Hauptware gekoppelt ist)[388], waren in der Regel unzulässig:[389]

a) Die Entscheidung Vorspannangebot des BGH

Die Bewertung der Vorspannangebote geht auf ein wegweisendes[390] Urteil des BGH aus dem Jahr 1975, die Entscheidung *Vorspannangebot*[391], zurück. Dieser Entscheidung kommt über die Bewertung der Vorspannangebote hinaus eine herausragende Bedeutung für die Bewertung der Kopplungsangebote zu jener Zeit zu.

Der Entscheidung lag ein Sachverhalt zugrunde, bei der eine Supermarktkette eine Werbeaktion betrieb, bei der pro 5 DM Einkauf der Kunde ein »Sheffield-Rauchglas« für 1 DM erwerben konnte. Kaufte der Kunde zum Beispiel für 30 DM ein, konnte er sechs Rauchgläser für je 1 DM kaufen, jedoch ohne dazu verpflichtet zu sein.

Zunächst stellte der BGH fest, dass es sich um ein Kopplungsangebot in Form eines Vorspannangebots handele.[392] Ein Vorspannangebot lag nach Auffassung des BGH deshalb vor, weil die Rauchgläser für den sehr günstigen Preis von 1 DM abgegeben wurden. Zwar konnte die beklagte Supermarktkette nachweisen, dass sie pro Glas im Einkauf nur einen Betrag von etwa 74 Pfennigen zahle und im Verkauf noch einen kleinen Gewinn erziele. Allerdings war der BGH der Auffassung, dass die Gewinnspanne so gering sei, dass ein ungewöhnlich günstiger Verkaufspreis vorliege und sich beim Kunden der Eindruck einer Vergünstigung aufgrund der Abgabebeschränkung der Gläser aufdränge.[393]

Der BGH bewertete das Angebot als einen Verstoß gegen § 1 UWG 1909, weil die vorgespannte Ware nach seiner Auffassung branchenfremd war.[394] Zwar wurde anerkannt, dass es sich bei dem Vorspannangebot nicht um eine Zugabe handelte, weil für die Gläser kein bloßes Scheinentgelt verlangt wurde, das unter das

---

388 BGH Urteil v. 04.07.1975 – I ZR 27/74 *(Vorspannangebot)*, GRUR 1976, 248, 51; siehe bereits oben, S. 82.

389 BGH Urteil v. 14.07.1983 – I ZR 67/81 *(Buchklub-Vorspannangebot)*, NJW 1984, 51, 51. *Hoth*, GRUR 1976, 219, 220; differenzierter *Hoth*, GRUR 1961, 562, 569; *Hefermehl*, GRUR 1974, 542, 545.

390 *Boesche* spricht von einer als Klassiker geltenden Entscheidung, *Boesche*, WRP 2011, 1345, 1346.

391 BGH Urteil v. 04.07.1975 – I ZR 27/74 *(Vorspannangebot)*, GRUR 1976, 248.

392 BGH Urteil v. 04.07.1975 – I ZR 27/74 *(Vorspannangebot)*, GRUR 1976, 248, 52.

393 BGH Urteil v. 04.07.1975 – I ZR 27/74 *(Vorspannangebot)*, GRUR 1976, 248, 52.

394 BGH Urteil v. 04.07.1975 – I ZR 27/74 *(Vorspannangebot)*, GRUR 1976, 248, 51.

Umgehungsverbot der Zugabeverordnung (§ 1 Abs. 1 S. 2 Zugabeverordnung) gefallen wäre.[395] Das Angebot sei jedoch aus allgemeinen lauterkeitsrechtlichen Erwägungen unzulässig:

Die Bewertung des Angebots erfolgte nicht in unmittelbarer Anwendung der Zugabeverordnung, sondern es fand eine eigenständige lauterkeitsrechtliche Bewertung am Maßstab der Generalklausel des § 1 UWG 1909 statt. Danach waren geschäftliche Handlungen unlauter, die gegen die guten Sitten (im lauterkeitsrechtlichen Sinn) verstießen.

Dies sei – bis auf wenige Ausnahmen – bei Vorspannangeboten nach Auffassung des BGH dann der Fall, wenn durch branchenfremde Vorspannwaren der Interessent einer Hauptware von der Preis- und Qualitätswürdigung der Hauptware abgelenkt würde. Bei solchen Kopplungsangeboten bestünde die Gefahr, dass die angesprochenen Verkehrskreise sich dazu veranlasst sähen, ihren Kaufentschluss nicht primär nach ihren »Vorstellungen über die Preiswürdigkeit und Qualität der konkurrierenden Waren« zu treffen, sondern allein das Ziel verfolgen könnten, »in den Genuss der Vergünstigung« zu gelangen, was dem »Sinn des Leistungswettbewerbs und der Funktion des Verbrauchers im Rahmen dieser Ordnung« widerspreche.[396] Die Werbemethode würde gerade darauf abzielen, die Aufmerksamkeit des Kunden von der Qualität und Preiswürdigkeit der Hauptware abzulenken und den Kaufentschluss nur oder jedenfalls überwiegend durch die Anlockwirkung der Vorspannware zu erzielen.[397]

Weil diese Gefahr regelmäßig von Vorspannangeboten ausgehe, seien sie – wie der BGH in der Entscheidung *Vorspannangebot* klarstellt – grundsätzlich unzulässig.[398]

Erst in zweiter Linie ergebe sich die Unzulässigkeit der Vorspannangebote auch aus der Zugabeverordnung, weil die Anlockwirkung der günstigen Vorspannware gerade jenes wettbewerbliche Mittel sei, dem der Gesetzgeber mit der Zugabeverordnung habe entgegenwirken wollen.[399] Es sei – so der BGH – sogar möglich, dass die Anlockwirkung der günstig abgegebenen Vorspannware höher sei, als jene einer kostenlos abgegebenen Zugabe.[400] Im Rahmen der Bewertung der lauterkeitsrechtlichen Sittenwidrigkeit des Angebots gemäß § 1 UWG 1909 könne es keinen Unterschied machen, ob der unlautere Anlockeffekt durch

395 BGH Urteil v. 04.07.1975 – I ZR 27/74 *(Vorspannangebot)*, GRUR 1976, 248, 51.
396 BGH Urteil v. 04.07.1975 – I ZR 27/74 *(Vorspannangebot)*, GRUR 1976, 248, 52.
397 BGH Urteil v. 04.07.1975 – I ZR 27/74 *(Vorspannangebot)*, GRUR 1976, 248, 52.
398 BGH Urteil v. 04.07.1975 – I ZR 27/74 *(Vorspannangebot)*, GRUR 1976, 248, 52.
399 BGH Urteil v. 04.07.1975 – I ZR 27/74 *(Vorspannangebot)*, GRUR 1976, 248, 52.
400 BGH Urteil v. 04.07.1975 – I ZR 27/74 *(Vorspannangebot)*, GRUR 1976, 248, 52.

unberechnete oder in Rechnung gestellte Vergünstigung erzielt werde. Dieser Auffassung stünde auch nicht entgegen, dass die Verbote der Zugabeverordnung ausdrücklich nur auf solche Sachverhalte beschränkt seien, bei denen die Nebenware (also die Zugabe) ohne Berechnung erfolge, weil anerkannt sei, dass »die Zugabeverordnung keine abschließende Kodifizierung der Wertreklame« darstelle, sondern nur »die Bekämpfung ihrer Hauptauswüchse« bezwecke.[401]

Die Bewertung des Kopplungsangebots in der Entscheidung *Vorspannangebot* erfolgte also im Wesentlichen unter dem Gesichtspunkt des *übertriebenen Anlockens.*[402]

Damit war gleichsam derjenige lauterkeitsrechtliche Maßstab formuliert, anhand dessen Kopplungsangebote in der Folgezeit – und nach teilweise vertretener Auffassung auch heute noch[403] – zu messen seien.

Es kam allerdings auch zu jener Zeit stets auf die konkrete Ausgestaltung des Angebots an und der BGH hielt ausdrücklich offen, dass in besonders gelagerten Einzelfällen ein Vorspannangebot branchenfremder Waren zulässig sein könne.[404]

b) Bewertung in der Literatur

Die Literatur nahm die Rechtsprechung überwiegend zustimmend auf. Weil von Vorspannangeboten eine hohe Anlockwirkung ausgehe, die bei dem Verbraucher zu einer Ablenkung führe, sodass er von einem sachgemäßen Leistungsvergleich absehe, widerspräche sie dem Gedanken des Leistungswettbewerbs und beeinträchtige »in anstößiger Weise die schutzwürdigen Interessen der Verbraucher, der Mitbewerber und der Allgemeinheit«.[405] Kritik fand das Postulat der grundsätzlichen Unzulässigkeit der gekoppelten, branchenfremden Vorspannangebote vor dem Hintergrund, dass aus Sicht einiger Autoren hierdurch nicht deutlich genug werde, dass es auf die Umstände des Einzelfalls ankommen müsse.[406] Auch wurde darauf hingewiesen, dass der Branchenfremdheit des Vorspannartikels schon deshalb keine ausschlaggebende Bedeutung zukommen dürfe, weil es jedem Anbieter selbst überlassen sei zu entscheiden, welche Waren er anbiete.[407] Dass mit der Kopplung branchenfremder Artikel per se ein unlauteres übermäßiges Anlocken einherginge, war umstritten. Denn ein übermäßiges, die

401 BGH Urteil v. 04.07.1975 – I ZR 27/74 *(Vorspannangebot)*, GRUR 1976, 248, 52.
402 *Lorenz*, GRUR 1976, 512, 516.
403 Siehe hierzu unten, S. 286 ff.
404 Vgl. *Hoth*, GRUR 1976, 219, 223.
405 *Hefermehl*, GRUR 1974, 542, 545.
406 *Hoth*, GRUR 1976, 219, 224.
407 *Borck*, WRP 1975, 1, 6.

Unlauterkeit begründendes Anlocken müsste jedenfalls deutlich über dem normalen lauterkeitsrechtlich nicht zu beanstandenden Anlockeffekt jeder Werbung liegen.[408]

5. *Zwischenergebnis zur Zulässigkeit der Kopplungsangebote unter Geltung der Zugabeverordnung*

Im Ergebnis kann folgendes Bild als grobes Schema für die lauterkeitsrechtliche Zulässigkeit der Kopplungsangebote in der Zeit bis zur Liberalisierung der 1990er Jahre festgehalten werden:[409]

Unzulässig waren:

- Zugaben,
- branchenfremde Vorspannangebote sowie
- alle sonstigen Kopplungsangebote, die als Umgehung der Zugabeverordnung aufgefasst werden könnten.

Zulässig waren:

- offene Kopplungsangebote mit kaufmännisch korrekt kalkulierten und richtig ausgezeichneten Einzelpreisen. Waren die Angebotselemente branchenverschieden, so wurde mitunter verlangt, dass eine gewisse Gebrauchsnähe vorliegt;
- verdeckte Kopplungsangebote branchengleicher Waren, bei denen die Einzelpreise zwar nicht angegeben waren, jedoch kaufmännisch richtig kalkuliert sein mussten;
- verdeckte Kopplungsangebote branchenfremder Waren, bei denen die Einzelpreise zwar nicht angegeben waren, jedoch kaufmännisch richtig kalkuliert waren und bei denen die Angebotselemente eine deutliche Gebrauchsnähe aufwiesen, sodass es ein sachliches Bedürfnis für die Kopplung gab. Die Anforderungen an den sachlichen Grund der Kopplung waren bei branchenfremden verdeckten Kopplungsangeboten deutlich höher als bei offenen Kopplungsangeboten.

---

408 *Dorste*, GRUR 1976, 466, 468.

409 Vgl. *Gerstenberg*, GRUR 1980, 618, 620; die Auflistung kann aufgrund der Besonderheiten der Einzelfälle nicht allen entschiedenen Fällen gerecht werden.

6. *Stellungnahme zur Bewertung der Kopplungsangebote unter Geltung der Zugabeverordnung*

Die Entscheidung *Vorspannangebot* des BGH und letztlich die gesamte Rechtsprechung zu Kopplungsangeboten unter Geltung der Zugabeverordnung waren in der Literatur umstritten und werfen auch aus heutiger Sicht Probleme auf, sodass infrage steht, inwieweit heute noch auf diese Rechtsprechung zurückgegriffen werden kann. Zunächst erscheint die Argumentation, das übertriebene Anlocken der Kunden durch ein Vorspannangebot sei grundsätzlich sittenwidrig, aus verschiedenen Gründen als nicht überzeugend:

Einerseits formulierte der BGH in der Entscheidung *Vorspannangebot*, dass Kopplungsangebote bevorzugt Anwendung fänden, »beim Vertrieb von Waren, die in ihrer Zusammensetzung, Angebotsform und Qualität, auch im Preis, für den Kaufentschluss kaum wesentliche Unterschiede aufweisen (sog. homogene Güter)«.[410] Andererseits kritisiert der BGH sodann, dass die Aufmerksamkeit des Kunden bei seinem Kaufentschluss durch das Kopplungsangebot von der Qualität und Preiswürdigkeit der Hauptware abgelenkt würde.[411] Treffen beide Beobachtungen zu, stellt sich die Frage, ob der Kunde bei seinem Kaufentschluss überhaupt auf die Kriterien der Qualität und Preiswürdigkeit zurückgreifen kann, wenn sich diese zwischen den Anbietern ohnehin nicht unterscheiden. Es stellt sich also die Frage, von welchen sachlichen Gesichtspunkten die unsachliche Lockwirkung des Kopplungsangebots überhaupt ablenken soll.

Ferner ist die Rechtsprechung der Kopplungsangebote unter Geltung der Zugabeverordnung auch unter dem Gesichtspunkt einer möglichen protektionistischen Motivation zu würdigen. Denn wenn beim Vertrieb von homogenen Gütern (z. B. Salz, Zement) dem Anbieter einerseits keine oder nur eine sehr kleine Preisspanne zur Verfügung steht und er sich auch nicht durch eine besondere Qualität des homogenen Produktes profilieren kann (beides erkannte der BGH im Urteil *Vorspannangebot* an), so stellt sich die Frage, wieso es einem neuen Marktteilnehmer dann verwehrt bleiben soll, durch Verkaufsförderungsmaßnahmen wie Kopplungsangebote Marktanteile im Wettbewerb für sich zu gewinnen. Mit anderen Worten, wie soll ein neuer Marktteilnehmer in einem gesättigten Markt Anteile für sich gewinnen, wenn ihm das Mittel der klassischen Leistungsreklame nicht zur Verfügung steht?

410 BGH Urteil v. 04.07.1975 – I ZR 27/74 *(Vorspannangebot)*, GRUR 1976, 248, 51.
411 BGH Urteil v. 04.07.1975 – I ZR 27/74 *(Vorspannangebot)*, GRUR 1976, 248, 52.

Schließlich ist die Argumentation aus heutiger Sicht auch insoweit angreifbar, als der Schluss von einer starken Anlockwirkung hin zu einer lauterkeitsrechtlichen Sittenwidrigkeit nicht überzeugt:

Die oben dargelegte Begründung, durch die Anlockwirkung würde der Kunde unsachlich beeinflusst und seiner Funktion im Rahmen der wettbewerblichen Ordnung beraubt, nach Preis- und Qualitätsgesichtspunkten zu entscheiden, unterstellt einerseits einen aus heutiger Sicht vergleichsweise wenig kompetenten Verbraucher.[412] Andererseits wird die Frage nicht erörtert, ob der Anlockwirkung der Kopplung nicht gegebenenfalls auch ein eigener, anerkennenswerter und positiver Nutzen des Kopplungsangebots für den Verbraucher gegenübersteht. Es wird also unterstellt, der Verbraucher ließe sich »verführen«, ohne dass die Frage beantwortet wird, ob dies womöglich in seinem eigenen (subjektiven und möglicherweise sogar objektiven) Interesse erfolgt. Letzteres wäre der Fall, wenn der Nutzen, den der Kunde aus dem Kopplungsangebot zieht, höher ist, als der Nutzen, den der Kunde aus einem ungekoppelten Bezug der Hauptware gezogen hätte.

Aus der Betrachtung der lauterkeitsrechtlichen Bewertung der Kopplungsangebote unter Geltung der Zugabeverordnung kann daher geschlussfolgert werden, dass der Gesichtspunkt des *übertriebenen Anlockens* als Maßstab der lauterkeitsrechtlichen Bewertung der Kopplungsangebote grundsätzlich nicht überzeugen kann.

B. Grundlage der heutigen Bewertung der Kopplungsangebote: Die Liberalisierung des Rechts der Kopplungsangebote

In den 1990er Jahren setzte die erwähnte Liberalisierung des Rechts der Verkaufsförderungsmaßnahmen ein, deren Meilensteine die ersatzlose Streichung der Zugabeverordnung im Jahr 2001,[413] die BGH-Entscheidungen *Kopplungsangebote I*[414] und *Kopplungsangebote II*[415] sowie schließlich die UWG-Novellen 2004[416] und 2008[417] waren. Im Jahr 2010 traf sodann ein weiterer »Erdrutsch«[418]

---

412 Zum Wandel des Verbraucherleitbildes siehe S. 117 ff.

413 Gesetz zur Aufhebung der Zugabeverordnung und zur Anpassung weiterer Rechtsvorschriften vom 23. 7. 2001 (BGBl. I S. 1661). Vgl. *Berneke*, WRP 2001, 615; *Nordemann*, NJW 2001, 2505.

414 BGH Urteil v. 13.06.2002 – I ZR 173/01 *(Kopplungsangebote I)*, GRUR 2002, 976.

415 BGH Urteil v. 13.06.2002 – I ZR 71/01 *(Kopplungsangebote II)*, GRUR 2002, 979.

416 UWG-Novelle 2004 (UWG 2004, BGBl. S. 1414).

417 UWG-Novelle 2008 (UWG 2008, BGBl. I S. 2949).

418 *Scherer*, NJW 2010, 1849, 1849.

das deutsche Lauterkeitsrecht, als der EuGH entschied, das erst 2004 eingeführte deutsche Verbot für Gewinnspielkopplungen (§ 4 Abs. 6 UWG) sei - sofern es als Per-se-Verbot verstanden werde - europarechtswidrig.[419] Lotto-Millionär, so stellt *Scherer* fest, kann der Verbraucher nun auch durch einen Einkauf beim Discounter werden.[420] Die ersatzlose Streichung des § 4 Nr. 6 UWG wird aktuell vielerorts erwartet.[421]

Diese Liberalisierung des Rechts der Kopplungsangebote lässt sich wie folgt zusammenfassen:

I. Wandel des Verbraucherleitbildes

1. Verbraucherleitbild bis Mitte der 1990er Jahre

Die einsetzende Liberalisierung der rechtlichen Bewertung der Kopplungsangebote ab Mitte der 1990er Jahre ist im Wesentlichen Folge eines gewandelten Verbraucherleitbildes. Während zu Beginn des 20. Jahrhunderts in der Literatur der Verbraucher mitunter als das »leichtgläubigste Geschöpf auf Gottes Erdboden«[422] (1910) dargestellt wurde, beschrieb der BGH bis in die 1990er Jahre den Verbraucher als einen »flüchtigen Verbraucher«[423], der häufig »allein aufgrund des ersten flüchtigen Eindrucks und ohne Nachdenken«[424] seine Kaufentscheidungen treffe. Die Rechtsprechung war dabei derart restriktiv, dass in der Literatur kritisiert wurde, der BGH betrachte die Konsumenten als einen »an der Grenze zur Debilität verharrenden, unmündigen, einer umfassenden Betreuung bedürftigen, hilflosen Verbraucher«[425] (1993).

Es lassen sich zwei - sich teilweise überschneidende - Kompetenzen identifizieren, die nach diesem Verbraucherleitbild nur schwach ausgeprägt waren:

Zum einen wurde der Verbraucher als oberflächlich eingeschätzt, also als jemand, der sich mit Kopplungsangeboten nicht genügend auseinandersetzt, um

419 EuGH Urteil v. 14.01.2010 - Rs. C-304/08 *(Plus Warenhandelsgesellschaft)*, GRUR 2010, 244, 244.

420 *Scherer*, NJW 2010, 1849, 1850.

421 *Sosnitza* in Piper/Ohly/Sosnitza, UWG, §4.6 Rn. 6/2; *Scherer*, NJW 2010, 1849, 1850; A.A Köhler, der eine Aufhebung des § 4 Nr. 6 UWG aufgrund der Entscheidung für möglich aber nicht geboten hält, *Köhler*, GRUR 2010, 177, 183.

422 *Huth*, Gutschein-System und Zugaben-Unwesen, S. 4; siehe bereits oben, S. 95 ff.

423 *Bornkamm* in Köhler/Bornkamm, UWG, § 5 Rn. 2.87 mit weiteren Nachweisen.

424 BGH Urteil v. 29.04.1982 - I ZR 111/80 *(Elsässer Nudeln)*, GRUR 1982, 564, 566.

425 *Emmerich*, Wettbewerbsbeschränkungen durch die Rechtsprechung in Hermann Lange, ua. (Hrsg.): Festschrift für Joachim Gernhuber, 1993, S. 857, 870.

besondere Gefahren des Angebots überhaupt zu erkennen. Folglich konnte man ihm keine größeren Anstrengungen abverlangen, wie etwa die nicht angegebenen Preise der einzelnen Angebotselemente eines verdeckten Kopplungsangebots mithilfe externer Quellen zu recherchieren.

Zum anderen ging das damals herrschende Verbraucherleitbild davon aus – jedenfalls bei kleineren alltäglichen Kaufentscheidungen – dass der Käufer dem Angebot eher unkritisch und ohne die erforderliche Skepsis entgegentrat und bereit war, Werbebotschaften, wie die Bewerbung einer Zugabe mit dem Hinweis »gratis« bis zu einem gewissen Maße ungeprüft als wahr zu akzeptieren.

Es lassen sich damit eine kognitive Ebene (mangelnde Wahrnehmung) und eine intellektuelle Ebene (unkritische Bewertung) des Verbraucherleitbildes unterscheiden und feststellen, dass in beiden Ebenen dem Verbraucher vergleichsweise wenig zugetraut oder zugemutet wurde.

Die restriktive Bewertung der Kopplungsangebote bis in die 1990er Jahre ist vor allem eine Konsequenz dieses Bildes vom Verbraucher,[426] der sich nach dem Verständnis der Rechtsprechung mit den Eigenschaften eines Kopplungsangebots nicht näher auseinandersetzte und dem Schein einer Vergünstigung durch die Kopplung allzuleicht verfiel.

2. *Wandel des Verbraucherleitbilds ab Mitte der 1990er Jahre*

Seither hat sich das Verbraucherleitbild gewandelt, was zu einer Neubewertung von Verkaufsförderungsmaßnahmen und Kopplungsangeboten führte.[427] Dieser Wandel erfolgte zunächst in der Rechtsprechung. In Entscheidung *Saustarke Angebote*[428] (1995) ging der BGH davon aus, dass interessierte Verbraucher den Wert der gekoppelten Angebotselemente (Gefriertruhe und Schweinehälfte) selbst

---

426 So auch *Fischer*, Kopplungsgeschäfte im Europäischen und deutschen Wettbewerbsrecht, S. 141.

427 Zum Wandel des Verbraucherleitbildes und dessen Auswirkungen auf Kopplungsangebote und Verkaufsförderungsmaßnahmen vgl. (alph.): *Apostolopoulos*, GRUR Int 2005, 292, 295; *Cordes*, WRP 2001, 867, 870; *Eppe*, WRP 2004, 153, 157; *Fezer*, WRP 2001, 989, 993; *Freytag*, WRP 2004, 537, 539; *Heil/Klümper*, PharmR 2008, 226, 229; *Köhler*, GRUR 2003, 729, 731; *Köhler*, NJW 2004, 2121, 2126; *Köhler*, GRUR 2010, 767, 769; *Lettl*, WRP 2004, 1079, 1092–1095; *Nordemann*, NJW 2001, 2505, 2506; *Ohly*, NJW 2003, 2135, 2135; *Ohly*, GRUR 2004, 889, 890; *Pluskat*, WRP 2002, 789, 792; *Pluskat*, WRP 2002, 1381, 1385; *Pluskat*, WRP 2004, 282, 285; *Steinbeck*, GRUR 2005, 15, 15; *Ullmann*, GRUR 2003, 817, 818; *Veelken*, WRP 2004, 1, 19; *Wagner/Ruess*, WRP 2005, 24, 27.

428 BGH Urteil v. 30.11.1995 – I ZR 233/93 *(Saustarke Angebote)*, GRUR 1996, 363.

ermitteln können. Zwar wüsste ein durchschnittlicher Verbraucher nicht, was eine Schweinehälfte wert sei, jedoch könne er durch Preisvergleich der typenmäßig benannten Gefriertruhe bei anderen Anbietern, also über externe Quellen, deren Preis feststellen und daraufhin ermitteln, wie viel er tatsächlich für die Schweinehälfte zahle. Er könne also den Preis der einzelnen Angebotselemente selbst recherchieren.[429] Darüber hinaus wurde in dem Urteil entschieden, dass eine lauterkeitsrechtliche Sittenwidrigkeit gemäß § 1 UWG 1909 entfiele, wenn der Verbraucher die Einzelpreise der gekoppelten Angebotselemente »ohne Weiteres« selbst ermitteln könne, was nach Auffassung des BGH im entschiedenen Sachverhalt der Fall war.[430]

Damit wurde dem Verbraucher erstmals eine vergleichsweise aufwendige eigene Recherche zugemutet und anerkannt, dass er ein Informationsdefizit des Angebots durch eigene Anstrengung kompensieren könne. Letztlich bedeutet dies, dass anerkannt wurde, dass die Informationsbasis, auf deren Grundlage der Verbraucher seine Entscheidung treffen kann und anhand derer das Angebot lauterkeitsrechtlich zu beurteilen ist, nicht nur von den im Kopplungsangebot preisgegebenen Informationen abhängt, sondern dass zumutbare Bemühungen des Verbrauchers in die Beurteilung der Informationsgrundlage einzubeziehen sind.

II. Liberalisierung durch die Rechtsprechung vor Aufhebung der Zugabeverordnung

Seit den 1990er Jahren begann sich die Rechtsprechung zunehmend von der strengen Bewertung der Kopplungsangebote zu lösen.

Dies geschah zunächst – wie oben dargelegt[431] – durch eine zunehmende Verneinung des Zugabetatbestands bei Angeboten, bei denen die gekoppelten Angebotselemente eine funktionale oder wirtschaftliche Einheit bildeten. Dies wurde besonders deutlich in der Rechtsprechung bezüglich der zu jener Zeit populär werdenden Kopplungsangebote zwischen Handy und Mobilfunkvertrag,[432] denn das Gros der beurteilten Mobilfunk-Kopplungsangebote hätte wohl, hätte

---

429 BGH Urteil v. 30.11.1995 – I ZR 233/93 *(Saustarke Angebote)*, GRUR 1996, 363; *Steingass/Teworte*, WRP 2005, 676, 678.

430 BGH Urteil v. 30.11.1995 – I ZR 233/93 *(Saustarke Angebote)*, GRUR 1996, 363, 365.

431 Siehe oben S. 44.

432 BGH Urteil v. 08.10.1998 – I ZR 147/97 *(Am Telefon nicht süß sein?)*, WRP 1999, 517; BGH Urteil v. 08.10.1998 – I ZR 187/97 *(Handy für 0,00 EUR)*, GRUR 1999, 264.

der BGH nicht den Tatbestand der funktionellen Einheit geschaffen, unter das Zugabeverbot subsumiert werden können.

Teilweise wird angenommen, der BGH habe die Kehrtwende in seiner Rechtsprechung bereits in Erwartung der Aufhebung der Zugabeverordnung vorgenommen.[433] Allerdings erscheint dies aus heutiger Perspektive unwahrscheinlich, denn die Kehrwende hin zu einer Verneinung der Zugabetatbestände lässt sich nicht erst im Zuge der Handy-Rechtsprechung, sondern bereits spätestens ab der Entscheidung *Zinssubvention*[434] aus dem Jahr 1992, mithin neun Jahre vor Aufhebung der Zugabeverordnung, nachweisen. Dort verneinte der BGH den Zugabetatbestand für ein Angebot aus Motorrad und subventionierter Finanzierung aufgrund einer wirtschaftlichen Einheit.[435] Dass, wie der BGH argumentierte, die angesprochenen Kunden die Finanzierung lediglich als eine Verbesserung des Motorrads und nicht als eine eigenständige Leistung betrachten würden, steht jedenfalls im Gegensatz zu seiner vorherigen Rechtsprechung, so etwa zu der Entscheidung *Vertrauensgarantie*[436] (1989), in der angenommen wurde, Schmuckkäufer könnten schon die Gewährung erweiterter Umtausch- und Rückgaberechte als eine vom Schmuckkauf gesonderte Leistung empfinden. Die »Wasserscheide« hin zur zunehmend liberaleren Bewertung der Kopplungsangebote scheint also in den frühen 1990er Jahren zu liegen.

Es erscheint daher wahrscheinlicher, dass die Änderung der Rechtsprechung aufgrund des sich wandelnden Verbraucherleitbildes erfolgte und nicht schon in konkreter Erwartung einer Gesetzesänderung, die ihrerseits auf dem Wandel des Verbraucherleitbildes fußte.

III. Aufhebung der Zugabeverordnung

Im Jahr 2001 wurden die Zugabeverordnung und das Rabattgesetz ersatzlos gestrichen.[437]

Die Abschaffung der Zugabeverordnung sollte sowohl den Bedürfnissen der Wirtschaft als auch den Belangen der Verbraucher Rechnung tragen:[438]

---

433 So etwa: *Charaktiniotis*, Die lauterkeitsrechtlichen Zulässigkeitsschranken der Kopplungsangebote nach der Aufhebung der Zugabeverordnung, S. 89.

434 BGH Urteil v. 06.10.1992 – KZR 21/91 *(Zinssubvention)*, GRUR 1993, 137.

435 BGH Urteil v. 06.10.1992 – KZR 21/91 *(Zinssubvention)*, GRUR 1993, 137, 141.

436 BGH Urteil v. 11.05.1989 – I ZR 132/87 *(Vertrauensgarantie)*, GRUR 1989, 697, 689.

437 Art. 1 Gesetz zur Aufhebung der Zugabeverordnung und zur Anpassung weiterer Rechtsvorschriften vom 23.07.2001 (BGBl. I S. 1661).

438 Begründung zum Gesetz zur Aufhebung der Zugabeverordnung vom 15.03.2001 (BT-Drs.14/5594), S. 1.

1. *Bedürfnisse der Wirtschaft*

Der Gesetzgeber begründete die Abschaffung der Zugabeverordnung zum einen mit dem Anliegen, Wettbewerbsnachteile für deutsche Unternehmen mit Blick auf die seinerzeit bevorstehende Umsetzung der EU-Richtlinie über den elektronischen Geschäftsverkehr (E-Commerce-Richtlinie)[439] zu verhindern. Nach dem in Artikel 3 der E-Commerce-Richtlinie geregelten Herkunftslandprinzip gelten in Deutschland für ausländische Unternehmen, die in Deutschland über das Internet Waren und Dienstleitungen anbieten, die rechtlichen Maßgaben des Herkunftslandes des Anbieters. Unter Beibehaltung der Zugabeverordnung wäre es daher zu einer Inländerdiskriminierung gekommen, wenn ein ausländischer Anbieter Zugaben oder andere unter Geltung der Zugabeverordnung untersagte Kopplungsangebote in Deutschland über das Internet angeboten hätte, während die deutschen Anbieter hieran aufgrund der Zugabeverordnung gehindert gewesen wären.[440] Diese Begründung wurde in der Literatur mit dem Argument kritisiert, dass die deutsche Zugabeverordnung in der EU zu jener Zeit keineswegs eine Ausnahme bildete, sondern gerade in Kontinentaleuropa verschiedene – zum Teil sogar strengere – Zugabegesetze bestünden.[441]

Ferner wertete die Gesetzesbegründung die Zugabeverordnung als ein Innovationshemmnis, das abzuschaffen sei. Die Zugabeverordnung behindere innovative Vertriebsstrategien, weil sie bestimmte Verhaltensweisen ohne Rücksicht auf ihre konkreten Auswirkungen für den Leistungswettbewerb per se untersage.[442] Als Beispiel fügt die Gesetzesbegründung die Ausweitung befristeter Umtauschgarantien an, die die Rechtssprechung unter Geltung der Zugabeverordnung teilweise als gegen die Zugabeverordnung verstoßend bewertete, während der Gesetzgeber des Jahres 2001 für ein Per-se-Verbot keinen sachlichen Grund sah. Derartige Kombinationen sollten nach Aufhebung der Zugabeverordnung nur dann untersagt sein, wenn ein Unternehmen im Einzelfall die Gewährung der Zugabe mit irreführenden oder sonstigen unlauteren Praktiken verbinde, was jedoch durch das UWG erfasst werde, sodass es eines Sondergesetztes für Zugaben nicht bedürfe. Es komme darauf an, ob eine

---

439 Richtlinie 2000/31/EG vom 8. Juni 2000, ABl. L 178 vom 17. Juli 2000.

440 Begründung zum Gesetz zur Aufhebung der Zugabeverordnung vom 15.03.2001 (BT-Drs.14/5594), S. 1.

441 *Fischer*, Kopplungsgeschäfte im Europäischen und deutschen Wettbewerbsrecht, S. 144–145.

442 Begründung zum Gesetz zur Aufhebung der Zugabeverordnung vom 15.03.2001 (BT-Drs.14/5594), S. 7.

missbräuchliche Verhaltensweise vorliege und nicht auf die Gewährung von Zugaben schlechthin.[443]

Schließlich verwies die Gesetzesbegründung auch auf die mangelnde Akzeptanz der Zugabeverordnung in der Wirtschaft, die dazu geführt hätte, dass bei größeren Anschaffungen bereits in erheblichem Umfang Zugaben gewährt würden, das Gesetz also in der Praxis umgangen würde.[444]

2. *Verbraucherbelange*

Die Aufhebung der Zugabeverordnung sollte außerdem das deutsche Wettbewerbsrecht auch im Interesse der Verbraucher modernisieren. Die Gesetzesbegründung erkannte ausdrücklich an, dass das alte Verbraucherleitbild des oberflächlichen und unkritischen Verbrauchers die Wirklichkeit nicht zutreffend abbilde.[445] Allerdings schrieb die Gesetzesbegründung diese Entwicklung nicht ausdrücklich einem gewandelten Verbraucherleitbild, sondern einem Wandel der Verbraucher selbst zu. Seit dem Erlass der Zugabeverordnung habe sich, ausweislich der Begründung, also nicht der Blick des Gesetzgebers auf den Verbraucher, sondern der Verbraucher selbst geändert. Dessen Bereitschaft zur Auseinandersetzung mit dem Warenangebot hätte erheblich zugenommen, was vor allem der wirkungsvollen Verbraucherberatung in den Medien und den Verbraucherorganisationen zu verdanken sei.[446] Der durchschnittlich informierte und verständige Verbraucher sei im Jahr 2001 mit den Marktgegebenheiten vertraut und wisse, dass Kaufleute nichts zu verschenken hätten und die Kosten für wertvolle Nebenleistungen durch den Preis der Hauptleistungen abdecken müssten.[447] Weiter führt die Gesetzesbegründung aus, dass die Erfahrungen zeigten, dass sich der Verbraucher in der Regel nicht vorschnell durch das Angebot einer Zugabe zum Vertragsschluss verleiten ließe, sondern seine Entscheidung über den Erwerb höherwertiger Güter erst nach ausreichender

---

443 Begründung zum Gesetz zur Aufhebung der Zugabeverordnung vom 15.03.2001 (BT-Drs.14/5594), S. 7.

444 Begründung zum Gesetz zur Aufhebung der Zugabeverordnung vom 15.03.2001 (BT-Drs.14/5594), S. 7.

445 Begründung zum Gesetz zur Aufhebung der Zugabeverordnung vom 15.03.2001 (BT-Drs.14/5594), S. 7.

446 Begründung zum Gesetz zur Aufhebung der Zugabeverordnung vom 15.03.2001 (BT-Drs.14/5594), S. 7.

447 Begründung zum Gesetz zur Aufhebung der Zugabeverordnung vom 15.03.2001 (BT-Drs.14/5594), S. 7 mit Verweis auf BGH Urteil v. 08.10.1998 – I ZR 187/97 *(Handy für 0,00 EUR)*, GRUR 1999, 264.

Information über Konkurrenzangebote und Abwägung der unterschiedlichen Vorzüge und Nachteile der angebotenen Waren vornähme.[448] Die Verbraucher hätten – wie die Unternehmer – daher ein Interesse an der Aufhebung der Zugabeverordnung, die sie nur noch als Bevormundung verstünden.[449]

In der Literatur wurde die Aufhebung der Zugabeverordnung überwiegend positiv aufgenommen.[450] Es läge durchaus im Interesse der Verbraucher, Kopplungsangebote zuzulassen.[451] Unlautere Kopplungsangebote, wie diskriminierende oder intransparente Kundenbindungsprogramme, würden durch die lauterkeitsrechtliche Generalklausel erfasst, sodass es nach Aufhebung der Zugabeverordnung einer Ersatzregelung im UWG nicht bedürfe.[452] Gleichwohl gab es auch Stimmen, die nachteilige Auswirkungen für die Verbraucher besorgten.[453]

3. *Reichweite der Aufhebung*

Ausdrückliche gesetzgeberische Absicht der Aufhebung der Zugabeverordnung war es, das rechtliche Regel-Ausnahme-Verhältnis umzukehren.[454] Zugaben sollten also nicht länger grundsätzlich verboten und in engen Ausnahmen erlaubt sein, sondern sie sollten grundsätzlich erlaubt sein und nur in solchen Fällen untersagt werden können, in denen sich ihre Unlauterkeit aus den allgemeinen Regeln des UWG ergäbe. Bei der Auslegung der allgemeinen Regeln des UWG sollte der Rechtsanwender nach einem ausdrücklichen Hinweis des Gesetzgebers die grundsätzliche gesetzgeberische Wertung des Gesetzes zur Aufhebung der Zugabeverordnung, nämlich die Liberalisierung des Zugaberechts, berücksichtigen.[455] Die genaue Reichweite des Einflusses der Aufhebung auf das UWG wurde in der

---

448 Begründung zum Gesetz zur Aufhebung der Zugabeverordnung vom 15.03.2001 (BT-Drs.14/5594), S. 7.

449 Begründung zum Gesetz zur Aufhebung der Zugabeverordnung vom 15.03.2001 (BT-Drs.14/5594), S. 7.

450 *Cordes*, WRP 2001, 867, 879; *Fischer*, Kopplungsgeschäfte im Europäischen und deutschen Wettbewerbsrecht, S. 145.

451 Bezogen auf Kundenbindungsprogramme: *Fezer*, WRP 2001, 989, 1021.

452 *Fezer*, WRP 2001, 989, 1021.

453 So etwa *Köhler*, BB 2001, 265, 265.

454 Begründung zum Gesetz zur Aufhebung der Zugabeverordnung vom 15.03.2001 (BT-Drs.14/5594), S. 2.

455 Begründung zum Gesetz zur Aufhebung der Zugabeverordnung vom 15.03.2001 (BT-Drs.14/5594), S. 2.

Literatur zunächst unterschiedlich bewertet,[456] bis der BGH im Jahr 2002 in seinen Entscheidungen »*Kopplungsangebote I*« und »*Kopplungsangebote II*« den Einfluss der Aufhebung der Zugabeverordnung auf die Bewertung von Kopplungsangeboten nach den allgemeinen lauterkeitsrechtlichen Maßstäben klarstellte.

IV. Die Entscheidungen Kopplungsangebote I und Kopplungsangebote II des BGH

In den Entscheidungen *Kopplungsangebote I*[457] und *Kopplungsangebote II*[458] aus dem Jahr 2002 nahm der BGH zur Bewertung der Kopplungsangebote nach Aufhebung der Zugabeverordnung Stellung und gab damit die in der Folgezeit geltenden rechtlichen Maßstäbe für die lauterkeitsrechtliche Bewertung der Kopplungsangebote vor. Wenngleich die Urteile unter Geltung des UWG 1909 ergingen, können sie, wie unten dargelegt, auch heute noch für die lauterkeitsrechtliche Bewertung der Kopplungsangebote fruchtbar gemacht werden und geben damit einen Teil des lauterkeitsrechtlichen Zulässigkeitsrahmens für solche Angebote vor.

1. Sachverhalte

Das Urteil *Kopplungsangebote I* betraf eine Werbung für ein Angebot, bei welchem ein Elektronikhändler einen dem Typ nach bezeichneten und blickfangmäßig herausgestellten Videorekorder zum Preis von 49 DM – der Preis war ebenfalls blickfangmäßig herausgestellt – bei gleichzeitigem Wechsel des Stromanbieters veräußerte. Bezüglich des Stromliefervertrags war in einem Kasten die Mindestlaufzeit (2 Jahre), die monatliche Grundgebühr (9,90 DM) und die Verbrauchsgebühr (0,27 DM/kWh) angegeben. Ein sogenannter Sternchenhinweis verwies auf einen unmittelbar unter diesem Kasten stehenden waagerechten Text, der darüber informierte, dass der Preis des Videorekorders nur unter der Voraussetzung des Abschlusses des Stromliefervertrags mit einem bestimmten namentlich benannten Energieversorger gelten solle. Der BGH bewertete das Angebot in dieser Form im Ergebnis als zulässig.

---

456 Vgl. unterschiedliche Bewertungen bei *Berlit*, WRP 2001, 349, 355, *Nordemann*, NJW 2001, 2505, 2505 und *Tavianti*, WRP 2001, 977, 979.

457 BGH Urteil v. 13.06.2002 – I ZR 173/01 *(Kopplungsangebote I)*, GRUR 2002, 976.

458 BGH Urteil v. 13.06.2002 – I ZR 71/01 *(Kopplungsangebote II)*, GRUR 2002, 979; vgl. ferner: KG Urteil v. 08.05.2001 – 5 U 6904/00 *(Fernsehgerät für 1 DM II)*, GRUR-RR 2001, 277; OLG Frankfurt Urteil v. 19.04.2001 – 6 U 184/00 (nicht rechtskräftig) NJW-RR 2002, 40.

Das Urteil *Kopplungsangebote II* betraf ein sehr ähnliches Angebot eines Schwesterunternehmens des vorgenannten Elektronikhändlers. Beworben wurde der gleiche Stromliefervertrag zu denselben Konditionen, wobei an den Wechsel des Stromanbieters ein dem Typ nach bezeichnetes Fernsehgerät zum vergünstigten Preis von 1 DM gekoppelt wurde. Wiederum waren in einem Kasten in der Werbung die Einzelheiten des Stromliefervertrags richtig dargestellt. Allerdings unterschieden sich die Angebote in der optischen Gestaltung des Sternchenhinweises. Im Fall *Kopplungsangebote II* verwies das Sternchen in einen gesonderten Kasten mit senkrecht angeordneter Schrift, in dem allgemein darauf hingewiesen wurde, dass das Angebot nur in Verbindung mit der Abnahme eines Stromliefervertrags mit 24-monatiger Laufzeit gälte, wobei nicht auch ausdrücklich dargelegt wurde, dass es sich um den – auf der Werbeseite an anderer Stelle – dargestellten bestimmten Stromliefervertrag zu den dort angegebenen Konditionen handelte.

Der BGH bewertete das Angebot in *Kopplungsangebote II* im Ergebnis als unlauter.

Die Kernaussagen der Urteile lassen sich wie folgt zusammenfassen:

2. *Aufgabe der Fallgruppenbildung*

Zunächst wurde – wie oben bereits angesprochen – die Einteilung der Kopplungsangebote in verschiedene Untergruppen (offene Kopplungsangebote, verdeckte Kopplungsangebote, Vorspannangebote und Zugaben) aufgegeben. Kopplungsangebote sollten vielmehr als eine einheitliche Fallgruppe lauterkeitsrechtlich untersucht und bewertet werden.[459]

Die Aufgabe der Fallgruppen war eine Konsequenz aus der Aufhebung der Zugabeverordnung. Der Gesetzgeber hatte klargestellt, an den Tatbestand einer Zugabe keine bestimmte Rechtsfolge knüpfen zu wollen, sondern Zugabenangebote, wie alle anderen Angebote auch, anhand der allgemeinen lauterkeitsrechtlichen Maßstäbe zu bewerten. Vor diesem Hintergrund war es konsequent, auch auf die von der Rechtsprechung geschaffenen Tatbestände bestimmter (ehemals regelmäßig unlauterer) Unterformen der Kopplungsangebote zu verzichten.

Zudem war die Fallgruppenbildung für die rechtliche Bewertung nach den liberaleren Maßstäben nach Aufhebung der Zugabeverordnung nicht länger fruchtbar. Dies wird insbesondere dadurch deutlich, dass der BGH, die sehr

459 BGH Urteil v. 13.06.2002 – I ZR 173/01 *(Kopplungsangebote I)*, GRUR 2002, 976, 978; BGH Urteil v. 13.06.2002 – I ZR 71/01 *(Kopplungsangebote II)*, GRUR 2002, 979, 981.

ähnlichen Kopplungsangebote der Fälle *Kopplungsangebote I* und *Kopplungsangebote II*, die derselben Kategorie (offene Kopplungsangebote) unterfielen, sich jedoch in Nuancen der grafischen Gestaltung unterschieden, unterschiedlich bewertete. Die Entscheidungen machen damit deutlich, dass die lauterkeitsrechtliche Bewertung der Kopplungsangebote in erheblich höherem Maße als in der Vergangenheit aufgrund der konkreten Umstände des Einzelfalls zu erfolgen hat, mithin abstrakte Fallgruppen »grundsätzlich« unlauterer Kopplungsangebote, wie der BGH sie etwa in der Entscheidung Vorspannangebot[460] entwickelt hatte, der Vergangenheit angehörten.

3. *Regelmäßige Zulässigkeit der Kopplungsangebote*

In den Urteilen *Kopplungsangebote I* und *Kopplungsangebote II*[461] entschied der BGH ferner, dass Kopplungsangebote nach Aufhebung der Zugabeverordnung grundsätzlich zulässig seien. Es sei dem Kaufmann gestattet, verschiedene Angebote miteinander zu verbinden, gleich, ob für eines der Angebote ein gesondertes Entgelt verlangt werde oder nicht.[462]

Ohne den lauterkeitsrechtlichen Maßstab des übertriebenen Anlockens gänzlich aufzugeben, legte der BGH dar, dass die Anlockwirkung, die von einem attraktiven Angebot ausgehe, für sich genommen niemals wettbewerbswidrig, sondern gewollte Folge des Leistungswettbewerbs sei.[463]

In diesem Zusammenhang stellte der BGH klar, dass die Aufhebung der Zugabeverordnung auch die Auslegung der Generalsklausel in § 1 UWG beeinflusse. Das in der Aufhebung der Zugabeverordnung zum Ausdruck kommende gewandelte Verbraucherleitbild müsse, ebenso wie die Auswirkungen der europäischen Harmonisierung auf das Lauterkeitsrecht, auch bei der Anwendung der Generalklausel zum Ausdruck kommen. Der gesetzgeberische Wille dürfe nicht dadurch unterlaufen werden, dass Sachverhalte, die in der Vergangenheit unter

---

460 Vgl. BGH Urteil v. 04.07.1975 – I ZR 27/74 *(Vorspannangebot)*, GRUR 1976, 248, 249.

461 BGH Urteil v. 13.06.2002 – I ZR 71/01 *(Kopplungsangebote II)*, GRUR 2002, 979.

462 BGH Urteil v. 13.06.2002 – I ZR 173/01 *(Kopplungsangebote I)*, GRUR 2002, 976, 976; BGH Urteil v. 13.06.2002 – I ZR 71/01 *(Kopplungsangebote II)*, GRUR 2002, 979, 981.

463 BGH Urteil v. 13.06.2002 – I ZR 173/01 *(Kopplungsangebote I)*, GRUR 2002, 976, 976; 977; BGH Urteil v. 13.06.2002 – I ZR 71/01 (Kopplungsangebote II), GRUR 2002, 979, 980.

die Zugabeverordnung fielen, unverändert als Wettbewerbsverstöße gemäß der Generalsklausel in § 1 UWG untersagt würden.[464]

Hiermit war gleichsam die in der Literatur zuvor diskutierte Frage nach der Reichweite des Aufhebungsgesetztes der Zugabeverordnung beantwortet und klargestellt, dass sich die gesetzgeberische Entscheidung zur Aufhebung der Zugabeverordnung auch auf die Auslegung der lauterkeitsrechtlichen Generalklausel erstrecke.

4. *Missbrauchskontrolle*

Gleichwohl stellte der BGH klar, dass Kopplungsangebote nicht uneingeschränkt zulässig seien.[465] An die Stelle eines generellen Verbotes trete vielmehr »eine Art Missbrauchskontrolle«, die sich auf §§ 1, 3 UWG 1909 sowie § 1 PAngV stütze. Die wettbewerbsrechtlichen Anforderungen an Kopplungsangebote müssten sich an den Gefahren orientieren, die von solchen Kopplungsangeboten ausgingen.[466]

a) Gefahren von Kopplungsangeboten

Nach den Urteilen *Kopplungsangebote I* und *Kopplungsangebote II* blieben zusammenfassend zwei Verbotstatbestände für Kopplungsangebote: die Täuschung des Verbrauchers durch fehlende Transparenz und das übertriebene Anlocken:[467]

aa) Täuschung oder unzureichende Information über den Wert des Angebots[468]

Diese Gefahr ergäbe sich daraus, dass durch Kopplungsangebote die Vergleichbarkeit von Preisen erschwert würde. Während die Homogenität der Wirtschaftsgüter im modernen Handelsgefüge zu »Preisklarheit und Preiswahrheit«

---

464 BGH Urteil v. 13.06.2002 – I ZR 173/01 (Kopplungsangebote I), GRUR 2002, 976, 976, 977; BGH Urteil v. 13.06.2002 – I ZR 71/01 (Kopplungsangebote II), GRUR 2002, 979, 981.

465 BGH Urteil v. 13.06.2002 – I ZR 173/01 *(Kopplungsangebote I)*, GRUR 2002, 976, 978; BGH Urteil v. 13.06.2002 – I ZR 71/01 (Kopplungsangebote II), GRUR 2002, 979, 981.

466 BGH Urteil v. 13.06.2002 – I ZR 173/01 *(Kopplungsangebote I)*, GRUR 2002, 976, 978; BGH Urteil v. 13.06.2002 – I ZR 71/01 (Kopplungsangebote II), GRUR 2002, 979, 981.

467 *Ullmann*, GRUR 2003, 817, 818.

468 Zum Vergleich verweist der BGH auf Art. 3 lit. g des schweizerischen UWG, das ein Verbot für Zugaben enthält, durch die über den Wert des Angebots getäuscht wird. Danach sind in der Schweiz Zugaben unlauter, durch die der Werbende den Eindruck erweckt, das Kopplungsangebot sei höherwertiger, als es tatsächlich ist. Abzustellen ist dort auf den objektiven Verkehrswert, wobei die Täuschung zur Erfüllung

führe, steigerten Kopplungsangebote die Heterogenität der Angebote mit der Folge, dass die Preisvergleichsmöglichkeiten des Verbrauchers eingeschränkt würden.[469] Darüber hinaus käme Kopplungsangeboten ein Irreführungs- und Preisverschleierungspotenzial zu.[470] Kopplungsangebote müssten daher im Interesse der Verbraucher transparent ausgestaltet sein.[471]

bb) Übertriebenes Anlocken

Der BGH hat in den Urteilen *Kopplungsangebot I* und *Kopplungsangebot II* den Bewertungsmaßstab des übertriebenen Anlockens für Kopplungsangebote nicht aufgegeben. Vielmehr hat der BGH dargelegt, dass von Kopplungsangeboten mitunter eine so starke Anlockwirkung ausgehen könne, dass auch bei einem verständigen Verbraucher ausnahmsweise die Rationalität der Nachfrageentscheidung vollständig in den Hintergrund trete.[472]

Insbesondere könne auch eine Kombination der Gefahren des übertriebenen Anlockens und der unzureichenden Informationen vorliegen. Dies sei – so der BGH – etwa in Fällen der an Absatzgeschäfte gekoppelten Gewinnspiele denkbar.[473]

cc) Exkurs: preissteigernde Wirkung von Kopplungsangeboten

Unabhängig von den vorgenannten Gefahren können von Kopplungsangeboten auch weitere Nachteile für den Verbraucher oder die Wettbewerber ausgehen,

---

des Tatbestandes durch die Zugabengewährung erfolgen muss. Vgl. *Glöckner* in Baudenbacher, UWG, Art. 3 lit. g Rn. 84 ff; *Reinert* in Geiser/KrauskopflMünch, Schweizerisches und europäisches Wettbewerbsrecht S. 182 ff.

469 BGH Urteil v. 13.06.2002 – I ZR 173/01 (Kopplungsangebote I), GRUR 2002, 976, 978; und BGH Urteil v. 13.06.2002 – I ZR 71/01 (Kopplungsangebote II), GRUR 2002, 979, 981 jeweils mit Verweis auf BGH v. 17.09.1998 – I ZR 117/96 *(Bonusmeilen)*, GRUR 1999, 515, 517 f.

470 BGH Urteil v. 13.06.2002 – I ZR 173/01 (Kopplungsangebote I), GRUR 2002, 976, 978; und BGH Urteil v. 13.06.2002 – I ZR 71/01 (Kopplungsangebote II), GRUR 2002, 979, 981 jeweils mit Verweis auf BGH v. 17.09.1998 – I ZR 117/96 *(Bonusmeilen)*, GRUR 1999, 515, 517 f.

471 BGH Urteil v. 13.06.2002 – I ZR 173/01 (Kopplungsangebote I), GRUR 2002, 976, 978; BGH Urteil v. 13.06.2002 – I ZR 71/01 (Kopplungsangebote II), GRUR 2002, 979, 981.

472 BGH Urteil v. 13.06.2002 – I ZR 173/01 (Kopplungsangebote I), GRUR 2002, 976, 978; BGH Urteil v. 13.06.2002 – I ZR 71/01 (Kopplungsangebote II), GRUR 2002, 979, 981.

473 BGH Urteil v. 13.06.2002 – I ZR 173/01 (Kopplungsangebote I), GRUR 2002, 976, 978; BGH Urteil v. 13.06.2002 – I ZR 71/01 (Kopplungsangebote II), GRUR 2002, 979, 981.

die in den Urteilen *Kopplungsangebot I* und *Kopplungsangebot II* aufgrund der Ausgestaltung der jeweiligen Kopplungsangebote keine Rolle spielten.

Zum einen kann von Kopplungsangeboten, insbesondere von Zugaben und Prämien innerhalb von Kundenbindungssystemen, eine preissteigernde Wirkung ausgehen. Kundenbindungssysteme sehen in der Regel keine Opt-out-Möglichkeit vor, sodass dieselben Preise für Kunden gelten, die an dem Kundenbindungssystem teilnehmen und für Kunden, die nicht teilnehmen. In der Folge bezahlt der nicht teilnehmende Kunde die Kosten der Prämien mit, ohne hierfür einen Gegenwert zu erhalten. Die Mehrkosten für die Kundenbindungssysteme addieren sich, wenn sich die Systeme überlagern, wenn also bei einer Kaufentscheidung die Möglichkeit zur Teilnahme an mehreren Kundenbindungssystemen gegeben ist. Solche Überlagerungen kommen deshalb vor, weil Verkaufsförderungsmaßnahmen durch unterschiedliche am Kauf interessierte Parteien (etwa: Warenhersteller, Händler, Finanzdienstleister) eingesetzt werden können.

Beispiel: Ein Kunde kauft im Supermarkt ein Frühstücksmüsli, das er mit seiner Bankkarte bezahlt. Sowohl der Supermarkt, also auch der Müslihersteller und der Ausgeber der Bankkarte bieten jeweils Prämiensysteme an,[474] an denen der Kunde nicht teilnimmt.

Wie hoch die preissteigernde Wirkung von Kopplungsangeboten tatsächlich ist, kann kaum verlässlich beurteilt werden. Denn denkbar ist auch, dass die Anbieter von Prämiensystemen und anderen Kopplungsangeboten durch die Kopplung bei teilnehmenden Kunden Mengenvorteile erzielen, die ihnen günstigere Angebotspreise ermöglichen. Zudem gilt eine gewisse preissteigernde Wirkung nicht nur für Kopplungsangebote, sondern für alle Werbeformen, die der Kunde letztendlich auch mitbezahlt.

b) Ausgestaltung der Missbrauchskontrolle

Die in den Urteilen *Kopplungsangebot I* und *Kopplungsangebot II* vorgegebene Missbrauchskontrolle von Kopplungsangeboten sieht keine festen Wertgrenzen für Zugaben vor und postuliert auch keine grundsätzliche Pflicht für den Unternehmer, den Wert der einzelnen gekoppelten Angebotselemente zu offenbaren.[475]

---

474 Vgl. BGH Urteil v. 12.07.2007 – I ZR 82/05 *(Tony Taler)*, GRUR 2008, 183; BGH Urteil v. 11.12.2003 – I ZR 74/01 *(Treue-Punkte)*, GRUR 2004, 344; OLG Köln Urteil v. 30.11.2001 – 6 U 103/01 *(Miles and More-Prämien)*, GRUR-RR 2002, 115.

475 BGH Urteil v. 13.06.2002 – I ZR 173/01 (Kopplungsangebote I), GRUR 2002, 976, 978; BGH Urteil v. 13.06.2002 – I ZR 71/01 (Kopplungsangebote II), GRUR 2002, 979, 981.

Hinsichtlich der Preisangabe sei Folgendes zu beachten: Zunächst müssten die Anforderungen der Preisangabenverordnung erfüllt werden. Danach müssen Händler, die sich an Letztverbraucher wenden, die Preise angeben, die einschließlich der Umsatzsteuer und sonstiger Preisbestandteile zu zahlen sind (Endpreise), § 1 Abs. 1 PAngV. Soweit es der allgemeinen Verkehrsauffassung entspricht, sind auch die Verkaufs- oder Leistungseinheit und die Gütebezeichnung anzugeben, auf die sich die Preise beziehen, § 1 Abs. 2 PAngV.

Über die allgemeinen Pflichten der Preisangabenverordnung hinaus könne sich bei Kopplungsangeboten aus § 1 und § 3 UWG 1909 ferner die Pflicht ergeben, die Einzelpreise der gekoppelten Angebotselemente anzugeben. Dies sei namentlich dann der Fall, wenn die Gefahr bestünde, dass der Verbraucher über den Wert des Kopplungsangebots, insbesondere über den Wert einer gekoppelten Zusatzleistung, getäuscht oder sonst unzureichend informiert würde.[476] Die erweiterte Preisangabenpflicht folge dann aus dem Transparenzgebot.[477]

Ferner gelte für Kopplungsangebote grundsätzlich die Maßgabe, dass die Preise »einheitlich« zu bewerben seien. Das bedeutet, dass – wird überhaupt mit dem Preis geworben – der Preis des Gesamtangebots in irgendeiner Weise dargestellt werden müsse. Dies schließe es aus, dass eine Werbung allein das Versprechen einer unentgeltlichen Leistung herausstelle, ohne dass »gleichzeitig in klarer Zuordnung leicht erkennbar und deutlich lesbar« auf das Entgelt des gekoppelten Angebotselementes hingewiesen werde.[478] Ausdrücklich bedeute dies, dass gegenüber dem blickfangmäßig herausgestellten Hinweis auf eine günstige Teilleistung (in den entschiedenen Fällen: Videorekorder für 49 DM bzw. Fernseher für 1 DM) die Angaben, aus denen sich die wirtschaftliche Belastung des Verbrauchers ergebe, nicht vollständig in den Hintergrund treten dürfe.[479]

Erfülle ein Angebot diese Transparenzvoraussetzungen, sei weiterhin zu prüfen, ob das Angebot unter dem Gesichtspunkt des übertriebenen Anlockens

---

476 BGH Urteil v. 13.06.2002 – I ZR 173/01 (Kopplungsangebote I), GRUR 2002, 976, 978; BGH Urteil v. 13.06.2002 – I ZR 71/01 (Kopplungsangebote II), GRUR 2002, 979, 981.

477 BGH Urteil v. 13.06.2002 – I ZR 173/01 (Kopplungsangebote I), GRUR 2002, 976, 978; BGH Urteil v. 13.06.2002 – I ZR 71/01 (Kopplungsangebote II), GRUR 2002, 979, 981.

478 BGH Urteil v. 13.06.2002 – I ZR 173/01 (Kopplungsangebote I), GRUR 2002, 976, 978; BGH Urteil v. 13.06.2002 – I ZR 71/01 (Kopplungsangebote II), GRUR 2002, 979, 981.

479 BGH Urteil v. 13.06.2002 – I ZR 173/01 (Kopplungsangebote I), GRUR 2002, 976, 978; BGH Urteil v. 13.06.2002 – I ZR 71/01 (Kopplungsangebote II), GRUR 2002, 979, 981.

missbräuchlich sei. Dieser Maßstab könne die Wettbewerbswidrigkeit eines Kopplungsangebots – wie der BGH formulierte – »immer noch« begründen, etwa dann, wenn sich das Kopplungsangebot an besonders schutzbedürftige Verbraucher richte.[480]

Wie dargelegt, bestand das Angebot der Entscheidung *Kopplungsangebote I* die Missbrauchskontrolle, während das Angebot der Entscheidung *Kopplungsangebote II* als missbräuchlich bewertet wurde. Somit gab die Rechtsprechung neben den vorgenannten abstrakten Bewertungsmaßstäben für Kopplungsangebote auch gleich eine Referenz vor, an der sich die Praxis orientieren konnte. Das Angebot eines Fernsehers für 1 DM war nicht wegen der hohen Anlockwirkung eines derartig günstigen Gerätes missbräuchlich. Vielmehr scheiterte es allein an den Maßstäben der Transparenz. Es handelte sich nach der Auffassung des BGH deshalb um ein unlauteres Kopplungsangebot, weil die Bedingungen, unter denen der vergünstigte Fernseher abgegeben wurde, nicht hinreichend deutlich gemacht wurden. Der Textkasten, auf den sich der Sternchenhinweis bezog, war um 90 Grad gedreht und die Schrifttype war im Vergleich zur übrigen Anzeige sehr klein. Zwar wies die Anzeige auch einen Kasten auf, aus dem sich – in waagerechter und ausreichend großer Schrift – die Bedingungen des Stromliefervertrags ergaben. Jedoch verwies der Sternchenverweis eben nicht auch auf diesen größeren Kasten. Auch der aufmerksame Verbraucher könne daher nicht mit Sicherheit sagen, welche Preiskonditionen der Stromliefervertrag haben würde, den er abschließen müsse, um in den Genuss des vergünstigten Fernsehers zu kommen. Eine klare Zuordnung des die Vergünstigung des Fernsehers subventionierenden Dauerschuldverhältnisses sei also – anders als im Fall *Kopplungsangebote I* – nicht auszumachen.[481]

Schließlich stellte der BGH im Urteil Kopplungsangebote II noch Folgendes klar: Während das Gericht die verfahrensgegenständliche Werbung untersagte, wurde ausdrücklich erlaubt, den Fernseher in Verbindung mit dem Stromliefervertrag wie beworben zu verkaufen, also die entsprechenden Kopplungsgeschäfte abzuschließen. Denn, wenngleich die aufgehobene Zugabeverordnung Ankündigung und auch Gewähren der Zugabe untersagte, könne »ein aus § 1 UWG begründetes Verbot des Gewährens von Zugaben nur in Betracht (kommen), wenn die für die wettbewerbsrechtliche Bewertung der Werbung maßgeblichen Umstände stets auch bei Abschluss des entsprechenden Koppelungsgeschäfts

480 BGH Urteil v. 13.06.2002 – I ZR 173/01 (Kopplungsangebote I), GRUR 2002, 976, 979.

481 BGH Urteil v. 13.06.2002 – I ZR 71/01 (Kopplungsangebote II), GRUR 2002, 979, 982.

vorlägen.«[482] Dies war allerdings im Sachverhalt *Kopplungsangebote II* nicht der Fall: Die aus der Generalklausel, § 1 UWG 1909 begründete Unlauterkeit der Werbung stützte sich allein auf eine Verletzung des Transparenzgebots durch den unvollständigen Sternchenhinweis. Das hierdurch entstehende Informationsdefizit beim Verbraucher könne jedoch beim Abschluss des Kopplungsgeschäfts durch eine entsprechende Aufklärung im Verkaufsgespräch beseitigt werden.[483] Der BGH stellte also klar, dass der Anbieter infolge des unlauteren Kopplungsangebots vertragsrechtlich nicht gehindert war, das Kopplungsgeschäft wie beworben anzubieten. Unzulässig war lediglich die konkrete Werbung, nicht das Geschäft selbst.

5. *Stellungnahme zu den Entscheidungen Kopplungsangebote I und Kopplungsangebote II*

Die Entscheidungen *Kopplungsangebote I* und *Kopplungsangebote II* waren entscheidende Meilensteine in der Liberalisierung des Rechts der Kopplungsangebote. Ihre Bedeutung liegt zum einen darin, das gewandelte Verbraucherleitbild auf die Bewertung der Kopplungsangebote zu übertragen. Noch wichtiger war indes, dass die Entscheidungen die Zäsur, die durch die Aufhebung der Zugabeverordnung bei der Bewertung der Kopplungsangebote aufgetreten war, deutlich herausstrichen und damit den Instanzgerichten die Möglichkeit eröffneten, ausdrücklich gegen zuvor ergangene – und nunmehr obsolete – Rechtsprechung des BGH zu entscheiden. Damit läuteten die Entscheidungen eine Kehrtwende der Rechtsprechung in Bezug auf Kopplungsangebote ein und gaben die Richtung vor, die im Wesentlichen bis heute anhält. Darüber hinaus sind die Maßstäbe der Missbrauchskontrolle auch heute noch Grundlage der lauterkeitsrechtlichen Bewertung der Kopplungsangebote.[484]

Zu kritisieren ist dagegen der vom BGH in den Urteilen eingeführte Begriff der *Missbrauchskontrolle*. Die Terminologie suggeriert, dass es für die Unlauterkeit auf die subjektive Willensrichtung des Anbieters ankomme, also darauf, ob dieser das Kopplungsangebot zielgerichtet zur Verwirklichung wettbewerbsrechtlich missbilligter Zwecke »missbraucht«. Dies ist aber nicht der Fall. Die Missbrauchskontrolle erfolgt allein anhand der objektiven Kriterien

---

482 BGH Urteil v. 13.06.2002 – I ZR 71/01 (Kopplungsangebote II), GRUR 2002, 979, 982.

483 BGH Urteil v. 13.06.2002 – I ZR 71/01 (Kopplungsangebote II), GRUR 2002, 979, 982.

484 Siehe dazu ausführlich S. 231 ff.

des Kopplungsangebots, ohne dass es auf subjektive Vorsatzmerkmale des Anbieters ankommt. Zwar setzte zur Zeit der Entscheidungen *Kopplungsangebote I* und *Kopplungsangebote II* unter Geltung des UWG 1909 die Unlauterkeit noch ein subjektives Merkmal voraus.[485] Dieses umfasste jedoch nur die Kenntnis der Tatumstände, die die Unlauterkeit begründeten und nicht auch ein darüber hinausgehendes Bewusstsein der Sittenwidrigkeit im Sinne einer Missbrauchsabsicht.[486] Nach der UWG-Novelle 2004 sind subjektive Merkmale für die lauterkeitsrechtliche Bewertung endgültig entfallen.[487]

Kritikwürdig ist schließlich auch das Festhalten an dem Unlauterkeitsmal des übertriebenen Anlockens, das allerdings erst dann erfüllt sein soll(te), wenn ein Zurücktreten der Rationalität der Verbraucherentscheidung Folge der Anlockwirkung eines Kopplungsangebots ist. Die Fallgruppe war allerdings mit dem zum Zeitpunkt der Entscheidung geltenden UWG 2002 vereinbar.

V. Folgeentscheidungen

Noch unter Geltung des UWG 1909 ergingen weitere Entscheidungen, die – wenn auch in geringerem Maße als die Grundsatzentscheidungen *Kopplungsangebote I* und *Kopplungsangebote II* – als Meilensteine der Rechtsprechung auf dem Weg der Liberalisierung des Rechts der Kopplungsangebote zu werten sind und die bis heute für die Bewertung von Kopplungsangeboten relevant sind.

Zu nennen ist insbesondere die im Jahr 2003 ergangene Entscheidung *Gesamtpreisangebot.*[488] Die Entscheidung betraf folgenden Sachverhalt: Ein Reiseveranstalter bot ein Kopplungsangebot bestehend aus einer Pauschalreise in einen Skiort und Skier mit Schuhen und Bindung zum Verkauf zu einem Gesamtpreis an. Gegen diese Werbung ging ein Berufsverband des Sportfachhandels vor. Dieser sah die Werbung deshalb als wettbewerbswidrig an, weil damit für ein Kopplungsangebot ungleichartiger Leistungen (Pauschalreise und Skiverkauf) geworben würde. Auf diese Weise würde verschleiert, in welchem Umfang der Gesamtpreis auf die Reiseleistung und auf die Skiausrüstung entfalle. Die Beklagte argumentierte dagegen, der Preisanteil für die Skiausrüstung

---

485 *Köhler* in Köhler/Bornkamm, UWG, § 3 Rn. 104 mit weiteren Nachweisen.

486 *Sosnitza* in Piper/Ohly/Sosnitza, UWG, § 3 Rn. 36 mit weiteren Nachweisen.

487 *Köhler* in Köhler/Bornkamm, UWG, § 3 Rn. 106 mit weiteren Nachweisen.; *Sosnitza* in Piper/Ohly/Sosnitza, UWG, § 3 Rn. 37 mit weiteren Nachweisen.; vgl. zur Irrelevanz der Willensrichtung in Fällen der Behinderung von Mitbewerbern, *Lettl*, BB 2006, 2365, 2367.

488 BGH Urteil v. 27.02.2003 – I ZR 253/00 *(Gesamtpreisangebot)*, GRUR 2003, 538.

könne dem Werbeblatt rechnerisch entnommen werden. Auf Nachfrage würde ein Interessent im Reisebüro auch nähere Informationen zu der angebotenen Ausrüstung erhalten.

Der BGH bewertete die Werbung als zulässig. Den Werbenden treffe keine Pflicht zu einer umfassenden Aufklärung über die Preisbestandteile. Die lauterkeitsrechtliche Generalsklausel diene nicht dem Zweck, »unabhängig vom Schutz der Verbraucher vor unlauterer Beeinflussung und über die für Preisangaben geltenden Vorschriften hinaus die Gewerbetreibenden anzuhalten, in der Werbung die Elemente ihrer Preisbemessung nachvollziehbar darzustellen, um Preisvergleiche zu erleichtern.«[489] Es sei vielmehr Aufgabe der Verbraucher, Preisvergleiche anzustellen und die Preiswürdigkeit des Angebots zu bewerten.[490] Zumindest anhand des letztlich maßgebenden Gesamtpreises seien Preisvergleiche immer möglich.[491] Die diametral anderslautenden Begründungen der Entscheidungen *Kopplung im Kaffeehandel*[492] und (in geringerem Maße) *Saustarke Angebote*[493] erklärte der BGH in der Entscheidung *Gesamtpreisangebot*[494] ausdrücklich für aufgegeben.

Neben der Entscheidung *Gesamtpreisangebot* lässt sich die Liberalisierung des Rechts der Kopplungsangebote in der Folge der Grundsatzentscheidungen *Kopplungsangebote I* und *Kopplungsangebote II* auch an weiteren Entscheidungen festmachen. Zu nennen sind insbesondere die Entscheidungen: *Treuepunkte*[495] (»Es ist wettbewerbsrechtlich grundsätzlich unbedenklich, wenn die Einräumung des Rechts, näher bestimmte Waren zu erwerben, daran geknüpft wird, dass zuvor andere Waren mit einem bestimmten Wert gekauft worden sind.«)[496], *Playstation*[497] (»Werden dem Verbraucher für den Fall des Erwerbs einer Ware

---

489 BGH Urteil v. 27.02.2003 – I ZR 253/00 (Gesamtpreisangebot), GRUR 2003, 538, 539.

490 BGH Urteil v. 27.02.2003 – I ZR 253/00 (Gesamtpreisangebot), GRUR 2003, 538, 539.

491 BGH Urteil v. 27.02.2003 – I ZR 253/00 (Gesamtpreisangebot), GRUR 2003, 538, 539.

492 BGH Urteil v. 02.07.1971 – I ZR 43/70 *(Kopplung im Kaffeehandel)*, GRUR 1971, 582, 584: »Davon abgesehen verstößt eine solche Kopplung auch gegen § 1 UWG; denn es handelt sich, wie das BerG zutreffend ausführt, hier um einen besonders krassen Fall eines verdeckten Kopplungsgeschäfts, weil der Kunde überhaupt keinen Anhalt für die Berechnung der Einzelpreise der gelieferten Gegenstände hat und es ihm daher nicht möglich ist, die Preiswürdigkeit der angebotenen Ware mit der Ware der Mitbewerber zu vergleichen.«

493 BGH Urteil v. 30.11.1995 – I ZR 233/93 *(Saustarke Angebote)*, GRUR 1996, 363.

494 BGH Urteil v. 27.02.2003 – I ZR 253/00 (Gesamtpreisangebot), GRUR 2003, 538, 539.

495 BGH Urteil v. 11.12.2003 – I ZR 74/01 *(Treue-Punkte)*, GRUR 2004, 344.

496 BGH Urteil v. 11.12.2003 – I ZR 74/01 (Treue-Punkte), GRUR 2004, 345.

497 BGH Urteil v. 11.12.2003 – I ZR 83/01 *(Playstation)*, GRUR 2004, 343.

oder der Inanspruchnahme einer Leistung Vergünstigungen, insbesondere Geschenke, versprochen, liegt darin nicht ohne Weiteres ein übertriebenes Anlocken, und zwar unabhängig davon, ob zwischen der Hauptleistung und dem Geschenk aus Sicht des Verbrauchers ein Funktionszusammenhang besteht oder nicht.«)[498] und *Buchklub-Kopplungsangebot*[499] (»Die Anlockwirkung, die von einem attraktiven Angebot ausgeht, ist grundsätzlich nicht wettbewerbswidrig, sondern gewollte Folge des Leistungswettbewerbs. Ein wettbewerbswidriger Anlockeffekt kann erst durch das Hinzutreten weiterer Umstände entstehen, die die Vergünstigung als sittenwidrig erscheinen lassen«)[500].

Zusammenfassend lässt sich damit sagen: Nach Aufhebung der Zugabeverordnung hielt die Rechtsprechung bei der Bewertung der Kopplungsangebote an der Fallgruppe des übertriebenen Anlockens fest.[501] Ein Kopplungsangebot war nach Auffassung der Literatur und Rechtsprechung (nach Aufhebung der Zugabeverordnung) dann unlauter, wenn es übertrieben anlocke, den Preis verschleiere oder durch die Art der Gewährung psychischen Kaufzwang ausübe.[502] Alle drei Beurteilungskriterien ergaben sich aus der Generalklausel (§ 1 UWG 1909).[503] Dabei wurde allerdings darauf hingewiesen, dass die Fallgruppe des übertriebenen Anlockens restriktiv auszulegen sei.[504]

VI. Die UGP-Richtlinie und die UWG Novellen 2004 und 2008

Die rechtliche Bewertung der Kopplungsangebote in Deutschland wurde wie das gesamte deutsche Lauterkeitsrecht erheblich durch die europäischen rechtlichen Entwicklungen beeinflusst. Neben den bereits dargestellten Auswirkungen, die die Übernahme des europäischen Verbraucherleitbildes mit sich brachte, stellt insbesondere die Umsetzung der UGP-Richtlinie einen Meilenstein in der Bewertung der Kopplungsangebote dar. Die UGP-Richtlinie wurde am 11.06.2005

498 BGH Urteil v. 11.12.2003 – I ZR 83/01 *(Playstation)*, GRUR 2004, 343, 343.

499 BGH Urteil v. 10.04.2003 – I ZR 291/00 *(Buchclub-Kopplungsangebot)*, GRUR 2003, 890.

500 BGH Urteil v. 10.04.2003 – I ZR 291/00 *(Buchclub-Kopplungsangebot)*, GRUR 2003, 890, 891.

501 So etwa *Cordes*, WRP 2001, 867, 879.

502 *Cordes*, WRP 2001, 867, 879.

503 *Cordes*, WRP 2001, 867, 879.

504 *Günther/Beyerlein*, WRP 2004, 1142, 1144.

verkündet.[505] Die Richtlinie regelt gemäß ihrem Titel[506] den Geschäftsverkehr der Gewerbetreibenden gegenüber den Verbrauchern, also den sogenannten »B2C-Bereich«.[507]

Zur Umsetzung der UGP-Richtlinie nahm der deutsche Gesetzgeber bereits im Jahr 2004 eine Neukodifizierung des UWG vor. Das UWG 2004 wies gegenüber dem UWG 1909 tief greifende Änderungen auf, die sich auch auf die Bewertung der Kopplungsangebote auswirkten. Als wesentliche Änderungen sind die Aufnahme des Schutzzweckes des UWG (sog. Schutzzwecktrias) und die Umgestaltung der Generalklausel zu nennen. Während das UWG 1909 eine Generalklausel (§ 1 UWG 1909) und verschiedene Spezialtatbestände (§§ 3, 6–8 UWG 1909) aufwies, formuliert das UWG seit der UWG-Novelle 2004 eine Reihe von Beispielstatbeständen, die ein System neuer Generalklauseln konkretisieren. Diese Umgestaltung führt zu einer neuen Systematik der rechtlichen Prüfung von Kopplungsangeboten.[508]

Entgegen dem Trend der Liberalisierung wurde mit der UWG-Novelle 2004 erstmals ein ausdrückliches Kopplungsverbot in das UWG aufgenommen.[509] Unter der Überschrift »Beispiele unlauterer geschäftlicher Handlungen« bestimmt § 4 Nr. 6 UWG, dass unlauter insbesondere derjenige handele, der »die Teilnahme von Verbrauchern an einem Preisausschreiben oder Gewinnspiel von dem Erwerb einer Ware oder der Inanspruchnahme einer Dienstleistung abhängig macht, es sei denn, das Preisausschreiben oder Gewinnspiel ist naturgemäß mit der Ware oder der Dienstleistung verbunden«.

---

505 Siehe bereits oben; ABl. Nr. L 149 S. 22, ber. ABl. 2009 Nr. L 253 S. 18) EU-Dok.-Nr. 3 2005 L 0029.

506 Vollständiger Titel: Richtlinie 2005/29/EG des Europäischen Parlaments und des Rates vom 11. Mai 2005 über unlautere Geschäftspraktiken von Unternehmen gegenüber Verbrauchern im Binnenmarkt und zur Änderung der Richtlinie 84/450/EWG des Rates, der Richtlinien 97/7/EG, 98/27/EG und 2002/65/EG des Europäischen Parlaments und des Rates sowie der Verordnung (EG) Nr. 2006/2004 des Europäischen Parlaments und des Rates (Richtlinie über unlautere Geschäftspraktiken). Der Titel der Richtlinie wurde von ursprünglich: »den Geschäftsverkehr zwischen Gewerbetreibenden und Verbrauchern...« zu der heute gültigen Fassung »von Unternehmen gegenüber Verbrauchern« geändert, um dem Umstand Rechnung zu tragen, dass die Richtlinie den Geschäftsverkehr nur in die Richtung »Unternehmer zu Verbraucher« regelt und nicht auch umgekehrt.

507 »B2C« ist ein Akronym, das für »business to consumer« steht, »B2B« ist das entsprechende Akronym für »business to business«.

508 Siehe unten, S. 219 ff.

509 *Boesche*, WRP 2011, 1345, 1346.

Die Neufassung des UWG im Jahr 2004 wurde in der Literatur überwiegend positiv als eine Modernisierung und Liberalisierung des Wettbewerbsrechts bewertet.[510] Die UWG-Novelle 2004 ist allerdings auch kritisiert wurden. Gerade mit Blick auf das (neu eingeführte) Kopplungsverbot des § 4 Nr. 6 UWG ist beanstandet worden, der Gesetzgeber habe gegenwärtiges Richterrecht zementiert, sodass sich die Rechtsprechung nun – wollte sie sich von einzelnen Bewertungsmaßstäben lösen – gesetzlich daran gehindert sähe.[511] Der Gesetzgeber müsse dem Bedürfnis nach Flexibilität auch im Gesetzestext Rechnung tragen, um zu verhindern, dass ein bestimmter Rechtsstand festgeschrieben werde.[512]

Bereits im Jahr 2008 machte die UGP-Richtlinie eine weitere Novellierung des UWG erforderlich. Für die rechtliche Bewertung der Kopplungsangebote ist insbesondere – wie unten dargestellt – die durch die UWG-Novelle 2008[513] eingeführte Schwarze Liste mit 30 per se verbotenen geschäftlichen Praktiken von erheblicher Bedeutung. Die UWG-Novelle 2008 verschärfte die Anforderungen an die Transparenz einer geschäftlichen Handlung, wobei teilweise kritisiert wird, dass der Verbraucher von den »starren Informationsgeboten« des neuen UWG kaum profitieren dürfte.[514]

Die Schwarze Liste wurde unter anderem mit dem Argument kritisiert, sie mache potenziell eine nicht abschätzbare Vielzahl nationaler Rechtsvorschriften – die keineswegs nur im Lauterkeitsrecht sein müssen – richtlinienwidrig, ohne dem Verbraucher einen gesteigerten Schutzstandard zu bieten.[515]

In den Jahren 2009[516] und 2010[517] ergingen durch den EuGH Grundsatzentscheidungen, die die rechtliche Bewertung der Kopplungsangebote unter Geltung der UGP-Richtlinie betrafen. Der EuGH entschied, dass das 2004 in Deutschland eingeführte Kopplungsverbot für Gewinnspielkopplungen nicht

---

510 *Lettl*, WRP 2004, 1079, 1133; *Ohly*, GRUR 2004, 889, S. 900; kritischer: *Pluskat*, WRP 2004, 282, 289.

511 *Sosnitza*, GRUR 2003, 739, 743; *Steinbeck*, GRUR 2008, 848, 851.

512 *Pfeifer*, WRP 2010, 1432, 1439.

513 BGBl. I S. 2949 ff.

514 *Brinkmann*, Wie transparent muss kommerzielle Kommunikation sein? – Lauterkeitsrechtliche Transparenzpflichten des Unternehmers gegenüber dem Verbraucher unter Berücksichtigung der Umsetzung der Richtlinie über unlautere Geschaftspraktiken (2005/29/EG), S. 174.

515 *Namysłowska*, GRUR Int 2010, 1033, 1039.

516 EuGH Urteil v. 23.04.2009 – C-261/07, C299/07 (VTB/Total Belgium u. Galatea/ Sanoma), GRUR 2009, 599.

517 EuGH Urteil v. 14.01.2010 – Rs. C-304/08 (Plus Warenhandelsgesellschaft), GRUR 2010, 244.

europarechtskonform als ein (weiteres) Per-se-Verbot ausgelegt werden dürfe.[518] Denn die Schwarze Liste der UGP-Richtlinie, an der sich die durch die UWG-Novelle 2008 eingeführte Schwarze Liste orientiert, sei abschließend und es sei dem nationalen Gesetzgeber – vor dem Hintergrund der Vollharmonisierung des verbraucherbezogenen Wettbewerbsrechts in der EU – verwehrt, über die Richtlinie hinausgehende Per-se-Verbote zu schaffen.[519] Dies gelte explizit auch dann, wenn durch eine solche Bestimmung der Mitgliedsstaat die Absicht verfolgt, ein höheres Verbraucherschutzniveau zu erreichen.

Die Urteile des EUGH und deren Umsetzung in der deutschen Rechtssprechungspraxis stellen – soweit die rechtliche Bewertung der Kopplungsangebote betreffend – den vorläufigen Abschluss der seit Mitte der 1990 Jahre stattfindenden Liberalisierung dar.

C. Unterschiedliche Bewertung der Kopplungsangebote vor Harmonisierung des europäischen Lauterkeitsrechts

Mit der Vollharmonisierung des europäischen Verbraucherlauterkeitsrechts gilt in den Mitgliedsstaaten der EU derselbe lauterkeitsrechtliche Schutzstandard. Damit sind Kopplungsangebote gegenüber Verbrauchern heute in der EU im selben Umfang und unter denselben Voraussetzungen zu- und unzulässig.[520]

Vor der Harmonisierung bestanden zum Teil erhebliche Unterschiede in der Ausgestaltung des Lauterkeitsrechts, in dem durch das Lauterkeitsrecht erzielten Schutzniveau sowie in der rechtlichen Bewertung der Kopplungsangebote. Dies wird im Folgenden anhand der unterschiedlichen Rechtslage in Deutschland und dem Vereinigten Königreich dargestellt:

I. Lauterkeitsrecht im Vereinigten Königreich vor Umsetzung der UGP-Richtlinie

Anders als in vielen kontinentaleuropäischen Rechtsordnungen vertraute das Vereinigte Königreich[521] vor Harmonisierung des Wettbewerbsrechts nur in

518 EuGH Urteil v. 14.01.2010 – Rs. C-304/08 *(Plus Warenhandelsgesellschaft)*, GRUR 2010, 244.

519 EuGH Urteil v. 23.04.2009 – C-261/07, C299/07 GRUR 2009, 599.

520 Vgl. EuGH Urteil v. 23.04.2009 – C-261/07, C299/07 GRUR 2009, 599 ff.; EuGH Urteil v. 14.01.2010 – Rs. C-304/08 *(Plus Warenhandelsgesellschaft)*, GRUR 2010, 244 ff.

521 In den einzelnen Staaten des Vereinigten Königreichs bestanden und bestehen bezüglich der rechtlichen Bewertung der Verkaufsförderungsmaßnahmen teilweise

geringem Umfang auf gesetzgeberische Intervention und baute stattdessen überwiegend auf die Regulierung der Werbung und des Handels durch freiwillige Selbstkontrolle.[522] Die Präferenz der Selbstkontrolle beruhte auf dem britischen Verständnis, dass gesetzliche Regelungen gegen unlauteren Wettbewerb die Gefahr mit sich brächten, nicht zu beanstandende Handelstätigkeiten seriöser Marktakteure über die Maßen zu behindern.[523] Ferner wurde argumentiert, dass die Selbstregulierung das bessere System sein, weil das Ergebnis eines lauteren Wettbewerbs im eigenen Interesse der Kaufleute läge.[524]

Wichtige staatliche Regelungswerke des Lauterkeitsrechts waren – und sind es teilweise bis heute[525]: Der *Trade Description Act* von 1968,[526] der *Consumer Protection Act* von 1987 und die *Control of Misleading Advertisements Regulations* von 1988.[527]

Das wichtigste Regelungswerk der Selbstregulierung war der *British Code of Advertising, Sales Promotion and Direct Marketing*,[528] das von dem *Committee on*

Besonderheiten. Dies gilt insbesondere bei der Anwendung des Fallrechts. Aufgrund der abweichenden Rechtstradition bestehen insoweit vor allem zwischen Schottland und England Unterschiede, vgl. hierzu: *Bodewig*, GRUR Int 2004, 543, 558 (dort Fn. 4). Bei den hier genannten Rechtsvorschriften und Kodizes handelt es sich im Wesentlichen um Vorschriften mit Geltung für das gesamte Vereinigte Königreich.

522 *Lettl*, Der Lauterkeitsrechtliche Schutz vor irreführender Werbung in Europa, S. 220; *Jergolla*, WRP 2003, 431, 431.

523 *Lettl*, Der Lauterkeitsrechtliche Schutz vor irreführender Werbung in Europa, S. 220.

524 *Lettl*, Der Lauterkeitsrechtliche Schutz vor irreführender Werbung in Europa, S. 220.

525 Siehe dazu unten, S. 148.

526 Die nachfolgend genannten Gesetze und Verordnungen sind unter http://www.legislation.gov.uk online abrufbar. Der TDA verfolgt das Ziel, dem Verbraucher Entscheidungen auf der Grundlage der vollständigen und zutreffenden Informationen zu erlauben. Zu diesem Zweck bedroht er unlautere Handlungen mit Strafe, vgl. *Lettl*, Der Lauterkeitsrechtliche Schutz vor irreführender Werbung in Europa, S. 225.

527 *Henning-Bodewig* in Harte-Bavendamm/Henning-Bodewig, UWG Einl E Rn 235. Heute sind diese Vorschriften umfassend geändert und ergänzt worden durch die 2008 eingeführten *Consumer Protection from Unfair Trading Regulations*, mittels derer die UGP-Richtlinie im Vereinigten Königreich umgesetzt wurde.

528 *Lettl*, Der Lauterkeitsrechtliche Schutz vor irreführender Werbung in Europa, S. 228; heute: »*The UK Code of Non-broadcast Advertising, Sales Promotion and Direct Marketing, 12th edition*«.

Advertising Practice (CAP) erlassen und von der *Advertising Standards Authority (ASA)* durchgesetzt wurde.[529]

Lag in einem Angebot gleichzeitig ein Verstoß gegen die werbebezogenen Regeln des *British Code of Advertising, Sales Promotion and Direct Marketing* und der staatlichen *Control of Misleading Advertisements Regulations* vor, so konnte staatlicher Schutz nur subsidiär angerufen werden, wenn die *ASA* keine Abhilfe schaffen konnte.[530] Staatlicherseits wurde und wird das Recht dann durch das *Office of Fair Trading (OFT)* durchgesetzt.[531]

In der Praxis übernahm die Selbstkontrolle im Vereinigten Königreich einen wichtigen Teil der Aufgaben, die in Kontinentaleuropa durch wettbewerbsregelnde Gesetze, wie dem deutschen UWG, dem dänischen Marktgesetz[532] oder dem spanischen Ley de enero, de Competencia Desleal[533] erfüllt wurden.[534]

II. Bewertung der Kopplungsangebote im Vereinigten Königreich vor Umsetzung der UGP-Richtlinie

1. Gesetzliche Anforderungen an Kopplungsangebote

Das britische *Statutory Law* kannte bereits vor der Harmonisierung des europäischen Verbraucher-Lauterkeitsrechts kein Kopplungsverbot, insbesondere kein allgemeines Zugabeverbot.[535]

Zwar war zur Zeit der Einführung der deutschen Zugabeverordnung auch im Vereinigten Königreich verschiedentlich die Einführung eines Zugabeverbotes oder anderer Kopplungsverbote (insbesondere für Kundenbindungssysteme) gefordert worden.[536] Eine von der Regierung zur Beurteilung des Zugabewesens

---

529 *Henning-Bodewig* in Harte-Bavendamm/Henning-Bodewig, UWG Einl E Rn 237.

530 *Henning-Bodewig* in Harte-Bavendamm/Henning-Bodewig, UWG Einl E Rn 237.

531 *Henning-Bodewig* in Harte-Bavendamm/Henning-Bodewig, UWG Einl E Rn 237.

532 Lov om markedsføring (Gesetz über Marketing); vgl. *Henning-Bodewig* in Harte-Bavendamm/Henning-Bodewig, UWG Einl E Rn 81.

533 Ley 3/1991, de 10 de enero, de Competencia Desleal von 1991 (Novellierung 2010); ursprüngliche Fassung übersetzt unter GRUR Int 1991, 551 ff.

534 *Lettl*, Der Lauterkeitsrechtliche Schutz vor Irreführender Werbung in Europa, S. 233.

535 *Bodewig/Henning-Bodewig*, WRP 2000, 1341, 1365.

536 Vgl. den gescheiterten Gesetzesentwurf einer Regelung gegen Kundenbindungssysteme (Kuponsysteme) »A Bill to make unlawful the issue and redemption of gift coupons; and for purposes connected therewith« vom 9. Februar 1932, abgedruckt bei *Duesterberg*, Die Abwehrmaßnahmen gegen das Zugabeunwesen in Rechtsvergleichender Darstellung, S. 93 f.

einberufene Kommission des *Board of Trade* kam im Jahr 1933 allerdings zu dem Ergebnis, dass mit dem Zugabewesen für das Publikum nur unbedeutende Nachteile einhergingen. Diese Nachteile würden von den Vorteilen des Zugabewesens überwogen. So könnten den Teilnehmern an Kundenbindungssystemen durchaus wirtschaftliche Vorteile entstehen. Darüber hinaus seien Zugaben und Kopplungssysteme hilfreich, um neuen Akteuren den Markteintritt zu gestatten.[537] Dem Fehlen einer gesetzlichen Regelung für Zugaben lag also der ausdrückliche gesetzgeberische Wille zugrunde, diese Vertriebsform zuzulassen.

Kopplungsangebote waren auch nicht durch allgemeine wettbewerbsrechtliche Verbote untersagt. Ein allgemeines deliktsrechtliches Verbot des unlauteren Wettbewerbs, wie etwa seinerzeit in der deutschen Generalklausel § 1 UWG 1909, gab es im britischen Recht nicht. Ein deliktsrechtliches Verbot des unlauteren Wettbewerbs wurde auch nicht durch die Rechtsprechung entwickelt.[538] Während der Mitbewerberschutz in Einzelfällen über das Deliktsrecht erfolgte, wurden die Verbraucher durch verwaltungsrechtliche Vorschriften und vereinzelte Strafnormen vor irreführender oder täuschender Werbung geschützt.[539]

Gesetzliche Spezialregelungen bestanden für Kopplungsangebote im Vereinigten Königreich lange Zeit nicht. Eine staatliche Zugaberegelung findet sich erst in der im Jahr 2005 auf Grundlage des *Consumer Protection Act* von 1987 erlassenen *Consumer Protection*-Verordnung[540]. Dabei handelt es sich um einen *Code of Practice*, der die Anforderungen von Section 20 des *Consumer Protection Acts* näher erläutert und die Frage betrifft, wann ein Angebot irreführend (»misleading«) im Sinne der Section 20 des *Consumer Protection Acts* ist.

Nach *der Consumer Protection*-Verordnung muss aus einem Zugabeangebot deutlich hervorgehen, was der Kunde kaufen muss, um in den Genuss der Zuwendung zu kommen. Ferner müssen grundsätzlich alle sonstigen mit der Zugabe einhergehenden Verpflichtungen (z. B. Versandkosten) aus dem Angebot

537 Nachweis bei *Duesterberg*, Die Abwehrmaßnahmen gegen das Zugabeunwesen in Rechtsvergleichender Darstellung, S. 7.

538 *Bodewig/Henning-Bodewig*, WRP 2000, 1341, 1365.

539 *Bodewig/Henning-Bodewig*, WRP 2000, 1341, 1365.

540 The Consumer Protection (Code of Practice for Traders on Price Indications) Approval Order 2005, vom 21.10.2005; abrufbar unter www.legislation.gov.uk (Jahrgang 2005 Veröffentlichungsnummer 2705); vgl. *Fischer*, Schutz der Entscheidungsfreiheit im Rahmen der Verkaufsförderung – Ein Vergleich des deutschen, französischen und englischen Rechts, S. 258, 259.

ersichtlich werden.[541] Wird für die Zugabe ein monetärer Wert angegeben (»Beim Kauf von [Hauptware] erhalten Sie [Zugabe] im Wert von [Wert der Zugabe] gratis!«), muss dieser entweder dem tatsächlichen Preis entsprechen, den der Anbieter für die Zugabe im Einzelverkauf zum Zeitpunkt des Kopplungsangebots fordert, oder es muss ein – bestimmten Anforderungen genügender – Vergleichspreis angegeben werden.[542]

Aus einem Zugabeangebot selbst müssen die wichtigsten sonstigen Verpflichtungen, die an die Gewährung der Zugabe gekoppelt sind, wenigstens stichpunktartig (»main points«) hervorgehen. Darüber hinaus muss das Angebot darauf hinweisen, wo der Verbraucher alle Konditionen des Angebots im Einzelnen in Erfahrung bringen kann.[543] Eine Zugabe darf nicht als »kostenlos« bezeichnet werden, wenn der Anbieter besondere Gebühren berechnet, die er üblicherweise nicht erhebt, wenn der Preis der Hauptware für das Zugabeangebot erhöht wurde, wenn im Zusammenhang mit der Zugabegewährung für den Verbraucher besondere Gebühren anfallen (z. B. Sonderrufnummern angerufen werden müssen) oder wenn der Preis für die Hauptware reduziert wird, wenn der Verbraucher das Zugabeangebot nicht in Anspruch nimmt.[544]

Auch für sonstige Kopplungsangebote sieht die *Consumer Protection*-Verordnung eine Preisangabenregelung vor. Danach ist grundsätzlich der Gesamtpreis, den ein Verbraucher für ein Angebot zahlt, anzugeben.[545]

---

541 *Consumer Protection*-Verordnung Clause 1.10.1: Make clear to consumers, at the time of the offer for sale, exactly what they will have to buy to get the »free offer«. If any sort of direct payment is required (eg postal or delivery charges) and is not referred to in the price indication, this may be misleading.

542 Clause 1.10.2: »If you give any indication of the monetary value of the ›free offer‹, and that sum is not your own present price for the product, follow whichever of sections 1.2 to 1.6 covers the type of price it is.«

543 Clause 1.10.3: »If there are any conditions attached to the ›free offer‹, give at least the main points of those conditions with the price indication and make clear to consumers where, before they are committed to buy, they can get full details of the conditions.«

544 Clause 1.10.4: »Do not claim that an offer is free if (a) you have imposed additional charges that you would not normally make; (b) you have inflated the price of any product the consumer must buy or the incidental charges (for example, postage or premium rate telephone charges) the consumer must pay to get the ›free offer‹; or (c) you will reduce the price to consumers who do not take it up.«

545 Clause 2.2.1: »Make clear in your price indication the full price consumers will have to pay for the product. The consumer should always be fully aware of the total cost

Als Ergebnis ist festzuhalten, dass die staatliche Regulation der Kopplungsangebote im Vereinigten Königreich bis zum Jahr 2005 nur durch allgemeine Gebote erfolgte und auf spezifische Kopplungsverbote (wie etwa in der deutschen Zugabeverordnung) im Vereinigten Königreich bewusst verzichtet wurde.

2. Anforderungen der Selbstregulierung an Kopplungsangebote

Dieser fragmentarische staatliche Schutz wurde dadurch kompensiert, dass er, von einem System der Selbstregulierung ergänzt wurde,[546] das auch spezielle Regelungen für Kopplungsangebote enthielt:

Der *British Code of Advertising and Sales Promotion*[547] sah[548] für Kopplungsangebote spezielle Regelungen vor. Zunächst legte der Code ausdrücklich fest, dass Zugaben grundsätzlich zulässig seien.[549] Eine Zugabe durfte jedoch nur dann als »kostenlos« (»free«) beworben werden, wenn mit ihr keine Zusatzkosten für den Verbraucher einhergingen. Ausgenommen waren unvermeidbare Kosten, wie Porto und Telefongebühren (nicht aber Sondernummern), tatsächliche Versandkosten (nicht aber Handling- und Verpackungskosten) oder unvermeidbare Reisekosten des Verbrauchers. Ferner durfte ein Anbieter die Kosten der Zugabe nicht durch eine Preiserhöhung der Hauptware oder durch eine Qualitätsmin-

---

including eg postage, packing, delivery charges, insurance, etc. before they commit themselves to the purchase (...)«.

546 *Bodewig/Henning-Bodewig*, WRP 2000, 1341, 1365. *Fischer*, Schutz der Entscheidungsfreiheit im Rahmen der Verkaufsförderung – Ein Vergleich des deutschen, französischen und englischen Rechts, S. 258, 259.

547 »British Codes of Advertising and Sales Promotion« des CAP, abgedruckt bei: *Jergolla*, WRP 2003, 431, 446.

548 Ein Großteil der hier dargestellten Regeln besteht auch heute nach Harmonisierung des europäischen Wettbewerbsrechts fort. Heute sind diese Regeln (mit anderer Nummerierung) teilweise in dem aus dem *British Code of Advertising and Sales Promotion* hervorgegangenen *CAP Code (»UK Code of Non-broadcast Advertising, Sales Promotion and Direct Marketing«)* enthalten, siehe dazu oben, S. 138.

549 Rule 31.1: »A free offer may be conditional on the purchase of other items. Consumers' liability for costs should be made clear in all material featuring ›free‹ offers. An offer should be described as free only if consumers pay no more than: (a) the minimum, unavoidable cost of responding to the promotion, eg the current public rates of postage, the cost of telephoning up to and including the national rate or the minimum, unavoidable cost of sending an e-mail or SMS text message; (b) the true cost of freight or delivery; (c) the cost, including incidental expenses, of any travel involved if consumers collect the offer. Promoters should not charge for packing, handling or administration.«

derung der Hauptware kompensieren.[550] Ließ sich ein Anbieter eine gekoppelte Ware durch eine Preiserhöhung der Hauptware bezahlen, so sah Rule 32.3 vor, dass die Zuwendung nicht als »kostenlos« beworben werden dürfe.[551] Dies bedeutete also, dass verdeckte Kopplungsangebote und Vorspannangebote zulässig waren, sofern sie nicht den Eindruck erweckten, dass ein gekoppeltes Angebotselement kostenlos abgegeben würde. Wollte der Anbieter hingegen mit einer kostenlosen Zugabe werben, durfte er sich diese nicht gesondert bezahlen lassen.

Schließlich sah der Kodex vor, dass Kopplungsangebote, »Zwei-für-den-Preis-von-einem«-Angebote und »Geld-zurück«-Garantien nicht als »kostenlose Warenproben« beworben werden dürften, wenn dem Verbraucher gleichwohl Kosten für die Inanspruchnahme des Angebots entstünden.[552]

Für Kopplungsangebote regelte der Kodex darüber hinaus, dass bei Angeboten, bei denen der Preis eines Angebotselementes von der Abnahme eines weiteren Angebotselementes abhing, alle Verpflichtungen des Anbieters aus dem Angebot deutlich werden.[553]

Für Gewinnspielkopplungen bestand ebenfalls eine Bestimmung. Gemäß Rule 34.1 war klarzustellen, ob die Teilnahme an dem Gewinnspiel an eine Warenabnahme gekoppelt war.[554] Darüber hinaus bestanden umfassende weitere Regelungen, die das Gewinnspiel selbst betrafen. Insbesondere waren komplexe Regelwerke nur in Ausnahmefällen zulässig.[555]

---

550 Rule 32.2: »Promoters must not try to recover their costs by reducing the quality or composition or by inflating the price of any product that must be bought as a precondition of obtaining the free item.«

551 Rule 32.3: »Promoters should not describe an individual element of a package as ›free‹ if the cost of that element is included in the package price.«

552 Rule 32.4: »Promoters should not use the term ›free trial‹ to describe ›satisfaction or your money back‹ offers, ›buy one get one free‹ offers or other offers where a non-refundable purchase is required. If appropriate, promoters should provide a cash refund, postal order or personal cheque promptly to free trial participants.«

553 Rule 15.3: »If the price of one product is dependent on the purchase of another, the extent of any commitment by consumers must be made clear.«

554 Rule 34.1 (a): »Promotions should specify clearly before any purchase (or before or at the time of entry/application, if no purchase is required): (a) how to participate, including significant conditions and costs, and any other major factors reasonably likely to influence consumers' decisions or understanding about the promotion. If a promotion has a free entry route, for example, if one is required by law, that route should be explained clearly.«

555 Rule 35.5: »Complex rules should be avoided and only very exceptionally will it be considered acceptable to supplement conditions of entry with additional rules. If

Erfüllte ein Kopplungsangebot die vorgenannten speziellen Voraussetzungen, musste es ferner den allgemeinen Bestimmungen des *British Code of Advertising and Sales Promotion* gerecht werden. Der Kodex regelte in einem vorangestellten Grundsatz, dass alle Verkaufsfördermaßnahmen legal, anständig, aufrichtig und ehrlich zu erfolgen hätten.[556] Diese Erfordernisse wurden weiter erläutert. Anständigkeit (»decency«) bedeutete, dass Angebote nicht anstößig[557] und nicht geschmacklos[558] sein durften. Aufrichtigkeit (»honesty«) beinhaltete, dass Verkaufsförderungsmaßnahmen nicht die Leichtgläubigkeit, Unwissenheit oder Unerfahrenheit der Kunden ausnutzen dürften.[559] Das Erfordernis der Ehrlichkeit verlangte Transparenz des Angebots, das nicht durch Ungenauigkeit (»inaccuracy«), Doppeldeutigkeit (»ambiguity«), Übertreibung (»exaggeration«), Auslassung (»omission«) oder in anderer Weise irreführend sein durfte.[560]

In der Anwendungspraxis konnte sich die Unzulässigkeit eines Kopplungsangebots jeweils aus Verstößen gegen die speziellen Preisangabenvorschriften und aus dem allgemeinen Irreführungsverbot des Kodex ergeben:

Beispiel: Der *ASA Council* hatte im Jahr 1999 ein Kopplungsangebot zu bewerten, bei dem ein Computer, dessen üblicher Preis bei 448,99 GBP lag, für 299,99 GBP angeboten wurde. Der Verkauf war an verschiedene Bedingungen gekoppelt. Zum einen musste der Käufer eine Garantie zum Preis von 30 GBP kaufen. Ferner hatte er sich zu verpflichten, für ein Jahr den Internet-Service des Anbieters zu beziehen, was beinhaltete, mindestens die Gebühren für zehn Stunden pro Monat zu bezahlen. Schließlich war auch die Lieferung des Computers

---

extra rules cannot be avoided, participants should be informed how to obtain them; the rules should contain nothing that could reasonably have influenced consumers against making a purchase or participating.«

556 Rule 2.1: All marketing communication should be legal, decent, honest and truthful. vgl. *Bodewig/Henning-Bodewig*, WRP 2000, 1341, 1351.

557 Rule 5.1: »Marketing communications should contain nothing that is likely to cause serious or widespread offence. Particular care should be taken to avoid causing offence on the grounds of race, religion, sex, sexual orientation or disability. Compliance with the Code will be judged on the context, medium, audience, product and prevailing standards of decency.«

558 Rule 5.2: »Marketing communications may be distasteful without necessarily conflicting with 5.1 above. Marketers are urged to consider public sensitivities before using potentially offensive material.«

559 Rule 6.1: »Marketers should not exploit the credulity, lack of knowledge or inexperience of consumers.«

560 Rule 7.1: »No marketing communication should mislead, or be likely to mislead, by inaccuracy, ambiguity, exaggeration, omission or otherwise.«

gesondert zu bezahlen. Der Anbieter hatte das Angebot ausdrücklich damit beworben, dass es »keine versteckten Kosten« gäbe.

Der *ASA Council* erklärte das Kopplungsangebot unter anderem wegen eines Verstoßes für die spezielle Preisangabenpflicht bei Kopplungsangeboten (Rule 15.3) als auch wegen eines Verstoßes gegen das Gebot der Ehrlichkeit (Rule 7.1) für unzulässig.[561]

3. *Vergleich*

Aus den vorstehenden Vorschriften ergibt sich im Vergleich zu der oben beschriebenen Rechtslage in Deutschland vor Harmonisierung des europäischen Lauterkeitsrechts folgendes Bild:

Kopplungsangebote waren im Vereinigten Königreich in weiterem Umfang zulässig als in Deutschland. Dies war unter anderem die Folge einer bewussten Entscheidung des britischen Gesetzgebers gegen ein Zugabeverbot. Zum anderen war es eine Folge der britischen Tradition, die Organisation des Handels der Selbstregulierung zu überantworten.

Gleichwohl waren Kopplungsangebote auch im Vereinigten Königreich nicht schrankenlos zulässig. Insbesondere unter dem Gesichtspunkt irreführender Preisauszeichnungen konnten Kopplungsangebote gegen Regelungen des *Statutory Law* und Bestimmungen der Selbstkontrolle verstoßen. So bestand eine wesentliche Einschränkung der Kopplungsangebote darin, dass eine Zugabe, die sich der Anbieter über eine Erhöhung des Preises der Hauptware bezahlen ließ, nicht als »kostenlos« bezeichnet werden durfte, was aus dem *British Code of Advertising and Sales Promotion* (Rule 32.2) und später zudem aus der *Consumer Protection*-Verordnung (Clause 1.10.4) hervorging. Soweit sich die deutsche Bewertung der Kopplungsangebote vor Harmonisierung des Verbraucher-Lauterkeitsrechts auf ein Verbot der Irreführung bezieht, bestehen demnach Parallelen zwischen dem deutschen und dem britischen Recht. Diese Parallelen lassen sich zum Beispiel an dem Sachverhalt des Urteils *Kopplungsangebote II*[562] feststellen. Dort hatte der BGH das Kopplungsangebot deswegen als unzulässig bewertet, weil dem Verbraucher aus dem Angebot nicht hinreichend deutlich werde, welche Kosten im Zusammenhang mit dem gekoppelten Stromliefervertrag auf ihn

561 Entscheidung zitiert nach *Jergolla*, WRP 2003, 431, 422; Entscheidungen des ASA Councils werden jeweils für die vergangenen fünf Jahre verfügbar gemacht (www.asa.org.uk).

562 BGH Urteil v. 13.06.2002 – I ZR 71/01 *(Kopplungsangebote II)*, GRUR 2002, 979.

zukämen.[563] Betrachtet man dieses Angebot unter den Vorgaben des britischen Rechts, lässt sich feststellen, dass derselbe Bewertungsmaßstab auch dort bei der Angebotsbewertung von Bedeutung war. So hätte das Angebot wegen der fehlenden Zuordnung der Einzelheiten des Stromliefervertrags zum Preis des gekoppelten Elektrogeräts durchaus auch gegen Rule 15.3 des *British Code of Advertising and Sales Promotion* verstoßen.[564] Danach ist – wie oben dargelegt – das Ausmaß aller Verpflichtungen, die dem Verbraucher im Zusammenhang mit einem Kopplungsangebot entstehen, in dem Angebot deutlich zu machen (»made clear«). Jedenfalls nach der Auffassung des BGH war das nicht der Fall.

Jenseits dieser Gemeinsamkeit offenbart die vorstehende Untersuchung jedoch auch erhebliche Unterschiede zwischen der Bewertung der Kopplungsangebote im deutschen und britischen Recht vor Harmonisierung des europäischen Verbraucher-Lauterkeitsrechts. So ist insbesondere nicht ersichtlich, dass Kopplungsangebote in Großbritannien speziell unter dem Gesichtspunkt des übertriebenen Anlockens bewertet worden wären. Dabei ist dieser Maßstab dem britischen Recht nicht fremd. So regelt der *British Code of Advertising and Sales Promotion*, dass eine Werbung nicht nur um der Aufmerksamkeit willen schockierende Aussagen oder Bilder enthalten dürfe.[565] Das Merkmal des übertriebenen Anlockens findet sich im britischen Werberecht, soweit die Kopplungsangebote betreffend, jedoch nur in Zusammenhängen, in denen ein missbilligtes *Mittel* (z. B. Schock, Angst, Täuschung, Belästigung) eingesetzt wird, um die Anlockwirkung zu erzielen. Dagegen wurde die Anlockwirkung eines Kopplungsangebots in Großbritannien nicht – wie in Deutschland – auch dann als unlauter bewertet, wenn sich die Anlockwirkung aus dem Kopplungsangebot selbst ergab, ohne dass es eines missbilligten Mittels bedurfte, weil ein attraktives Angebotselement besonders günstig abgegeben wurde. Die Erwägung der deutschen Entscheidung *Vorspannangebot*[566], ein Kopplungsangebot könne bei Kopplung branchenfremder Angebotselemente die Verbraucher von der Qualität der Hauptware ablenken und daher den Wettbewerb gefährden, findet im britischen Recht keine Entsprechung.

---

563 Siehe oben, S. 124 ff.

564 Freilich lässt sich keine sichere Aussage dazu treffen, wie der *ASA Council* ein Angebot wie den Sachverhalt *Kopplungsangebote II* tatsächlich bewertet hätte.

565 Rule 9.1: »No marketing communication should cause fear or distress without good reason. Marketers should not use shocking claims or images merely to attract attention.«

566 BGH Urteil v. 04.07.1975 – I ZR 27/74 *(Vorspannangebot)*, GRUR 1976, 248; Siehe oben, S. 111 ff.

Die erheblich weitere Zulässigkeit der Kopplungsangebote im Vereinigten Königreich erklärt sich somit auch daraus, dass die Anlockwirkung, die von einem Kopplungsangebot ausgehen kann, nur dann als unlauter bewertet wurde, wenn sie durch ein anstößiges Mittel erzielt wurde.

4. *Umsetzung der UGP-Richtlinie im Vereinigten Königreich*

Die UGP-Richtlinie machte im Vereinigten Königreich schließlich eine umfassende Anpassung des Lauterkeitsrechts notwendig. Die vorgenannten Grundsätze der Selbstregulierungsstelle *ASA* sind in dem heute geltenden *UK Code of Non-broadcast Advertising, Sales Promotion and Direct Marketing (CAP Code)* und dem *UK Code of Broadcast Advertising (BCAP Code)* weitgehend erhalten geblieben. Umfassende Änderungen gab es jedoch im Bereich des *Statutory Law*. Art. 11 Abs. 2 der UGP-Richtlinie machte es erforderlich, dass in bestimmten Regelungsbereichen der UGP-Richtlinie die Möglichkeit geschaffen wurde, dass – außer durch Selbstregulierungseinrichtungen – eine schadens- und verschuldensunabhängige Unterlassungsverfügung durch eine Behörde oder ein Gericht geahndet werden kann. Die zuvor im Vereinigten Königreich in unterschiedlicher Ausgestaltung geltenden verwaltungs- und strafrechtlichen Ahndungsmöglichkeiten haben diesem Erfordernis teilweise deshalb nicht genügt, weil sie in der Regel nur vorsätzliches oder fahrlässiges Verhalten (»*mens rea*«) sanktionierten.[567] Der britische Gesetzgeber hat den Erfordernissen der UGP-Richtlinie im Jahr 2008 durch den Erlass der *Consumer Protection from Unfair Trading Regulations*[568] entsprochen. Hierdurch sind weite Teile des *Trade Description Acts* von 1968 und des *Consumer Protection Acts* von 1987 ersetzt worden.[569] Die materiellrechtlichen Regelungen der *Consumer Protection from Unfair Trading Regulations* entsprechen weitgehend denen der UGP-Richtlinie, während die Vorschriften der Durchsetzung die Freiräume der UGP-Richtlinie so weit wie möglich ausschöpfen.[570] Insbesondere ist die verschuldensunabhängige Haftung des Gewerbetreibenden soweit wie möglich beschränkt.[571]

Die Zulässigkeit der an Verbraucher gerichteten Kopplungsangebote in Großbritannien richtet sich nunmehr, wie in Deutschland, nach den Maßstäben der

---

567 *Koch*, Die Richtlinie gegen unlautere Geschäftspraktiken – Aggressives Geschäftsgebaren in Deutschland und England und die Auswirkungen der Richtlinie, S. 66–67.

568 »The Consumer Protection from Unfair Trading Regulations 2008« vom 26.05.2008.

569 *Ohly* in Piper/Ohly/Sosnitza, UWG, Einführung B. Internationale Aspekte Rn. 40.

570 *Bodewig* in Harte-Bavendamm/Henning-Bodewig, UWG, Einl F. Rn. 237.

571 *Bodewig* in Harte-Bavendamm/Henning-Bodewig, UWG, Einl F. Rn. 237.

UGP-Richtlinie, die in Großbritannien mit der *Consumer Protection from Unfair Trading Regulation* umgesetzt wird.

D. Ergebnis zu Teil 2

Die Geschichte der Kopplungsangebote zeigt, dass sich der Gesetzgeber, die Justiz und die Rechtswissenschaft schon seit langem mit Kopplungsangeboten befassen. Kopplungsangebote sind keine moderne Erscheinung, sondern gehören schon seit über einhundert Jahren zum Wirtschaftsalltag und sind ebenso lange Gegenstand der lauterkeitsrechtlichen Diskussion. Ferner kann beobachtet werden, dass die wirtschaftliche Bedeutung und die Komplexität moderner Kopplungssysteme (etwa branchenübergreifender Kundenbindungssysteme) erheblich ist.

Es wird ersichtlich, dass sich die rechtliche Bewertung der Kopplungsangebote nicht stetig in dieselbe wirtschaftspolitische Richtung (etwa hin zu einer Liberalisierung) fortentwickelt hat, sondern dass sich liberale und protektionistische, verbraucherschützende und anbieterfreundliche Strömungen gegenüberstanden und von Gesetzgeber und der Rechtsprechung zu unterschiedlichen Zeiten unterschiedlich gewichtet wurden.

So hat die heutige Liberalisierung des Wettbewerbsrechts ein Vorbild in der Geschichte vor Einführung der Zugabeverodnung. 1930 schrieb *Rosenthal* in seinem Kommentar zum UWG in Bezug auf die seinerzeit von ihm beobachtete Internationalisierung und Liberalisierung des deutschen Lauterkeitsrechts: »Zu danken ist der Emporstieg (des deutschen Lauterkeitsrechts) in erster Linie unserer von allen formalen Fesseln befreiten neueren Judikatur, die – hinausbauend über den im Union-Vertrag[572] enthaltenen Standpunkt – ein typisches Weltverkehrs-Wettbewerbsrechts zu schaffen sucht.«[573]

Wie die vorstehende Auswertung der geschichtlichen Entwicklung bezüglich der Bewertung der Kopplungsangebote zeigt, wurde diese 1930 antizipierte Internationalisierung und Liberalisierung des deutschen Lauterkeitsrechts für lange Zeit unterbrochen: Protektionismus und im Nationalsozialismus Ideologie

---

572 Gemeint ist Art. 10 bis Abs. 1 der Pariser Verbandsübereinkunft (PVÜ) vom 20.03.1883 (in der damals gültigen Haager Fassung vom 6.11.1925), wonach die Verbandstaaten gehalten sind, den Verbandsangehörigen einen wirksamen Schutz gegen unlauteren Wettbewerb zu sichern. Art. 10bis Abs. 2 PVÜ definiert unlauteren Wettbewerb als »jede Wettbewerbshandlung, die den anständigen Gepflogenheiten in Gewerbe oder Handel zuwiderläuft.«

573 *Rosenthal* in Rosenthal, UWG, Vorwort (8. Auflage, 1930).

traten an die Stelle eines offenen internationalen Wettbewerbs. In der Bundesrepublik galt – jedenfalls soweit die Kopplungsangebote betreffend – lange Zeit eine strenge und restriktive Rechtsprechung.

Der Blick auf die jüngere Geschichte der vergangenen zehn Jahre zeigt dagegen, dass *Rosenthals* Prophezeiung eines Weltverkehrs-Wettbewerbsrechts heute zwar nicht erreicht ist, aber durch die UGP-Richtlinie jedenfalls in Europa näher rückt. Durch die UGP-Richtlinie soll ein vollharmonisiertes europäisches Verbraucher-Lauterkeitsrecht geschaffen werden.[574] Dieses regelt den verbraucherbezogenen Wettbewerb eines beträchtlichen Wirtschaftsraumes mit über einer halben Milliarde Einwohner und einem erheblichen Anteil der Weltwirtschaftsleistung.[575] In diesem gemeinsamen Markt ist das Recht der Kopplungsangebote nunmehr weitgehend harmonisiert und – wie im vierten Teil gezeigt wird[576] – weiter liberalisiert als je zuvor.[577]

---

574 Vgl. *Hecker* in Fezer, UWG, § 4–6 Rn. 3.

575 Am 01.01.2011 lebten in der EU 27 etwa 502.489.100 Menschen, *Eurostat*, Pressemitteilung 110/2011 2011, S. 1; vgl. auch *Eurostat*, Demography Report 2010 S. 110. Die Angaben über Wirtschaftsleistung der Europäischen Union und der Welt basieren auf Daten des Internationalen Währungsfonds, der das nominale Bruttoinlandsprodukt der EU im Jahr 2010 mit 16,242 Billionen US-Dollar (12,2999 Bio. EUR) und das aller Staaten der Welt mit 62,911 Billionen US-Dollar (47,6418 Bio. EUR) bezifferte, Internationaler Währungsfonds, World Economic Outlook Database, September 2011, Abrufbar unter: http://www.imf.org/external/data.htm. Zur Umrechnung in Euro wurde der Durchschnittswechselkurs im Jahr 2010 von 0,75464 Dollar je Euro (Quelle: http://www.oanda.com/lang/de/currency/average verwendet. Die EU-Wirtschaftsleistung entsprach damit im Jahr 2010 etwa 25,82 Prozent der Weltwirtschaftsleistung.

576 Siehe unten, S. 215 ff.

577 Zu den Ergebnissen im Einzelnen siehe unten, S. 313 ff.

Teil 3: Kopplungsgeschäfte im deutschen Vertragsrecht

A. Kopplungsgeschäfte als Ausdruck der Privatautonomie

I. Grundsatz der Zulässigkeit

Im deutschen Vertragsrecht sind Kopplungsgeschäfte grundsätzlich zulässig. Das bedeutet, dass es den Marktbeteiligten in der Regel frei steht, verschiedene Angebotselemente in einem Geschäft zu kombinieren. Die geschlossenen Verträge werden rechtlich anerkannt, sind also wirksam.

Die Zulässigkeit folgt aus dem Grundsatz der Privatautonomie. Danach ist es Anbietern und Nachfragern grundsätzlich freigestellt, zu wählen, ob (Abschlussfreiheit), mit wem (Kontrahentenwahlfreiheit) und mit welchem Inhalt (Vertragsgestaltungsfreiheit) sie einen Vertrag schließen.[578] Aus der Vertragsgestaltungsfreiheit ergibt sich, dass es den Parteien grundsätzlich frei steht, alle möglichen unterschiedlichen Angebotselemente in einem Gesamtpaket zum Gegenstand eines Kopplungsgeschäfts zu machen.

Für die Zulässigkeit eines Kopplungsgeschäfts im Vertragsrecht kommt es – außer in wenigen unten dargestellten Ausnahmen – nicht darauf an, ob das Kopplungsgeschäft für den Verbraucher[579] wirtschaftlich günstig oder ungünstig ist, ob also das Versprochene und das vertraglich Geschuldete »sein Geld wert ist«. Der Vertrag dient der Verfolgung individueller Interessen,[580] zu deren Bildung und Verwirklichung die Handelnden frei sind. Zwar kommt zu einem gewissen Maße auch heute noch im Lauterkeitsrecht der historische wettbewerbspolitische Leitgedanke zum Ausdruck, der Wettbewerb solle über die Attribute Preis und Leistung – also über mehr oder weniger objektive Maßstäbe – entscheiden und der Verbraucher solle sich daran orientieren und sich nicht durch Verkaufsförderungsmaßnahmen wie Kopplungsangebote »unsachlich beeinflussen« lassen.[581] Dem Vertragsrecht ist eine solche Zielsetzung dagegen fremd. Hier können sich nach dem Grundsatz der Privatautonomie die Parteien frei nach ihren Vorlieben

578 *Säcker* in MüKo-BGB, vor § 145 Rn. 10.

579 Im Folgenden wird in Übereinstimmung mit der lauterkeitsrechtlichen Betrachtung überwiegend auf die rechtlichen Maßstäbe im Geschäftsverkehr zwischen Verbraucher und Unternehmer abgestellt.

580 *Schulze* in NK-BGB, vor § 145–157 Rn. 4.

581 Vgl. *Köhler*, GRUR 2010, 767, 775.

für ein Kopplungsgeschäft entscheiden, mag die Entscheidung eines Verbrauchers für ein bestimmtes Kopplungsangebot aus der Sicht eines objektiven Dritten auch noch so irrational und ungünstig sein.[582] Solange der Verbraucher auf Grundlage vollständiger Informationen ein Kopplungsgeschäft eingeht, er über dessen Inhalt also nicht getäuscht wird, handelt er nach seinem individuellen Wertmaßstab rational. Es gilt der zivilrechtliche Grundsatz: *Stat pro ratione volunta* (»statt einer Begründung steht der Wille«)[583].

Wenn also zum Beispiel einem Kunden beim Einkauf im Supermarkt angeboten wird, er könne ein Gesamtpaket bestehend aus einem Auto, einem Motorroller, einem Drucker, einer Spiegelreflexkamera, einem Mobiltelefon und einer Reise zu einem nicht weiter aufgeschlüsselten Gesamtpreis von 25.000 DM gleich vor Ort im Supermarkt kaufen[584] und sich der Verbraucher unter Kenntnis der wesentlichen Vertragsbestandteile, mindestens aber der *essentialia negotii*, für dieses Angebot entscheidet, dann ist das geschlossene Kopplungsgeschäft vertragsrechtlich wirksam. Das gilt – wie unten ausführlich dargestellt[585] – regelmäßig selbst dann, wenn das dem Kopplungsgeschäft zugrunde liegende Kopplungsangebot wettbewerbsrechtlich unlauter ist.[586] Für die vertragsrechtliche Wirksamkeit des vorgenannten Kopplungsgeschäftes spielt es grundsätzlich keine Rolle, dass es für die meisten Betrachter befremdlich erscheinen dürfte, aus dem Supermarkt mit einem solchen Gesamtpaket aus offenbar zusammenhangslos kombinierten hochpreisigen Waren und

582 Vgl. *Köhler*, GRUR 2010, 767, 775.

583 Zitat des römischen Satirikers Decimus Iunius Iuvenalis (Juvenal); siehe *Köhler*, GRUR 2010, 767, 775; *Schulze* weist darauf hin, dass das Bild einer nach freier Willkür handelnden Person idealisiert ist und heute vom Bild »einer in einem Relationsverhältnis stehenden gemeinschaftsgebundenen Person« überlagert oder sogar abgelöst wird, *Schulze* in NK-BGB, vor § 145–157 Rn. 7.

584 Vgl. OLG Köln Urteil v. 15.02.2002 – 6 U 180/01 *(Fiat Punto)*, GRUR-RR 2002, 300 und OLG Karlsruhe Urteil v. 14.08.2001 – 4 U 54/01 *(Fiat Punto)*, GRUR-RR 2001, 272.

585 Siehe unten, S. 159.

586 Nach Auffassung des OLG Köln war das vorgenannte Kopplungsangebot unter Geltung des UWG 1909 lauterkeitsrechtlich unzulässig, weil die Kunden nach Art und Anzahl der Einzelprodukte, der hierzu in der Werbung gemachten Angaben sowie der begrenzten Laufzeit des Angebots von nur 25 Tagen faktisch keine Möglichkeit hatten, die Einzelpreise zuverlässig oder näherungsweise in Erfahrung zu bringen, insofern also nicht auf vollständiger Informationsbasis handelten. Das OLG Karlsruhe erkannte das Angebot dagegen als lauterkeitsrechtlich zulässig an, OLG Karlsruhe Urteil v. 14.08.2001 – 4 U 54/01 *(Fiat Punto)*, GRUR-RR 2001, 272.

Dienstleistungen zurückzukehren. Für Viele könnte ein solches Geschäft aus Verbrauchersicht unbedacht oder sogar unverantwortlich wirken.

Allerdings kommt es im Vertragsrecht auf diese objektive Sichtweise regelmäßig nicht an, weil der zivilrechtliche Grundsatz der Privatautonomie auf dem auf Selbstbestimmung beruhenden Menschenbild des Grundgesetzes beruht.[587] Das Recht, Verträge im Rahmen der zivilrechtlichen Ordnung frei zu schließen, ergibt sich aus Art. 2 Abs. 1 GG.[588] Bei der Rechtsanwendung müsse daher – etwa bei der im Rahmen der Kopplungsgeschäfte bedeutsamen §§ 138, 242 BGB – die grundrechtliche Gewährleistung der Privatautonomie beachtet werden.[589] Deswegen unterliegen Einschränkungen der Privatautonomie anderen und erheblich strengeren Schranken als verbraucherschützende Regelungen des Lauterkeitsrechts, die nicht an das grundrechtlich gewährleistete Selbstverwirklichungsrecht eines einzelnen Verbrauchers anknüpfen.[590]

II. Reichweite der Kombinationsmöglichkeiten

Die vertragsrechtlich zulässige Reichweite der möglichen Kopplungen ist aufgrund der Vertragsgestaltungsfreiheit grundsätzlich nicht beschränkt. Sie reicht von einfachsten Kopplungsangeboten, bestehend aus einer Kombination unterschiedlicher Waren, die zu einem Gesamtangebot zusammengefasst werden (*Beispiel:* 50 Gramm Tee und eine Teetasse)[591] bis zu branchenübergreifenden Kundenbindungssystemen, bei denen ein virtuelles Guthaben an unterschiedliche Geschäfte gekoppelt ist (z. B. Flugreisen und Kreditkartenumsätze), das später gegen Waren oder Dienstleistungen eingetauscht werden kann.[592]

Die Anbieter sind in der jeweiligen Kombination freilich auch nicht auf eine bestimmte Vertragsnatur beschränkt, sie können auch wesensverschiedene Verträge zu Kopplungsgeschäften verbinden (*Beispiel:* ein Gesamtangebot bestehend aus einem Gebrauchtwagen-Kaufvertrag, §§ 433 ff. BGB, und einer Urlaubsreise, §§ 651a ff. BGB)[593]. Weit verbreitet und grundsätzlich vertragsrechtlich zulässig

---

587 *Di Fabio* in Maunz/Dürig, GG Art. 2 Rn. 105.

588 *Di Fabio* in Maunz/Dürig, GG Art. 2 Rn. 109.

589 *Di Fabio* in Maunz/Dürig, GG Art. 2 Rn. 109.

590 Grundrechtliche Freiheitsgarantien gelten gleichwohl auch für das Lauterkeitsrecht, vgl. *Säcker*, WRP 2004, 1199, 1202 ff.

591 Vgl. BGH Urteil v. 22.12.1961 – I ZR 58/60 *(Glockenpackung)*, GRUR 1962, 415.

592 Vgl. OLG Köln Urteil v. 30.11.2001 - 6 U 103/01 *(Miles and More-Prämien)*, GRUR-RR 2002, 115.

593 Vgl. OLG Hamm Urteil v. 22.06.1989 – 4 U 85/89 *(Auto und Urlaub)*, GRUR 1989, 923.

sind auch Kopplungsgeschäfte, bei denen ein einmaliger Leistungsaustausch an ein Dauerschuldverhältnis gekoppelt wird (*Beispiel:* Mobiltelefon-Kaufvertrag und Mobilfunkvertrag[594]).[595]

Wie oben bereits dargestellt, können auch mehrseitige Kopplungsgeschäfte abgeschlossen werden, bei denen die gekoppelten vertraglichen Leistungen nicht von einem Anbieter geschuldet werden, sondern von verschiedenen Anbietern (*Beispiel:* Kopplung eines Videorekorderverkaufs an den Abschluss eines Stromliefervertrags[596] bei einem Dritten)[597].

Aufgrund der Vertragsgestaltungsfreiheit sind diese und andere Kombinationen vertragsrechtlich möglich.

III. Grenzen der Privatautonomie

Die Vertragsfreiheit gilt jedoch nicht unbeschränkt und somit sind auch Kopplungsgeschäfte im Vertragsrecht nicht schrankenlos zulässig.

Mit Ausnahme eines Kernbereichs der persönlichen Freiheit sind gesetzliche Beschränkungen der Vertragsfreiheit im Rahmen der verfassungsmäßigen Ordnung zulässig.[598] Schranken können zum Beispiel dann bestehen, wenn ein in etwa gleiches Kräfteverhältnis, das die Grundlage für das freie Spiel der Kräfte[599] in der Zivilrechtsordnung bildet, vollkommen gestört ist. Die Schranken der Vertragsfreiheit bestehen dann, damit die überlegene Vertragspartei die schwächere Partei nicht übervorteilt.[600]

Ferner kann ein Kopplungsgeschäft auch dann nichtig sein, wenn das Geschäft zwar nicht einen der Vertragspartner übervorteilt, aber sich gegen besonders

---

594 Nach höchstrichterlicher Rechtsprechung ist ein Mobilfunkvertrag (auch: Netzkartenvertrag) als ein Dienstleistungsvertrag zu qualifizieren, BGH Urteil v. 23.03.2005 – III ZR 338/04 *(Rechtsnatur eines Access-Provider-Vertrags)*, NJW 2005, 2076, 2076 mit weiteren Nachweisen.

595 Vgl. BGH Urteil v. 08.10.1998 – I ZR 187/97 *(Handy für 0,00 EUR)*, GRUR 1999, 264.

596 Die Einordnung, welcher der im BGB genannten typischen Vertragsnaturen ein Stromliefervertrag am ehesten entspricht, ist umstritten. Es handelt sich um einen typengemischten Vertrag, der sowohl Elemente des Kauf-, Dienst- und Werkvertrags aufweist, wobei die kaufvertraglichen Aspekte wohl überwiegen, vgl. *Taplan/Baumgartner*, NJOZ 2012, 881, 882.

597 Vgl. BGH Urteil v. 13.06.2002 – I ZR 173/01 *(Kopplungsangebote I)*, GRUR 2002, 976.

598 *Schulze* in NK-BGB, vor § 145–157 Rn. 10.

599 *Sack/Fischinger* in Staudinger-BGB, § 138 Rn. 1.

600 *Sack/Fischinger* in Staudinger-BGB, § 138 Rn. 1.

geschützte Rechtsgüter der Allgemeinheit richtet, weil es gegen ein die Allgemeinheit oder bestimmte Drittinteressen schützendes Verbot verstößt.

Die Schranken der Vertragsfreiheit ergeben sich insbesondere aus §§ 134, 138, 242, 826 BGB sowie aus zwingenden Normen des Verbraucher- und AGB-Rechts.[601] Darüber hinaus können Verbrauchern (und anderen Vertragsparteien) nach dem Abschluss eines Kopplungsgeschäfts unter bestimmten Voraussetzungen Vertragslösungs- oder Schadenersatzrechte zustehen.

B. Verbotsgesetzwidrige Kopplungsgeschäfte (§ 134 BGB)

Zunächst stellt sich die Frage, unter welchen Voraussetzungen Kopplungsgeschäfte verbotsgesetzwidrig und damit nach § 134 BGB nichtig sind.

I. Verbotsgesetzwidrigkeit von Kopplungsgeschäften infolge unlauterer Kopplungsangebote

Vor dem bereits aufgezeigten Hintergrund, dass Kopplungsangebote im vergangenen aber auch im geltenden Lauterkeitsrecht mitunter als unlauter bewertet werden, stellt sich zunächst die Frage, ob ein Verbraucher, der »Opfer« eines unlauteren Kopplungsangebots wurde und daraufhin ein Kopplungsgeschäft eingegangen ist (sog. Folgevertrag), durch den Vertrag gebunden ist. Das wäre dann nicht der Fall, wenn ein unlauteres Kopplungsangebot zur Nichtigkeit des daraufhin geschlossenen Kopplungsangebots gemäß § 134 BGB führte.

Hierzu kommt es zunächst auf das Verhältnis von Lauterkeitsrecht und Vertragsrecht an:

1. Verhältnis von Vertragsrecht und Lauterkeitsrecht

Vertragsrecht und Lauterkeitsrecht sind grundsätzlich verschiedene Rechtsgebiete, die einen abweichenden Regelungsgehalt haben. Es lassen sich jedoch – insbesondere im Zusammenhang mit der rechtlichen Bewertung von Kopplungsangeboten bzw. Kopplungsgeschäften – Schnittmengen zwischen beiden Rechtsgebieten ausmachen.

a) Deliktsrechtliche Ausrichtung des Lauterkeitsrechts

Historisch weist das deutsche Lauterkeitsrecht eine deliktsrechtliche Ausrichtung auf, die bis heute etwa in der Klageberechtigung für von einem unlauteren Angebot beeinträchtigten Mitbewerber (§ 8 Abs. 3 Nr. 1 UWG) zum Ausdruck

601 *Schulze* in NK-BGB, vor § 145–157 Rn. 10.

kommt.[602] Dabei ist klarzustellen, dass das Lauterkeitsrecht historisch zunächst allein dem Mitbewerberschutz diente.[603] Soweit das Lauterkeitsrecht auch heute noch dem Schutz von Individualinteressen betroffener Mitbewerber dient, wird es als Sonderdeliktsrecht verstanden.[604] Damit ist die Grundausrichtung des Lauterkeitsrechts deliktsrechtlich und damit wesensverschieden vom Vertragsrecht.[605]

In dem Umfang, in dem das Lauterkeitsrecht dem Schutz der Mitbewerber dient, ist eine Schnittmenge zum Vertragsrecht nicht auszumachen. Denn aus dem Grundsatz der Privatautonomie folgt, dass allein die jeweiligen Vertragsparteien über den Vertragsinhalt bestimmen und dass die nach dem Lauterkeitsrecht anspruchsberechtigten Mitbewerber auf die vertraglichen Rechte und Pflichten von Dritten keinen Einfluss nehmen dürfen.[606] Soweit ein Kopplungsangebot daher aufgrund einer mitbewerberschützenden Bestimmung des UWG unlauter ist (etwa wegen Behinderung der Mitbewerber, § 4 Nr. 10 UWG[607]), wirkt sich die Unlauterkeit des Angebots nicht auf die infolge eines solchen Angebots geschlossenen Verträge aus.

Mit anderen Worten: Ein geschlossenes Kopplungsgeschäft wird vertragsrechtlich nicht dadurch infrage gestellt, dass der Anbieter den Geschäftsabschluss erreicht hat, indem er im Vorfeld Mitbewerber unlauter behinderte.

b) Schnittmengen zwischen Vertrags- und Lauterkeitsrecht

Allerdings dient das UWG neben dem Schutz der Mitbewerber und der sonstigen Marktteilnehmer auch dem Schutz der Verbraucher, was seit der UWG-Novelle 2004 in § 1 S. 1 UWG gesetzlich angeordnet ist. Nach § 1 UWG dient

---

602 *Alexander*, Vertrag und unlauterer Wettbewerb – Eine Untersuchung von Vertragsrecht und Wettbewerbsrecht zueinander, S. 48; Teilweise wird davon abweichend vertreten, durch die Übernahme des Informationsmodells habe das deutsche Lauterkeitsrecht einen Paradigmenwechsel vom Sonderdeliktsrecht zum Verbraucherschutzrecht vollzogen *Puchinger*, Irreführung durch Informationspflichtverletzung, S. 250.

603 Siehe bereits oben; *Sosnitza* in Piper/Ohly/Sosnitza, UWG, § 5 Rn. 12.

604 *Köhler* in Köhler/Bornkamm, UWG Einl Rn. 7.2.; *Holtz*, Die AGB-Kontrolle im Wettbewerbsrecht – Zugleich ein Beitrag zum Verhältnis vom UWG und dem Recht der Allgemeinen Geschäftsbedingungen, S. 65 mit weiteren Nachweisen.

605 Vgl. zur deliktsrechtlichen Ausrichtung des europäischen Lauterkeitsrechts auch die Kollisionsnorm Art. 6 Abs. 1 Rom II-VO (Kapitel II: Unerlaubte Handlungen).

606 *Schmidtke*, Unlautere geschäftliche Handlungen bei und nach Vertragsschluss, S. 27.

607 § 4 Nr. 10 UWG: »Unlauter handelt insbesondere, wer (...) Mitbewerber gezielt behindert.«

das UWG dem Schutz der Mitbewerber, der Verbraucher sowie der sonstigen Marktteilnehmer vor unlauteren geschäftlichen Handlungen sowie dem Schutz des Interesses der Allgemeinheit an einem unverfälschten Wettbewerb (sogenannte Schutzzwecktrias des UWG).

Soweit das Lauterkeitsrecht dem Verbraucherschutz dient, besteht eine inhaltliche Schnittmenge zu den verbraucherschützenden Teilbereichen des Vertragsrechts. In diesem Bereich lässt sich auch rechtstatsächlich eine Annäherung des Lauterkeitsrechts und des Verbraucherprivatrechts beobachten.[608] So dienen etwa die – für die rechtliche Bewertung von Kopplungsangeboten besonders relevanten – Irreführungsverbote und Transparenzvorschriften des UWG (§§ 5, 5a, 4 Nr. 4 UWG) unter anderem dem Zweck einer informierten Kaufentscheidung des Verbrauchers, also dem Schutz seiner Interessen. Insoweit lässt sich ein Schnittbereich zu den ebenfalls verbraucherschützenden Normen des AGB-Rechts (vgl. § 310 Abs. 3 BGB)[609] ausmachen sowie zu den auf Irrtümern und Täuschung beruhenden Anfechtungsrechten des allgemeinen Vertragsrechts.

Für Kopplungsgeschäfte hat das folgende Konsequenz: Wird ein Verbraucher durch die irreführende Ausgestaltung eines Kopplungsangebots an einer informierten und rationalen Entscheidung gehindert, kann dies sowohl lauterkeitsrechtlich für die Bewertung des Kopplungsangebots als auch vertragsrechtlich für das geschlossene Kopplungsgeschäft von Bedeutung sein.[610]

Ein grundlegender Unterschied zwischen Vertrags- und Lauterkeitsrecht besteht allerdings in der Ausgestaltung des durch UWG einerseits und BGB andererseits gewährten Schutzes der Verbraucher: Vertragsrechtlich können dem Verbraucher aufgrund eines Informationsdefizits eines unlauteren Kopplungsangebots im konkreten Einzelfall Vertragslösungsrechte oder Ausgleichsansprüche zustehen.[611] Hierfür kommt es aber grundsätzlich auf ein individuelles Tätigwerden des betroffenen Verbrauchers an. Nur in Extremfällen kann die Wirksamkeit des Vertrages von Beginn an gesetzlich ausgeschlossen sein.

Das Lauterkeitsrecht schützt die Verbraucher dagegen kollektiv, also generalpräventiv[612], indem eine unlautere Beeinflussung aller Verbraucher (und anderer Anbieter) durch bestimmte dazu berufene Stellen (z. B. die Wettbewerbszentrale) verfolgt werden kann. Ein darüber hinausgehender individueller

608 *Ahrens* in Harte-Bavendamm/Henning-Bodewig, UWG, Einleitung G. Rn. 158.

609 *Basedow* weist darauf hin, dass der Verbraucherschutz ein tragendes Prinzip des AGB-Rechts ist, *Basedow* in MüKo-BGB, § 310 Rn. 29.

610 Vgl. *Köhler* in Köhler/Bornkamm, UWG, § 1 Rn. 17.

611 *Köhler* in Köhler/Bornkamm, UWG, § 1 Rn. 17.

612 So ausdrücklich *Köhler* in Köhler/Bornkamm, UWG, § 1 Rn. 17.

Schutz des einzelnen von einer unlauteren geschäftlichen Handlung betroffenen Verbrauchers kennt das Lauterkeitsrecht nicht. Dieser Grundsatz kommt etwa dadurch zum Ausdruck, dass dem einzelnen Verbraucher im Lauterkeitsrecht nach ganz herrschender Meinung und ständiger Rechtsanwendungspraxis kein eigener lauterkeitsrechtlicher Rechtsschutz zur Verfügung steht, er also nicht aktivlegitimiert ist.[613] Eine weitere Annäherung zwischen Lauterkeitsrecht und Verbraucherprivatrecht ist dadurch eingetreten, dass das Lauterkeitsrecht seit der UWG-Novelle 2008 auch geschäftliche Handlungen erfasst, die bei und nach Vertragsschluss stattfinden (§ 2 Abs. 1 UWG). Daher wird teilweise vertreten, dass zur Vermeidung von Wertungswidersprüchen lauterkeitsrechtliche Wertungsmaßstäbe in das Vertragsrecht ausstrahlen, etwa im Bereich der Anfechtung (§ 123 BGB) oder der Aufklärungspflichten (§§ 241, 280, 311 BGB).[614]

c) Zwischenergebnis

Im Ergebnis lässt sich festhalten: Lauterkeitsrecht und Verbraucherprivatrecht weisen eine Schnittmenge in Bezug auf verbraucherschützende Regelungsinhalte auf, unterscheiden sich jedoch in verschiedenen Gesichtspunkten.

Zunächst unterscheiden sich die Rechtsgebiete in der Art und Weise des gewährten Rechtsschutzes. Während das Wettbewerbsrecht die Verbraucher abstrakt und kollektiv vor rechtlich missbilligter Einflussnahme auf die Willensbildung zu schützen sucht, bietet das Vertragsrecht dem konkret betroffenen Verbraucher ein Instrumentarium, mittels dessen er nach einer unzulässigen Einflussnahme gegen den Anbieter vorgehen kann. Weil das Wettbewerbsrecht und das Vertragsrecht damit verschiedene Interessenskonflikte regeln, schließen sie sich in der Anwendung nicht gegenseitig aus, sondern stehen nebeneinander.[615] Die Schutzrichtungen von UWG und Vertragsrecht sind demnach nur teilidentisch: Zwar schützen beide auch die Verbraucherinteressen. Jedoch ist der Schutz des UWG auf Kollektivinteressen der Verbraucher (und Mitbewerber sowie der Allgemeinheit) gerichtet, nicht also auf individuelle Verbraucherinteressen eines bestimmten Verbrauchers).[616]

---

613 *Bergmann/Goldmann* in Harte-Bavendamm/Henning-Bodewig, UWG, § 8 Rn. 323; A. A. *Sack*, GRUR 2011, 953, 962.

614 *Köhler* in Köhler/Bornkamm, UWG, § 2 Rn. 87.

615 *Holtz*, Die AGB-Kontrolle im Wettbewerbsrecht – Zugleich ein Beitrag zum Verhältnis vom UWG und dem Recht der Allgemeinen Geschäftsbedingungen S. 65–66.

616 So auch *Holtz*, Die AGB-Kontrolle im Wettbewerbsrecht – Zugleich ein Beitrag zum Verhältnis vom UWG und dem Recht der Allgemeinen Geschäftsbedingungen, S. 66.

Aus den unterschiedlichen Zielrichtungen der Rechtsgebiete folgt ferner, dass die Prinzipien und Maßstäbe des Wettbewerbsrechts und des Vertragsrechts grundsätzlich unterschiedlich sind.[617]

2. Grundsatz der Wirksamkeit von Folgeverträgen unlauterer Kopplungsangebote nach § 134 BGB

Wenngleich hiernach in Bezug auf die Sicherstellung des Schutzes der Verbraucher eine Schnittmenge bezüglich der rechtlichen Zielsetzung des Lauterkeitsrechts und des Vertragsrechts besteht, erfolgt die Rechtsanwendung von Vertrags- und Lauterkeitsrecht grundsätzlich unabhängig voneinander nach den unterschiedlichen Maßstäben, die dem jeweiligen Rechtsgebiet eigen sind. Das führt zu folgender Konsequenz:

Verträge, die selbst die wettbewerbswidrige Handlung beinhalten (sog. Initialverträge[618]) sind regelmäßig nach § 134 BGB (oder § 138 BGB) nichtig. Anders ist es hingegen bei Folgeverträgen.[619] Die Unlauterkeit eines Kopplungsangebots nach dem UWG bedingt nicht automatisch eine vertragsrechtliche Konsequenz für den Folgevertrag, also für das auf das Angebot hin geschlossene Kopplungsgeschäft. Verträge, die Folgeverträge eines Wettbewerbsverstoßes sind, sind vertragsrechtlich grundsätzlich wirksam.[620]

Soweit die Verbotsgesetzwidrigkeit gemäß § 134 BGB betreffend, ergibt sich das Fehlen einer zwingenden Konsequenz für den Folgevertrag daraus, dass das Verbot unlauterer geschäftlicher Handlungen in § 3 UWG sowie die sonstigen Verbotstatbestände des UWG nach herrschender Meinung keine gesetzlichen

617 So auch *Holtz*, Die AGB-Kontrolle im Wettbewerbsrecht – Zugleich ein Beitrag zum Verhältnis vom UWG und dem Recht der Allgemeinen Geschäftsbedingungen, S. 66.

618 Zu Initialverträgen siehe *Körner*, GRUR 1968, 348, 352.

619 Teilweise wird zwischen »notwendigen Folgeverträgen« (wettbewerbswidrige Handlung ist notwendigerweise Voraussetzung des Vertrags) und »einfachen Folgeverträgen« (Vertrag wurde lediglich durch eine wettbewerbswidrige Handlung herbeigeführt) unterschieden, vgl. *Körner*, GRUR 1968, 348, 352.

620 *Fezer* in Fezer, UWG Einl E. Rn. 397; *Köhler* in Köhler/Bornkamm, UWG Einl Rn. 7.8; *Sack* in Staudinger-BGB, § 134 Rn. 4; *Alexander*, Vertrag und unlauterer Wettbewerb – Eine Untersuchung von Vertragsrecht und Wettbewerbsrecht zueinander, S. 99–100.

Verbote im Sinne des § 134 BGB darstellen.[621] Auch die Rechtsprechung sieht in § 3 UWG kein Verbotsgesetz im Sinne des § 134 BGB.[622]

Dies gilt grundsätzlich dann, wenn das in Rede stehende Rechtsgeschäft ein Folgevertrag eines Wettbewerbsverstoßes ist, was bei verbraucherbezogenen Kopplungsgeschäften infolge unlauterer Kopplungsangebote regelmäßig der Fall ist.[623]

Verbotsgesetzwidrig und wegen § 134 BGB nichtig sind dagegen Verträge, die zur Begehung von Wettbewerbsverstößen verpflichten (sog. Basis- oder Initialverträge).[624] Sie sind regelmäßig nach §§ 134, 138 BGB nichtig.[625] Nur insoweit stellt § 3 UWG ein gesetzliches Verbot im Sinne des § 134 BGB dar.[626] Deshalb ist ein Vertrag, der jemanden verpflichtet, unlautere Kopplungsangebote zu unterbreiten, nichtig.

Dass Folgegeschäfte unlauterer Kopplungsangebote nicht verbotsgesetzwidrig sind, ergibt sich aus Folgendem:

a) Anwendungsbereich des § 134 BGB

Der Regelungsbereich der UWG-Verbote betrifft in der Regel das rechtlich missbilligte *Zustandekommen* eines Rechtsgeschäfts durch unlauteres Marktverhalten und in der Mehrheit der Fälle nicht unmittelbar den *Inhalt* des infolge des

---

621 *Fezer* in Fezer, UWG Einl E. Rn. 398; *Ohly* in Piper/Ohly/Sosnitza, UWG Einführung D Rn. 67.

622 BGH Urteil v. 25.01.1990 – I ZR 19/87 *(HBV-Familien- und Wohnungsrechtsschutz)*, GRUR 1990, 522, 528: »Denn anders als nach § 134 BGB ist nach § 1 UWG nicht der Inhalt eines Rechtsgeschäfts, hier des Gruppenversicherungsvertrages, zu beurteilen, sondern – worauf es in diesem Zusammenhang allein ankommt – die Art und Weise eines wettbewerblichen Verhaltens.«; Vgl. auch BGH Urteil v. 26.11.1997 – I ZR 109/95 *(Wirtschaftsregister)*, GRUR 1998, 415; siehe dagegen auch: BGH Urteil v. 26.02.2009 – I ZR 106/06 *(Buchgeschenk vom Standesamt)*, GRUR 2009, 606, 606: »Im Ausgangspunkt zutreffend ist das BerGer. davon ausgegangen, dass sich die Unwirksamkeit eines Vertrags nach § 134 BGB aus einem Verstoß gegen das Wettbewerbsrecht ergeben kann. Für die Anwendung des § 134 BGB kommt es darauf an, ob sich ein gesetzliches Verbot an alle Beteiligten des Rechtsgeschäfts richtet oder ob es nur für eine Vertragspartei gilt.«

623 Bei den hier besprochenen Kopplungsgeschäften infolge unlauterer Werbung handelt es sich um einfache Folgeverträge.

624 *Körner*, GRUR 1968, 348, 352.

625 BGH Urteil v. 14.05.1998 – I ZR 10/96 (Co-Verlagsvereinbarung), GRUR 1998, 945, 947; BGH Urteil v. 26.02.2009 – I ZR 106/06 *(Buchgeschenk vom Standesamt)*, GRUR 2009, 606, 602; *Sack/Seibel* in Staudinger-BGB, § 134 Rn. 298 ff.

626 OLG Stuttgart Beschluss v. 26.8.2008 – 6 W 55/08 MMR 2009, 128.

Gesetzesverstoßes begründeten Rechtsgeschäfts.[627] Das Zustandekommen eines Rechtsgeschäfts liegt – wenn das Zustandekommen nicht auch den Inhalt des Geschäfts berührt – außerhalb des Regelungsbereichs des § 134 BGB[628] (und des § 138 BGB)[629]. Bereits aus diesem Grund werden Folgeverträge unlauterer Wettbewerbshandlungen in aller Regel als nicht nach § 134 BGB nichtig angesehen.[630]

b) Besonderheiten bei Kopplungsgeschäften

Für Kopplungsgeschäfte genügt diese Argumentation jedoch für sich genommen nicht, um eine Anwendbarkeit des § 134 BGB aufgrund eines Wettbewerbsverstoßes auszuschließen. Denn im Kontext der Kopplungsgeschäfte kann nicht stets eindeutig getrennt werden, ob die Unlauterkeit des Angebots sich nur aus dem Zustandekommen des Kopplungsgeschäfts oder auch aus dessen Inhalt ergibt.

Dies wird etwa am Beispiel des § 4 Nr. 6 UWG (Unzulässigkeit bestimmter Gewinnspielkopplungen) deutlich. Dieses lauterkeitsrechtliche Kopplungsverbot soll den Verbraucher vor unsachlicher Beeinflussung durch Ausnutzung der Spiellust und des Gewinnstrebens schützen.[631] Insoweit betrifft es also das rechtlich missbilligte Zustandekommen eines Vertrags. Das Mittel der unlauteren Einflussnahme, nämlich das Gewinnspiel, wird aber auch zum *Inhalt* des Kopplungsgeschäfts, sodass dessen Inhalt – und nicht nur die Umstände des Zustandekommens – das Verbot konstituieren. Aus diesem Grund kann bei Kopplungsgeschäften der Anwendungsbereich des § 134 BGB durchaus eröffnet sein.

Etwas anderes gilt, wenn das Mittel der unlauteren Einflussnahme selbst nicht zum Vertragsteil des Kopplungsangebots wird, etwa wenn ein Kopplungsangebot intransparent beworben wird. In solchen Fällen ist bereits der Anwendungsbereich des § 134 BGB nicht eröffnet.

---

627 *Fezer* in Fezer, UWG Einl E. Rn. 399.

628 So: *Sack/Seibel* in Staudinger-BGB, § 134 Rn. 5 ff.; *Sack*, Folgeverträge unlauteren Wettbewerbs, GRUR 2004, 625, 626; Vgl. *Dörner* in Hk-BGB, § 134 Rn. 4, der auch die Umstände des Zustandekommens eines Vertrags in den Regelungsbereich des § 135 BGB einbezieht; *Sack/Seibel* stellen klar, dass die Frage ungeklärt ist, Staudinger-BGB, § 134 Rn. 5.

629 *Sack/Fischinger* in Staudinger-BGB, § 138 Rn. 6; siehe dazu unten.

630 BGH Urteil v. 25.01.1990 – I ZR 19/87 *(HBV-Familien- und Wohnungsrechtsschutz)*, GRUR 1990, 522, 528; *Fezer* in Fezer, UWG Einl E. Rn. 399; *Sack*, GRUR 2004, 625, 626; *Ohly* in Piper/Ohly/Sosnitza, UWG, Einl D. Rn 67.

631 OLG Celle Urteil v. 10.01.2008 – 13 U 118/07 *(Reparaturkosten-zurück-Aktion)*, GRUR-RR 2008, 349, 349.

Kopplungsgeschäfte infolge unlauterer Kopplungsangebote unterliegen hiernach dann dem Anwendungsbereich des § 134 BGB, wenn sich die Unlauterkeit des Kopplungsangebots aus dem Inhalt des anzuschließenden Kopplungsgeschäfts ergibt.

c) Tatbestandliche Voraussetzungen des § 134 BGB

Gemäß § 134 BGB ist ein Rechtsgeschäft nichtig, das gegen ein gesetzliches Verbot verstößt, wenn sich nicht aus dem Gesetz ein anderes ergibt.

Ein gesetzliches Verbot im Sinne des § 134 BGB liegt dann vor, wenn ein Rechtsgeschäft wegen seines Inhaltes durch ein Verbotsgesetz untersagt ist.[632] Ob ein Gesetz ein Verbot im Sinne des § 134 BGB vorsieht, bestimmt sich nach der Zwecksetzung, dem Wortlaut und den Adressaten des Gesetzes.[633]

Für die Annahme eines Verbotsgesetzes ist Voraussetzung, dass die Auslegung einer gesetzlichen Verbotsnorm zu dem Schluss gelangt, dass das Verbot (auch) das Geschäft als solches untersagen will.[634] Bezüglich der Adressaten einer Verbotsnorm kommt es darauf an, ob sich eine Verbotsbestimmung an beide Vertragsseiten[635] oder nur an eine Vertragsseite richtet.[636]

d) Zweck der lauterkeitsrechtlichen Verbotstatbestände

Sieht die Rechtsfolgenregelung des in Rede stehenden Verbotsgesetzes nicht die Nichtigkeit des Rechtsgeschäfts vor, so ist für die Frage, ob die Nichtigkeitsfolge des § 134 BGB eintritt, der Sinn und Zweck der Verbotsnorm entscheidend. Der BGH verlangt in solchen Fällen »eine normbezogene Abwägung, ob es mit dem Sinn und Zweck des Verbots vereinbar oder unvereinbar wäre, die durch das Rechtsgeschäft getroffene Regelung hinzunehmen bzw. bestehen zu lassen«.[637]

Das UWG sieht als mögliche Rechtsfolgen eines Wettbewerbsverstoßes einen Beseitigungsanspruch (§ 8 Abs. 1 1. Alt. UWG), einen Unterlassungsanspruch (§ 8 Abs. 1 2. Alt. UWG), einen Schadensersatzanspruch für Mitbewerber (§ 9 UWG) sowie die Gewinnabschöpfung zugunsten des Bundeshaushalts (§ 10 UWG) vor. Die Nichtigkeit von Folgeverträgen wettbewerbswidriger Angebote sieht das lauterkeitsrechtliche Regelungsregime dagegen nicht vor.

---

632 *Sack/Seibel* in Staudinger-BGB, § 134 Rn. 1; *Dörner* in Hk-BGB, § 134 Rn. 4.

633 *Armbrüster* in MüKo-BGB § 134 Rn. 41 ff.

634 *Armbrüster* in Münchener Kommentar BGB § 134 Rn. 42.

635 Bzw. an alle Vertragsseiten, sofern ein mehr als zweiseitiges Geschäft vorliegt.

636 *Armbrüster* in MüKo-BGB § 134 Rn. 48.

637 BGH Urteil v. 14.12.1999 – X ZR 34/98 NJW 2000, 1186, 1187.

Es kommt daher nach den vorstehenden Maßstäben darauf an, ob der Sinn und Zweck des Verbots wettbewerbswidriger (Kopplungs-)Angebote die Nichtigkeit der Folgeverträge verlangt.

aa) Zielsetzung der UGP-Richtlinie
Die Zielrichtung der UGP-Richtlinie steht einem zwingenden Durchschlag der wettbewerbsrechtlichen Unlauterkeit auf den Folgevertrag entgegen. Art. 3 Abs. 2 UGP-Richtlinie stellt klar, dass die Richtlinie das Vertragsrecht und insbesondere die Bestimmungen über die Wirksamkeit, das Zustandekommen oder die Wirkungen eines Vertrags unberührt lässt. Das UWG, das die Richtlinie umsetzt, kann keine hiervon diametral abweichende Zielrichtung verfolgen. Dies gilt insbesondere vor dem Hintergrund, dass eine solche Zielrichtung nicht mit dem ausdifferenzierten Rechtsfolgenregime des UWG (Kapitel 2 UWG) vereinbar wäre.

bb) Wertungswidersprüche zum BGB
Es bestünde ein Wertungswiderspruch zum allgemeinen Vertragsrecht, folgte auf die wettbewerbsrechtliche Unlauterkeit die vertragsrechtliche Nichtigkeit. Selbst eine arglistige Täuschung oder eine Drohung führt nach dem allgemeinen Vertragsrecht nur zur Anfechtbarkeit (§ 123 BGB), nicht automatisch zur Nichtigkeit des infolge einer solchen Handlung geschlossenen Vertrags.[638] Dagegen kann – wie unten dargestellt – nach dem UWG schon eine im Vergleich zu einer arglistigen Täuschung oder Drohung erheblich geringere Einflussnahme auf die Willensbildung des Verbrauchers zur Unlauterkeit des Angebots führen. Wäre eine zwingende Rechtsfolge der Unlauterkeit des Angebots die Nichtigkeit des Vertrags, käme es daher zu einem Wertungswiderspruch mit den allgemeinen vertragsrechtlichen Bestimmungen des BGB.

cc) Rechtssicherheit
Auch der Gesichtspunkt der Rechtssicherheit spricht gegen eine individualvertragliche Schutzrichtung des UWG.

Für die hier maßgebliche vertragsrechtliche Bewertung der Kopplungsgeschäfte kann das an folgendem Beispiel verdeutlicht werden: Nach § 3 Abs. 3 UWG in Verbindung mit Nr. 7 der Schwarzen Liste kann – wie unten beschrieben – ein Kopplungsangebot bereits dann unlauter sein, wenn der Anbieter falsche Angaben über die Angebotslaufzeit des Kopplungsangebots macht. Stellte dieser Tatbestand ein Verbot im Sinne des § 134 BGB dar, wäre die Konsequenz, dass alle infolge des Aktionsangebots abgeschlossenen Kopplungsgeschäfte

---

638 *Köhler* in Köhler/Bornkamm, UWG § 3 Rn. 156.

nichtig wären. Dabei würde die Frage der vertraglichen Nichtigkeit der Kopplungsgeschäfte von schwer vorhersagbaren lauterkeitsrechtlichen Wertungen abhängen, etwa von der Frage, ob der angegebene Angebotszeitraum, wie von Nr. 7 Schwarze Liste vorausgesetzt, »sehr begrenzt« war.

dd) Verbraucherinteresse

Das Lauterkeitsrecht schützt, wie oben dargelegt, anders als das Verbraucherprivatrecht die Interessen der Verbraucher nicht in Bezug auf den individuellen Verbraucher im konkreten Einzelfall, sondern die kollektiven Verbraucherinteressen. Das individuelle Interesse eines bestimmten Verbrauchers muss nicht zwangsläufig mit den kollektiven Verbraucherinteressen übereinstimmen. Im vorgenannten Beispiel könnte ein Verbraucher, der infolge des zeitlich befristeten Kopplungsangebots die gekoppelten Waren gekauft hat, durchaus ein Interesse haben, an dem Vertrag festzuhalten, auch wenn sich später für ihn herausstellt, dass die Aktionslaufzeit in irreführender Weise als zu kurz angegeben war, er also insoweit getäuscht wurde. Selbst wenn ihm die Täuschung nachträglich bekannt wird, wird er möglicherweise an dem Geschäft festhalten wollen, etwa um bei Mängeln Rechte aus dem Vertrag geltend zu machen.

Denkbar ist darüber hinaus, dass ein bestimmter Verbraucher den die Unlauterkeit begründenden Tatbestand gar nicht zur Kenntnis genommen hat. Im Beispielsfall könnte ein Verbraucher die unlautere Werbung für das Kopplungsangebot mit der zu kurz beschriebenen Angebotslaufzeit gar nicht wahrgenommen haben, sodass sein individuelles Vertragsverhältnis von dem Wettbewerbsverstoß überhaupt nicht betroffen ist.

Es wäre in diesen Fällen unbillig, würde der ihn nicht betreffende Wettbewerbsverstoß auf das konkrete Vertragsverhältnis durchschlagen.

ee) Unterschiedliche Informationsgrundlagen

Ein weiterer bedeutender Aspekt, der gegen eine Schutzzweckrichtung der UWG-Verbotstatbestände auf die Folgeverträge der unlauteren Handlungen spricht, ist, dass die für das Vertragsrecht maßgebliche individuelle Absprache der Vertragsparteien nicht mit der für das Lauterkeitsrecht maßgeblichen allgemeinen Werbekommunikation übereinstimmen muss.

Hierauf weist der BGH in der Entscheidung *Kopplungsangebote II*[639] ausdrücklich hin: Das dort beurteilte Kopplungsangebot war deshalb unlauter, weil

---

639 BGH Urteil v. 13.06.2002 – I ZR 71/01 *(Kopplungsangebote II)*, GRUR 2002, 979; siehe bereits oben.

es die Kosten eines Angebotselementes (des Stromliefervertrags) nicht genau bezifferte. Aus diesem Grund war die Werbebotschaft des Kopplungsangebotes nach der Auffassung des BGH intransparent. Dies muss jedoch keine Auswirkung auf die daraufhin abgeschlossenen Verträge haben, wie der BGH betont: »das Informationsdefizit, um das es im Streitfall allein geht, kann bei Abschluss des Folgegeschäfts durch eine entsprechende Aufklärung im Verkaufsgespräch beseitigt sein.«[640]

Der Fall verdeutlicht, dass Lauterkeitsrecht und Vertragsrecht zwei verschiedene Informationsgrundlagen bewerten: Während das Lauterkeitsrecht die Informationen, die sich aus dem in Rede stehenden Kopplungsangebot ergeben, als Bewertungsgrundlage betrachtet und diese um solche Erkenntnisse ergänzt, welche sich ein dem heutigen Verbraucherleitbild entsprechender Verbraucher durch zumutbare Nachforschungen selber verschaffen kann (zusammen: lauterkeitsrechtliche Bewertungsgrundlage), ist Grundlage der vertragsrechtlichen Bewertung neben den Informationen der Wille, der sich aus den Willenserklärungen der Vertragsparteien zum Zeitpunkt des Vertragsabschlusses ergibt.

Es liegen damit zwei unterschiedliche Informationsebenen vor, sodass ein Defizit in der vorgelagerten lauterkeitsrechtlichen Ebene nicht auch zwangsläufig in der Vertragsebene bestehen muss.

ff) Parallele Wertung im Kartellrecht

Schließlich spricht auch ein Vergleich mit dem Kartellrecht dafür, dass die UWG-Verbotstatbestände nicht die Wirksamkeit der Folgeverträge beeinflussen sollen. Gemäß Art. 101 Abs. 2 AEUV sind kartellrechtswidrige Verträge zwar nichtig. Die Nichtigkeit bezieht sich jedoch unmittelbar nur auf die Preisabsprache innerhalb des Kartells sowie deren Ausführungsverträge. Die auf einer Kartellabsprache beruhenden Folgeverträge, also die Verträge, die ein an der Preisabsprache teilnehmendes Unternehmen mit seinen an der Absprache unbeteiligten Kunden schließt, sind (nach überwiegender Auffassung) regelmäßig wirksam.[641]

gg) Zwischenergebnis

Hiernach ist festzuhalten, dass den Verbotstatbeständen des UWG kein Schutzzweck in Bezug auf individuelle Folgeverträge von Wettbewerbsverstößen zukommt. Bereits aus diesem Grund stellen die UWG-Verbotstatbestände kein Verbotsgesetz im Sinne des § 134 BGB dar.

640 BGH Urteil v. 13.06.2002 – I ZR 71/01 *(Kopplungsangebote II)*, GRUR 2002, 979.

641 *Schmidt* in Immenga/Mestmäcker, Wettbewerbsrecht Art. 101 Abs. 2 AEUV Rn. 36; zu dem Vergleich zum Kartellrecht: *Reichelsdorfer*, WRP 1998, 142, 144.

e) Adressaten der UWG-Verbotstatbestände

Schließlich ist klarzustellen, dass Adressaten der verbraucherschützenden UWG-Verbotstatbestände, insbesondere der Verbrauchergeneralklausel § 3 Abs. 2 UWG, nur die Anbieter, nicht auch die Verbraucher, sind, was sich aus der Formulierung »Geschäftliche Handlungen gegenüber Verbrauchern« ergibt. Die UWG-Verbote sind insoweit Verbote, die nur eine Vertragspartei betreffen. Die Verletzung einseitiger Verbote führt regelmäßig nicht zur Nichtigkeit gemäß § 134 BGB.[642]

f) Zusammenfassung

Nach alledem ist festzuhalten, dass die Verletzung der lauterkeitsrechtlichen Verbotstatbestände durch ein Kopplungsangebot in Bezug auf die Folgeverträge für sich genommen nicht zur Anwendung des § 134 BGB führt.

Sofern die Unlauterkeit nur die Umstände des Zustandekommens des Kopplungsgeschäfts betrifft und nicht dessen Inhalt, ist bereits der Anwendungsbereich des § 134 BGB nicht eröffnet. Betrifft die Unlauterkeit dagegen den Inhalt eines Kopplungsgeschäfts, ist der Anwendungsbereich des § 134 BGB grundsätzlich eröffnet. Allerdings kommt es auch dann nicht allein aufgrund des Wettbewerbsverstoßes zur Nichtigkeit des folgenden Kopplungsgeschäfts, denn die Zielsetzung der UWG-Verbote richtet sich nicht auf die Nichtigkeit der Folgeverträge. Der Nichtigkeit unlauterer Kopplungsgeschäfte steht entgegen, dass die UWG-Verbotstatbestände in aller Regel nur den Anbieter verpflichten, nicht auch den Verbraucher, sodass ein Durchschlag auf das Vertragsverhältnis auch vor diesem Hintergrund unbillig sein kann.

Schließlich ist festzuhalten, dass die Eingriffsintensität der Nichtigkeitsfolge für die Vertragsparteien erheblich ist und aufgrund der verfassungsrechtlich garantierten Privatautonomie höheren Hürden unterliegt als die gesetzlich normierten wettbewerbsrechtlichen Sanktionen, die nur den Anbieter unlauterer Angebote treffen.

Soweit vertreten wird, dass lauterkeitsrechtliche Wertungsmaßstäbe aus Gründen der Einheit der Rechtsordnung in das Vertragsrecht ausstrahlen,[643] wird diese Auffassung in Bezug auf Vertragslösungsrechte dargestellt und nicht auch hinsichtlich der Nichtigkeitsfolge des § 134 BGB verlangt. Dieser Auffassung ist aus den vorgenannten Gründen, insbesondere der unterschiedlichen Schutzzweckrichtungen, zuzustimmen.

---

642 BGH Urteil v. 24.11.1992 – 9 C 905/92 NJW-RR 1993, 1372, 1372.

643 *Köhler* in Köhler/Bornkamm, UWG, § 2 Rn. 87.

Hiernach sind Folgeverträge wettbewerbswidriger Kopplungsangebote grundsätzlich wirksam. Dies bedeutet freilich nicht, dass ein Verstoß gegen lauterkeitsrechtliche Verbotstatbestände nicht gleichzeitig andere Rechtsnormen verletzen kann, die eine Verbotsgesetzwidrigkeit gemäß § 134 BGB begründen können. Allein der Verstoß gegen Verbotstatbestände des UWG ist dazu allerdings nicht geeignet.

II. Verbotsgesetzwidrige Kopplungsgeschäfte

Kopplungsgeschäfte können, wie alle Rechtsgeschäfte, gegen ein gesetzliches Verbot verstoßen und bei Vorliegen der tatbestandlichen Voraussetzungen des § 134 BGB nichtig sein. Ob ein Kopplungsgeschäft gegen ein gesetzliches Verbot verstößt, ergibt sich, wie oben dargestellt, aus dem Inhalt des Rechtsgeschäfts. Der Inhalt eines Kopplungsgeschäfts kann in zwei unterschiedlichen Weisen gegen ein Verbotsgesetz verstoßen:

1. Verbotsgesetzwidrige Angebotselemente

a) Voraussetzungen der Nichtigkeit

Zunächst können Kopplungsgeschäfte verbotsgesetzwidrig sein, weil ein oder mehrere Angebotselemente für sich genommen gegen ein gesetzliches Verbot verstoßen. Insoweit richtet sich die Verbotsgesetzwidrigkeit des verbotenen Angebotselementes nach den vorgenannten tatbestandlichen Maßstäben des § 134 BGB, ohne dass es für die Verletzung des Verbots auf die Kopplung ankommt.

Beispiel: Ein »Selbsterfahrungswochenende« wird angeboten, das neben zulässigen Wellness- und Beratungsleistungen auch die Verabreichung nicht verkehrsfähiger Betäubungsmittel beinhaltet.

Die Abgabe nicht verkehrsfähiger Betäubungsmittel verstößt gegen ein gesetzliches Verbot (§ 29 Abs. 1 BtMG), ein dazu verpflichtender Vertrag ist wegen § 134 BGB nichtig.[644] Die rechtliche Missbilligung des Kopplungsgeschäfts ergibt sich also allein aus diesem Angebotsteil des Gesamtangebots.

b) Reichweite der Nichtigkeit

Bei Kopplungsgeschäften mit einzelnen nichtigen Angebotselementen stellt sich die Frage, ob die Nichtigkeitsfolge nur bezüglich des verbotswidrigen Angebotselementes eintritt, oder ob das Kopplungsgeschäft als Ganzes nichtig wird. § 139 BGB sieht vor, dass regelmäßig das ganze Rechtsgeschäft aufgrund

---

644 BGH Beschluss v. 29.02.2000 – 1 StR 46/00 NStZ-RR 2000, 234, 234.

des Gesetzesverstoßes nichtig ist, wenn nicht anzunehmen ist, dass es auch ohne den nichtigen Teil vorgenommen sein würde. Der Tatbestand des § 139 BGB setzt voraus, dass ein Einheitsrechtsgeschäft vorliegt.[645] Für die Annahme eines einheitlichen Rechtsgeschäfts kommt es auf den Willen der Parteien an, nämlich darauf, ob »das eine Geschäft nicht ohne das andere gewollt ist, die möglicherweise äußerlich getrennten Rechtsgeschäfte also miteinander stehen und fallen sollen«.[646]

Dies ist bei Kopplungsgeschäften mitunter der Fall, denn Voraussetzung für das Vorliegen eines Kopplungsangebots im hier verstandenen Sinne ist, dass der Anbieter die Angebotselemente entweder überhaupt nicht einzeln, oder jedenfalls nicht zu denselben Konditionen einzeln abgibt.[647] Daher richtet sich der Wille des Anbieters eines Kopplungsgeschäfts regelmäßig darauf, dass Angebot nur als Ganzes abzugeben. Ob daraus allerdings auch der Wille der Vertragsparteien folgt, dass das Rechtsgeschäft nur gemeinsam stehen oder fallen soll, kann nicht abstrakt beurteilt werden. Gerade im Fall von Prämien (z. B. im Rahmen eines Kundenbindungssystems) dürfte es häufiger so sein, dass der Wille der Vertragsparteien nicht darauf gerichtet ist, dass im Falle der Nichtigkeit des Zuwendungsversprechens auch das Grundgeschäft fallen soll. Die Frage der Reichweite der Nichtigkeitsfolge bei verbotsgesetzwidrigen Kopplungsgeschäften ist daher im Einzelfall an dem Willen der Parteien beim Abschluss des Kopplungsgeschäfts zu entscheiden.

2. *Verbotsgesetzwidrige Kopplungen*

Die zweite Kategorie verbotsgesetzwidriger Kopplungsgeschäfte sind Rechtsgeschäfte, bei denen die Angebotselemente für sich genommen rechtlich nicht zu beanstanden sind, jedoch die Kopplung der spezifischen Angebotselemente untersagt ist.

a) Kopplungsgeschäfte mit Drittverantwortlichen (§§ 299 ff. StGB)

Kopplungsangebote können Straftatbestände erfüllen.[648] Kopplungsangebote gegenüber Verbrauchern wurden in der Vergangenheit mitunter als »Kunden-

645 Busche in MüKo-BGB, § 139 Rn. 16.

646 BGH Urteil v. 23.02.2012 – I ZR 231/10 *(Dentallaborleistungen)*, GRUR 2012, 1050, 1052.

647 Siehe oben, S. 57 ff; Vgl. ferner *Köhler*, BB 2001, 1589, 1590.

648 So auch *Lorenz*, WRP 2005, 992, 994; *Heermann*, WRP 2006, 8, 11; *Matern*, WRP 2008, 575, 592; Neben den relevanten Korruptionsstraftaten kann die Werbung für Kopplungsangebote – wie jede andere Werbung auch – auch gegen § 16 Abs. 1 UWG (sog. Reklameschwindel) verstoßen. Für Kopplungsangebote wird dies insbesondere

bestechung« bezeichnet.[649] In dieser Bezeichnung kam allerdings nur die damalige wettbewerbsrechtliche Missbilligung der Kopplungsangebote zum Ausdruck, nicht etwa auch ein strafrechtlicher Korruptionsvorwurf. Denn der für sich selbst handelnde Verbraucher darf sich aus strafrechtlicher Sicht unzweifelhaft durch Vergünstigungen und Geschenke aller Art »bestechen«, also zu Kaufentscheidungen bewegen lassen, da er in seinen wirtschaftlichen Entscheidungen nur gegenüber sich selbst verantwortlich ist.

Anderes gilt jedoch für den fremdverantwortlich handelnden Akteur. Kopplungsangebote, die sich an fremdverantwortlich Handelnde richten, können unter bestimmten Voraussetzungen die Korruptionsstraftatbestände des StGB erfüllen und unter Umständen infolge dessen gemäß § 134 BGB nichtig sein:

aa) Problem der Kopplungsangebote gegenüber drittverantwortlichen Akteuren

Kopplungsgeschäfte können vor dem Hintergrund der strafrechtlichen Verbote der Bestechung im geschäftlichen Verkehr (§ 299 StGB), der Vorteilsgewährung (§ 333 StGB) oder der Bestechung (§ 334 StGB) dann Probleme aufwerfen, wenn sie drittverantwortliche Personen begünstigen, aber nur den Dritten verpflichten. Das ist dann der Fall, wenn der Anbieter eines Kopplungsgeschäfts einen Vorteil (z. B. eine Geld- oder Sachprämie) an eine Person gewährt oder ihr verspricht, die eine geschäftliche Entscheidung für einen Dritten zu treffen hat, oder die einem Hoheitsträger besonders verpflichtet ist und für diesen eine Bezugsentscheidung zu treffen hat.

Derartige Kopplungsangebote gegenüber Drittverantwortlichen sind in der Praxis durchaus häufig. Eine solche Konstellation liegt etwa vor, wenn ein Angestellter eines Unternehmens auf Unternehmenskosten eine Leistung nachfragt, aber in eigener Person eine Prämie dafür erhält.

---

in Fällen diskutiert, in denen Verbraucher durch ein falsches Gewinnversprechen zur Teilnahme an Kaffeefahrten gelockt werden. Die Annahme einer strafbaren Werbung scheitert in solchen Fällen jedoch regelmäßig daran, dass das falsche Gewinnversprechen nicht in den Zusammenhang mit den später auf der Verkaufsveranstaltung abgesetzten Produkten in Verbindung gebracht wird. Vgl. hierzu *Dornis*, der selbst jedoch die gegenteilige Auffassung vertritt und Werbung für Tagesausflüge unter unzutreffender Ankündigung einer Gewinnübergabe unter die Strafnorm subsumiert, *Dornis*, GRUR 2008, 742, 749.

649 Nachweis bei BGH Urteil v. 13.06.1973 – I ZR 65/72 *(Geballtes Bunt)*, GRUR 1974, 345, 347 mit weiteren Nachweisen.

Beispiel: Ein Angestellter bucht für eine Geschäftsreise auf Unternehmenskosten einen Flug und erhält dafür für sich selbst von der Fluglinie eine Prämie.[650]

Fremdverantwortlichkeit liegt darüber hinaus auch bei mehrstufigen Vertriebssystemen vor, wenn ein Anbieter einem Zwischenhändler eine Prämie dafür verspricht, dass dieser einen Vertrag zwischen dem Anbieter und dem Endabnehmer zustande bringt.[651]

Beispiel: Eine Autovermietung trifft eine Vereinbarung mit Mitarbeitern von Reisebüros, dass diese für sich selbst eine Prämie erhalten, wenn Kunden des Reisebüros Mietwagen des Autovermieters buchen.[652]

In den vorgenannten Beispielen fallen der Prämienempfänger und der durch das Kopplungsgeschäft wirtschaftlich Verpflichtete auseinander (sog. Dreieckskopplung)[653].

Dies kann mitunter problematisch sein, weil der fremdverpflichtete Prämienempfänger bei der Bezugsentscheidung regelmäßig die Interessen seines Geschäftsherrn zu wahren hat und ihn daher die Pflicht zur wirtschaftlich günstigsten (neutralen) Entscheidung treffen kann.[654] Auf die Neutralität könnte die Dreieckskopplung aber einwirken, weil der Fremdverpflichtete, z. B. der angestellte Einkäufer, angesichts der Lockwirkung der ihm in Aussicht gestellten Prämie die Wirtschaftlichkeit des Hauptgeschäftes, das ihn selbst nicht verpflichtet, außer Betracht lassen könnte.[655]

Solche Kopplungsgeschäfte sind, wenn die Kopplung dem durch das Geschäft wirtschaftlich Verpflichteten nicht offenbart wird, bisweilen unlauter.[656] Sie können darüber hinaus auch gegen das Bestechungsverbot des § 299 StGB verstoßen:[657]

bb) Tatbestandliche Voraussetzungen des § 299 StGB

Gemäß § 299 Abs. 2 StGB macht sich strafbar, wer im geschäftlichen Verkehr zu Zwecken des Wettbewerbs einem Angestellten oder Beauftragten eines

650 Vgl. *Bach*, wistra 2008, 47; *Weitnauer*, NJW 2010, 2560; zu dem Vielfliegerprogramm vgl. BAG Urteil v. 11.04.2006 – 9 AZR 500/05 NJW 2006, 3803.

651 Vgl. *Pfuhl*, Von erlaubter Verkaufsförderung und strafbarer Korruption – Lauterkeitsrechtliche Analyse der Wertreklame gegenüber Weiterveräußerern und Leitfaden für die werbende Praxis, S. 20.

652 Vgl. OLG Hamburg Urteil v. 23.10.2003 – 5 U 17/03 *(sixperts)*, GRUR-RR 2004, 117.

653 *Steinbeck*, GRUR 2005, 15.

654 *Köhler*, GRUR 2003, 729, 738.

655 *Steinbeck*, GRUR 2005, 15, 20.

656 OLG Hamburg Urteil v. 23.10.2003 – 5 U 17/03 *(sixperts)*, GRUR-RR 2004, 117.

657 Vgl. OLG Hamburg Urteil v. 23.10.2003 – 5 U 17/03 *(sixperts)*, GRUR-RR 2004, 117.

geschäftlichen Betriebes einen Vorteil für diesen oder einem Dritten als Gegenleistung dafür anbietet, verspricht oder gewährt, dass er ihn oder einen anderen bei dem Bezug von Waren oder gewerblichen Leistungen in unlauterer Weise bevorzuge. Gemäß § 299 Abs. 2 StGB macht sich spiegelbildlich der Bestochene strafbar.

Die Tathandlung besteht in dem Anbieten, Versprechen oder Gewähren des Vorteils. Anbieten des Vorteils verlangt das Inaussichtstellen des Vorteils, Versprechen die Zusage, künftig einen Vorteil zu gewähren und Gewähren des Vorteils meint das tatsächliche Verschaffen desselben.[658] Die Tathandlung muss zu Zwecken des Wettbewerbs erfolgen und zeitlich vor der intendierten Bevorzugung im Wettbewerb stattfinden.[659] Nachträgliche Belohnungen sind, anders als bei der Amtsträgerbestechung gemäß § 334 StGB, nicht von der Norm erfasst. Ein Handeln erfolgt dann zu Zwecken des Wettbewerbs, wenn die Tat objektiv geeignet ist, eigenen oder fremden Absatz zu fördern und der Täter dies subjektiv beabsichtigt.[660]

Das entscheidende Tatbestandsmerkmal, das hinzutreten muss, um kriminelle Wirtschaftskorruption von einem zulässigen Prämiensystem abzugrenzen, ist das Vorliegen einer Unrechtsvereinbarung. Eine Unrechtsvereinbarung besteht darin, dass die Gewährung des Vorteils nach dem Willen des Bestechenden als Gegenleistung für eine angestrebte unlautere Bevorzugung durch den Vorteilsempfänger dienen soll.[661] Eine unlautere Bevorzugung (die nicht stattzufinden braucht, aber beabsichtigt sein muss) liegt dann vor, wenn dem Bestechenden im Wettbewerb mit seinen Konkurrenten eine Privilegierung zukommt, auf die er keinen Anspruch hat und die den freien Wettbewerb, das Schutzgut des § 299,[662] beeinträchtigt.[663] Dass die Bevorzugung *unlauter* sein muss, macht deutlich, dass die Privilegierung des Bestechenden nicht aufgrund sachgerechter, leistungsbezogener Beweggründe erfolgen soll, sondern aufgrund der sachwidrigen, nicht-leistungsbezogenen Einflussnahme durch die Vorteilsgewährung an den Empfänger.[664] Dem Merkmal kommt also außer dem spezifischen korruptiven Gegenleistungsverhältnis keine eigenständige Bedeutung zu und es ist insbesondere weder mit § 138 BGB noch mit § 3 UWG identisch.[665]

---

658 *Diemer/Krick* in MüKo-StGB, § 299 Rn. 25.
659 *Heine* in Schönke/Schröder, StGB, § 299 Rn. 15.
660 *Diemer/Krick* in MüKo-StGB, § 299 Rn. 25.
661 *Heine* in Schönke/Schröder, StGB, § 299 StGB Rn. 16.
662 *Fischer* in Fischer, StGB, § 299 Rn. 2.
663 *Diemer/Krick* in MüKo-StGB, § 299 Rn. 16.
664 Vgl. *Fischer* in Fischer, StGB, § 299 Rn. 15.
665 *Fischer* in Fischer, StGB, § 299 Rn. 15.

Die Unrechtsvereinbarung muss zur Erfüllung des Tatbestands nicht zustande kommen, das Verhalten des Täters muss nur darauf abzielen.[666]

Subjektivtatbestandlich verlangt § 299 StGB darüber hinaus (eventual)vorsätzliches Verhalten bezüglich aller tatbestandlichen Umstände, wobei bezüglich der Förderung des eigenen Absatzes und des Abschlusses der Unrechtsvereinbarung Absicht (dolus directus 1. Grades) bestehen muss.[667] Hinsichtlich der unlauteren Bevorzugung selbst genügt bedingter Vorsatz.[668]

cc) Mögliche Erfüllung des Tatbestands durch Kopplungsgeschäfte

Kopplungsangebote gegenüber Drittverantwortlichen können den vorgenannten Tatbestand erfüllen. In eindeutig gelagerten Fällen wird das strafrechtliche Unrecht eines solchen Geschäfts deutlich:

Beispiel: Ein Fachreferent in der Bauabteilung eines Messeveranstalters ist für die Vergabe von Bauaufträgen für seinen Arbeitgeber verantwortlich. Er schließt mit verschiedenen Bauunternehmen Rahmenverträge, die an die Verpflichtung gekoppelt sind, dass der Fachreferent von den Baufirmen für sich eine Geldzahlung in Höhe von drei Prozent des mit dem Messeveranstalter erzielten Umsatzes erhält, wodurch der angestellte Fachreferent im Laufe von drei Jahren einen Millionenbetrag von den Bauunternehmen erhält.[669]

Durch Vereinbarungen der vorgenannten Art können, wenn sie im hoheitlichen Bereich stattfinden, auch die Bestechungsdelikte für Amtsträger (§ 311 ff. StGB) erfüllt sein.

Beispiel: Ein Universitätsprofessor und Leiter einer Abteilung eines Universitätsklinikums kommt mit einem Medizingerätehersteller überein, dass er für jede Beschaffungsentscheidung zugunsten des Medizingeräteherstellers eine Geldprämie in Höhe von 500 DM erhält.[670]

Das strafwürdige Unrecht solcher Vereinbarungen ist offensichtlich. Regelmäßig werden Kopplungsgeschäfte solcher Art, bei denen es sich um *Kickback-Vereinbarungen* handelt, bereits aufgrund ihrer Umstände als korruptive

---

666 *Diemer/Krick* in MüKo-StGB, § 299 Rn. 26.

667 *Diemer/Krick* in MüKo-StGB, § 299 Rn. 27. Klarzustellen ist, dass aufgrund der abstrakten und weiten Formulierung des § 299 StGB grundsätzlich Unsicherheiten in der Anwendung der Norm durch die Behörden bestehen, vgl. *Acker/Ehling*, BB 2012, 2517, 2517 ff.

668 *Diemer/Krick* in MüKo-StGB, § 299 Rn. 22, 27.

669 Vgl. BGH Urteil v. 11.02.2009 – 2 StR 339/08 *(Konkurrenz zwischen Bestechlichkeit und Untreue)*, NStZ 2009, 445.

670 Vgl. BGH Urteil v. 23.10.2002 – 1 StR 541/01 NJW 2003, 763.

Vereinbarungen erkennbar sein. Geschäfte der vorgenannten Art finden häufig im Verborgenen statt und es werden mitunter Verdeckungshandlungen vorgenommen, um die Zahlungsflüsse zu verschleiern. Die Heimlichkeit gegenüber dem Arbeitgeber ist für die Erfüllung des Tatbestands des § 299 StGB irrelevant. In ihr kommt allerdings mitunter das Unrechtsbewusstsein der Beteiligten zum Ausdruck, sodass sie ein Indiz für die Absicht einer unlauteren Bevorzugung – also für das Vorliegen einer Unrechtsvereinbarung – darstellen kann.[671]

dd) Bestechung durch Kundenbindungssysteme

Jenseits der vorgenannten eindeutigen Fälle wird in der Literatur diskutiert, ob Bonussysteme, die sich an Drittverantwortliche richten, grundsätzlich unter § 299 StGB fallen. Nach einer Literaturmeinung sei das etwa für das Vielfliegerprogramm »*Miles & More*« der Fall,[672] sodass es sich um ein gesetzlich verbotenes Kopplungssystem handele. Dies wird wie folgt begründet:

Das Bonussystem »*Miles & More*« belohne nicht nachträglich eine Kaufentscheidung des Drittverpflichteten (was nicht unter § 299 StGB fiele), sondern verspreche ihm einen Vorteil schon bei Teilnahme an dem Programm, mit der bereits ein vertraglicher Anspruch begründet werde, für zukünftige Flugbuchungen einen Vorteil zu erhalten.[673]

Das System ziele auch auf den Abschluss einer Unrechtsvereinbarung mit dem Drittverpflichteten,[674] es diene »der Korrumpierung der durch dieses System in Versuchung geführten Entscheidungsträger«[675]. Dies ergebe sich daraus, dass die Teilnahmebedingungen des »*Miles & More*«-Bonussystems Prämien nur an den jeweiligen Fluggast und nicht an das Unternehmen, das den Flug bezahlt, vorsähen.[676] Vor diesem Hintergrund komme gar keine andere Motivation für das Kundenbindungssystem in Betracht, als einen Vorteil für eine unlautere Bevorzugung im Wettbewerb zu gewähren. Denn diese Ausgestaltung des Bonussystems lasse sich nicht mit bloßer Kundenbindung erklären, vielmehr werde die Verführbarkeit der Adressaten durch das Bonusprogramm zu Wettbewerbszwecken instrumentalisiert.[677]

671 *Dannecker* in NK-StGB, § 299 Rn. 13.
672 So: *Weitnauer*, NJW 2010, 2560; *Bach*, wistra 2008, 47; *Borck*, WRP 2002, 1131.
673 *Bach*, wistra 2008, 47, 48–49.
674 *Bach*, wistra 2008, 47, 49.
675 *Borck*, WRP 2002, 1131, 1132.
676 *Weitnauer*, NJW 2010, 2560, 2560.
677 *Borck*, WRP 2002, 1131, 1131; *Weitnauer*, NJW 2010, 2560, 2560.

Diese Literaturmeinung kommt daher zu dem Ergebnis, dass eine Strafbarkeit der Verantwortlichen des Kundenbindungssystems in Betracht komme.[678] Es läge dann ein gesetzlich verbotenes Kopplungsgeschäft vor.

ee) Stellungnahme

Diese Auffassung ist abzulehnen. Richtig ist, dass »*Miles & More*« auch drittverantwortlichen Unternehmensangehörigen, die einen Geschäftsflug für sich auf Unternehmenskosten buchen, einen Vorteil dafür in Aussicht stellt, dass sie sich bei der Buchungsentscheidung für den Anbieter des Kopplungsangebots entscheiden. Dies ergibt sich daraus, dass das Kopplungssystem den Fluggast und nicht denjenigen begünstigt, der den Flug bezahlt. Selbstverständlich wird das System von der Fluggesellschaft auch zu Zwecken des Wettbewerbs eingesetzt und soll der Förderung des Absatzes dienen.

Für die Abgrenzung, ob es sich um eine zulässige Verkaufsförderungsmaßnahme oder eine strafbare Angestelltenbestechung handelt, kommt es daher allein darauf an, ob eine Unrechtsvereinbarung im vorgenannten Sinne vorliegt. Das träfe im vorliegenden Fall dann zu, wenn die Fluggesellschaft mit dem Kopplungsangebot bezwecken würde, dass der Angestellte sich aufgrund der gekoppelten Zuwendung (unter Beeinträchtigung des Wettbewerbs) und nicht aus leistungsbezogenen Motiven für die Fluglinie entscheidet.

Ob das der Fall ist, entscheidet sich grundsätzlich anhand der Umstände des konkreten Kopplungsangebots. Für das Angebot »*Miles & More*« fehlt es nach hier vertretener Auffassung an dem Abzielen auf eine Unrechtsvereinbarung.

Diese scheidet nicht bereits aufgrund eines geringen Wertes der Zuwendungen aus. Auf die Höhe der Zuwendung kommt es an, weil der Anbieter eines Kopplungsangebots nicht ohne Weiteres davon ausgehen wird, dass der Drittverpflichtete bereit ist, für zu vernachlässigende Zuwendungen die Pflichten aus seinem Arbeitsverhältnis zu verletzen und die Regeln des Wettbewerbs zugunsten der Fluglinie zu umgehen (und sich strafbar zu machen). Wie viel eine »*Meile*« tatsächlich wert ist, kann abstrakt nicht beantwortet werden. Der Wert dürfte im Bereich von 0,3 bis zu 2,7 Cent pro Meile liegen und davon abhängig sein, wofür die Meilen eingetauscht werden.[679] Bei dieser Größenordnung kommen

---

678 *Bach*, wistra 2008, 47, 49.

679 Das Bundesarbeitsgericht ging bei 350.000 Meilen von einem Wert von 9.700 Euro (2,7 Cent pro Meile) aus, BAG Urteil v. 11.04.2006 – 9 AZR 500/05 NJW 2006, 3803, 3803. Diese Annahme beruht auf Angaben des Kunden, vgl. Vorinstanz, LAG Hamm Urteil v. 29.06.2005 – 14 Sa 496/05 BeckRS 2005, 42848. Es dürfte sich allerdings um einen oberen Grenzwert handeln: Im Jahr 2013 erhielten Teil-

für Vielflieger nicht nur unerhebliche Prämien zusammen. Für einen Hin- und Rückflug von Berlin nach Frankfurt in der Business Class erhält der Fluggast bis zu 3.000 Meilen.[680] Wenn ein angestellter Vielflieger die Strecke im Jahresdurchschnitt zweimal wöchentlich zurücklegt (ein Hin- und ein Rückflug), erreicht er 156.000 Meilen, erhält also in einem Jahr von der Fluggesellschaft einen Vorteil von bis zu 4.212 Euro. Freilich stehen diesem Betrag eine Vielzahl von Buchungsentscheidungen gegenüber. Jedoch kann sich auch eine einzige Nachfrageentscheidung für den Vielflieger lohnen. So erhält er bei Vorliegen bestimmter Voraussetzungen[681] für einen Hin- und Rückflug von Frankfurt nach Singapur in der ersten Klasse bis zu 41.516 Meilen, mithin einen Gegenwert von bis zu 1.120 Euro für eine einzige Buchungsentscheidung. Der Anbieter des Kundenbindungssystems kann bei Prämien dieser Größenordnung jedenfalls nicht davon ausgehen, dass ein Drittverantwortlicher sich von diesen Vorteilen nicht beeindrucken lassen könnte. Die Prämien sind also grundsätzlich geeignet, die Nachfrageentscheidung – unter Umständen auch unlauter im Sinne des § 299 StGB – zu beeinflussen.

Allerdings scheitert das Vorliegen einer Unrechtsvereinbarung entgegen den vorgenannten Ansichten[682] daran, dass der Anbieter des Kundenbindungssystems *»Miles and More«* nicht davon ausgehen muss und praktisch auch nicht davon ausgehen wird, dass drittverantwortliche Fluggäste treuwidrig die Regeln des Wettbewerbs verletzen werden, um in den Genuss der Prämien zu kommen. Dies hat verschiedene Gründe:

Das Kundenbindungssystem zielt keineswegs nur auf Konstellationen, in denen ein Interessenskonflikt besteht, vielmehr dürften diese Fälle nur eine Minderheit der Teilnehmer betreffen. Anders als etwa im Fall *»Sixperts«*, wendet sich das Kundenbindungssystem *»Miles and More«* nicht ausschließlich an Drittverantwortliche. Im Privatkundengeschäft sind Interessenskonflikte von vornherein

---

nehmer je 330 Meilen 1 Euro Rabatt in ausgewählten Geschäften des Flughafens München (Gegenwert: 0,3 Cent pro Meile). Beim Hinzukaufen von Meilen kosteten 1.000 Meilen im Jahr 2013 35 Euro (3,5 Cent pro Meile). Im Jahr 2012 bewertete der Lufthansa-Konzern die offenen 205 Milliarden Meilen (Stand am 31.12.2012) in ihrer Konzernbilanz mit Rückstellungen in Höhe von insgesamt 1,64 Milliarden Euro (0,8 Cent pro Meile), Lufthansa Geschäftsbericht 2012, S. 147.

680 vgl. www.meilenrechner.de.

681 Zum Beispiel muss der Kunde um Extra-Meilen zu erhalten bereits einen bestimmten Status innerhalb des Kundenbindungssystems innehaben (sog. Vielfliegerstatus), vgl. www.meilenrechner.de.

682 *Weitnauer*, NJW 2010, 2560; *Bach*, wistra 2008, 47; *Borck*, WRP 2002, 1131.

ausgeschlossen. Im Geschäftskundenbereich liegt eine problematische Dreieckskopplung nur dann vor, wenn der angestellte Fluggast die Reisebuchung selbst vornehmen kann, oder Einfluss darauf hat, welcher Flug gebucht werde. Dies dürfte nur in einer Minderheit der Fälle so liegen, denn gerade in Unternehmen, in denen eine Vielzahl von Flugreisen anfallen, sind häufig eigens abgestellte Mitarbeiter oder externe Reisebüros mit den Flugbuchungen beauftragt. Folglich dient das System auch nicht zwangsläufig der »Korrumpierung der durch dieses System in Versuchung geführten Entscheidungsträger«.[683]

Dass das Kundenbindungssystem einer korruptiven Zielsetzung dient, ergibt sich schließlich auch nicht daraus, dass Unternehmen als Prämienempfänger »ganz bewusst« ausgeschlossen würden, wie die Gegenauffassung argumentiert.[684] Vielmehr dürften betriebswirtschaftliche Erwägungen hierfür ausschlaggebend sein: Könnten Unternehmen für alle Reisen ihrer Mitarbeiter die Meilen zentral sammeln und einlösen, würde das die wirtschaftliche Grundlage des Prämienmodells erheblich zuungunsten des Anbieters verschieben. Denn – wie bei vielen Kundenbindungssystemen – dürfte auch bei »*Miles & More*« einkalkuliert sein, dass ein nicht unerheblicher Anteil der Meilen verfällt, weil die Schwelle lohnenswerter Prämien nicht erreicht wird.

Darüber hinaus können die Prämien durchaus für dienstliche Reisen, also zugunsten des Geschäftsherrn, eingesetzt werden. Der Arbeitgeber hat nach der Rechtsprechung des BAG sogar ein Recht darauf, einzufordern, dass die dienstlich gesammelten Meilen ausschließlich für geschäftliche Zwecke eingesetzt werden.[685]

Aufgrund der vorgenannten Umstände ist nicht festzustellen, dass die Initiatoren des Kundenbindungssystems damit erreichen wollen, dass Drittverantwortliche im Gegenzug für das Prämienversprechen die Fluglinie unter Beeinträchtigung des Wettbewerbs unlauter bevorzugen. Das Kundenbindungssystem »*Miles and More*« verstößt daher nicht gegen das Verbot der Bestechung im geschäftlichen Verkehr (§ 299 StGB).

Schließlich ist anzufügen, dass Dreieckskopplungen der vorgenannten Art eine gewisse gesetzgeberische Anerkennung gefunden haben. Dass ein Angestellter Sachprämien für sich im Rahmen von Kundenbindungssystemen erhalten kann, setzt das Einkommenssteuerrecht ausdrücklich voraus: Nach § 3 Nr. 38 EStG sind Sachprämien, die der Steuerpflichtige für die persönliche

683 So aber: *Borck*, WRP 2002, 1131, 1132.

684 So aber: *Weitnauer*, NJW 2010, 2560.

685 BAG Urteil v. 11.04.2006 – 9 AZR 500/05 NJW 2006, 3803, 3803 ff.

Inanspruchnahme von Dienstleistungen von Unternehmen unentgeltlich erhält, unter bestimmten Voraussetzungen steuerfrei. Diese Norm bezieht sich eben auf jene Sachverhalte, bei denen der durch das Kundenbindungssystem begünstigte und der durch das Kopplungsgeschäft wirtschaftlich Verpflichtete auseinanderfallen (Dreieckskopplungen). Denn für Prämien, die der Steuerpflichtige für Privateinkäufe aus eigenem Vermögen erhält, scheidet eine Steuerpflicht von vornherein aus.[686] Andernfalls unterlägen Zugaben grundsätzlich der Besteuerung, was erkennbar nicht die Intention von § 3 Nr. 38 EStG ist.

Es lässt sich also feststellen, dass Dreieckskopplungen in Kundenbindungssystemen gesetzlich anerkannt werden. Das bedeutet freilich nicht, dass ein solches Kundenbindungssystem auch dann noch zulässig ist, wenn es auf den Abschluss einer Unrechtsvereinbarung ausgerichtet ist.

ff) Zusammenfassung

Kopplungsgeschäfte und insbesondere Kundenbindungssysteme können gegen das Verbot der Bestechung im geschäftlichen Verkehr verstoßen. Dazu genügt indes nicht bereits die bloße Geeignetheit des Kopplungsgeschäfts, Drittverantwortliche zu unlauterer Bevorzugung zu bewegen. Vielmehr muss feststehen, dass dies auch die Zielsetzung des Kopplungsangebots ist.

Die Abgrenzung zwischen zulässiger Verkaufsförderung und strafbarer Angestelltenbestechung erfolgt über das Tatbestandsmerkmal der Unrechtsvereinbarung. Ob die Voraussetzungen einer Unrechtsvereinbarung vorliegen, ist im Einzelfall anhand des tatsächlichen Willens, der in der konkreten Ausgestaltung des Kopplungsgeschäfts zum Ausdruck kommt, zu prüfen.

Richtet sich ein Kopplungsgeschäft nach seiner Ausgestaltung allein an Drittverantwortliche, die einem Interessenskonflikt unterliegen, kann dies ein Indiz für das Vorliegen einer Unrechtsvereinbarung sein. Das Vorliegen derselben muss allerdings auch in solchen Fällen im Einzelnen anhand der hohen strafrechtlichen Beweisvoraussetzungen belegt werden.

gg) Rechtsfolgen korruptiver Kopplungsgeschäfte

Ein Rechtsgeschäft, das zu einer Bestechung oder einer Vorteilsnahme führt, ist gemäß § 134 BGB nichtig.[687] Bei einem Kopplungsgeschäft, das gegen § 299 StGB verstößt, tritt daher als Rechtsfolge regelmäßig die Nichtigkeit des Vorteilsversprechens gemäß § 134 BGB ein. § 299 StGB verbietet nur die Unrechtsvereinbarung

686 Vgl. *Erhard* in Blümich, EStG, § 3 Nr. 38 Rn. 1.
687 *Palm/Arnold* in Ermann, BGB, § 134, Rn. 94.

als solche, nicht auch den Inhalt des durch Bestechung zustande gekommenen Geschäfts (Hauptgeschäft). Das Hauptgeschäft ist daher selbst regelmäßig nicht ohne weiteres nichtig.[688]

Etwas anderes kann dann gelten, wenn auch das Hauptgeschäft inhaltlich zu beanstanden ist, weil sich die Schmiergeldabrede für den gutgläubigen Geschäftsherren nachteilig ausgewirkt hat. Das ist mitunter dann der Fall, wenn das Bestechungsgeld zulasten des Geschäftsherren auf das durch die Bestechung erlangte Geschäft aufgeschlagen wurde. In solchen Fällen kann das Hauptgeschäft eigenständig nach § 138 BGB nichtig sein.[689]

Korruptive Kopplungsgeschäfte sind mitunter so ausgestaltet, dass sich das Hauptgeschäft nicht von der illegitimen Zuwendung im Gegenzug zur unlauteren wettbewerblichen Bevorzugung trennen lässt. In solchen Fällen ist das ganze Geschäft nichtig. Liegt kein einheitliches Kopplungsgeschäft vor, gilt das oben zur Teilnichtigkeit Ausgeführte.[690]

b) Spezialgesetzliche Kopplungsverbote

Kopplungsgeschäfte sind auch dann unzulässig, wenn sie gegen ein spezialgesetzliches Kopplungsverbot verstoßen. Diese Spezialgesetze sind teilweise Verbotsgesetzte im Sinne des § 134 BGB, teilweise begründen sie dagegen allein die Unlauterkeit des Angebots.

aa) Kopplungsverbot im Gesundheitswesen (§ 31 MBO Ärzte)

Auch im Gesundheitswesen liegen Konstellationen der Drittverantwortung vor. Anders als in den vorgenannten Fällen der korruptiven Kopplungsangebote, die freilich auch im Gesundheitswesen vorkommen,[691] ist der Drittverpflichtete im Gesundheitswesen nicht (nur) den fremden Vermögensinteressen verpflichtet, sondern ein Angehöriger eines Heilberufes, der der Gesundheit und bestmöglichen Fürsorge seiner Patienten verpflichtet ist.

Ärzte haben ihre medizinischen Entscheidungen allein nach ärztlichen Gesichtspunkten zu treffen.[692] Um auszuschließen, dass die medizinische Entscheidung des Arztes durch eigene wirtschaftliche Erwägungen beeinflusst wird, bestehen im Medizinrecht verschiedene Kopplungsverbote.

---

688 BGH Urteil v. 06.05.1999 – VIII ZR 132/97 JuS 2000, 87 (mitgeteilt von *Emmerich*).

689 BGH Urteil v. 06.05.1999 – VIII ZR 132/97 JuS 2000, 87 (mitgeteilt von *Emmerich*).

690 Siehe oben, S. 167.

691 BGH Urteil v. 23.10.2002 – 1 StR 541/01 NJW 2003, 763.

692 *Lettl*, BB 2006, 2365, 2365.

Gemäß § 31 der Musterberufsordnung für die deutschen Ärztinnen und Ärzte (MBO) ist es Ärzten nicht gestattet, für die Zuweisung von Patientinnen und Patienten, für Untersuchungsmaterial, für Verordnung oder Bezug von Arznei- oder Hilfsmitteln oder Medizinprodukten ein Entgelt oder andere Vorteile zu fordern, sich oder Dritten zu versprechen oder gewähren zu lassen oder selbst zu versprechen oder zu gewähren.

Ein Kopplungsgeschäft, bei dem der Arzt für das Verschreiben von Medikamenten eine Prämie erhält, ist danach verboten.

Bei dem Verbot des § 31 MBO Ärzte handelt es sich nach den oben genannten Maßstäben um ein Verbotsgesetz im Sinne des § 134 BGB:[693] Zunächst verlangt der Schutzzweck der Norm die Nichtigkeitsfolge. Die Norm will verhindern, dass der Arzt in seiner medizinischen Entscheidung, an wen er einen Patienten überweist, von wem er Laborproben untersuchen lässt, oder von wem er welche Arzneimittel, Hilfsmittel oder Medizinprodukte kauft, in irgendeiner Weise wirtschaftlich beeinflusst wird.[694] Diesen Schutzzweck kann die Norm nur erfüllen, wenn eine wirtschaftliche Bindung oder Beeinflussung, die der Arzt verbotswidrig im Rahmen eines Kopplungsgeschäfts eingeht, durchbrochen wird. Andernfalls würde die rechtlich missbilligte Beeinflussung auch bei verbotsgesetzwidrigen Kopplungsgeschäften fortbestehen.

Gegen die Nichtigkeit bestehen auch keine Bedenken aus Billigkeitserwägungen, denn das Verbot des § 31 MBO betrifft beide Vertragspartner, den vorteilsgewährenden und den vorteilsannehmenden Mediziner.[695]

Ein Kopplungsgeschäft, wonach ein Arzt für den Bezug von Medizinprodukten eines bestimmten Herstellers Prämien erhält, ist daher nach § 31 MBO Ärzten verboten und nichtig.

bb) Kopplungsverbot beim Arzneimittelhandel (§ 7 HWG)

Ein Kopplungsverbot im Gesundheitswesen sieht auch das Heilmittelwerbegesetz (HWG) vor. Gemäß § 7 Abs. 1 HWG ist es grundsätzlich unzulässig, beim Absatz von Arzneimitteln (§ 2 AMG), Medizinprodukten (§ 3 MPG) und anderen Mitteln und Verfahren aus dem Bereich der Heilung (§ 2 Alt. 1 HWG) Zuwendungen und sonstige Werbegaben (Waren oder Leistungen) anzubieten, anzukündigen oder zu gewähren oder als Angehöriger der Fachkreise anzunehmen. Ein Ausnahmenkatalog besteht gemäß § 7 Abs. 1 Nr. 1 bis Nr. 5 HWG.

693 BGH Urteil v. 22.01.1986 – VIII ZR 10/85 NJW 1986, 2360, 2361.

694 BGH Urteil v. 22.01.1986 – VIII ZR 10/85 NJW 1986, 2360, 2361.

695 BGH Urteil v. 22.01.1986 – VIII ZR 10/85 NJW 1986, 2360, 2361.

Das Kopplungsverbot gilt nicht für Zuwendungen im Rahmen ausschließlich berufsbezogener wissenschaftlicher Veranstaltungen an im Gesundheitswesen tätige Personen (§ 7 Abs. 2 HWG). Der Verstoß gegen das Kopplungsverbot wird gemäß § 15 Abs. 1 Nr. 4 und Nr. 4a HWG mit einer Ordnungswidrigkeit sanktioniert.

Der Verstoß gegen § 7 Abs. 1 HWG kann gemäß § 4 Nr. 11 UWG zur Unlauterkeit des Angebots führen.[696] Weil die Vereinbarkeit des Kopplungsverbots mit dem Gemeinschaftskodex für Humanarzneimittel (GK)[697] umstritten ist, soweit das deutsche Kopplungsverbot nicht nur die Fachwerbung (z. B. an Ärzte und Apotheker gerichtete Kopplungsangebote), sondern auch die Publikumswerbung (Werbung an Verbraucher) betrifft,[698] muss die Unlauterkeit im Einzelnen festgestellt werden. Es liegt also kein Per-se-Verbot vor. Dass es sich strukturell um ein Kopplungsverbot ohne Wertungsmöglichkeit außerhalb der Schwarzen Liste der UGP-Richtlinie handelt, ist dagegen für die Anwendbarkeit des § 7 Abs. 1 HWG unbeachtlich, weil die UGP-Richtlinie gemäß Art. 3 Abs. 3 die Bestimmungen des GK, der durch das HWG umgesetzt wird, unberührt lässt. Ferner erlaubt die UGP-Richtlinie im Bereich des Arzneimittelhandels auch von der Richtlinie abweichende Marktverhaltensregelungen, wenn diese dem Schutz der Gesundheit oder der Sicherheit von Verbrauchern in unionsrechtskonformer Weise dienen.[699]

Für die Frage, ob ein Verstoß gegen das Kopplungsverbot gemäß § 7 Abs. 1 HWG neben der Unlauterkeit des Angebots auch darüber hinaus gemäß § 134 BGB zur Nichtigkeit des Kopplungsgeschäfts führt, ist zu differenzieren, an wen sich das Kopplungsangebot richtet:

Soweit sich ein verbotswidriges Kopplungsangebot an Angehörige der Heilberufe wendet, unterfällt das daraufhin geschlossene Geschäft § 134 BGB:

Denn bezüglich der Fachwerbung adressiert das Verbot beide Vertragsteile, den Werbenden und den Angehörigen der Fachkreise. Sodann ergibt sich

---

696 OLG Hamburg Urteil v. 14.02.2013 – 3 U 24/12 *(Massagesessel)*, GRUR-RR 2013, 344, 346; BGH Urteil v. 25.04.2012 – I ZR 105/10 *(Das Große Rätselheft)*, GRUR 2012, 1279, 1281.

697 Richtlinie 2001/83/EG des Europäischen Parlamentes und des Rates vom 06.11.2001 zur Schaffung eines Gemeinschaftskodexes für Humanarzneimittel, ABl. L 311 vom 28.11.2001, S. 67.

698 *Fezer* in Fezer, UWG, § 4–S4 Rn. 500; *Fritzsche* in Spickhoff, Medizinrecht, § 7 HWG Rn. 2.

699 BGH Urteil v. 25.04.2012 – I ZR 105/10 *(Das Große Rätselheft)*, GRUR 2012, 1279, 1281.

die Nichtigkeitsfolge aus dem Gesetzeszweck. § 7 Abs. 1 HWG bezweckt, eine unsachliche Beeinflussung des Werbeadressaten zu vermeiden und eine Eindämmung der Verkaufsförderungsmaßnahmen im Arzneimittelbereich zu erreichen.[700] Es soll bereits die abstrakte Gefahr einer Beeinflussung vermieden werden.[701] Insoweit gilt das zu § 31 MBO Ärzte Festgehaltene: Der Gesetzeszweck wird nur erreicht, wenn ein Angehöriger des Fachkreises sich nicht durch Prämien oder Ähnliches an einen bestimmten Medizinprodukte- oder Arzneimittelhersteller bindet. Ist eine solche Bindung verbotswidrig erfolgt, kann der rechtmäßige Zustand der ärztlichen Neutralität nur durch die Versagung der rechtlichen Wirksamkeit des Kopplungsangebots wiederhergestellt werden:

Beispiel:[702] Ein Hersteller von Mitteln zur Faltenunterspritzung schließt mit der Betreiberin von medizinischen Einrichtungen auf Kreuzfahrtschiffen einen Exklusivvertrag über den Bezug ihrer Waren. Der Vertrag ist gekoppelt an eine Umsatzgarantie sowie an finanzielle Zuschüsse für das Gehalt der auf dem Kreuzfahrtschiff behandelnden Ärztin. Das Kopplungsgeschäft verstößt gegen § 7 Abs. 1 HWG und ist daher gemäß § 134 BGB nichtig.[703] Die Nichtigkeit des Kopplungsgeschäfts ergibt sich im vorliegenden Fall darüber hinaus ergänzend aus § 138 Abs. 1 BGB, weil zu erwarten war, dass in der Gesamtwürdigung der Regelungsinhalte und Auswirkungen des Kopplungsgeschäfts eine Gefährdung der Berufsausübung der behandelnden Ärztin zu erwarten war.[704]

Gleiches dürfte auch bei Kundenbindungssystemen im Gesundheitswesen zwischen Medizingeräteherstellern und Angehörigen der Heilberufe gelten:

Beispiel:[705] Ein Hersteller für Materialien des Zahnersatzes (Inlays, Konstruktionselemente und künstliche Zähne) wirbt gegenüber Zahnärzten mit einem Kundenbindungssystem in Form eines Bonusprogramms. Die Zahnärzte erhalten für den Bezug der Materialien Punkte, die sie gegen wertvolle Sachprämien für den privaten Gebrauch (z. B. Spiegelreflexkamera, Mobiltelefon, Heimtrainer) einlösen können.

---

700 OLG Hamburg Urteil v. 14.02.2013 – 3 U 24/12 *(Massagesessel)*, GRUR-RR 2013, 344, 345.

701 BGH Urteil v. 26.03.2009 – I ZR 99/07 *(DeguSmiles & more)*, GRUR 2009, 1082, 1084.

702 OLG München Beschluss v. 15.10.2012 – 7 U 2764/12 WRP 2013, 107, 107.

703 OLG München Beschluss v. 15.10.2012 – 7 U 2764/12 WRP 2013, 107, 107.

704 OLG München Beschluss v. 15.10.2012 – 7 U 2764/12 WRP 2013, 107, 108–109.

705 BGH Urteil v. 26.03.2009 – I ZR 99/07 *(DeguSmiles & more)*, GRUR 2009, 1082.

Ein Medizingerätehersteller darf auch im Rahmen einer Test-Aktion keine Gewinnspiele für teilnehmende Ärzte anbieten.[706]

Das Kopplungsangebot ist als Verstoß gegen eine Marktverhaltensregelung i.S. des § 4 Nr. 11 UWG unlauter.[707] Soweit das Kopplungsgeschäft darüber hinaus die Prämiengewährung betrifft, ist es nach hier vertretener Auffassung auch nichtig im Sinne des § 134 BGB. Denn Zahnärzten ist es zur Vermeidung einer unsachlichen Beeinflussung untersagt, gemäß § 7 Abs. 1 HWG Prämien anzunehmen, sodass diese kein schützenswertes Interesse an der Einhaltung des rechtlich missbilligten Versprechens haben. Die Nichtigkeit beschränkt sich nach den oben genannten Maßstäben dann auf das gekoppelte Prämienversprechen und nicht auf die Hauptgeschäfte, also die einzelnen Kaufverträge für die Zahnersatzmaterialien.

Verstöße gegen § 7 Abs. 1 HWG führen nicht zur Nichtigkeit von Kopplungsgeschäften, an denen Verbraucher beteiligt sind. Das ergibt sich daraus, dass das Verbot nur die Anbieter, die ihre Waren nicht gekoppelt anbieten dürfen und Fachkreise, die gekoppelte Angebote nicht annehmen dürfen, betrifft. Ein Verbot auch für den Endverbraucher, ein solches Kopplungsangebot anzunehmen, besteht nicht.

cc) Kopplungsverbot beim Tabakhandel (§ 24 Abs. 1 TabStG)

Ein spezialgesetzliches Kopplungsverbot besteht auch beim Vertrieb von Tabakprodukten. Gemäß § 26 Abs. 1 Tabaksteuergesetz (TabStG) darf der Händler beim Verkauf von Tabakwaren den auf dem Steuerzeichen angegebenen Packungspreis nicht unterschreiten (Abs. 1 S. 1) und darf bei der Abgabe an Verbraucher auch keine Gegenstände zugeben und die Abgabe nicht mit dem Verkauf anderer Gegenstände koppeln (Abs. 1 S. 4).[708] Eine Ausnahme bildet die Zugabe von Zigarrenspitzen beim Verkauf von Zigarren und Zigarillos, die gemäß § 42 der Durchführungsverordnung zum Tabaksteuergesetz[709] zulässig ist. Im Übrigen gilt das Verbot auch für geringwertige Zugaben wie Zündhölzer.[710]

---

706 OLG Köln Beschluss v. 16.05.2008 – 6 W 38/08 *(All-inclusive Testwochen)*, GRUR-RR 2008, 446.

707 Vgl. BGH Urteil v. 26.03.2009 – I ZR 99/07 *(DeguSmiles & more)*, GRUR 2009, 1082, 1082.

708 Den Kleinverkaufspackungen selbst dürfen auch keine anderen Gegenstände als die Tabakwaren beigepackt oder von außen beigefügt werden. § 24 Abs. 1 TabStG.

709 Verordnung zur Durchführung des Tabaksteuergesetzes vom 5.10.2009, BGBl. I S. 3262.

710 *Steinbeck* in Fezer, UWG, § 4–1 Rn. 257.

Der Verstoß gegen das Kopplungsverbot stellt gemäß § 36 Abs. 2 Nr. 4 TabStG für den Händler eine Ordnungswidrigkeit dar.

Ein Verstoß gegen das Kopplungsverbot begründet nicht die Nichtigkeit des Kopplungsgeschäfts gemäß § 134 BGB. Dies ergibt sich bereits daraus, dass das Verbot nur den Händler verpflichtet. Das Verbot kann aber gemäß § 4 Nr. 11 UWG die Unlauterkeit eines solchen Angebots begründen, denn das Verbot soll auch wettbewerblichen Zwecken dienen.[711] Gegen das Kopplungsverbot ohne Wertungsmöglichkeit jenseits der Schwarzen Liste der UGP-Richtlinie bestehen deswegen keine europarechtlichen Bedenken, weil die UGP-Richtlinie den Mitgliedsstaaten abweichende Beschränkungen im Bereich des Tabakhandels zugesteht.[712]

dd) Kopplungsverbot bei Grundstückskaufverträgen (§ 3 ArchLG; Art. 10 § 3 MRVerbG)

Ein weiteres spezialgesetzliches Kopplungsverbot statuiert Art. 10 § 3 des Gesetzes zur Verbesserung des Mietrechts und zur Begrenzung des Mietanstiegs sowie zur Regelung von Ingenieur- und Architektenleistungen (MRVG).[713] Danach ist eine Vereinbarung unwirksam, durch die sich der Erwerber eines Grundstücks im Zusammenhang mit dem Erwerb verpflichtet, bei Planung oder Ausführung eines Bauwerks auf dem Grundstück die Leistungen eines bestimmten Ingenieurs oder Architekten in Anspruch zu nehmen. Art. 10 § 3 S. 2 MRVG ordnet an, dass die Wirksamkeit des auf den Erwerb des Grundstücks gerichteten Vertrages von dem Kopplungsverbot unberührt bleibt.

Nach Art. 10 § 3 MRVG ist also etwa ein Kopplungsgeschäft verboten, bei dem ein Architekt die Vermittlung eines nicht ihm selbst gehörenden Grundstücks

---

711 OLG Frankfurt Beschluss v. 02.06.2004 – 6 W 79/04 *(Internet-Versteigerung)*, GRUR-RR 2004, 255, 255.

712 Nach Erwägungsgrund 9 der Richtlinie können die Mitgliedstaaten unter Berufung auf den Schutz der Gesundheit und der Sicherheit der Verbraucher in ihrem Hoheitsgebiet für Geschäftspraktiken Beschränkungen aufrechterhalten oder einführen oder Praktiken verbieten, was beispielsweise im Bereich der Tabakwaren gilt. Insofern müsste die Preisbindung auch gesundheitlichen Zwecken dienen. Vgl. (zu Arzneimitteln): BGH Urteil v. 25.04.2012 – I ZR 105/10 *(Das Große Rätselheft)*, GRUR 2012, 1279, 1281. Einschränkungen für Kopplungsangebote bestehen auch bei anderen Waren, bei denen der Verkauf zu einem bestimmten Preis obligatorisch ist, vgl. zur Buchpreisbindung: *Möller*, GRUR-Prax 2010, 308; *Jacobi*, WRP 2011, 703.

713 Zur möglichen zukünftigen Streichung von Art. 10 § 3 MRVG siehe: *Budiner*, NZ-Bau 2011, 662, 663.

davon abhängig macht, dass der Käufer den Architekten mit der Planung der Bebauung des Grundstücks beauftrage.

Ein gegen Art. 10 § 3 S. 1 MRVG verstoßendes Kopplungsgeschäft ist gemäß § 134 BGB nichtig. Die Nichtigkeit erstreckt sich auf die Architektenbindungsvereinbarung ebenso wie der Architekten- oder Ingenieursvertrag,[714] während der Grundstückskaufvertrag gemäß Art. 10 § 3 S. 2 MRVG wirksam bleibt. Der Käufer kann also das Grundstück erwerben und bleibt entgegen der verbotswidrigen Vereinbarung in der Wahl eines Architekten zur Bebauung frei.

Weil das Kopplungsverbot als Rechtsfolge die *Unwirksamkeit* und nicht ausdrücklich die *Nichtigkeit* des Rechtsgeschäfts anordnet, stellt sich die Frage, ob die vertragsrechtliche Konsequenz eines verbotswidrigen Kopplungsgeschäfts eine relative Unwirksamkeit (§ 135 BGB) sein könnte.[715] Dies würde bedeuten, dass sich nur der Grundstückskäufer auf die Unwirksamkeit des Rechtsgeschäfts berufen könnte, während der Architekt an den Architektenvertrag gebunden sei, wenn der Käufer dies wünscht.

Dies ist nicht der Fall, vielmehr tritt bereits von Gesetzes wegen die absolute Nichtigkeit gemäß § 134 BGB im oben beschriebenen Umfang (Bindungsversprechen und Architektenvertrag) ein. Denn für die Frage, ob eine absolute oder relative Nichtigkeit vorliegt, kommt es darauf an, ob das verbotene Geschäft nur eine Vertragspartei schützen will. Das ist jedoch beim Kopplungsverbot gemäß Art. 10 § 3 MRVG nicht der Fall:

Ziel des Kopplungsverbots ist es, zu verhindern, dass eine berufsfremde Tätigkeit des Ingenieurs oder Architekten, die der des Maklers ähnlich ist, den Wettbewerb zwischen den Architekten manipuliert.[716] Mittelbar sollte dadurch zudem ein Schutz von Mietern vor einem Anstieg der Mietpreise aufgrund steigender Baukosten erreicht werden,[717] wobei das Bundesverfassungsgericht offen lässt, ob dieser Zweck durch das Kopplungsverbot erreicht werden könne.[718] Für die Beurteilung der Reichweite der Unwirksamkeit des Vertrages ist indes maßgeblich, dass das Verbot auch im Interesse der Allgemeinheit den Wettbewerb

714 *Christiansen-Geiss*, Voraussetzungen und Folgen des Kopplungsverbotes Art. 10 § 3 MRVG S. 159.

715 Vgl. *Kuffer* in Korbion/Mantscheff/Vygen, HOAI Rn. 34; *Christiansen-Geiss*, Voraussetzungen und Folgen des Kopplungsverbotes Art. 10 § 3 MRVG S. 159.

716 BGH Urteil v. 10.04.1975 – VII ZR 254/73 NJW 1975, 1218, 1218 mit Verweis auf: Regierungsbegründung BT-Drs VI/1549 Anl. 1 S. 14, 15; BT-Drs VI/2421.

717 BT-Drs VI/1549, S. 6.

718 BVerfG Beschluss v. 16.06.2011 – 1 BvR 2394/10 NJW 2011, 2782.

zwischen den Architekten vor Verfälschungen schützt.[719] Eine Verfälschung könne etwa dann eintreten, wenn ein Architekt nicht aufgrund seines architektonischen Könnens beauftragt wird, sondern nur deshalb, weil er über gute Kontakte verfügt und daher Grundstücke vermitteln und an sich binden kann. Fachlich bessere Architekten könnten durch eine solche maklerische Tätigkeit daran gehindert werden sich durchzusetzen. Nach der Auffassung des Bundesverfassungsgerichts handelt es sich bei dem Schutz des Wettbewerbs um ein eigenständiges Ziel und nicht nur um ein Mittel zur Reduzierung der Mietpreise.[720]

Weil der durch das Kopplungsverbot bezweckte Schutz damit nicht nur dem individuellen Grundstückserwerber gebührt, kann dieser über das Stehen und Fallen des Kopplungsgeschäfts auch nicht disponieren. Ein Anwendungsfall des § 135 BGB liegt damit nicht vor, vielmehr verlangt der Schutzzweck des Gesetzes, dass die absolute Nichtigkeitsfolge des § 134 BGB gewahrt wird.[721]

Anders als in den oben besprochenen Sachverhalten kommt es nach der ausdrücklichen gesetzlichen Anordnung in 10 § 3 S. 2 MRVG auch bezüglich der Reichweite der Nichtigkeitsfolge nicht auf den Willen der Parteien an. Es kommt also nicht zur Anwendung des § 139 BGB, mithin auch nicht zur Erörterung der Frage, ob der Grundstückserwerber den Grundstückskaufvertrag auch ohne die Architektenbindung abgeschlossen hätte, was durchaus nicht immer der Fall sein wird.[722]

Daher ist der Käufer auch dann an den Grundstückskaufvertrag gebunden, wenn er diesen ohne die Kopplung an die Architektenleistung nicht abgeschlossen hätte.

ee) Kopplungsverbot bei Wanderlagern (§ 56a Nr. 2 GewO)

Ein Kopplungsverbot besteht auch im Zusammenhang mit sogenannten Wanderlagern. Ein Wanderlager ist eine Verkaufsveranstaltung außerhalb einer gewerblichen Niederlassung und außerhalb einer Messe, einer Ausstellung oder eines Marktes, bei der von einer festen Verkaufsstätte aus, etwa aus einer Gaststätte oder einem liegenden Schiff, vorübergehend Waren angeboten oder Bestellungen angenommen werden.[723] Eine besonders häufige Form des Wanderlagers sind die sogenannten Kaffeefahrten, bei denen der Organisator einen

---

719 *Kuffer* in Korbion/Mantscheff/Vygen, HOAI Rn. 34.

720 BVerfG Beschluss v. 16.06.2011 – 1 BvR 2394/10 NJW 2011, 2782, 2782–2783.

721 So auch *Christiansen-Geiss*, Voraussetzungen und Folgen des Kopplungsverbotes Art. 10 § 3 MRVG S. 159; *Kuffer* in Korbion/Mantscheff/Vygen, HOAI Rn. 34.

722 *Kuffer* in Korbion/Mantscheff/Vygen, HOAI Rn. 34.

723 *Schönleiter* in Landmann/Rohmer, GewO, § 56a Rn. 28.

Ausflug anbietet, im Rahmen dessen die Gäste an einer Verkaufsveranstaltung teilnehmen, die z. B. in dem gemieteten Saal einer Gaststätte stattfindet. Bei Kaffeefahrten ist den Gästen die Teilnahme an der Verkaufsveranstaltung regelmäßig formal freigestellt, jedoch ist sie mitunter aus tatsächlichen Gründen zwingend, weil der Reisebus an einem entlegenen Ort, an dem die Verkaufsveranstaltung stattfindet, für deren Dauer hält. Oftmals gibt es neben der Verkaufsveranstaltung ein weiteres Ausflugsziel, das die angesprochenen Kunden anlocken und zur Teilnahme bewegen soll. Für die Teilnahme an der Kaffeefahrt werden oftmals keine oder nur geringe Entgelte verlangt.

Beispiel: Eine Busreise mit anschließendem Bootsausflug auf der Nordsee wird zum Gesamtpreis von 8,90 DM angeboten, wobei auf dem Weg an einem Ausflugslokal eine Werbeverkaufsveranstaltung stattfindet und der Anbieter den Gästen die Teilnahme an der Werbeveranstaltung freistellt.[724]

Das Kopplungsverbot des § 56a GewO untersagt dem Anbieter, im Zusammenhang mit Wanderlagern unentgeltliche Zuwendungen (Waren oder Leistungen) einschließlich Preisausschreiben, Verlosungen und Ausspielungen *anzukündigen*.

Aus dem Gesetzeszweck ergibt sich, dass ein Verstoß gegen das Verbot in § 56a GewO nicht gemäß § 134 BGB zur Nichtigkeit von Folgeverträgen führt. Der Gesetzgeber begründete die Einführung des Kopplungsverbots damit, dass Missstände und Auswüchse bestimmter Werbe- und Verkaufsveranstaltungen unterbunden werden sollten. In zunehmendem Maße würden »Verbraucher, die über viel Freizeit verfügen, insbesondere Rentner und Angehörige sozial besonders schwacher Schichten, durch das Versprechen von Geschenken, kostenloser Bewirtung und kostenloser Omnibusfahrten in landschaftlich schöne Gebiete o. ä. zum Besuch von Veranstaltungen gelockt und hier dann durch Einwirkungen verschiedenster Art zum Kauf eines Gegenstandes veranlasst, den sie eigentlich nicht erwerben wollten und dessen Preis meist erheblich höher ist als derjenige in einem Ladengeschäft.«[725] Durch das Verbot sollte dieser Gefahr begegnet werden, indem die Ankündigung von Geschenken untersagt wird. Weil von Wanderlagern besondere Gefahren ausgingen, wurde das Zugabenverbot auch nach Aufhebung der Zugabeverordnung aufrechterhalten.[726]

Um diesen Zweck zu erreichen, beschränkt sich das Verbot darauf, die Ankündigung der gekoppelten Zuwendungen zu untersagen, und nicht, wie etwa

---

724 Vgl. OLG Oldenburg Urteil v. 13.05.1976 – 1 U 26/76 NJW 1976, 1695.

725 Bericht des Bundestagsausschusses für Wirtschaft und Mittelstandsfragen, Bt-Drs. 5/2791, vgl *Schönleiter* in Landmann/Rohmer, GewO, § 56a Rn. 16.

726 *Schönleiter* in Landmann/Rohmer, GewO, § 56a Rn. 40.

die oben besprochenen Kopplungsverbote im Gesundheitsbereich, auch das Gewähren der Zugaben zu verbieten.[727] Verbotswidrig ist danach nur ein Angebot, das ankündigt, im Zusammenhang mit einer Kaffeefahrt Zugaben zu gewähren oder die Teilnahme von Preisausschreiben zu ermöglichen. Das Gewähren von Geschenken im Zusammenhang mit seiner solchen Veranstaltung ist dagegen nicht verboten, sondern nach den allgemeinen lauterkeitsrechtlichen Regelungen zu bewerten.[728]

Klarzustellen ist, dass das Verbot nicht die Kaffeefahrt selbst betrifft, die nach hier vertretener Auffassung selbst ein Kopplungsgeschäft ist, weil sie die Gewährung eines vergünstigten oder kostenlosen Ausflugs an die faktische Gegenleistung der Teilnahme an einer Verkaufsveranstaltung koppelt.

Die Ankündigung, ein Preisausschreiben im Rahmen einer Kaffeefahrt anzubieten, ist demnach verbotswidrig. Ist die Ankündigung darüber hinaus auch noch falsch, weil fälschlicherweise versprochen wird, der Interessent habe bereits einen Preis gewonnen, was bei der Werbung für Kaffeefahrten mitunter geschieht, kann das Angebot darüber hinaus auch einen strafbaren Reklameschwindel gemäß § 16 Abs. 1 UWG darstellen. Die Annahme einer strafbaren Werbung scheitert in den Fällen jedoch regelmäßig daran, dass das falsche Gewinnversprechen nicht in den Zusammenhang mit den später auf der Verkaufsveranstaltung abgesetzten Produkten in Verbindung gebracht wird.[729]

ff) Exkurs: Das Verbot des § 16 Abs. 2 UWG:

Eine besondere Form der Kundenbindung und Kundengewinnung besteht darin, die Kunden in das Vertriebssystem des Verkäufers mit einzubeziehen. Solche Kundengewinnungssysteme können von dem Verbot des § 16 Abs. 2 UWG erfasst sein, das progressive Kundenwerbung, die sogenannten »Schneeballsysteme« oder »Pyramidensysteme«,[730] untersagt. Schneeballsysteme beinhalten die Kopplung von Warenverkauf an die Einbeziehung des Käufers in die Vertriebsorganisation des Verkäufers.[731] Unter den Voraussetzungen des § 16 Abs. 2 UWG ist eine solche Kopplung verboten und für den Anbieter strafbar. Nach

727 OLG Hamm Urteil v. 17.12.1981 – 4 U 229/81 GewA 1982, 130, 130; Schönleiter in Landmann/Rohmer, GewO, § 56a Rn. 16.

728 OLG Hamm Urteil v. 17.12.1981 – 4 U 229/81 (Verbotene Ankündigung unentgeltlicher Zuwendungen und deren Gewährung bei Wanderlagern), GewA 1982, 130, 130.

729 *Dornis*, GRUR 2008, 742, 749.

730 *Diemer* in Erbs/Kohlhaas, Strafrechtliche Nebengesetze, § 16 UWG Rn. 119.

731 Vgl. *Dryer* in Harte-Bavendamm/Henning-Bodewig, UWG § 16 Rn. 46.

§ 16 Abs. 2 UWG wird bestraft, »wer es im geschäftlichen Verkehr unternimmt, Verbraucher zur Abnahme von Waren, Dienstleistungen oder Rechten durch das Versprechen zu veranlassen, sie würden entweder vom Veranstalter selbst oder von einem Dritten besondere Vorteile erlangen, wenn sie andere zum Abschluss gleichartiger Geschäfte veranlassen, die ihrerseits nach der Art dieser Werbung derartige Vorteile für eine entsprechende Werbung weiterer Abnehmer erlangen sollen«.

Beispiel: Auf Präsentationsveranstaltungen können Gäste ein sogenanntes Vertriebsaufbauprogramm kostenpflichtig erwerben, das unter anderem das Recht beinhaltet, Verträge im Namen des Anbieters zu vertreiben. Die Erwerber erhalten dann eine Vermittlungsprovision für den Fall, dass sie ihrerseits weitere Personen als Vertriebspartner werben, wobei sich die Provisionshöhe nach einem stufenförmigen System bemisst, innerhalb dessen erfolgreiche Vertriebspartner aufsteigen können.[732]

Bei dem Verbot der progressiven Vertriebssysteme handelt es sich nicht um ein verbotenes Kopplungsgeschäft im hier verstandenen Sinn. Die von § 16 Abs. 2 UWG untersagte Absatzstrategie unterscheidet sich in verschiedenen Gesichtspunkten von den hier besprochenen verkaufsfördernden Kopplungsangeboten. Gemeinsam sind beiden das Motiv der Verkaufsförderung und das an die Warenabnahme gekoppelte Versprechen eines Vorteils für den Käufer sowie die grundsätzlich mögliche Gefahr, Kunden über die Voraussetzungen des Angebots in die Irre zu führen. Wie bei Gewinnspiel-Kopplungen kann auch der progressiven Kundenwerbung ein ausgeprägtes aleatorisches Element innewohnen.[733] Die progressive Kundenwerbung ist jedoch gegenüber den verkaufsfördernden Kopplungsangeboten deshalb ungleich gefährlicher, weil sich das System aufgrund des exponentiellen Wachstums der Anbieter zwangsläufig erschöpft.[734] Der Vertrieb findet nämlich regelmäßig überwiegend durch Wachstum der Struktur selbst und nicht durch eigene Produktivität des Systems statt.[735] Es kommt daher zu einer Marktverengung und schließlich zum Zusammenbruch der Struktur, wenn der Vielzahl der Vertriebsmitarbeiter keine Kunden mehr gegenüberstehen. Beim Zusammenbruch erhält die Mehrheit der Geworbenen ihren eigenen Einsatz nicht zurück.[736] Anders als bei den verkaufsfördernden Kopplungsangeboten ist bei der progressiven Kundenwerbung

732 Vgl. KG Beschluss v. 27.09.2004 – 5 Ws 255/04 NStZ-RR 2005, 26 ff.

733 *Köhler* in Köhler/Bornkamm, UWG, § 16 Rn. 32.

734 *Köhler* in Köhler/Bornkamm, UWG, § 16 Rn. 33.

735 *Dryer* in Harte-Bavendamm/Henning-Bodewig, UWG § 16 Rn. 46.

736 *Dryer* in Harte-Bavendamm/Henning-Bodewig, UWG § 16 Rn. 46.

daher die Übervorteilung des Geworbenen nicht nur stets gegeben, sondern in der Regel von dem Anbieter von Anfang an beabsichtigt.

Mit der erheblichen Gefahr solcher Systeme korrespondiert eine entsprechend strenge zivilrechtliche Bewertung. Die vertraglichen Beziehungen zwischen den Teilnehmern sind regelmäßig gemäß § 134 BGB (§ 16 Abs. 2 UWG ist ein Verbotsgesetz im Sinne des § 134 BGB)[737], oder, in von dem ausdrücklichen Verbot abweichenden Konstellationen der progressiven Kundenwerbung wegen § 138 Abs. 1 BGB, in Gänze nichtig.[738] Eine Besonderheit besteht bezüglich der Rückabwicklung der nichtigen Rechtsgeschäfte: Aus generalpräventiven Erwägungen greift nach ständiger Rechtsprechung die Kondiktionssperre des § 817 S. 2 BGB bei Verstößen gegen § 16 Abs. 2 UWG nicht, sodass das Gezahlte gemäß §§ 812 ff. BG zurückverlangt werden kann.[739]

gg) Sonstige Kopplungsverbote

Im Übrigen kennt das deutsche Recht verschiedene weitere als »Kopplungsverbote« bezeichnete Verbotstatbestände, die aber nicht im Zusammenhang mit verkaufsfördernden Kopplungsangeboten stehen. So untersagt etwa das Kopplungsangebot in § 56 Abs. 1 S. 2 VwVfG, hoheitliche Entscheidungen von wirtschaftlichen Gegenleistungen abhängig zu machen, wenn dafür keine gesetzliche Ermächtigung besteht.[740] Ein hiergegen verstoßendes Kopplungsgeschäft ist im Falle eines öffentlich-rechtlichen Vertrags gemäß § 59 Ans. 2 Nr. 4 VwVfG und im Falle eines privatrechtlichen Vertrags gemäß § 134 BGB nichtig.[741] Ferner können solche öffentlich-rechtlichen Austauschverträge auch sittenwidrig sein.[742]

C. Sittenwidrige Kopplungsgeschäfte (§ 138 BGB)

Wie alle Rechtsgeschäfte können auch Kopplungsgeschäfte unter den Voraussetzungen des § 138 BGB sittenwidrig und damit nichtig sein.[743]

---

737 *Köhler* in Köhler/Bornkamm, UWG, § 16 Rn. 51.

738 *Köhler* in Köhler/Bornkamm, UWG, § 16 Rn. 51, mit Verweis auf BGH Urteil v. 22.05.1978 - III ZR 153/76 *(Golden Products)*, NJW 1978, 1970, 1972.

739 *Dryer* in Harte-Bavendamm/Henning-Bodewig, UWG, § 16 Rn. 78.

740 Das Kopplungsverbot dient dem Schutz des Bürgers und soll zugleich einen »Ausverkauf« des Staates verhindern, *Lübbig* in Stekens/Bonk/Sachs, VwVfG, § 56 Rn. 44.

741 *Palm/Arnold* in Ermann, BGB, § 134 Rn. 73.

742 *Palm/Arnold* in Ermann, BGB, § 138 Rn. 133.

743 *Palm/Arnold* in Ermann, BGB, § 138 Rn. 133.

I. Sittenwidrigkeit von Kopplungsgeschäften infolge unlauterer Kopplungsangebote

1. Problemstellung

Die Generalklausel des UWG 1909, auf deren Grundlage eine Vielzahl von Kopplungsangeboten untersagt wurde,[744] setzte tatbestandlich voraus, dass jemand im geschäftlichen Verkehr zu Zwecken des Wettbewerbs eine Handlung vornimmt, die »gegen die guten Sitten« verstößt. § 138 BGB erklärt ein Rechtsgeschäft für nichtig, das »gegen die guten Sitten verstößt«.

Aufgrund der Beschreibung der Tatbestandsmerkmale mit derselben Terminologie der »guten Sitten« könnte ein Gleichlauf oder wenigstens eine große Schnittmenge zwischen wettbewerbsrechtlich unlauteren und vertragsrechtlich sittenwidrigen Handlungen erwartet werden.

Die herrschende Auffassung verneinte einen solchen Zusammenhang bereits unter Geltung des UWG 1909. Heute, nachdem auch der Begriff der Sittenwidrigkeit aus dem Gesetz gestrichen wurde, wird ein solcher Zusammenhang erst recht verneint: Die Unlauterkeit eines Kopplungsangebots führe danach regelmäßig nicht zur Sittenwidrigkeit des Folgevertrags nach § 138 BGB.[745] Denn Vertrags- und Lauterkeitsrecht lägen unterschiedliche Wertungsmaßstäbe zugrunde, mit der Folge, dass wettbewerbsrechtliche Unlauterkeit nicht zwangsläufig[746] und auch nicht in der Mehrzahl der Fälle[747] zur vertragsrechtlichen Sittenwidrigkeit des Folgegeschäfts führe.

Teilweise wird dagegen vertreten, dass die Rechtsprechung bezüglich Kopplungsangeboten anerkenne, dass sich die Sittenwidrigkeit eines Vertrags auch aus einer vorangegangenen Werbemaßnahme ergeben könne und somit die Unlauterkeit der Werbemaßnahme auch die Wirksamkeit des Folgegeschäfts infrage stellen könne,[748] es also eine gewisse Interdependenz zwischen wettbewerbsrechtlicher Unlauterkeit und vertragsrechtlicher Sittenwidrigkeit geben könnte.

Zur Beantwortung der Frage, ob dies der Fall ist, kommt es zunächst auf die tatbestandlichen Voraussetzungen des § 138 BGB an:

---

744 Zum Beispiel: BGH Urteil v. 04.07.1975 – I ZR 27/74 *(Vorspannangebot)*, GRUR 1976, 248; BGH Urteil v. 13.06.2002 – I ZR 71/01 *(Kopplungsangebote II)*, GRUR 2002, 979.

745 Vgl. statt Vieler: *Sack*, GRUR 2004, 625, 626.

746 *Fezer* in Fezer, UWG Einl E. Rn. 400.

747 *Ahrens* in Harte-Bavendamm/Henning-Bodewig, UWG, Einl G. Rn. 143.

748 So *Nassall*, NJW 2006, 127, 128, der sich zur Begründung seiner Auffassung auf BGH Urteil v. 29.06.2005 – VIII ZR 299/04 NJW 2005, 2991 beruft.

a) Tatbestandliche Voraussetzungen der Sittenwidrigkeit gemäß § 138 BGB

Gemäß § 138 Abs. 1 BGB ist ein Rechtsgeschäft nichtig, das gegen die guten Sitten verstößt (Sittenwidrigkeit).[749] Gemäß § 138 Abs. 2 BGB ist nichtig insbesondere ein Rechtsgeschäft, durch das jemand unter Ausbeutung der Zwangslage, der Unerfahrenheit, des Mangels an Urteilsvermögen oder der erheblichen Willensschwäche eines anderen sich oder einem Dritten für eine Leistung Vermögensvorteile versprechen oder gewähren lässt, die in einem auffälligen Missverhältnis zu der Leistung stehen (Wucher).

b) Anwendungsbereich des § 138 BGB

§ 138 BGB stellt – wie § 134 BGB – nach herrschender Auffassung eine Inhaltskontrolle von Rechtsgeschäften dar, die Sittenwidrigkeit des Rechtsgeschäfts muss sich daher auf den Vertragsinhalt beziehen.[750] Im weiteren Sinne gehören hierzu auch Motiv, Zweck und Begleitumstände des Rechtsgeschäfts, sodass sich die Sittenwidrigkeit auch erst aus einer Gesamtschau seiner Charakteristika ergeben kann.[751] Dagegen ist – wie bei § 134 BGB – der Anwendungsbereich nicht ohne weiteres eröffnet, wenn das Zustandekommen des Rechtsgeschäfts sittenwidrig ist.[752] Vielmehr kommt es in solchen Fällen darauf an, ob weitere Umstände hinzutreten, durch die der Sittenmakel auch im Vertragsinhalt begründet wird.[753] Insoweit kann auf die obigen Ausführungen zur Verbotsgesetzwidrigkeit verwiesen werden.[754] Danach gilt Folgendes: Ergibt sich die Unlauterkeit eines Kopplungsangebots daraus, dass es in wettbewerbswidriger Weise auf das Zustandekommen eines seinem Inhalt nach nicht zu beanstandenden Kopplungsgeschäfts einwirkt, ist bereits der Anwendungsbereich des § 138 BGB nicht eröffnet. Ist dagegen der Inhalt des Kopplungsgeschäfts unlauter, zum Beispiel, weil der Inhalt gegen ein spezialgesetzliches Kopplungsverbot verstößt, das ein Marktverhalten regelt (§ 4 Nr. 11 UWG), ist der Anwendungsbereich des § 138 BGB grundsätzlich eröffnet.

---

749 § 138 Abs. 1 BGB ist seit Einführung des BGB am 01.01.1900 in seinem Wortlaut unverändert.

750 *Sack/Fischinger* in Staudinger-BGB, § 138 Rn. 4.

751 *Jauernig* in Jauernig, BGB, § 138 Rn. 11; *Sack/Fischinger* in Staudinger-BGB, § 138 Rn. 6.

752 *Sack/Fischinger* in Staudinger-BGB, § 138 Rn. 4.

753 *Sack/Fischinger* in Staudinger-BGB, § 138 Rn. 9.

754 Siehe oben, S. 160

c) Problem der Ausweitung des Anwendungsbereichs von § 138 BGB auf unlautere Handlungen vor Vertragsschluss

In der Literatur wird diskutiert, ob eine Abkehr von der Rechtsprechung festzustellen ist, dass § 138 BGB den Vertragsinhalt betreffe und nicht auch das Zustandekommen des Vertrags erfasse.[755] Der BGH hat in einer Entscheidung aus dem Jahr 2005 die Sittenwidrigkeit eines Kopplungsgeschäfts auch auf vorangegangene Werbemaßnahmen des Anbieters gestützt.[756]

In dem vom BGH entschiedenen Fall hatte ein Anbieter beharrlich gegenüber älteren Personen mit einem Kopplungsangebot geworben, bei dem ein angeblich bereits gewonnener Geldpreis (6.500 Euro) ausgezahlt würde, sobald die angesprochenen Verbraucher Waren beim Anbieter bestellten. Ausgezahlt wurde der vermeintlich gewonnene Preis jedoch nicht. Nach den Feststellungen der Vorinstanzen richtete sich das Angebot gezielt an ältere, geschäftlich unerfahrene Verbraucher. Der BGH wertete dieses Angebot als sittenwidrig, weil das nicht ernstliche Gewinnversprechen gegen das Anstandsgefühl aller billig und gerecht Denkenden verstoße.[757] Eine Besonderheit der Entscheidung liegt darin, dass der BGH darüber hinaus festgestellt hat, dass sich die Sittenwidrigkeit in dem entschiedenen Fall auch daraus ergibt, dass es »nicht bei einer einmaligen Aufforderung, eine Bestellung abzugeben, geblieben ist, sondern es ein wiederholtes Drängen auf Abgabe einer Bestellung gegeben hat, um den Gewinn ‚endlich' auszahlen zu können«.[758] Diese Geschäftspraktik sei nicht mit den guten Sitten zu vereinbaren, weil sie darauf angelegt sei, »unter bewusster Ausnutzung der rechtlichen und geschäftlichen Unerfahrenheit der angesprochenen Personen diese (…) durch eine massive Häufung von Gewinnzusagen und wiederholte Appelle, dabei – einschließlich der Bestellungen – auch alles ›richtig‹ zu machen, zum Kauf von Gegenständen zu verleiten, die sie sonst nicht erworben hätten.«[759]

Aus diesem Urteil wird teilweise der Schluss gezogen, dass die Verletzung von Geboten des UWG nunmehr grundsätzlich geeignet sei, auch die Sittenwidrigkeit gemäß § 138 Abs. 1 BGB zu begründen.[760] In der Folge müsse eine Neubewertung des Verhältnisses zwischen Lauterkeitsrecht und Vertragsrecht stattfinden.[761]

---

755 *Nassall*, NJW 2006, 127, 129.
756 BGH Urteil v. 29.06.2005 – VIII ZR 299/04 NJW 2005, 2991.
757 BGH Urteil v. 29.06.2005 – VIII ZR 299/04 NJW 2005, 2991, 2993.
758 BGH Urteil v. 29.06.2005 – VIII ZR 299/04 NJW 2005, 2991, 2993.
759 BGH Urteil v. 29.06.2005 – VIII ZR 299/04 NJW 2005, 2991, 2993.
760 *Nassall*, NJW 2006, 127, 129.
761 *Nassall*, NJW 2006, 127, 129.

2. *Stellungnahme*

Nach hier vertretener Auffassung sind Unlauterkeit und Sittenwidrigkeit unterschiedliche Maßstäbe, mit der Folge, dass eine wechselseitige Abhängigkeit nicht besteht. Zunächst ist auf die Ausführungen zur Verbotsgesetzwidrigkeit zu verweisen, in der diese Auffassung bereits begründet wurde:[762] Es führte zu Wertungswidersprüchen mit dem Anfechtungsrecht, wenn die wettbewerbswidrige Vertragsanbahnung automatisch zur Nichtigkeit nach § 138 BGB führt, die arglistige Täuschung oder Drohung jedoch nur zur Anfechtbarkeit des zunächst wirksamen Rechtsgeschäfts gemäß § 123 BGB. Darüber hinaus muss ein gegen die kollektiven Verbraucherinteressen gerichtetes unlauteres Kopplungsangebot nicht zwangsläufig auch die individuellen Verbraucherinteressen eines bestimmten Verbrauchers beeinträchtigen. Deswegen ist ein einseitiges Vertragslösungsrecht, wie das Anfechtungsrecht gemäß § 123 BGB, für die widerrechtliche Einflussnahme beim Zustandekommen des Geschäfts die sachgerechtere Lösung als die Nichtigkeit gemäß § 138 BGB.

Nach hier vertretenem Verständnis ergab sich überdies auch in dem vom BGH entschiedenen Fall die Sittenwidrigkeit aus dem Inhalt des Vertrags und nicht aus wettbewerblichen Handlungen im Zusammenhang mit dessen Zustandekommen. Denn die ausdrücklich an die Warenabnahme gekoppelte Gewinnzusage wurde zum Inhalt des Kaufvertrags. Wenn sich aus der Willenserklärung des Anbieters ergibt, dass der »Gewinn« nur bei Abnahme einer Ware ausgezahlt wird, dann wird der Gewinn auch dann Bestandteil des Kopplungsgeschäfts, wenn sich der Anbieter heimlich vorbehält, den Gewinn nicht auszahlen zu wollen (§ 116 S. 1 BGB). Denn anders als bei der isolierten Gewinnzusage, die im Übrigen ebenfalls zu einem Auszahlungsanspruch des Verbraucher führt (§ 661a BGB), stellt der Anbieter eines Kopplungsgeschäfts mit falscher Gewinnzusage den Gewinn von Anfang an in das vertragliche Gegenseitigkeitsverhältnis. Deshalb darf der angesprochene Verbraucher die Willenserklärung regelmäßig so verstehen, dass auch die Gewinnauszahlung Gegenstand des Vertrags sein soll.

Dass die vertragliche Sittenwidrigkeit nicht allein aus unlauteren geschäftlichen Handlungen beim Zustandekommen des Vertrags folgt, ergibt sich ferner daraus, dass dem bürgerlichrechtlichen Sittenbegriff und der wettbewerbsrechtlichen Unlauterkeit unterschiedliche Maßstäbe zugrunde liegen.

Die Sittenwidrigkeit des § 138 BGB wird historisch und bis heute überwiegend durch die sogenannte »Anstandsformel« erläutert. Danach wird die Sittenwidrigkeit am »Anstandsgefühl aller billig und gerecht Denkenden«

---

762 Siehe oben, S. 163.

gemessen.[763] Die Anstandsformel hat ihren Ursprung in der Begründung des historischen BGB-Gesetzgebers zu § 826 BGB, der im Wortlaut seit seiner Einführung am 01.01.1900 unverändert geblieben ist.[764] Als Billigkeit wird mitunter auf »die der herrschenden Wirtschafts- und Sozialordnung immanente Rechtsethik«[765] abgestellt, während das Bundesverfassungsgericht die »guten Sitten« als die »Gesamtheit der Wertvorstellungen (...), die das Volk in einem bestimmten Zeitpunkt seiner geistigkulturellen Entwicklung erreicht und in seiner Verfassung fixiert hat«[766], beschreibt.

Die Terminologie der »Sitten«, der »Rechtsethik«, der »Wertvorstellungen« und des »Anstands« implizieren grundsätzlich eine sozialmoralische Färbung des bürgerlichrechtlichen Sittenbegriffs.[767]

Hiervon weicht die wettbewerbsrechtliche Unlauterkeit ab. Bereits unter Geltung des § 1 UWG 1909 war es die herrschende Ansicht, dass der lauterkeitsrechtliche Sittenbegriff nicht mit dem bürgerlichrechtlichen Sittenbegriff übereinstimme. Etwa ab Ende der 1960er Jahre fand in der lauterkeitsrechtlichen Literatur eine Loslösung des lauterkeitsrechtlichen Sittenbegriffs von moralischen Bewertungen statt.[768]

Mit der UWG-Novelle 2004 hat der Gesetzgeber den Begriff der »guten Sitten« im Lauterkeitsrecht aufgegeben. Zur Begründung führte er ausdrücklich aus, dass »der Maßstab der guten Sitten antiquiert wirkt, weil er den Wettbewerber unnötig mit dem Makel der Unsittlichkeit belastet.«[769] Hierin ist eine Distanzierung des Gesetzgebers von einem primär ethisch geprägten Tatbestand zu sehen, denn nur, wenn die Unlauterkeit nicht zwangsläufig auch unsittlich ist, ist der Makel der Unsittlichkeit »unnötig«.

Die UGP-Richtlinie stellt in Erwägung 7 klar, dass sie sich nicht auf die gesetzlichen Anforderungen in Fragen der guten Sitten und des Anstands bezieht. Gleichwohl verwendet sie den Begriff, indem sie zur Bestimmung der beruflichen Sorgfalt auch auf die »anständigen Marktgepflogenheiten« abstellt.[770]

---

763 *Sack/Fischinger* in Staudinger-BGB, § 138 Rn. 60.

764 *Sack*, NJW 1985, 761, 761.

765 LG Münster Urteil v. 10.06.1975 – 3 a O 560/74 NJW 1975, 2070, 273.

766 BVerfG Urteil v. 15.01.1958 – 1 BvR 400/57 NJW 1958, 257, 257; vgl. ferner *Armbrüster* in MüKo-BGB, § 138 Rn. 15.

767 So auch *Dörner* in Hk-BGB, § 138 BGB Rn. 3; kritisch: *Sack/Fischinger* in Staudinger-BGB, § 138 Rn. 22 ff.

768 *Voigt/Voigt*, NJW 1981, 12, 12.

769 BT-Drs. 15/1487, S. 16.

770 Art. 2 lit. h UGP-Richtlinie.

Ganz verzichtet hat auch der Gesetzgeber der UWG-Novelle 2004 nicht auf eine ethische Färbung des Unlauterkeitsbegriffs, denn in der Gesetzesbegründung heißt es weiter, dass unlauter alle Handlungen sind, die »den *anständigen* Gepflogenheiten in Handel, Gewerbe, Handwerk oder selbstständiger beruflicher Tätigkeit zuwiderlaufen.«[771]

Gleichwohl besteht heute weitgehende Einigkeit, dass die Unlauterkeit nicht – wie die bürgerlichrechtliche Sittenwidrigkeit – an allgemeine *Anstandsvorstellungen* anknüpft.[772] Vielmehr findet im Lauterkeitsrecht eine Spezifizierung des Begriffs des unlauteren Wettbewerbs mittels eines umfangreichen Beispielskatalogs statt. Aus der Formulierung des § 4 UWG, »Unlauter handelt insbesondere wer…« lässt sich der Schluss ziehen, dass die dort fixierten Regelbeispiele und nicht davon möglicherweise abweichende sozialethische Vorstellungen der Allgemeinheit den Inhalt des Unlauterkeitsbegriffs festlegen.

Schließlich besteht ein Unterschied der Bewertungsmaßstäbe darin, dass die lauterkeitsrechtliche Bewertung vollständig objektiviert ist, es also auf einen subjektiven Schädigungswillen oder auch nur eine Kenntnis der Unlauterkeitsmerkmale nicht ankommt. Dies hat der BGH in der Entscheidung *Außendienstmitarbeiter*[773] im Jahr 2007 klargestellt: Der Schutzzweck des Wettbewerbsrechts erfordere, dass eine objektiv erheblich wettbewerbsstörende Handlung unlauter ist, ohne dass es auf die Kenntnis des Handelnden ankommt.[774] Ist die Handlung dagegen objektiv nicht geeignet, die Schutzgüter des Lauterkeitsrechts zu beeinträchtigen, ist sie auch nicht unlauter, gleich ob der Handelnde in wettbewerbsschädigender Absicht aktiv wurde oder nicht.[775]

Anders liegt es bei der bürgerlichrechtlichen Sittenwidrigkeit gemäß § 138 BGB. Die herrschende Lehre verlangt dort, ein subjektives Element, das wenigstens darin bestehen muss, dass der Handelnde die Tatsachen kennt, aus denen die Sittenwidrigkeit folgt oder sich bewusst oder grob fahrlässig der Kenntnis erheblicher Tatsachen verschließt.[776]

771 BT-Drs. 15/1487, S. 16.

772 *Lubberger* in Gloy/Loschelder/Erdmann, Wettbewerbsrecht, § 44 Rn. 10.

773 BGH Urteil v. 11.01.2007 – I ZR 96/04 *(Außendienstmitarbeiter)*, GRUR 2007, 800.

774 BGH Urteil v. 11.01.2007 – I ZR 96/04 *(Außendienstmitarbeiter)*, GRUR 2007, 800, 801.

775 BGH Urteil v. 11.01.2007 – I ZR 96/04 *(Außendienstmitarbeiter)*, GRUR 2007, 800, 802.

776 BGH Urteil v. 29.06.2005 – VIII ZR 299/04 NJW 2005, 2991, 2993. Klarzustellen ist, dass das subjektive Element für sich genommen auch im Vertragsrecht nicht geeignet ist, die Sittenwidrigkeit eines objektiv nicht nachteiligen Geschäfts

Schließlich sind an die Sittenwidrigkeit gemäß § 138 BGB als Eingriff in den verfassungsrechtlich gewährleisteten Grundsatz der Privatautonomie höhere Anforderungen zu stellen als an die lauterkeitsrechtlichen Verbotstatbestände.

Aus diesen Gründen folgt nach hier vertretener Auffassung, dass die lauterkeitsrechtliche Bewertung unabhängig von der vertragsrechtlichen Bewertung stattfindet.

3. *Zwischenergebnis*

Nach alledem ist festzuhalten: Die Unlauterkeit eines Kopplungsangebots begründet weder die Verbotsgesetzwidrigkeit noch die Sittenwidrigkeit eines daraufhin geschlossenen Kopplungsgeschäfts. Damit ist das Folgegeschäft eines unlauteren Kopplungsangebots nicht nichtig, sondern grundsätzlich wirksam.

II. Sittenwidrige Kopplungsgeschäfte

1. *Sittenwidrige Angebotselemente*

Kopplungsgeschäfte können aus verschiedenen Gründen sittenwidrig sein. Es gilt das zu verbotsgesetzwidrigen Kopplungsgeschäften Festgestellte: Zunächst kann ein Kopplungsgeschäft dann ganz oder teilweise sittenwidrig sein, wenn eines der gekoppelten Angebotselemente bereits für sich genommen sittenwidrig ist.[777] Ob sich die Nichtigkeitsfolge in einem solchen Fall auf das gesamte Kopplungsgeschäft bezieht, oder auf das bemakelte Angebotselement beschränkt, richtet sich nach § 139 BGB.[778]

Beispiel: Ein Anwalt koppelt an seine Beratungsleistung das Versprechen, jedem Mandanten, der ihm einen weiteren Mandanten vermittelt, mit einer Provision zu belohnen.

Eine Vereinbarung zwischen einem Anwalt und einem Nichtanwalt über die Zahlung von Provisionen für vermittelte Mandate verstößt gegen die guten Sitten und ist nach § 138 Abs. 1 BGB bereits für sich genommen sittenwidrig und nichtig.[779] Die Nichtigkeit ergibt sich aus dem Makel an einem Angebotselement (Versprechen einer Provision für die Vermittlung von Mandanten), nicht aus der Kopplung des Provisionsversprechens an die Beratungsleistung.

---

zu begründen, BGH Urteil v. 28.10.2011 – V ZR 212/10 NJW-RR 2012, 18, 18; vgl. auch *Armbrüster* in MüKo-BGB, § 138 Rn. 130.

777 Vergleiche hierzu (für die Verbotsgesetzwidrigkeit) oben, S. 167.

778 Siehe hierzu oben, S. 167.

779 BGH Urteil v. 11.04.1998 – 24 U 6583/87 NJW 1989, 2893, 2893.

Auch ein sittenwidriger Wucher (§ 138 Abs. 2 BGB) kann sich bereits aus einen Angebotselement ergeben:

Beispiel: Ein Mobilfunk-Kopplungsgeschäft sieht marktübliche Preise für die verschiedenen Leistungsbestandteile vor. Eine Ausnahme bilden die Kosten für mobile Internetverbindungen. Diese übersteigen den üblichen Preis um das 24-fache. Der Vertrag ist hinsichtlich der Gebühren für Internetverbindungen gemäß § 138 Abs. 2 BGB nichtig.[780]

2. Sittenwidrige Kopplungen

Daneben kann ein Kopplungsgeschäft auch aufgrund der Kopplung der verschiedenen – für sich genommen nicht zu beanstandenden – Angebotselemente sittenwidrig sein.

a) Verletzung von Interessen Dritter oder der Allgemeinheit durch eine Kopplung (Dreieckskopplungen)

Zunächst können Kopplungsgeschäfte sittenwidrig sein, wenn durch die Kopplung Interessen der Allgemeinheit oder Dritter beeinträchtigt werden.[781] Anders als in Konstellationen, in denen sich die Sittenwidrigkeit eines Kopplungsgeschäfts aus der Übervorteilung einer Vertragspartei ergibt, ist in Fällen der Drittbeeinträchtigung erforderlich, dass alle an dem Kopplungsgeschäft Beteiligten sittenwidrig handeln.[782]

Erfasst sind zunächst Fälle der Dreieckskopplung, die den oben zur Verbotsgesetzwidrigkeit genannten Konstellationen ähnlich sind, also die Interessenskonflikte betreffen, die auch die Grundlagen des jeweiligen Verbots bilden. In diesem Zusammenhang stellt sich die Frage, wann eine Dreieckskopplung § 134 BGB BGB unterfällt und wann sie nach § 138 BGB zu bewerten ist.

aa) Verhältnis zwischen § 134 BGB und § 138 BGB

§ 134 BGB ist gegenüber § 138 BGB als speziellere Norm vorrangig.[783] Verstößt ein Kopplungsgeschäft gegen ein gesetzliches Verbot, kommt nur § 134 BGB zur Anwendung.[784] Dieses Ergebnis ändert sich nicht dadurch, dass das verbotene

---

780 AG Bremen Urteil v. 13.07.2012 – 4 C 529/11 NJW-RR 2013, 428, 428.

781 Allgemein zu sittenwidrigen Rechtsgeschäften: *Ellenberger* in Palandt BGB, § 138 Rn. 40.

782 *Ellenberger* in Palandt BGB, § 138 Rn. 40.

783 *Armbrüster* in MüKo-BGB, § 138 Rn. 4; *Dörner* in Hk-BGB, § 138 Rn. 19.

784 In der Praxis legen sich die Gerichte teilweise nicht fest, ob sich die Nichtigkeit aus § 134 BGB oder aus § 138 Abs. 1 BGB ergebe, vgl. BGH Urteil v. 11.04.1998 –

Kopplungsgeschäft aus den Gründen, auf denen das Verbot beruht, auch den Tatbestand des § 138 Abs. 1 BGB erfüllen kann.[785]

Allerdings weitet § 138 BGB die Nichtigkeitsfolge von § 134 BGB nicht automatisch auf alle Fälle aus, die nicht unter die Verbotsnorm fallen, verbotstatbestandlichem Handeln aber ähnlich sind, etwa weil sie eine vergleichbare Interessenskollision betreffen. Für die Frage, ob § 138 BGB auch auf Sachverhalte anwendbar ist, die verbotenen Sachverhalten ähnlich sind, kommt es auf die gesetzgeberischen Wertungen an, die dem Verbotsgesetz und dessen tatbestandlichen Grenzen zugrunde liegen: Im Regelungszweck des Verbotsgesetzes bringt der Gesetzgeber eine Wertung zum Ausdruck, die eine Einschränkung der Nichtigkeitsfolge auf verbotswidriges Verhalten bedingen kann.[786] Solche Wertungen des Gesetzgebers dürfen nicht dadurch umgangen werden, dass § 138 BGB als Generalklausel interpretiert wird, die die Nichtigkeitsfolge auf Sachverhalte ausdehne, die von dem Schutzzweck eines Verbotsgesetzes ausgenommen sind. Hieraus ergibt sich für Kopplungsgeschäfte folgende praktische Konsequenz: Erfasst der Normzweck eines Verbotsgesetztes nur bestimmte Beteiligte eines Kopplungsgeschäfts, tritt in nicht erfassten Konstellationen eine Nichtigkeit des Kopplungsgeschäfts in aller Regel auch nicht über § 138 Abs. 1 BGB ein, weil der Gesetzgeber in den Grenzen des Verbots den Willen zum Ausdruck gebracht hat, nur bestimmte Konstellationen mit der Nichtigkeitsfolge zu belegen.

Beispiel: Ein wegen § 7 Abs. 1 HWG verbotenes Kundenbindungssystem zwischen Arzneimittelherstellern und Apothekern ist nichtig (§ 134 BGB). Zwischen Arzneimittelherstellern und Endverbrauchern ist es aufgrund der Verbotsbeschränkung in § 7 Abs. 1 HWG (Beschränkung auf Angehörige der Fachkreise) zwar unlauter (§ 4 Nr. 11 UWG) aber nicht nach § 138 BGB nichtig.

bb) Sittenwidrige Dreieckskopplungen

Eine Fallgruppe, in der sittenwidrige Kopplungen auftreten, sind korruptive Dreieckskopplungen. Sittenwidrigkeit von Bestechungskonstellationen kommt dann in Betracht, wenn die Geschäfte nicht schon aufgrund eines Verstoßes gegen ein strafrechtliches Korruptionsverbot nach § 134 BGB nichtig sind. Sittenwidrig ist es etwa, wenn der Geschäftsführer einer GmbH sich für die Vornahme von Rechtsgeschäften für die GmbH ohne Einbeziehung der Gesellschaft Vorteile

---

24 U 6583/87 NJW 1989, 2893, 2893; vgl. auch *Armbrüster* in MüKo-BGB, § 138 Rn. 4; BGH Urteil v. 11.04.1998 – 24 U 6583/87 NJW 1989, 2893, 2893.

785 Vgl. *Armbrüster* in MüKo-BGB, § 138 Rn. 4.

786 Vgl. *Armbrüster* in MüKo-BGB, § 138 Rn. 4.

versprechen lässt.[787] Zwar kann ein solches Geschäft gegen § 299 StGB verstoßen und daher nach § 134 BGB nichtig sein. Liegen allerdings nicht alle tatbestandlichen Voraussetzungen des § 299 StGB vor – etwa, weil es an einem Wettbewerb, der durch die Zuwendung unlauter beeinflusst werden sollte, fehlt – kann sich die Nichtigkeit des Rechtsgeschäfts aus § 138 BGB ergeben. Die Sittenwidrigkeit folgt daraus, dass ein Fremdverpflichteter seine eigenen Interessen denen der Gesellschaft nicht überordnen darf und er eine Geschäftschance, die sich der Gesellschaft bietet, zum Vorteil der Gesellschaft zu nutzen hat und nicht selbst ausnutzen darf.[788] Die Sittenwidrigkeit von Bestechungszahlungen folgt nach der Rechtsprechung des BGH aus den Grundsätzen des geschäftlichen Anstandes und der kaufmännischen Sitte.[789]

Für Kopplungsgeschäfte bedeutet diese Rechtsprechung, dass Prämienversprechen innerhalb von Kundenbindungssystemen, die Drittverpflichteten Vorteile für den Bezug von Leistungen versprechen, auch dann nichtig sein können, wenn die Voraussetzungen einer Bestechung im geschäftlichen Verkehr nicht gegeben sind. Ob ein solches Prämienversprechen sittenwidrig ist, ist stets anhand der konkreten Umstände des Einzelfalls auf Grundlage der oben aufgezeigten tatbestandlichen Voraussetzungen des § 138 BGB zu beurteilen.

Im Rahmen der Kundenbindungssysteme gegenüber Drittverpflichtetem kommt es für das Vorliegen der Sittenwidrigkeit insbesondere auf die Gesichtspunkte der Sozialadäquanz des Prämienversprechens und der Offenlegung der Vorteilsgewährung gegenüber dem Treugeber an, dessen Interessen der Drittverpflichtete zu wahren hat. Weit verbreitete Kundenbindungssysteme wie Vielfliegerprogramme, deren Existenz Treugebern regelmäßig bekannt sein dürften, werden die Schwelle der Sittenwidrigkeit üblicherweise nicht überschreiten, wenn der gewährte Vorteil nicht in einem erheblichen Missverhältnis zur Leistung steht. Denn es gilt, dass sich der Anbieter eines solchen Kopplungssystems in der Regel darauf verlassen darf, dass die drittverpflichteten Prämienempfänger bei der Buchung die Belange ihres Treugebers nicht hinter die Aussicht auf die Prämie zurückstellen werden. Handelt ein Drittverpflichteter im Einzelfall gleichwohl treuwidrig, um in den Genuss der Prämie zu gelangen, liegt darin ein Pflichtenverstoß, der nicht dem Anbieter des Kopplungsgeschäfts zuzurechnen ist. Ein solcher einseitiger Pflichtenverstoß führt in Fällen der Dreieckskopplung nicht zur Sittenwidrigkeit. Etwas anderes gilt freilich dann, wenn das

787 Brandenburgisches OLG Urteil v. 02.12.2003 – 6 U 33/03 OLG-NL 2005, 97, 99.

788 Brandenburgisches OLG Urteil v. 02.12.2003 – 6 U 33/03 OLG-NL 2005, 97, 99.

789 BGH Urteil v. 14.12.1972 – II ZR 141/71 NJW 1973, 363, 363; BGH Urteil v. 26.03.1962 – II ZR 151/60 NJW 1962, 1099, 1099.

Kopplungsangebot von Anfang an darauf ausgerichtet ist, einen Interessenskonflikt zu Ungunsten des Treugebers auszunutzen. Dies könnte etwa bei Prämiensystemen der Fall sein, die ausschließlich Konstellationen erfassen, in denen ein Interessenskonflikt besteht.[790]

Zusammenfassend können Dreieckskopplungen unter § 138 Abs. 1 BGB fallen, wenn sie im Einzelfall gegen das Anstandsgefühl der billig und gerecht Denkenden verstoßen und nicht bereits aufgrund eines Verstoßes gegen ein Verbotsgesetz wegen § 134 BGB nichtig sind.

b) Übervorteilung einer Vertragspartei durch die Kopplung (§ 138 Abs. 1 BGB) und wucherische Kopplungsangebote (§ 130 Abs. 2 BGB)

Die Sittenwidrigkeit eines Kopplungsgeschäfts kann sich auch daraus ergeben, dass eine Vertragspartei eine andere durch die Kopplung übervorteilt. Die Nichtigkeit kann sich in solchen Fällen sowohl aus § 138 Abs. 1 BGB wie auch aus dem Wuchertatbestand, § 138 Abs. 2 BGB, ergeben.

aa) Sittenwidrigkeit bei verkaufsfördernden Kopplungsangeboten

Konstellationen, in denen übervorteilende Kopplungsangebote vorliegen, kommen nur ausnahmsweise im Bereich der hier besprochenen verkaufsfördernden Kopplungsangebote vor. Denn bei den letzteren geht es dem Anbieter gerade darum, den Kunden durch die Kopplung anzulocken. Mit der Kopplung soll in diesen Fällen ein Vorteil, nicht etwa ein Nachteil einhergehen.

Allerdings wird die Sittenwidrigkeit bei verkaufsfördernden Kopplungsangeboten teilweise im Zusammenhang mit der Rechtsfigur des psychischen Kaufzwangs diskutiert. Dies könne etwa im Zusammenhang mit Kaffeefahrten der Fall sein. So geht eine – jedoch eine Ausnahme bildende – Entscheidung des Amtsgerichts Trier aus dem Jahr 1971[791] davon aus, dass Kaufverträge im Rahmen von Kaffeefahrten wegen des vermittelten psychologischen Kaufzwangs gemäß § 138 Abs. 1 BGB sittenwidrig seien. Im zugrunde liegenden Fall hatte ein Anbieter ein Kopplungsangebot bestehend aus einer Ausflugsreise mit einem Zoobesuch, einem Mittagessen und einer Verkaufsveranstaltung zum Preis von 10 DM angeboten. Eine Teilnehmerin dieser Kaffeefahrt hatte während der Verkaufsveranstaltung einen Kaufvertrag für eine Decke und eine Fritteuse für zusammen mehr als 400 DM unterschrieben, im Nachhinein von dem Kauf jedoch Abstand genommen und wurde in der Folge – seinerzeit galten noch keine

790 Vgl. OLG Hamburg Urteil v. 23.10.2003 - 5 U 17/03 *(sixperts)*, GRUR-RR 2004, 117.

791 AG Trier Urteil v. 22.07.1971 - 6 C 768/70 NJW 1972, 160.

allgemeinen Vertragslösungsrechte für Haustürgeschäfte[792] – vom Anbieter verklagt. Nach der Auffassung des Amtsgerichts Trier kam die Kaufentscheidung dadurch zustande, dass die Anbieterin in unlauterer Weise bei den Teilnehmern der zu ungewöhnlich günstigem Preis veranstalteten Fahrt ein Gefühl der moralischen Verpflichtung geweckt habe, das sodann im Rahmen der Verkaufsveranstaltung ausgenutzt worden sei.[793] Aus diesem Grund seien Kaufverträge, die anlässlich von Kaffeefahrten abgeschlossen werden, wegen des auf den Käufer ausgeübten psychologischen Kaufzwangs als Verstoß gegen die guten Sitten nichtig.[794] In der Berufung wertete das Landgericht Trier das konkrete Kopplungsgeschäft zwar als sittenwidrigen Wucher (§ 138 Abs. 2 BGB), beanstandete jedoch die vorgenannte Begründung des Amtsgerichts. Eine lediglich innerlich gefühlte moralische Verpflichtung der Teilnehmer, aufgrund des günstigen Preises der Ausflugsfahrt auch etwas kaufen zu müssen, begründe keine Sittenwidrigkeit im Sinne des § 138 Abs. 1 BGB.[795] Allerdings stehe der Gegenwert der erworbenen Produkte im konkreten Fall in einem krassen Missverhältnis zu dem dafür geforderten Preis, sodass ein Wucher im Sinne des § 138 Abs. 2 BGB vorliege.[796]

Die Sittenwidrigkeit von verkaufsfördernden Kopplungsgeschäften kommt hiernach im Wesentlichen dann in Betracht, wenn zwischen Leistung und Gegenleistung ein auffälliges Missverhältnis besteht. Im Rahmen eines Kopplungsgeschäfts kommt es dabei auf den Gesamtwert der gekoppelten Angebotselemente an. Auffällig ist ein Missverhältnis regelmäßig dann, wenn der aufgerufene Preis mehr als das Doppelte des üblichen Marktpreises beträgt.[797] Sittenwidrig kann ein Kopplungsgeschäft dann sein, wenn der insgesamt zu zahlende Preis mehr als das Doppelte des Gesamtwerts der gekoppelten Waren und Dienstleistungen ausmacht. Dagegen sind die angegebenen Einzelpreise unbeachtlich. Kein Wucher ist also etwa ein Mobilfunkvertrag, bei dem die monatlichen Gesamtgebühren zwar das Doppelte der marktüblichen Gebühren betragen, der Verbraucher

792 Ein Vertragslösungsrecht für Verbraucher bei Haustürgeschäften wurde erstmals im Jahr 1986 in dem HaustürWG eingeführt. Heute ist das Recht in § 312 Abs. 1 Nr. 2 BGB geregelt.

793 AG Trier Urteil v. 22.07.1971 – 6 C 768/70 NJW 1972, 160 160.

794 AG Trier Urteil v. 22.07.1971 – 6 C 768/70 NJW 1972, 160, 160.

795 LG Trier Urteil v. 09.10.1973 – I S 210/71 NJW 1974, 151, 152.

796 LG Trier Urteil v. 09.10.1973 – I S 210/71 NJW 1974, 151, 152.

797 BGH Beschluss v. 13.07.1989 – III ZR 201/88 NJW-RR 1989, 1068, 1068; vgl. *Ellenberger* in Palandt BGB, § 138 Rn. 40.

für den Abschluss des Kopplungsgeschäfts aber ein wertvolles Mobilfunkgerät gratis oder für einen nur symbolischen Preis erhält.

Der Wuchertatbestand des § 138 Abs. 2 BGB verlangt zudem stets, dass der Anbieter des Kopplungsgeschäfts bei seinem Vertragspartner eine Schwächesituation ausnutzt, die (alternativ) in einer Zwangslage, in Unerfahrenheit, mangelndem Urteilsvermögen oder einer erheblichen Willensschwäche bestehen kann (§ 139 Abs. 2 BGB).[798] Der Wuchertatbestand ist nur dann erfüllt, wenn der Anbieter diese Zwangslage ausbeutet, sie sich also bewusst zunutze macht und dabei Kenntnis von dem Missverhältnis des Leistungs-Gegenleistungsgefüges hat.[799]

Ein verkaufsförderndes Kopplungsangebot kann hiernach insbesondere dann unter den Wuchertatbestand fallen, wenn es die Unerfahrenheit einer besonders schützenswerten Zielgruppe ausnutzt. Dies kommt insbesondere in Betracht bei Kopplungsgeschäften, die sich an geschäftlich unerfahrene Jugendliche wenden. Gleichwohl wird aufgrund der strengen subjektiven Anforderungen eine Sittenwidrigkeit eines verkaufsfördernden Kopplungsgeschäfts nur in extremen Ausnahmefällen vorliegen.[800]

bb) Sittenwidrigkeit bei aufgedrängten Kopplungsgeschäften

Bei den aufgedrängten Kopplungsgeschäften, bei denen der Bezug einer erwünschten Ware davon anhängig gemacht wird, dass der Kunde ebenfalls eine unerwünschte Ware oder Leistung abnimmt, sind sittenwidrige Konstellationen häufiger, als bei verkaufsfördernden Kopplungsangeboten. Aufgedrängte Kopplungen können insbesondere dann sittenwidrig sein, wenn eine wirtschaftlich essenzielle Leistung an eine ungewünschte Leistung gekoppelt wird. Dies wird etwa für Kopplungsgeschäfte im Rahmen von Wohnungsmietverträgen[801] oder bei der Kopplung von Wohnungsvermittlung an Möbelkauf[802] diskutiert. Auch wenn im geschäftlichen Bereich ein Darlehen mit bestimmten Rechten verbunden wird,

---

798 Vgl. *Ellenberger* in Palandt BGB, § 138 Rn. 67.

799 *Ellenberger* in Palandt BGB, § 138 Rn. 74.

800 Vgl. auch *Säcker*, der von »extremen« Voraussetzungen spricht, die der Wuchertatbestand voraussetzt, *Säcker* in MüKo-BGB, Einleitung III Rn. 32.

801 Vgl. Sittenwidrigkeit wurde etwa im Zusammenhang mit der Kopplung zwischen Mietvertrag und Service-Vertrag im Zusammenhang mit sog. betreutem Wohnen diskutiert. Allerdings liegt bei betreutem Wohnen regelmäßig keine Sittenwidrigkeit vor, weil die Kopplung der Betreuungsleistung und des Mietvertrags in einem berechtigten Interesse des Anbieters und auch im Interesse der Mieter erfolgt, BGH Urteil v. 23.02.2006 – III ZR 167/05 MittBayNot 2006, 411, 412.

802 Vgl. BGH Urteil v. 16.09.1970 – VIII ZR 239/68 NJW 1970, 2017.

die zu einer Knebelung einer Vertragspartei führt, kommt eine Sittenwidrigkeit in Betracht.[803]

Bei aufgedrängten Kopplungsgeschäften ist – im Vergleich zu den verkaufsfördernden Kopplungsgeschäften – die Übervorteilung einer Vertragspartei deswegen häufiger, weil sich schon aus der Tatsache, dass eine unerwünschte Kopplung aufgedrängt wird, ergibt, dass der Anbieter eines solchen Geschäfts eine Machtposition hält, die er bereit ist, zum Nachteil der anderen Partei auszunutzen.

D. Vertragsrechtliche Konsequenzen unlauterer Kopplungsangebote

Wie oben dargelegt, folgt auf die Unlauterkeit eines Kopplungsangebots keine zwingende Konsequenz für die rechtliche Wirksamkeit der Folgeverträge. Das gilt nicht nur für die Wirksamkeit der Verträge gemäß §§ 134, 138 BGB, sondern – nach hier vertretener Auffassung – auch für sonstige vertragsrechtliche Konsequenzen. Denn grundsätzlich können alle Defizite, die etwa von einem irreführenden unlauteren Kopplungsangebot ausgehen, im Rahmen des Vertragsschlusses geheilt werden.[804]

Allerdings findet in der Praxis eine entsprechende Heilung nicht stets statt. Sieht ein Verbraucher ein irreführendes Kopplungsangebot und bildet er auf Grundlage dieser Werbung seinen Kaufentschluss – oder findet die irreführende geschäftliche Handlung erst beim Vertragsschluss statt (§ 2 Abs. 1 Nr. 1 2. Alt UWG) – und geht der Verbraucher daraufhin das beworbene Kopplungsgeschäft im irrigen Vertrauen auf die Richtigkeit der Werbeangaben ein, wirken die Fehler der Werbung in das Vertragsverhältnis hinein. Als Konsequenz können dem Verbraucher Vertragslösungsrechte oder Sachmängelrechte zustehen.[805]

I. Vertragslösungsrechte

Wird durch ein Kopplungsangebot unlauter auf die Entscheidungsfreiheit eines Verbrauchers oder sonstigen Marktbeteiligten eingewirkt (§ 4 Nr. 1 UWG), oder im Zusammenhang mit einem Kopplungsangebot die geschäftliche Unerfahrenheit, Leichtgläubigkeit, Angst oder Zwangslage eines Verbrauchers ausgenutzt

---

803 Vgl. OLG Düsseldorf Urteil v. 23.06.1995 – 22 U 22/95 NJWE-MietR 1996, 114.

804 So auch: BGH Urteil v. 13.06.2002 – I ZR 71/01 *(Kopplungsangebote II)*, GRUR 2002, 979.

805 Neben den vertraglichen Ansprüchen kommen auch deliktsrechtliche Ansprüche, insbesondere nach den §§ 823, 826 BGB in Betracht.

(§ 4 Nr. 2 UWG), oder er oder ein sonstiger Marktteilnehmer über die Bedingungen der Inanspruchnahme des Kopplungsangebots im Unklaren gelassen (§ 4 Nr. 4 UWG) oder in die Irre geführt (§§ 5, 5a UWG), können dem Vertragspartner rechtsgestaltende Vertragsauflösungsrechte zustehen.[806]

3. *Anfechtung wegen Irrtums (§ 119 BGB)*

In Fällen der Irreführung (§§ 5, 5a UWG) durch ein Kopplungsangebot kann ein Anfechtungerecht des Folgevertrags wegen Irrtums gemäß § 119 Abs. 1 BGB bestehen.[807] Danach kann derjenige, der bei der Abgabe einer Willenserklärung über deren Inhalt im Irrtum war oder eine Erklärung dieses Inhalts überhaupt nicht abgeben wollte, die Erklärung anfechten, wenn anzunehmen ist, dass er sie bei Kenntnis der Sachlage und bei verständiger Würdigung des Falles nicht abgegeben haben würde.

Bei der Beurteilung eines Rechtsgeschäfts unter dem Gesichtspunkt der Anfechtbarkeit kommt der wettbewerbsrechtlichen Beurteilung des Kopplungsangebots nur eine untergeordnete Rolle zu. Denn nach hier vertretener Auffassung gilt – wie ober dargelegt[808] – grundsätzlich keine Interdependenz zwischen lauterkeitsrechtlichen und bürgerlichrechtlichen Bewertungen. Dies gilt auch in Ansehung des Anfechtungsrechts: Im Lauterkeitsrecht kommt es auf die abstrakte Beeinflussungseignung der Wettbewerbshandlung an, also in Fällen der Irreführung darauf, ob ein Kopplungsangebot abstrakt geeignet ist, Irrtümer bei Verbrauchern zu erregen.[809]

Für die Anwendbarkeit des § 119 BGB muss dagegen der Irrtum bei der Person des benachteiligten Abnehmers des Kopplungsangebots, der sich auf das Anfechtungsrecht berufen will, beim Kaufabschluss tatsächlich bestanden haben. Es genügt also nicht, dass das irreführende Angebot lediglich geeignet war, Verbraucher in die Irre zu führen oder dass nur feststeht, dass ein bestimmter Anteil der Verbraucher durch das Kopplungsangebot in die Irre geführt wurde. Vielmehr muss der Irrtum im konkreten Einzelfall vorgelegen haben, wobei der Verbraucher, der sich von dem Kopplungsgeschäft mittels Anfechtung lösen will, die Beweislast für seinen Irrtum trägt.[810]

---

806 So allgemein für den Abschluss von Verträgen infolge unlauteren Hinwirkens auf den Vertragsschluss, *Ahrens* in Harte-Bavendamm/Henning-Bodewig, UWG, Einleitung G. Rn. 142.

807 *Ohly* in Piper/Ohly/Sosnitza, UWG, Einführung D. Rn. 69.

808 Siehe bereits oben, S. 155 ff.

809 *Ahrens* in Harte-Bavendamm/Henning-Bodewig, UWG, Einleitung G. Rn. 145.

810 *Armbrüster* in MüKo-BGB, § 119 Rn. 138.

In der Praxis ist der Beweis eines Irrtums mitunter deshalb schwierig, weil es sich um eine innere Tatsache handelt.[811] Deshalb kann der wettbewerbsrechtlichen Beurteilung des Kopplungsgeschäfts eine praktische Bedeutung bei der Beweisführung der Geltendmachung eines Anfechtungsrechts nach § 119 BGB zukommen. Denn wenn im Wettbewerbsverfahren die abstrakte Eignung eines Kopplungsangebots zur Irreführung gerichtlich festgestellt wurde, kann dies vom Anfechtenden im Rahmen seiner Beweisführung in der vertraglichen Auseinandersetzung zum Beleg seines Irrtums vorgebracht werden. Allerdings ist der Wettbewerbsverstoß für sich genommen keineswegs hinreichend und auch nicht erforderlich, um den Irrtum auch im konkreten Einzelfall zu belegen. Vielmehr obliegt es dem Verbraucher, der sich auf das Anfechtungsrecht beruft, auch dann noch im Einzelnen darzulegen, dass der Irrtum durch die Werbung bis zum Vertragsschluss nicht ausgeräumt wurde.

Für die Frage, ob ein Defizit einer irreführenden Werbung bis zum Vertragsschluss ausgeräumt wird, kommt es in der Praxis maßgeblich auf die Art des Kopplungsgeschäfts an. Bei einem für den Verbraucher wirtschaftlich wichtigen Kopplungsgeschäft, wie etwa der Kopplung eines Kraftfahrzeugkaufs an eine Finanzierung, wird der Verbraucher sich nur selten glaubhaft darauf berufen können, er habe sich durch eine irreführende Werbung zum Geschäftsabschluss bewegen lassen und sein Irrtum über die Vertragskonditionen habe im Zeitpunkt des Vertragsabschlusses noch fortbestanden. Denn spätestens beim Abschluss eines solchen Kopplungsgeschäfts wird der Vertragsinhalt regelmäßig in schriftlicher Form überreicht, sodass für Irrtümer aufgrund der Bewerbung des Kopplungsgeschäfts – zum Beispiel in einem TV-Werbespot – nur wenig Raum bleibt. Jedenfalls aber hätte der Verbraucher einen gleichwohl fortbestehenden Irrtum regelmäßig selbst zu vertreten. Die Anfechtbarkeit wegen Irrtums infolge irreführender Werbung kommt daher vor allem in Fällen zum Tragen, in denen im Zuge des Vertragsschlusses keine oder nur wenig Kommunikation der Vertragsparteien stattfindet.

Zusammenfassend lässt sich festhalten, dass der Unlauterkeit eines Kopplungsangebots bei der Frage der Anfechtbarkeit eines Kopplungsgeschäfts gemäß § 119 Abs. 1 BGB nicht per se eine Bedeutung zukommt, aber im Rahmen der Beweisführung praktisch relevant sein kann. Ob einem Verbraucher infolge eines unlauteren Kopplungsangebots ein Anfechtungsrecht zusteht, richtet sich demzufolge allein danach, ob der Tatbestand des § 119 Abs. 1 BGB im Zeitpunkt des Vertragsschlusses erfüllt war.

---

811 *Armbrüster* in MüKo-BGB, § 119 Rn. 138.

4. Anfechtung wegen Täuschung (§ 123 BGB)

Kopplungsangebote, die wegen unerlaubter Druckausübung (§ 4 Nr. 1 UWG) oder wegen irreführender Werbung (§§ 5, 5a UWG) unlauter sind, können auch zur Anfechtbarkeit des Folgevertrags nach § 123 BGB führen.[812] Danach kann derjenige, der zur Abgabe einer Willenserklärung durch arglistige Täuschung oder widerrechtlich durch Drohung gedrängt worden ist, die Erklärung anfechten. Die Möglichkeit der Anfechtung nach § 123 BGB kann gleichzeitig neben der Anfechtbarkeit nach § 119 BGB bestehen.[813]

Auch im Rahmen des § 123 BGB gilt, dass ein Anfechtungsrecht nicht durch jedes Kopplungsangebot entsteht, durch das ein Verbraucher unlauter unter Druck gesetzt oder in die Irre geführt wird.[814] Denn während es im Wettbewerbsrecht für die Frage der Unlauterkeit nur auf die objektive Angebotsausgestaltung ankommt, verlangen beide Anfechtungsgründe des § 123 BGB, also die arglistige Täuschung und die widerrechtliche Drohung, dass der Täuschende bzw. Drohende vorsätzlich handelt. Im Falle der arglistigen Täuschung bedeutet Vorsatz, dass der Täuschende einen Irrtum erwecken oder aufrechterhalten möchte, die Falschheit der Angaben also kennt und im Bewusstsein und Willen handelt, durch irreführende Angaben oder irreführendes Verschweigen den Kunden zu einer Willenserklärung zu bewegen, die er andernfalls so nicht abgegeben hätte (Eventualvorsatz genügt).[815] Im Falle der widerrechtlichen Drohung setzt der subjektive Tatbestand voraus, dass der Drohende sich bewusst ist, auf die Willensentschließung des anderen einzuwirken.[816]

Diese subjektiven Voraussetzungen lassen sich nur bei einer Minderheit der unlauteren Kopplungsangebote nachweisen, sodass ein unlauteres Kopplungsangebot regelmäßig kein Anfechtungsrecht nach § 123 Abs. 1 BGB begründet. Eine Ausnahme bilden Lauterkeitsverstöße nach § 16 Abs. 1 UWG (strafbare Werbung), der bestimmte Fälle der irreführenden Werbung untersagt und ebenfalls Vorsatz verlangt. Ein Vertrag der aufgrund eines Verstoßes gegen § 16 UWG zustande kommt, ist regelmäßig nach § 123 BGB anfechtbar.[817]

Liegen bei Ausführung einer geschäftlichen Handlung im Anwendungsbereich UWG die Voraussetzungen des § 123 Abs. 1 BGB vor, ist die geschäftliche Handlung zudem regelmäßig auch unlauter.

---

812 Vgl. *Ohly* in Piper/Ohly/Sosnitza, UWG, Einführung D. Rn. 69.

813 *Wendtland* in Bamberger/Roth, BGB, § 119 Rn. 14.

814 Vgl. *Köhler* in Köhler/Bornkamm, UWG, Einleitung Rn. 7.10.

815 *Armbrüster* in MüKo-BGB, § 123 Rn. 13.

816 Jauernig in Jauernig, BGB § 123 Rn 12.

817 So auch *Köhler* in Köhler/Bornkamm, UWG, Einleitung Rn. 7.10.

Hiernach kann ein wegen Täuschung unlauteres Kopplungsangebot in bestimmten Fällen bei Hinzutreten eines subjektiven Elements beim Anbieter ein Anfechtungsrecht nach § 123 BGB begründen.

5. *Widerrufs- und Rückgaberechte (§ 355 BGB)*

Ein Kopplungsgeschäft kann auch deshalb unlauter sein, weil beim Vertragsschluss eine Informationspflicht über bestehende gesetzliche Widerrufsrechte (so etwa bei Haustür- und Fernabsatzverträgen) verletzt wird. Vertragsrechtlich hat diese Unrichtigkeit zur Folge, dass die gesetzliche Widerrufsfrist nicht zu laufen beginnt (§ 355 Abs. 3 BGB).[818]

Das Widerrufs- und Rückgaberecht weist eine dem übrigen Vertragsrecht gegenüber untypische Parallele zum Lauterkeitsrecht auf: Zwar sichert das Widerrufs- und Rückgaberecht die Entscheidungsfreiheit individueller Verbraucher, nicht wie das Lauterkeitsrecht die Interessen kollektiver Verbraucher. Dies ergibt sich aus der Rechtsfolge, die – anders als das Lauterkeitsrecht – den individuellen Verbraucher begünstigt. Jedoch ist die Ausgestaltung des Rechtsschutzes dem Lauterkeitsrecht ähnlich. Denn es wird im Widerrufs- und Rückgaberecht tatbestandlich nicht – wie etwa bei den Anfechtungsrechten – verlangt, dass beim individuellen Verbraucher, der diese Rechte ausübt, in irgendeiner Weise eine tatsächliche Beeinflussung seiner Willensentscheidung stattgefunden hat. Vielmehr genügen – wie im Lauterkeitsrecht – bestimmte abstrakte Merkmale des Zustandekommens des Rechtsgeschäfts, denen der Gesetzgeber eine potenzielle Eignung zur Willensbeeinflussung zuschreibt, um die Rechtsfolge auszulösen. Insoweit besteht also eine Parallele zwischen Lauterkeitsrecht und Vertragsrecht.[819]

II. Sonstige vertragsrechtliche Folgen unlauterer Kopplungsangebote

1. *Haftung für in der Werbung versprochene Eigenschaften eines Kopplungsgeschäfts*

a) Sachmängelrechte durch Werbung

Wenn ein Verbraucher infolge eines irreführenden Kopplungsangebots einen Vertrag eingegangen ist, geht es ihm, nachdem er seinen Irrtum bemerkt hat, mitunter nicht darum, sich von dem Vertrag zu lösen. Vielmehr ist auch denkbar, dass er

818 *Köhler* in Köhler/Bornkamm, UWG, Einleitung Rn. 7.11; *Ohly* in Piper/Ohly/Sosnitza, UWG, Einführung D. Rn. 69.

819 Vgl. auch *Ahrens* in Harte-Bavendamm/Henning-Bodewig, UWG, Einleitung G. Rn. 146.

erreichen möchte, dass der Vertrag so erfüllt wird, wie es das Kopplungsangebot ursprünglich versprochen hatte. Damit stellt sich die Frage, ob und inwieweit der Vertragsinhalt durch öffentliche Werbung bestimmt werden kann.

Das BGB definiert im Kaufvertragsrecht einen Sachmangel in § 434 BGB. Danach ist eine Sache zunächst dann frei von Sachmängeln, wenn sie die Beschaffenheit hat, die die Vertragsparteien vereinbart haben.[820] Dies gilt auch für Kopplungsangebote, bei denen die einzelnen Angebotselemente die Beschaffenheit aufweisen müssen, die die Vertragsparteien vereinbart haben.

Oftmals findet eine individuelle Vereinbarung der Beschaffenheit zwischen den Vertragsparteien allerdings nicht statt. Für diese Fälle sieht das Gesetz vor, dass die Sache dann frei von Sachmängeln ist, wenn sie sich entweder für die nach dem Vertrag vorausgesetzte Verwendung eignet, oder sie sich für die gewöhnliche Verwendung eignet und eine Beschaffenheit aufweist, die bei Sachen der gleichen Art üblich ist und die der Käufer erwarten kann.[821] So versteht es sich bei Kopplungsangeboten von selbst, dass gekoppelte Angebotselemente, die eine Gebrauchsnähe aufweisen – und damit dafür bestimmt sind, miteinander verwendet zu werden – auch tatsächlich miteinander funktionieren müssen. Deshalb begründet es einen Mangel, wenn, ohne dass darauf hingewiesen wird, z. B. ein Mobiltelefon mit einem daran gekoppelten Vertrag nicht vollständig nutzbar ist.

In § 434 Abs. 1 S. 3 BGB legt das Gesetz fest, dass auch Eigenschaften, die der Käufer nach den öffentlichen Äußerungen in der Werbung des Verkäufers oder des Herstellers über bestimmte Eigenschaften der Sache erwarten kann, die Soll-Beschaffenheit bestimmen. Dies gilt dann, wenn die Beschaffenheit nicht individuell vereinbart wurde.[822] Aus der Formulierung »erwarten kann« ergibt sich, dass es sich um einen normativen Maßstab handelt, der darauf abstellt, was der Verbraucher *berechtigterweise* erwarten darf,[823] nicht also was ein bestimmter Verbraucher tatsächlich erwartet. Es liegt ein Sachmangel vor, wenn die Istbeschaffenheit hinter dem aufgrund der Werbung berechtigterweise zu Erwartbaren zurückbleibt.[824]

Folglich kann irreführende Werbung unter den Voraussetzungen des § 434 Abs. 1 S. 3 BGB eine Einstandspflicht des Verkäufers nach Sachmängelrecht

---

820 Vgl. § 434 Abs. 1 S. 1 BGB.

821 § 434 Abs. 1 S. 2. BGB.

822 *Weidenkaff* in Palandt BGB, § 434 Rn. 33.

823 *Ahrens* in Harte-Bavendamm/Henning-Bodewig, UWG, Einleitung G. Rn. 150.

824 *Ahrens* in Harte-Bavendamm/Henning-Bodewig, UWG, Einleitung G. Rn. 149; *Bernreuther*, WRP 2002, 368, 387.

auslösen.[825] Klarzustellen ist, dass die Werbung für sich genommen keinen Erfüllungsanspruch auslöst, sondern es stets auf den Abschluss eines Vertrags ankommt.[826]

Nicht durch das Sachmangelrecht umfasst sind Angaben zum Kaufpreis.[827] Deswegen wird ein Sachmangel auch nicht dadurch begründet, dass ein irreführendes Kopplungsangebot eine Vergünstigung suggeriert, wenngleich mit der Kopplung tatsächlich keine Vergünstigung einhergeht.

b) Umfang der Sachmängelrechte bei Kopplungsgeschäften / Rechtsnatur des Zugabeversprechens

Das Sachmangelrecht bezieht sich bei Kopplungsgeschäften – nach hier vertretener Auffassung – grundsätzlich auf alle Angebotselemente, also auch auf solche, die als »kostenlos« oder »gratis« beworben werden.

Gegen diese Auffassung wird teilweise angeführt, dass in Bezug auf eine Zugabe ein Kaufvertrag nicht vorliege und dass deshalb das Kaufvertragsrecht und die kaufvertragsrechtliche Sachmängelgewährleistung nicht einschlägig seien. Es ergäbe keinen Sinn, dem Kunden Wandlung oder Minderungsrechte auch hinsichtlich der Zugabe einzuräumen, denn für diese habe er ja nichts bezahlt.[828] Es liege aber auch keine Schenkung vor, sodass auch das Gewährleistungsrecht des Schenkungsrechts nicht einschlägig sei.[829]

c) Stellungnahme

Für die Frage nach dem Umfang des Sachmangelrechts bei Kopplungsgeschäften in Form von Zugaben und Prämiensystemen kommt es auf die Rechtsnatur des Zugabe- bzw. Prämienversprechens an.

Nach hier vertretener Auffassung ist die Bezeichnung eines Angebotsbestandteils als »kostenlos« innerhalb eines Kopplungsangebots für die Beurteilung der Rechtsnatur des auf dieses Angebotselement gerichteten Vertragsteils regelmäßig unbeachtlich. Denn ein Händler, der ein Kombinationsangebot anbietet, will es als solches verkaufen und nicht einzelne Angebotselemente verschenken.[830] Daher kann auch der Gegenauffassung nicht gefolgt werden, die argumentiert, der Verkäufer stelle durch die Bezeichnung des Angebots-

---

825 *Köhler* in Köhler/Bornkamm, UWG, Einleitung Rn. 7.12.

826 *Bernreuther*, WRP 2003, 846, 850.

827 *Weidenkaff* in Palandt BGB, § 434 Rn. 33.

828 *Köhler*, BB 2001, 1589, 1590.

829 *Köhler*, BB 2001, 1589, 1590.

830 So auch *Soppe*, WRP 2005, 565, 569.

elementes als kostenlos klar, dass die Zugabe nicht Bestandteil des entgeltlichen Hauptvertrags sein soll.[831] Richtig ist vielmehr, dass der Anbieter dadurch, dass er die Zugabe nur als Gegenleistung für den Kauf einer entgeltlichen Leistung anbietet – und nicht als gegenleistungsfreies Werbegeschenk – klarstellt, dass er die Zugabe oder Prämie in das vertragliche Gegenseitigkeitsverhältnis stellt. Er lässt sich die Zugabe also bezahlen – und sei es nur durch den Kauf eines anderen Produktes. Es besteht demnach bei beiden Parteien regelmäßig Einigkeit darüber, dass ein Gesamtangebot zu einem Gesamtpreis angeboten wird, auch dann, wenn einzelne Angebotselemente als »kostenlos« oder »für Null Euro« angepriesen werden.

Hinzuzufügen ist, dass die Rechtsnatur bei anderen Verkaufsförderungsmaßnahmen auch nicht von der Beschreibung des Kaufgegenstands als »gratis« abhängt. So umfasst der Kaufvertrag bei Angeboten, die Naturalrabatte (»20 % mehr Inhalt gratis«) beinhalten, auch den gesamten Inhalt der Verkaufseinheit und nicht etwa bloß den als kostenpflichtig ausgewiesenen Teil.

Schließlich ergibt sich die Erfassung aller Angebotselemente eines Kopplungsangebots im Kaufvertrag auch daraus, dass – bis zur Schuldrechtsreform im Jahr 2001 – das Kaufvertragsrecht für Kopplungsgeschäfte in Form von Gesamtpreisangeboten (verdeckte Kopplungsgeschäfte) eigene Regelungen bei Minderung und Wandlung vorsah.[832]

Aus diesen Gründen überzeugt die von der Gegenauffassung vorgenommene Differenzierung in einen Hauptvertrag (z. B. Kaufvertrag) und einen Zugabevertrag, der ein einseitig verpflichtender Vertrag sui generis sei,[833] nicht. Das kaufvertragliche Sachmängelrecht bezieht sich daher bei Kopplungsangeboten auch auf Angebotselemente, die als »gratis« oder »kostenlos« ausgewiesen sind.

---

831 *Köhler*, BB 2001, 1589, 1590.

832 § 471 BGB a.F.: »Findet im Falle des Verkaufs mehrerer Sachen für einen Gesamtpreis die Wandelung nur in Ansehung einzelner Sachen statt, so ist der Gesamtpreis in dem Verhältnisse herabzusetzen, in welchem zur Zeit des Verkaufs der Gesamtwert der Sachen in mangelfreiem Zustande zu dem Werte der von der Wandelung nicht betroffenen Sachen gestanden haben würde.«, § 472 Abs. 2 BGB a.F.: »Findet im Falle des Verkaufs mehrerer Sachen für einen Gesamtpreis die Minderung nur wegen einzelner Sachen statt, so ist bei der Herabsetzung des Preises der Gesamtwert aller Sachen zugrunde zu legen.« Siehe auch *Köhler* in Köhler/Bornkamm, UWG, § 4 Rn. 1.20.

833 So *Köhler*, BB 2001, 1589, 1590.

2. Unlautere Kopplungsangebote und unwirksame AGB-Klauseln

Kopplungsgeschäfte werden teilweise durch AGB gestaltet, insbesondere bei komplexen Kundenbindungssystemen.[834] Die Verwendung unwirksamer Allgemeiner Geschäftsbedingungen (AGB) kann in bestimmten Fällen die Unlauterkeit gemäß § 4 Nr. 11 UWG auslösen.[835] Defizite eines Kopplungsangebotes, die sich in der lauterkeitsrechtlichen Bewertung des Angebots niederschlagen, können sich umgekehrt auch auf die vertragsrechtliche Bewertung von Allgemeinen Geschäftsbedingungen (AGB) des Kopplungsgeschäfts auswirken. Ein Schnittbereich zwischen Lauterkeitsrecht und AGB-Recht besteht, weil das Recht der Allgemeinen Geschäftsbedingungen unter anderem auch darauf ausgerichtet ist, einen Interessensausgleich zwischen Unternehmern und Verbrauchern zu schaffen. Insoweit besteht eine Schnittmenge mit den Zielsetzungen der UWG-Verbotstatbestände, soweit sie verbraucherschützend sind.

In Einzelfällen können Kopplungsklauseln überraschende Klauseln sein (§ 305a BGB) und als solche nicht Vertragsbestandteil werden. Allerdings handelt es sich bei überraschenden Kopplungsklauseln in aller Regel nicht um die hier besprochenen verkaufsfördernden Kopplungsangebote, bei denen mit der Kopplung, die eine Vergünstigung gewähren soll, gerade geworben wird. Häufiger kommen überraschende Kopplungsklauseln bei aufgedrängten Kopplungsangeboten vor:

Beispiel: Bei einem Angebot für eine Mietwohnung, bei dem, ohne dass es aus der Anzeige ersichtlich würde, der Abschluss des Mietvertrags an die Verpflichtung gekoppelt ist, Möbel von der Vermieterin (einem Möbelversandgeschäft) zu erwerben,[836] dürfte eine solche Kopplungsklausel nicht nur innerhalb der Allgemeinen Geschäftsbedingungen des Mietvertrag erscheinen. Es läge eine überraschende Klausel im Sinne des § 305c Abs. 1 BGB vor, die nicht in den Vertrag einbezogen würde.

Kopplungsklauseln können den Verbraucher auch unangemessen benachteiligen (§ 307 Abs. 1 BGB). Dies wird zum Beispiel bei sogenannten CPU-Klauseln diskutiert, bei denen ein Softwareanbieter seine Software an einen ganz bestimmten Computer koppelt und versucht, die Verwendung auf einem anderen

---

834 Vgl. etwa BGH Urteil v. 11.11.2009 – VIII ZR 12/08 VersR 2010, 1498.

835 Vgl. KG Beschluss v. 03.04.2007 – 5 W 73/07 NJW 2007, 2266; 2266.

836 Vgl. zur wettbewerbsrechtlichen Bewertung eines solchen Angebots unter Geltung des UWG 1909 OLG Stuttgart Urteil v. 06.08.1971 – 2 U 65/71 GRUR 1972, 658.

Computer zu unterbinden.[837] Allerdings handelt es sich bei Kopplungsklauseln, durch die der Verbraucher übervorteilt wird, überwiegend nicht um Fälle der hier besprochenen verkaufsfördernden Kopplungsangebote, sondern um aufgedrängte Kopplungsangebote.

III. Kopplungsgeschäfte und vertragsrechtlicher Jugendschutz

Schließlich stellt sich die Frage, ob bei Kopplungsgeschäften vertragsrechtliche Besonderheiten für Jugendliche gelten. Für Jugendliche können besondere Gefahren gerade von Kopplungsangeboten ausgehen, bei denen ein Produkterwerb finanziert wird. Insbesondere Kopplungsangebote aus Mobiltelefon und Netzkartenvertrag können bei Jugendlichen zu finanziellen Belastungen führen (sogenannte »Schuldenfalle Handy«).[838] Solche Verträge sind oftmals die ersten Dauerschuldverhältnisse, mit denen Jugendliche, die noch bei ihren Eltern wohnen, konfrontiert sind. Als Konsequenz dieser von solchen Kopplungsangeboten ausgehenden Gefahr, wird vertreten, dass quer subventionierende Kopplungsgeschäfte aus Handy und Netzkartenvertrag für Jugendliche aus dem Anwendungsbereich des § 110 BGB (sog. Taschengeldparagraph) auszunehmen seien. Sie seien demnach nicht wirksam, sofern nicht eine ausdrückliche Einwilligung der Eltern gerade auch in die Kopplung vorliege.[839] Diese Auffassung wird damit begründet, dass eine konkludente Einwilligung der Eltern in solche Geschäfte, die § 110 BGB voraussetzt, regelmäßig nicht vorliege.[840]

Jedenfalls bei hochwertigen Smartphones, die gekoppelt mit einem teuren Mobilfunkvertrag kostenlos oder für einen nur symbolischen Preis abgegeben werden, dürfte die Annahme zutreffen, dass in der Taschengeldbereitstellung keine konkludente Zustimmung der Eltern zu einem solchen Kopplungsgeschäft zu sehen ist. Nach wirtschaftlicher Betrachtung gehört ein solches Kopplungsgeschäft zudem zu einem bedeutenden Teil zu den Abzahlungsgeschäften, die regelmäßig aus dem Anwendungsbereich des § 110 BGB ausgenommen sind.[841]

---

837 Vgl. hierzu. BGH Urteil v. 24.10.2002 – I ZR 3/00 NJW 2003, 2014. Im entschiedenen Fall wurde eine unangemessene Benachteiligung indes verneint.

838 Vgl. Frankfurter Rundschau vom 15.09.2012, S. R 8, Schuldenfalle Handy – Grüne fordern Beratung gegen Verschuldung.

839 *Derleder/Thielbar*, NJW 2006, 3233, 3238–3239.

840 *Derleder/Thielbar*, NJW 2006, 3233, 3234–3235.

841 Vgl. *Schmitt* in MüKo-BGB, § 110 Rn. 13.

Daher setzt sich ein Anbieter, der mit Jugendlichen ein Kopplungsgeschäft eingeht, das einen Produkterwerb quer finanziert, dem Risiko der Unwirksamkeit des Kopplungsgeschäfts aus.

E. Ergebnis zu Teil 3

Die Untersuchung der vertragsrechtlichen Bewertung der Kopplungsgeschäfte zeigt, dass Kopplungsgeschäfte im deutschen Vertragsrecht in weitem Umfang zulässig sind. Nur in besonderen Fällen, etwa bei korruptiven Dreieckskopplungen oder bei Verstößen gegen bestimmte spezialgesetzliche Kopplungsverbote, kann ein Kopplungsgeschäft von Anfang an ganz oder teilweise unwirksam sein.

Die Betrachtung der vertragsrechtlichen Folgen unlauterer Kopplungsangebote führt zu dem Ergebnis, dass eine rechtliche Interdependenz zwischen der wettbewerbsrechtlichen Beurteilung von im Vorfeld des Vertragsschlusses unterbreiteten Kopplungsangeboten und der vertragsrechtlichen Bewertung des geschlossenen Kopplungsgeschäfts nicht besteht. Mit anderen Worten: Die wettbewerbsrechtliche Betrachtung erfolgt allein an den Maßstäben des Wettbewerbsrechts, also mit Blick auf den Schutz der Wettbewerber und der kollektiven Verbraucherinteressen und den Interessen sonstiger Marktteilnehmer (§ 1 UWG). Die vertragsrechtliche Bewertung eines bestimmten Kopplungsgeschäfts erfolgt unabhängig hiervon allein nach den Maßstäben des Vertragsrechts. Dabei strahlen lauterkeitsrechtliche Wertungen regelmäßig nicht in vertragsrechtliche Wertungen ein. Denn im Vertragsrecht wird das Geschäft durch den konkreten individuellen Willen eines bestimmten Verbrauchers, der aufgrund der Privatautonomie in der Bildung seines Willens frei ist, legitimiert. Diese konkrete Grundlage des Vertrags darf nicht dadurch konterkariert werden, dass abstrakte Bewertungen aus dem Lauterkeitsrecht, die die kollektiven Verbraucherinteressen, nicht die des Einzelnen, im Blick haben, in das Vertragsrecht ausstrahlen.

Dessen ungeachtet besteht freilich eine inhaltliche Schnittmenge, weil, wie die vorstehende Betrachtung gezeigt hat, dieselben Handlungen einerseits lauterkeitsrechtliche Rechtsfolgen und andererseits vertragsrechtliche Rechtsfolgen auslösen können. Das gilt umso mehr, weil auch geschäftliche Handlungen bei und nach Vertragsschluss der lauterkeitsrechtlichen Bewertung unterliegen (§ 2 Abs. 1 Nr. 1 2. Halbsatz Alt. 2 und Alt. 3 UWG). Eine Neubewertung des Verhältnisses von Vertrags- und Lauterkeitsrecht hat dies jedoch nicht zur Folge.[842]

842 Zu den Ergebnissen im Einzelnen siehe unten, S. 315 ff.

Teil 4: Kopplungsangebote im deutschen Lauterkeitsrecht

A. Der Grundsatz der lauterkeitsrechtlichen Zulässigkeit der Kopplungsangebote

Verkaufsfördernde Kopplungsangebote sind im geltenden deutschen und europäischen Wettbewerbsrecht grundsätzlich zulässige wettbewerbskonforme Werbemaßnahmen.[843] Der BGH bezeichnet sie als einen »Ausdruck gesunden Wettbewerbs«.[844] Grundsätzlich zulässig sind sowohl klassische Kopplungsangebote,[845] Zugaben,[846] deren Zulässigkeit das Gesetz in § 4 Nr. 4 UWG voraussetzt, sowie komplexe Kopplungsangebote wie Kundenbindungssysteme.[847]

Als Voraussetzung für die Zulässigkeit von Kopplungsangeboten stellt die Rechtsprechung nicht länger darauf ab, ob zwischen den gekoppelten Angebotselementen eine Gebrauchsnähe oder ein Funktionszusammenhang besteht.[848] Es kommt auch nicht darauf an, ob der Anbieter einzelne Leistungen ohne gesonderte Berechnung abgibt, wie es bei Zugaben der Fall ist.[849] Der Anbieter eines Kopplungsangebots ist grundsätzlich nicht gezwungen, für die einzelnen Bestandteile des gekoppelten Angebots Einzelpreise auszuzeichnen.[850]

Ob und wie Anbieter ihre Angebote koppeln, ist damit grundsätzlich ihre freie unternehmerische Entscheidung.[851] Das Recht der Kopplungsangebote ist damit – im Vergleich zur Rechtslage vor Aufhebung der Zugabeverordnung – weitgehend liberalisiert.

---

843 Köhler/Bornkamm, UWG, § 4 Nr. 1 Rn. 1.103.

844 BGH Urteil v. 13.06.2002 – I ZR 173/01 *(Kopplungsangebote I)*, GRUR 2002, 976, 978.

845 BGH Urteil v. 13.06.2002 – I ZR 173/01 *(Kopplungsangebote I)*, GRUR 2002, 976; BGH Urteil v. 13.06.2002 – I ZR 71/01 *(Kopplungsangebote II)*, GRUR 2002, 979.

846 BGH Urteil v. 22.09.2005 – I ZR 28/03 *(Zeitschrift mit Sonnenbrille)*, GRUR 2006, 161.

847 BGH Urteil v. 10.04.2003 – I ZR 291/00 *(Buchclub-Kopplungsangebot)*, GRUR 2003, 890; Köhler/Bornkamm, UWG § 4 Nr. 1 Rn. 1.137.

848 BGH Urteil v. 11.12.2003 – I ZR 83/01 *(Playstation)*, GRUR 2004, 343; BGH Urteil v. 13.06.2002 – I ZR 173/01 *(Kopplungsangebote I)*, GRUR 2002, 976, 978.

849 BGH Urteil v. 10.04.2003 – I ZR 291/00 *(Buchclub-Kopplungsangebot)*, GRUR 2003, 890, 891.

850 BGH Urteil v. 27.02.2003 – I ZR 253/00 *(Gesamtpreisangebot)*, GRUR 2003, 538, 539.

851 BGH Urteil v. 13.06.2002 – I ZR 173/01 *(Kopplungsangebote I)*, GRUR 2002, 976, 978.

B. Grundlagen der lauterkeitsrechtlichen Bewertung von Kopplungsangeboten

Die Zulässigkeit der Kopplungsangebote gilt allerdings nicht schrankenlos.[852] Vielmehr sind Kopplungsangebote unter Geltung des UWG 2008 unlauter, wenn sie die im Folgenden aufgezeigten Zulässigkeitsschranken verletzen. Dabei hängen die hier dargestellten Voraussetzungen davon ab, ob sich das Angebot an Verbraucher richtet (B2C), wie es bei der Mehrzahl der Kopplungsangebote der Fall ist,[853] oder ob Unternehmer (B2B) angesprochen werden. Bestimmte Normen des UWG und die gesamte UGP-Richtlinie gelten für geschäftliche Handlungen gegenüber Verbrauchern.[854] So gelten insbesondere die Per-se-Verbote der Schwarzen Liste gemäß § 3 Abs. 3 UWG nur für Kopplungsangebote gegenüber Verbrauchern.

I. Grundlage der lauterkeitsrechtlichen Bewertung: das heutige Verbraucherleitbild

Der in Teil 2[855] beschriebene Wandel des Verbraucherleitbilds in Deutschland wurde schließlich durch die Rechtsprechung des EuGH zum heute geltenden Schutzstandard fortgeführt. In seiner Entscheidung *Gut-Springenheide*[856] aus dem Jahr 1998 formulierte der EuGH, dass ein nationales Gericht bei der Frage, ob ein Käufer durch ein Angebot irregeführt würde, darauf abzustellen habe, wie ein »durchschnittlich informierter, angemessen aufmerksamer und verständiger Durchschnittsverbraucher« das Angebot wahrscheinlich auffassen würde.[857] Dieses Verbraucherleitbild ist Folge einer rechtsvergleichenden Betrachtung und entspricht dem Verbraucherleitbild, das im Vereinigten Königreich bereits zuvor maßgebend war.[858] Der BGH hat dieses Verbraucherleitbild mit der Entscheidung *Orient-Teppichmuster*[859] übernommen. Damit entspricht

852 BGH Urteil v. 13.06.2002 – I ZR 173/01 *(Kopplungsangebote I)*, GRUR 2002, 976, 978; BGH Beschluss v. 21.07.2005 – I ZR 172/04 *(Glücksbon Tage)*, GRUR 2005, 886.

853 *Boesche*, WRP 2011, 1345, 1347.

854 Gemäß Art. 3 Abs. 1 UGP-Richtlinie gilt die Richtlinie für Geschäftspraktiken von Unternehmen gegenüber Verbrauchern.

855 Siehe oben S. 117 ff.

856 EuGH Urteil v. 16.07.1998 – Rs. C-210–96 NJW 1998, 3183.

857 EuGH Urteil v. 16.07.1998 – Rs. C-210–96 NJW 1998, 3183, 3183.

858 *Lettl*, WRP 2004, 1079, 1084.

859 BGH Urteil v. 20.10.1999 – I ZR 167/97 *(Orient-Teppichmuster)*, GRUR 2000, 619, 619.

das Verbraucherleitbild des deutschen Gesetzgebers dem des europäischen Gesetzgebers.[860] Eine Besonderheit gilt gemäß Art. 5 Abs. 3 UGP-Richtlinie und § 3 Abs. 2 S. 2 UWG, wenn sich ein (Kopplungs-)Angebot an eine eindeutig identifizierbare Gruppe von Verbrauchern richtet, die aufgrund von geistigen oder körperlichen Gebrechen, Alter oder Leichtgläubigkeit besonders schutzbedürftig ist. Es wird dann auf ein durchschnittliches Mitglied dieser Gruppe – also z. B. auf ein durchschnittliches Kind – abgestellt.

Bei der lauterkeitsrechtlichen Beurteilung der Kopplungsangebote kommt es demnach heute darauf an, wie ein Verbraucher, der die vorgenannten Kriterien erfüllt, das Angebot beurteilen würde. Anders als im Vertragsrecht ist es unbeachtlich, wie ein bestimmter mit dem Angebot konfrontierter Verbraucher das Angebot versteht. Indem durchschnittliche Qualitäten als Maßstab festgesetzt werden, ist gleichsam klargestellt, dass es nicht auf einen idealen Verbraucher ankommt.[861] Es ist also realistisch nach der Lebenserfahrung einzuschätzen, wie ein durchschnittlicher Verbraucher ein Kopplungsangebot verstehen wird und nicht danach, was ein perfekt aufmerksamer Verbraucher hätte erkennen können.

Welche Eigenschaften einem »durchschnittlich informierten, angemessen aufmerksamen und verständigen Durchschnittsverbraucher« im Einzelnen abverlangt werden können, wurde durch den BGH bisher nicht durch allgemeine Formeln oder Definitionen weiter erläutert, sodass Rückschlüsse nur aus dem Wortlaut und der vorliegenden Kasuistik gezogen werden können.

1. Vorwissen

Die Formulierung »durchschnittlich informiert« trifft ihrem Wortlaut nach eine Aussage zu dem erwartbaren Vorwissen des Verbrauchers. Ein mit einem Kopplungsangebot konfrontierter durchschnittlicher Verbraucher dürfte also wissen, dass ein hochwertiges Gerät wie ein Smartphone nicht für einen Betrag von 1 Euro oder auch nicht für 50 Euro verkauft werden kann, ohne dass ein fixer oder variabler Teil der Monatsumsätze des Netzkartenvertrags an den Mobiltelefonhersteller weitergereicht wird. Aufgrund seines Vorwissens hat der Verbraucher also in etwa eine Kenntnis davon, was Dinge wert sind. Das gilt vor allem für Angebote, die sich üblicherweise (auch) an Verbraucher richten. Werden innerhalb eines Kopplungsangebots Angebotselemente feilgeboten, die sich üblicherweise nicht an Verbraucher richten, ist das Vorwissen eines durchschnittlich

---

860 *Bornkamm* in Köhler/Bornkamm, UWG, § 5 Rn. 2.87 mit weiteren Nachweisen.
861 *Lettl*, Wettbewerbsrecht, S. 39.

informierten Verbrauchers freilich geringer. Es wird also etwa nicht vorausgesetzt, dass ein Verbraucher den Marktpreis einer Schweinehälfte kennt.[862]

2. *Aufmerksamkeit*

Das Kriterium der angemessen *Aufmerksamkeit* postuliert, dass die Aufmerksamkeit der konkreten Situation angepasst sein muss.[863] Bei der Bewertung eines Kopplungsangebots müssen daher unterschiedliche Anforderungen an die Aufmerksamkeit des Verbrauchers gestellt werden, wenn er sich einerseits für ein geringwertiges Kopplungsangebot alltäglicher Produkte interessiert oder sich andererseits mit einer wirtschaftlich bedeutenden Entscheidung befasst, z. B. mit einer gekoppelten Finanzierung beim Autokauf. Während also der Verbraucher im ersten Fall vergleichsweise »flüchtig« bleiben wird und das auch darf,[864] ihm also etwa keine Beschäftigung mit »Kleingedrucktem« in Verweisen abverlangt werden kann, wird der durchschnittliche Verbraucher beim zweiten Fall dem Angebot seine volle Aufmerksamkeit schenken.

Darüber hinaus betrifft das Kriterium der situationsadäquaten Aufmerksamkeit auch das Medium der Werbung. So wird der durchschnittliche Verbraucher, der ein Kopplungsangebot in einem TV-Werbespot sieht, aufgrund des flüchtigen Mediums, dem durch den Werbespot transportierten Inhalt regelmäßig eine vergleichsweise geringe Aufmerksamkeit schenken. TV-Werbung[865] ist oftmals nicht darauf gerichtet, eine bedeutende wirtschaftliche Entscheidung aufgrund vollständiger Informationen zu ermöglichen.[866] Dies hat einerseits zur Folge, dass dem werbenden Unternehmen nicht abverlangt werden kann, alle Einzelheiten des Kopplungsangebots in einem kurzen TV-Spot zu präsentieren. Andererseits dürfte aufgrund der zu erwartenden geringen Aufmerksamkeit eine irreführende blickfangmäßig herausgestellte Kernaussage auch nicht mehr durch kurz eingeblendete kleingedruckte Informationen zu korrigieren sein, weil der durchschnittliche Verbraucher dem keine Beachtung mehr schenkt.[867]

---

862 Einen solchen Preis muss ein Verbraucher deshalb gegebenenfalls selbst in Erfahrung bringen, vgl. BGH Urteil v. 30.11.1995 – I ZR 233/93 *(Saustarke Angebote)*, GRUR 1996, 363, 363 ff.

863 *Bornkamm* in Köhler/Bornkamm, UWG, § 5 Rn. 2.88 mit weiteren Nachweisen.

864 *Bornkamm* in Köhler/Bornkamm, UWG, § 5 Rn. 2.88.

865 Zu Fernsehwerbung für Kopplungsangebote siehe: *Günther*, MMR 2010, 393.

866 *Bornkamm* in Köhler/Bornkamm, UWG, § 5 Rn. 2.89.

867 Vgl. *Bornkamm* in Köhler/Bornkamm, UWG, § 5 Rn. 2.89.

3. *Fähigkeit zur kritischen Angebotsbewertung*

Schließlich stellt das Verbraucherleitbild auch auf einen durchschnittlich *verständigen* Verbraucher ab. Die Verständigkeit (Synonym: Umsichtigkeit)[868] betrifft intellektuelle Fähigkeiten des Verbrauchers.[869] Verlangt wird insbesondere die Fähigkeit, Angebote auch kritisch bewerten zu können, also Vor- und Nachteile des Angebots zu würdigen.[870]

Bei Kopplungsangeboten wird der (durchschnittlich)[871] verständige Verbraucher insbesondere Vor- und Nachteil der Kopplung kritisch bewerten. Es dürfte von einem solchen Verbraucher also zu erwarten sein, dass er, soweit es ihm möglich gemacht oder jedenfalls nicht erschwert wird, überprüft, ob mit der Kopplung tatsächlich eine Vergünstigung einhergeht. Auch im Übrigen ist der verständige Verbraucher in der Regel in der Lage zu entscheiden, welches Angebot seinen Präferenzen am ehesten entspricht, also für ihn die richtige Wahl ist.[872]

Ein verständiger Verbraucher, der den Abschluss eines Kopplungsgeschäfts, bestehend aus Mobiltelefon und Netzkartenvertrag erwägt, wird kritisch überprüfen, ob er durch die Kopplung eine Vergünstigung erlangt oder ob der Einzelbezug der Angebotselemente für ihn günstiger ist.

II. Systematik der lauterkeitsrechtlichen Prüfung von Kopplungsangeboten

1. *Generalklauseln § 3 Abs. 1 und Abs. 2 UWG*

a) Große Generalklausel (§ 3 Abs. 1 UWG)

Das UWG postuliert in § 3 Abs. 1 UWG grundsätzlich, unter welchen Voraussetzungen eine geschäftliche Handlung unlauter ist. Nach dieser allgemeinen (großen)[873] Generalklausel sind geschäftliche Handlungen unzulässig, die geeignet sind, die Interessen von Mitbewerbern, Verbrauchern oder sonstigen Marktteilnehmern spürbar zu beeinträchtigen.

---

868 *Köhler* in Köhler/Bornkamm, UWG, § 5 Rn. 28.

869 *Lettl*, Der Lauterkeitsrechtliche Schutz vor irreführender Werbung in Europa, S. 93.

870 *Köhler* in Köhler/Bornkamm, UWG, § 5 Rn. 28.

871 Es ist umstritten, ob sich das Adverb »durchschnittlich« allein auf das Kriterium der Informiertheit bezieht oder auch auf die Aufmerksamkeit und Informiertheit des Verbrauchers, vgl. *Lettl*, Der Lauterkeitsrechtliche Schutz vor irreführender Werbung in Europa, S. 93; *Köhler* in Köhler/Bornkamm, UWG, § 5 Rn. 22.

872 Vgl. *Bömeke*, Wie dumm darf der Verbraucher sein? Beurteilung von Wertreklame durch die Konkretisierung des Verbraucherleitbildes, S. 167.

873 *Lettl*, Wettbewerbsrecht, S. 74.

Ein Kopplungsangebot ist daher grundsätzlich nur dann unlauter, wenn es die Voraussetzungen des § 3 Abs. 1 UWG erfüllt. Eine Besonderheit bilden insoweit allerdings die Per-se-Verbote der Schwarzen Liste. Liegen deren Voraussetzungen vor, liegen zwangsläufig auch die Voraussetzungen des § 3 Abs. 1 UWG vor, sodass es einer eigenen Prüfung, ob das Unlauterkeitsmerkmal im Einzelfall die Spürbarkeitsschwelle des § 3 Abs. 1 UWG überschreitet, nicht mehr bedarf.[874] Es besteht daher bei den Per-se-Verboten keine Wertungsmöglichkeit.

b) Verbrauchergeneralklausel (§ 3 Abs. 2 UWG)

Für geschäftliche Handlungen, die sich an Verbraucher richten, gilt die Verbrauchergeneralklausel (§ 3 Abs. 2 UWG)[875], die bestimmt, unter welchen Voraussetzungen eine geschäftliche Handlung im B2C-Geschäftsverkehr unlauter ist.[876] Danach sind geschäftliche Handlungen gegenüber Verbrauchern jedenfalls dann unzulässig, wenn sie nicht der für den Unternehmer geltenden *fachlichen Sorgfalt* entsprechen und dazu geeignet sind, die Fähigkeit des Verbrauchers, sich auf Grund von Informationen zu entscheiden, spürbar zu beeinträchtigen und ihn damit zu einer geschäftlichen Entscheidung zu veranlassen, die er andernfalls nicht getroffen hätte. Die Generalklausel des § 3 Abs. 2 UWG setzt die Generalklausel der UGP Richtlinie, Art. 5 Abs. 2 UGP-Richtlinie, in nationales Recht um.[877] Danach ist eine Geschäftspraxis unlauter, wenn sie den Erfordernissen der beruflichen Sorgfaltspflicht widerspricht und sie in Bezug auf das jeweilige Produkt das wirtschaftliche Verhalten des Durchschnittsverbrauchers (des angesprochenen Publikums) wesentlich beeinflusst oder dazu geeignet ist, es wesentlich zu beeinflussen (vgl. Art. 4 Abs. 2 UGP-Richtlinie).

Die Verbrauchergeneralklausel verdrängt nicht die Generalklausel des § 3 Abs. 1 UWG, die ebenfalls geschäftliche Handlungen gegenüber Verbrauchern erfasst.[878] Besteht also eine an Verbraucher gerichtete geschäftliche Handlung

---

874 *Lettl*, Wettbewerbsrecht, S. 75; *Köhler* sieht in § 3 Abs. 3 einen Spezialtatbestand zu § 3 Abs. 1 und Abs. 2, sodass es bei Verwirklichung eines Per-se-Verbots nicht darauf ankomme, ob auch die anderen Generalklauseln erfüllt seien, in Köhler/Bornkamm, UWG § 3 Rn. 6.

875 Nach *Fezer* handelt sich um zwei zu unterscheidende Generalklauseln, Fezer, UWG § 3 Rn. 18 mit weiteren Nachweisen.

876 *Lettl*, Wettbewerbsrecht, S. 76; zu einer möglichen Redundanz, weil sich deren Voraussetzungen bereits aus § 3 Abs. 2 ergäben, vgl. *Scherer*, WRP 2010, 586, 592.

877 *Köhler* in Köhler/Bornkamm, UWG § 3 Rn. 31.

878 Dies ergibt sich bereits daraus, dass § 3 Abs. 1 ausdrücklich die Verbraucherinteressen nennt.

die Prüfung nach § 3 Abs. 2 UWG, könnte sich die Unlauterkeit gleichwohl aus der großen Generalklausel, § 3 Abs. 1 UWG, die dann richtlinienkonform auszulegen ist, ergeben.[879] Dies folgt schon daraus, dass ein umfassender Katalog von Spezialtatbeständen (insbesondere §§ 5, 5a UWG) und Regelbeispielen (§ 4 Nr. 1–11 UWG) die Voraussetzungen des § 3 Abs. 1 UWG spezifiziert – und nicht diejenigen des § 3 Abs. 2 UWG.[880]

Aus der verbraucherbezogenen Generalklausel ergeben sich zwei konkrete Zulässigkeitsvoraussetzungen für Kopplungsangebote, die kumulativ vorliegen müssen: Erstens müssen die Kopplungsangebote der geltenden fachlichen Sorgfalt des Unternehmers entsprechen. Zweitens dürfen sie den Verbraucher nicht an einer informierten (Kauf-)Entscheidung hindern. Beide Voraussetzungen werden im UWG und der UGP-Richtlinie näher erläutert.

aa) Einhaltung der fachlichen Sorgfalt des Unternehmers

Das UWG definiert die »fachliche Sorgfalt« des Unternehmers als den Standard an Fachkenntnissen und Sorgfalt, von dem billigerweise angenommen werden kann, dass ein Unternehmer ihn in seinem Tätigkeitsbereich gegenüber Verbrauchern nach Treu und Glauben unter Berücksichtigung der Marktgepflogenheiten einhält.[881] Die Regelung dient zur Umsetzung von Art. 5 Abs. 2 lit. a UGP-Richtlinie. Die dort verwendete Terminologie ist: »den Erfordernissen der beruflichen Sorgfalt widerspricht«.

bb) Spürbare Beeinträchtigung der Fähigkeit des Verbrauchers, sich auf Grund von Informationen zu entscheiden, und ihn damit zu einer geschäftlichen Entscheidung zu veranlassen, die er andernfalls nicht getroffen hätte (»geschäftliche Relevanz«)

Bei der Beurteilung der Fähigkeiten des Verbrauchers ist gemäß § 3 Abs. 2 S. 2 UWG auf einen durchschnittlichen Verbraucher oder, wenn sich die geschäftliche Handlung an eine bestimmte Gruppe von Verbrauchern wendet, auf ein durchschnittliches Mitglied dieser Gruppe abzustellen. Gemäß § 3 Abs. 2 S. 3 UWG ist auf die Sicht eines durchschnittlichen Mitglieds einer aufgrund von geistigen oder körperlichen Gebrechen, Alter oder Leichtgläubigkeit besonders schutzbedürftigen und eindeutig identifizierbaren Gruppe von Verbrauchern

879 *Lettl*, Wettbewerbsrecht, S. 79; vgl. auch *Köhler* in Köhler/Bornkamm, UWG § 3 Rn. 9.

880 *Köhler* in Köhler/Bornkamm, UWG § 3 Rn. 8a.

881 § 2 Abs. 1 Nr. 7 UWG.

abzustellen, wenn für den Unternehmer vorhersehbar ist, dass seine geschäftliche Handlung nur diese Gruppe betrifft.

Nach der Definition der UGP-Richtlinie ist Verbraucher jede natürliche Person, die im Geschäftsverkehr zu Zwecken handelt, die nicht ihrer gewerblichen, handwerklichen oder beruflichen Tätigkeit zugerechnet werden können.[882] Für das UWG gilt gemäß § 2 Abs. 3 UWG der Verbraucherbegriff des § 13 BGB (»jede natürliche Person, die ein Rechtsgeschäft zu einem Zweck abschließt, der weder ihrer gewerblichen noch ihrer selbstständigen beruflichen Tätigkeit zugerechnet werden kann«) entsprechend. Allerdings ist der bürgerlichrechtliche Verbraucherbegriff im Wege der richtlinienkonformen Auslegung des § 2 Abs. 2 UWG zu modifizieren und an den Verbraucherbegriff der UGP-Richtlinie anzupassen. Denn während die Definition des § 13 BGB den Verbraucher über den Abschluss eines Rechtsgeschäfts definiert, soll der Verbraucherschutz des UWG gerade auch für jene geschäftlichen Handlungen gelten, die den Verbraucher erst zum Abschluss eines Geschäfts bewegen sollen,[883] also dem eigentlichen Geschäftsabschluss zeitlich vorgelagert sind.

2. Präzisierung der Generalklausel durch Spezialtatbestände und Regelbeispiele

Die weiten und zwangsläufig unbestimmten Voraussetzungen der Generalklausel des § 3 Abs. 1 UWG erlauben, für sich genommen, keine eindeutige Beurteilung der Zulässigkeit von Kopplungsangeboten oder anderer geschäftlichen Handlungen. Ohne Hinzutreten weiterer Beurteilungskriterien wäre es der wettbewerblichen Praxis kaum möglich, allein anhand der vorgenannten Tatbestandsmerkmale die Grenze zwischen lauteren und unlauteren geschäftlichen Handlungen zu bestimmen und Kopplungsangebote danach auszurichten. Im Interesse der Rechtssicherheit und im Interesse, die Prärogative des Gesetzgebers bei der Entwicklung von Wertungen im Wettbewerbsrecht zu wahren,[884] hat der Gesetzgeber die Generalklausel des § 3 Abs. 1 UWG durch Regelbeispiele (§ 4 Nr. 1 – Nr. 11 UWG) und Spezialtatbestände (soweit die Bewertung von Kopplungsangeboten betreffend sind dies insbesondere §§ 5, 5a UWG) präzisiert.[885]

882 Art. 2 lit. a UGP-Richtlinie.

883 Vgl. Köhler/Bornkamm, UWG § 2 Rn. 134.

884 So *Fezer* in Fezer, UWG § 3 Rn. 155.

885 *Köhler* in Köhler/Bornkamm, UWG § 3 Rn. 63; Fezer, UWG § 3 Rn. 156.

3. Generalklausel als Auffangtatbestand

Die Mehrzahl der unlauteren geschäftlichen Handlungen wird durch die Regelbeispiele des § 4 UWG erfasst,[886] sodass die Generalklauseln des § 3 Abs. 1 UWG in ihrem originären Anwendungsbereich – also nicht in Verbindung mit einem Regelbeispiel – und § 3 Abs. 2 UWG Auffangtatbestände darstellen.[887] Klarzustellen ist, dass eine Verwirklichung eines Regelbeispiels des § 4 UWG stets auch das Vorliegen der Voraussetzungen des § 3 Abs. 1 UWG, also das Überschreiten der Spürbarkeitsschwelle, verlangt.[888] Welche Fälle allein von den Generalklauseln und nicht von den Regelbeispielen und den Spezialtatbeständen erfasst werden, ist der Rechtsprechungspraxis bisher nicht zu entnehmen.[889] Kopplungsangebote kommen hierfür allerdings durchaus in Betracht. So hat die Kommission im Entwurf zu der UGP-Richtlinie[890] zwei Beispiele angeführt, die ihrer Auffassung nach nicht über die Regelbeispiele und Spezialtatbestände, sondern nur über die Generalklausel (Verbrauchergeneralklausel der UGP Richtlinie Art. 5 Abs. 2 UGP-Richtlinie) erfasst werden könnten.[891] Eines dieser von der Kommission genannten (fiktiven) Beispiele ist ein Kopplungsangebot (Kopplung von Pauschalreise und Reiserücktrittsversicherung).[892] Wenngleich die Kommission offen lässt, ob sie in einem solchen Kopplungsangebot eine unlautere Geschäftspraktik sieht,[893] bestehe ihrer Auffassung nach ein Bedürfnis, ein solches Kopplungsangebot – das in dem fiktiven Beispiel weder irreführend noch aggressiv ist und somit nicht den Regelbeispielen und Spezialtatbeständen unterfällt – unmittelbar unter die Tatbestandsmerkmale der Generalklausel zu subsumieren. Die Generalklausel könne sicherstellen, dass sich die Richtlinie an wechselnde Technologien und Marktentwicklungen anpassen könne.[894]

---

886 *Köhler* in *Köhler*, GRUR 2010, 767, 774.

887 Vgl. *Podszun* in Harte-Bavendamm/Henning-Bodewig, UWG § 3 Rn. 73; *Köhler* in *Köhler*, GRUR 2010, 767, 774; *Lettl*, BB 2004, 1913, 1913; *Köhler* in Köhler/Bornkamm, UWG § 3 Rn. 53.

888 Am Beispiel des § 4 Nr. 6 UWG: BGH Urteil v. 05.10.2010 – I ZR 4/06 *(Millionen-Chance II)*, GRUR 2011, 532, 534; vgl. ferner *Köhler* in Köhler/Bornkamm, UWG § 4 Rn. 1.5.

889 *Köhler* in Köhler/Bornkamm, UWG § 3 Rn. 53.

890 KOM (2003) 356 endgültig.

891 *Köhler* in Köhler/Bornkamm, UWG § 3 Rn. 53.

892 KOM (2003) 356 endgültig, Rn. 50.

893 *Köhler* in Köhler/Bornkamm, UWG § 3 Rn. 53.

894 KOM (2003) 356 endgültig, Rn. 50.

Gerade bei Kopplungsangeboten ist hiernach, ergibt sich ihre Unzulässigkeit nicht aus den Per-Se-Verboten, den Regelbeispielen und den Spezialtatbeständen, stets gesondert zu prüfen, ob sie den Anforderungen der Generalklauseln des § 3 Abs. 2 UWG und § 3 Abs. 1 UWG genügen.

4. *Auslegung des UWG an der UGP-Richtlinie*

a) B2C-Bereich

Soweit sich ein Kopplungsangebot an Verbraucher richtet, sind die bei der Bewertung des Angebots herangezogenen nationalen Normen des UWG anhand der UGP-Richtlinie richtlinienkonform auszulegen.[895] Denn Ziel der Richtlinie ist, das verbraucherbezogene Lauterkeitsrecht vollständig zu vereinheitlichen (Vollharmonisierung).[896] Es bleibt zwar dabei, dass sich die richterliche Entscheidung unmittelbar nur auf die Normen des UWG stützen darf; diese dürfen aber nicht entgegen der UGP-Richtlinie ausgelegt werden.[897]

Die UGP-Richtlinie ist, um ihr Ziel eines einheitlichen europäischen Lauterkeitsrecht zu gewährleisten, nicht darauf beschränkt, Mindestschutzstandards des verbraucherbezogenen Lauterkeitsrechts zu normieren. Vielmehr ist sie in ihrem Anwendungsbereich erschöpfend. Es ist dem nationalen Gesetzgeber[898] und der Rechtsprechung[899] daher grundsätzlich verwehrt, strengere lauterkeitsrechtliche Maßstäbe im Geschäftsverkehr gegenüber Verbrauchern einzuführen als jene der Richtlinie.[900] Die Richtlinie darf also weder über- noch unterschritten werden. Ausnahmen gelten nach Art. 3 UGP-Richtlinie für bestimmte Bereiche. So dürfen Kopplungsangebote, bei denen ein Bestandteil ein Arzneimittel (Art. 3 Abs. 3 UGP Richtlinie)[901] oder eine Finanzdienstleistung (Art. 3 Abs. 9 UGP-Richtlinie)[902] ist, in den einzelnen Mitgliedsstaaten restriktiver bewertet werden, als es die UGP-Richtlinie vorgibt.

---

895 *Köhler* in Köhler/Bornkamm, UWG § 3 Rn. 53.

896 Art. 1 UGP-Richtlinie; *Köhler*, NJW 2008, 3032, 3032.

897 *Köhler*, NJW 2008, 3032, 3033.

898 EuGH Urteil v. 23.04.2009 – C-261/07, C299/07 GRUR 2009, 599, Rn. 38.

899 EuGH Urteil v. 23.04.2009 – C-261/07, C299/07 GRUR 2009, 599 Rn. 37 mit weiteren Nachweisen; EuGH Urteil v. 14.01.2010 – Rs. C-304/08 *(Plus Warenhandelsgesellschaft)*, GRUR 2010, 244 Rn. 29;

900 Siehe dazu unten, § 4 Abs. 6 UWG.

901 Von dieser Möglichkeit hat Deutschland in § 7 Abs. 1 HWG Gebrauch gemacht. Siehe hierzu oben, S. 179 ff.

902 EuGH Urteil v. 18.07.2013 – C-265/12 *(Citroën/FvF)*, GRUR 2013, 1154.

b) B2B-Bereich

Soweit sich ein Kopplungsangebot nicht an Verbraucher richtet, kommt der UGP-Richtlinie bei der Auslegung der zur Bewertung des Angebots herangezogenen nationalen Normen keine unmittelbare Bedeutung zu, denn der Anwendungsbereich der Richtlinie beschränkt sich auf den B2C-Geschäftsbereich. Der UGP-Richtlinie kommt im Geschäftsverkehr zwischen Unternehmern allenfalls eine mittelbare Bedeutung bei der Auslegung zu, um *Wertungswidersprüche* zu vermeiden.[903]

Klarzustellen ist jedoch, dass lauterkeitsrechtliche *Wertungsunterschiede* bei der Beurteilung von Geschäftspraktiken im B2B-Geschäftsverkehr einerseits und im B2C-Geschäftsverkehr andererseits in der Systematik des deutschen UWG angelegt sind. So sieht das UWG vor, dass im B2B-Geschäftsverkehr weder die Schwarze Liste (Anhang zu § 3 Abs. 3 UWG) noch die Regelbeispiele der §§ 4 Nr. 1, Nr. 2, Nr. 6 UWG gelten. Auch das ausdrückliche Erfordernis der fachlichen Sorgfalt (§ 3 Abs. 2 UWG) gilt im B2B-Geschäftsverkehr nicht. Im B2B-Geschäftsverkehr sind gesetzgeberisch also erheblich weniger lauterkeitsrechtliche Restriktionen vorgesehen, als im B2C-Geschäftsverkehr. Diese gesetzgeberische Intention darf nicht dadurch umgangen werden, dass – etwa über die Auslegung der großen Generalklausel (§ 3 Abs. 1 UWG) – die lauterkeitsrechtlichen Maßstäbe der UGP-Richtlinie unverändert in den B2B-Bereich übertragen werden. Bei der Berücksichtigung der UGP-Richtlinie für die Auslegung des UWG im B2B-Geschäftsverkehr ist daher Zurückhaltung geboten.

5. *Systematik der lauterkeitsrechtlichen Prüfung von Kopplungsangeboten im B2C-Geschäftsverkehr*

Eine geschäftliche Handlung gegenüber Verbrauchern ist unlauter, wenn sie irreführend oder aggressiv ist oder zu einer unsachlichen Beeinflussung des Verbrauchers unter Umgehung der beruflichen Sorgfalt führt.[904] Hinzutreten muss in beiden Fällen, dass der Verstoß erheblich ist.[905] Für die Bewertung von Kopplungsangeboten sind die Bestimmungen über die Irreführung maßgeblich. Eine aggressive Geschäftspraktik liegt bei einem verkaufsfördernden Kopplungsangebot in der Regel nicht vor.[906]

---

903 *Köhler* in Köhler/Bornkamm, UWG § 3 Rn. 53.

904 *Boesche*, WRP 2009 2009, 661, 672.

905 *Boesche*, WRP 2009 2009, 661, 672.

906 *Haberkamm*, WRP 2011, 296, 301.

Systematisch gibt die UGP-Richtlinie eine dreistufige Prüfung der Unlauterkeit vor:[907] In der ersten Stufe ist die Frage zu stellen, ob ein Verstoß gegen ein Per-se-Verbot (Art. 5 V UGP-Richtlinie i.V. mit Anhang I) vorliegt. Ist das nicht der Fall, stellt sich die Frage, ob eine irreführende oder aggressive Geschäftspraktik (Art. 5 IV UGP-Richtlinie i.V. mit den Art. 6–9 UGP-Richtlinie) gegeben ist. Besteht das Kopplungsangebot auch diese Anforderungen, stellt sich schließlich die Frage, ob in dem Angebot eine sonstige unlautere Geschäftspraktik (Art. 5 II UGP-Richtlinie) zu sehen ist.[908] Diese Anforderungen spiegeln sich in der Systematik der lauterkeitsrechtlichen Prüfung nach dem UWG wider:

a) Schwarze Liste (Anhang zu § 3 Abs. 3 UWG): per-se verbotene Kopplungsangebote

Die lauterkeitsrechtliche Prüfung eines Kopplungsangebots beginnt bei den Per-se-Verboten der Schwarze Liste. Denn ein Kopplungsangebot gegenüber einem Verbraucher, das den Tatbestand eines der insgesamt 30 in der Schwarzen Liste (Anhang zu § 3 Abs. 3 UWG) abschließend aufgezählten Verbote verletzt, ist nach § 3 Abs. 3 UWG stets unlauter. Auf die weiteren lauterkeitsrechtlichen Voraussetzungen kommt es dann nicht mehr an, auch nicht auf die Erheblichkeit des Verstoßes.

b) Spezialtatbestände (§§ 5, 5a UWG): irreführende Kopplungsangebote

Eine Folge der Schwarzen Liste ist, dass alle geschäftlichen Handlungen, die nicht unter die Per-se-Verbote der Schwarzen Liste fallen, auch nicht stets und ohne Wertung des Einzelfalls verboten sind. Bei allen Geschäftspraktiken, die nicht unter die Schwarze Liste fallen, ist daher die Unlauterkeit im Einzelnen festzustellen.[909] Verletzt ein Kopplungsangebot kein Per-se-Verbot, ist das Angebot zunächst daraufhin zu untersuchen, ob es den Anforderungen der Spezialtatbestände (soweit für Kopplungsangebote interessierend insbesondere dem Irreführungsverbot §§ 5, 5a UWG[910]) genügt, die irreführende geschäftliche Handlungen untersagen. Der Verstoß gegen einen Spezialtatbestand der §§ 5, 5a UWG führt

907 *Köhler*, WRP 2010, 1293, 1303.

908 *Köhler*, WRP 2010, 1293, 1303.

909 *Fezer*, WRP 2010, 677, 686.

910 Ein weiterer Spezialtatbestand ist § 6 UWG, der bestimmte Fälle der vergleichenden Werbung untersagt.

dann zur Unlauterkeit des Angebots, wenn der Verstoß die Spürbarkeitsschwelle (§ 3 Abs. 1 UWG) erreicht.[911]

c) Regelbeispiele (§ 4 Nr. 1–11 UWG): intransparente Kopplungsangebote (§ 4 Nr. 4 UWG), unzulässige Gewinnspielkopplungen (§ 4 Nr. 6 UWG) und unangemessene unsachliche Kopplungen (§ 4 Nr. 1 UWG)

Besteht das Kopplungsangebot auch diese Prüfung nach dem Irreführungsverbot in §§ 5, 5a UWG, ist festzustellen, ob eines der Regelbeispiele unlauterer geschäftlicher Handlungen (§ 4 Nr. 1 – 11 UWG), die die große Generalklausel des § 3 Abs. 2 fortschreiben,[912] verletzt wird. Grundsätzlich kann ein Kopplungsangebot, wie jede andere geschäftliche Handlung auch, gegen jeden der Regeltatbestände verstoßen. Besondere Bedeutung für die Beurteilung der Kopplungsangebote kommt den Regelbeispielen für intransparente Verkaufsförderungsmaßnahmen (§ 4 Nr. 4 UWG), unzulässige Gewinnspielkopplungen (§ 4 Nr. 6 UWG) und schließlich dem generalklauselartigen[913] Verbot der unangemessenen unsachlichen geschäftlichen Handlungen (§ 4 Nr. 1 UWG) zu.[914] Schließlich kann ein Kopplungsangebot – etwa bei Verstoß gegen ein spezialgesetzliches Kopplungsverbot – auch wegen § 4 Nr. 11 UWG unlauter sein, oder einen Mitbewerber gezielt behindern § 4 Nr. 10 UWG.

d) Generalklausel (§ 3 Abs. 2 UWG): Sorgfaltswidrige Kopplungsangebote

Verletzt ein verbraucherbezogenes Kopplungsangebot keines der Regelbeispiele, kommt es zu einer Bewertung des Kopplungsangebots nach den vorgenannten Voraussetzungen der Verbrauchergeneralklausel.[915] Verstößt ein Kopplungsangebot gegen die für den Unternehmer geltende fachliche Sorgfalt und sind die üblichen tatbestandlichen Voraussetzungen des § 3 Abs. 2 UWG erfüllt, ist das Kopplungsangebot unlauter, ohne dass es einer weiteren Prüfung bedarf.

e) Spürbarkeitsschwelle (§ 3 Abs. 1 UWG)

Schließlich ergibt sich aus § 3 Abs. 1 UWG, dass ein unlauteres Kopplungsangebot geeignet sein muss, die Interessen der Marktteilnehmer spürbar zu beeinträchtigen.

---

911 *Pfeifer* in Fezer, UWG, § 5 Rn. 19.

912 *Stuckel* in Harte-Bavendamm/Henning-Bodewig, UWG, § 4 Nr. 1 Rn. 19.

913 *Sosntiza* in Piper/Ohly/Sosnitza, UWG § 4 Rn. 1.12.

914 *Boesche*, WRP 2011, 1345, 1345 ff.

915 *Köhler*, NJW 2008, 3032, 3033.; vgl. auch *Boesche*, WRP 2011, 1345, 1347.

Im Falle eines Verstoßes gegen die Verbrauchergeneralklausel ergibt sich das Spürbarkeitserfordernis bereits unmittelbar aus der Verbrauchergeneralklausel, § 3 Abs. 2 UWG.

Bei den Per-se-Verboten der Schwarzen Liste kommt es nach dem Wortlaut des § 3 Abs. 3 UWG nicht zu einer Prüfung der Spürbarkeit gemäß § 3 Abs. 1 UWG. Es findet also bei einem Kopplungsangebot, das gegen die Schwarze Liste verstößt, etwa weil eine Zugabe als »gratis« beworben wird, ohne dass die kostenpflichtige Kopplung an eine Hauptware deutlich wird (Nr. 21 Schwarze Liste), keine gesonderte Prüfung statt, ob dieser Verstoß für den Verbraucher spürbar war. Eine Bagatellprüfung findet, ist ein Verstoß gegen die Schwarze Liste festgestellt, nicht statt.[916]

Bei einem Verstoß gegen die Spezialtatbestände (hier: Irreführungsverbot gemäß §§ 5, 5a UWG) oder die Regelbeispiele gemäß § 4 UWG muss der Verstoß die Spürbarkeitsschwelle grundsätzlich erreichen. Die Spürbarkeitsschwelle stellt jedoch auch bei diesen Tatbeständen nur dann einen eigenen Prüfungspunkt dar, wenn der die Unlauterkeit begründende Tatbestand nicht bereits die Spürbarkeit tatbestandlich voraussetzt (sogenannte tatbestandsimmanente Spürbarkeits- bzw. Bagatellschwelle).[917] Bei Verstößen gegen die Irreführungstatbestände §§ 5, 5a UWG ist das Überschreiten der Spürbarkeits- oder Bagatellschwelle bereits eine tatbestandliche Voraussetzung der Irreführung, sodass eine gesonderte Prüfung der Spürbarkeit nach § 3 Abs. 1 UWG nicht erfolgt.[918] Auch bei einzelnen Regelbeispielen setzt die Tatbestandsmäßigkeit die Spürbarkeit bereits voraus.

f) Übersicht

Hiernach ergibt sich das folgende lauterkeitsrechtliche Prüfungsschema für Kopplungsangebote:

916 *Alexander*, GRUR Int 2010, 1025, 1033; *Köhler* in Köhler/Bornkamm, UWG, Anhang zu § 3 Abs. 3, Einführung Rn. 0.10; *Henning-Bodewig* in Harte-Bavendamm/Henning-Bodewig, UWG, Anhang zu § 3 Abs. 3, Vorbemerkung Rn. 21.

917 *Köhler* in Köhler/Bornkamm, UWG § 3 Rn. 136.

918 BGH Urteil v. 26.02.2009 – I ZR 219/06 *(Thermoroll)*, GRUR 2009, 888, 890.

Abb. 1: Lauterkeitsrechtliche Prüfung von Kopplungsangeboten im B2C-Geschäftsverkehr

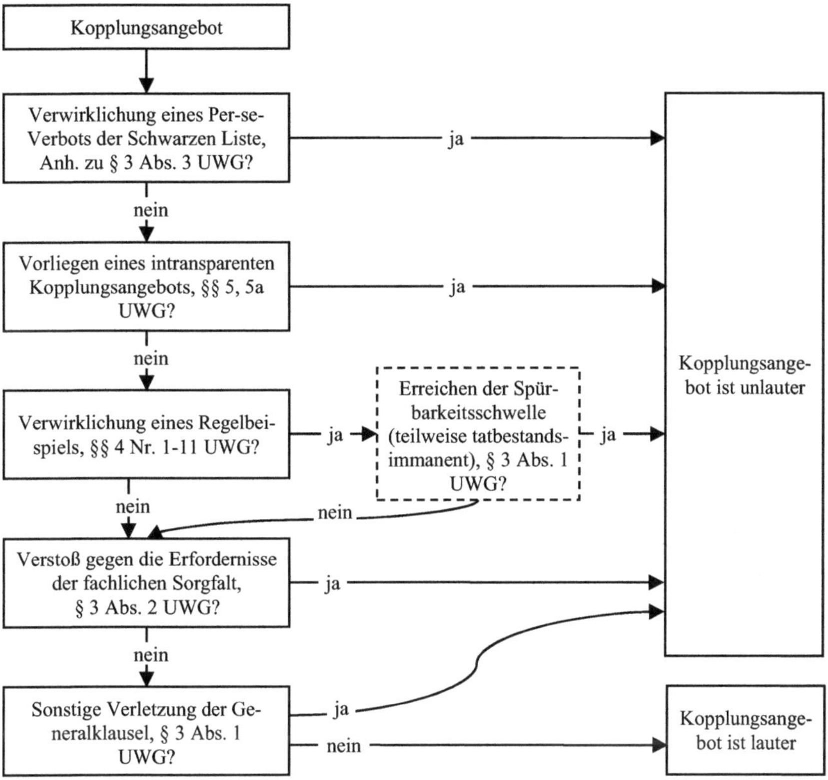

Zu beachten ist, dass es sich bei diesem Schema um eine in Bezug auf Kopplungsangebote zielführende Prüfungssystematik handelt, nicht um die oben beschriebene Normenstruktur. Wegen der besonderen Bedeutung der Spezialtatbestände und einzelner Regelbeispiele bei der lauterkeitsrechtlichen Bewertung der Kopplungsangebote, empfiehlt es sich – entsprechend dem obigen Schaubild – die Prüfung der Spezialtatbestände und Regelbeispiele der Untersuchung der Verletzung der Verbrauchergeneralklausel vorzuziehen.[919] Nicht berücksichtigt sind sonstige Spezialtatbestände, z. B. § 6 UWG (Verbot bestimmter Fälle der vergleichenden

919 Siehe zu dem hier gewählten Aufbau für Kopplungsangebote *Boesche*, WRP 2011, 1345, 1347 ff. und (hinsichtlich der Prüfungsreihenfolge der UGP-Richtlinie: *Köhler*, NJW 2008, 3032, 3033.

Werbung) sowie der Verbotstatbestand des § 7 UWG (Verbot unzumutbarer Belästigung). Selbstverständlich kann im Zusammenhang mit einem Kopplungsangebot – wie bei jeder anderen geschäftlichen Handlung auch – auch gegen diese Normen verstoßen werden. Ein solcher Verstoß stünde aber regelmäßig nicht im Zusammenhang mit der Kopplung, sodass – kommt ein Verstoß gegen diese oder andere lauterkeitsrechtliche Verbotstatbestände in Betracht – insoweit die allgemeinen Maßstäbe der jeweiligen Normen heranzuziehen sind.

6. *Systematik der lauterkeitsrechtlichen Prüfung von Kopplungsangeboten im B2B-Geschäftsverkehr*

a) Reduzierter Prüfungsumfang

Bei Kopplungsangeboten, die sich nicht (auch) an Verbraucher richten, findet eine gegenüber verbraucherbezogenen Kopplungsangeboten erheblich reduzierte lauterkeitsrechtliche Prüfung statt. Weil die aus der UGP-Richtlinie stammende Schwarze Liste gemäß § 3 Abs. 3 UWG nur für geschäftliche Handlungen gegenüber Verbrauchern gilt, findet keine Prüfung der Per-se-Verbote statt. Die Prüfung von Kopplungsangeboten gegenüber sonstigen Marktteilnehmern beginnt deshalb mit dem Irreführungsverbot (§§ 5, 5a UWG). Das UWG schränkt das Irreführungsverbot nicht auf Kommunikation gegenüber dem Verbraucher ein. Adressat irreführender Angaben können auch Unternehmer (zum Beispiel im Kommunikationsverhältnis zwischen Hersteller und Händler oder im Stufenverhältnis zwischen Groß- und Einzelhändler) oder andere Nicht-Verbraucher sein, wie etwa Angehörige bestimmter Fachkreise (Ärzte, Rechtsanwälte).[920] Eine Besonderheit besteht bezüglich § 5a UWG (Irreführung durch Unterlassen). Ausweislich des Wortlauts der Norm ist nur § 5a Abs. 1 UWG auf den B2B-Geschäftsverkehr anzuwenden, während § 5a Abs. 2, Abs. 3 und Abs. 4 ausschließlich die Irreführung im geschäftlichen Verkehr gegenüber Verbrauchern betreffen, was zur Folge hat, dass es keinen gesetzlichen Grundtatbestand (§5a Abs. 2 UWG) für die Irreführung durch Unterlassen im Geschäftsverkehr mit Verbrauchern gibt.[921]

Auch bezüglich der Regelbeispiele kommt es zu einer Reduzierung der gesetzlichen Schranken – und damit der lauterkeitsrechtlichen Prüfung der B2B-Kopplungsangebote. § 4 Nr. 2 (ausnutzende geschäftliche Handlungen) und das (nach richtlinienkonformer Reduktion im Anwendungsbereich ohnehin sehr

---

920 Vgl. *Bornkamm* in Köhler/Bornkamm, UWG, § 5 Rn. 2.17–2.18.

921 *Bornkamm* in Köhler/Bornkamm, UWG, § 5a Rn. 6–6a.

eingeschränkte)[922] Gewinnspielkopplungsverbot des § 4 Nr. 6 UWG setzten tatbestandlich eine geschäftliche Handlung gegenüber einem Verbraucher voraus und sind daher nicht auf den B2B-Geschäftsverkehr anwendbar.

Selbstverständlich erfolgt schließlich im Geschäftsverkehr gegenüber Nicht-Verbrauchern auch keine Prüfung der Verbrauchergeneralklausel, § 3 Abs. 2 UWG.

b) Übersicht

Hiernach folgt die lauterkeitsrechtliche Prüfung von Kopplungsangeboten im B2B-Geschäftsverkehr nach der folgenden Systematik:

Abb. 2: Lauterkeitsrechtliche Prüfung von Kopplungsangeboten im B2B-Geschäftsverkehr

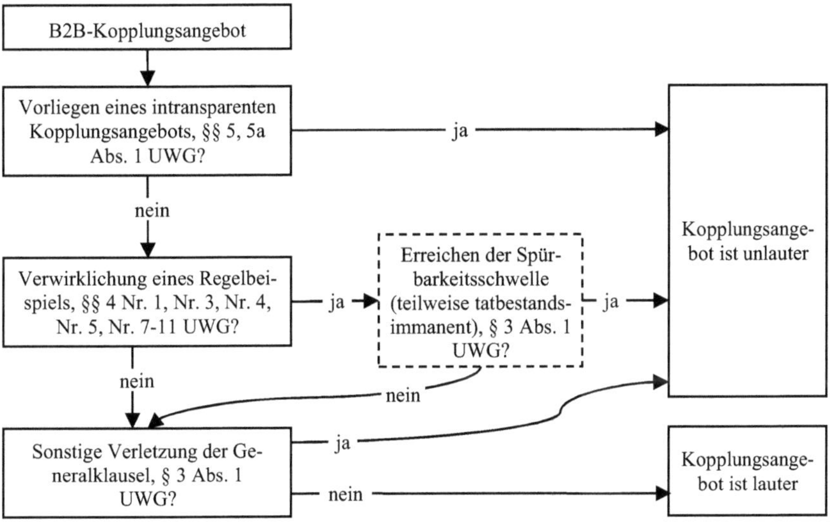

C. Unlautere Kopplungsangebote gegenüber Verbrauchern

I. Per se verbotene Kopplungsangebote (Anhang zu § 3 Abs. 3 UWG)

Die mit der UWG-Novelle 2008 eingeführte Schwarze Liste verbietet 30 im Anhang zu § 3 Abs. 3 UWG erschöpfend aufgezählte geschäftliche Handlungen.

922 BGH Urteil v. 05.10.2010 – I ZR 4/06 *(Millionen-Chance II)*, GRUR 2011, 532, 532 ff.

Sie setzt Art. 5 Abs. 5 Nr. 1 sowie Anhang 1 der UGP-Richtlinie um. Die Per-se-Verbote des UWG entsprechen den Per-se-Verboten der UGP-Richtlinie.[923]

Erfüllt ein Kopplungsangebot einen Tatbestand der Schwarze Liste, ist es »stets unzulässig« (§ 3 Abs. 3 UWG). Es kommt daher für die Unlauterkeit des entsprechenden Angebots nicht mehr darauf an, ob das Kopplungsangebot – im Sinne der Verbrauchergeneralklausel des § 3 Abs. 2 UWG – einen Einfluss auf die Fähigkeit des Verbrauchers ausübt, eine informierte Entscheidung zu treffen. Eine Prüfung der geschäftlichen Relevanz (Relevanzprüfung) des sodann zwingend unlauteren Kopplungsangebots unterbleibt.[924] Eine Einzelfallprüfung erfolgt auch im Übrigen nicht mehr, wenn ein Kopplungsangebot den Tatbestand eines Per-se-Verbotes erfüllt. Das Angebot ist also nicht mehr an den Voraussetzungen der Regelbeispiele des § 4 UWG noch an denen der Generalklausel(n) zu messen. Es liegt also eine (doppelte) unwiderlegliche Vermutung der Unlauterkeit ohne Wertungsmöglichkeit vor.[925]

Dagegen unterliegt das Vorliegen der Voraussetzungen der Per-se-Verbote aufgrund ihrer teilweise offenen Formulierung durchaus Wertungsmöglichkeiten.[926]

Die Per-se-Verbote der Schwarze Liste entfalten außerhalb ihres Anwendungsbereichs weder eine Sperrwirkung[927] noch dürfen sie analog auf nicht tatbestandliche – aber vergleichbare – Sachverhalte angewendet werden.[928] Ein Kopplungsangebot, das einem Per-se-Verbot der Schwarzen Liste nahekommt, dessen Tatbestand jedoch nicht erfüllt, ist daher nach den allgemeinen Bestimmungen der Spezialtatbestände, der Regelbeispiele und der Generalklauseln zu würdigen.

Alle Per-se-Verbote setzen grundsätzlich das Vorliegen einer geschäftlichen Handlung gegenüber Verbrauchern voraus, § 3 Abs. 3 UWG.

---

923 Die UGP-Richtlinie weist 31 Per-se-Verbote auf. Bei der Umsetzung im UWG wurde das Verbot aus Nr. 31 der UGP-Richtlinie aus systematischen Gründen in Nr. 17 der Schwarzen Liste des UWG übernommen. Nr. 26 der Richtlinie wurde nicht übernommen, da ein entsprechendes Verbot bereits in § 7 Abs. 2 UWG kodifiziert ist. Im Übrigen entsprechen die Verbote des UWG inhaltlich, wenn auch nicht immer genau im Wortlaut denen der UGP-Richtlinie; Köhler/Bornkamm, UWG § 3 Rn. 24.

924 *Köhler* in Köhler/Bornkamm, UWG § 3 Abs. 25.

925 *Schünemann* in Harte-Bavendamm/Henning-Bodewig, UWG § 3 Rn. 457.

926 *Köhler* in Köhler/Bornkamm, UWG § 3 Rn. 25.

927 *Schünemann* in Harte-Bavendamm/Henning-Bodewig, UWG § 3 Rn. 459.

928 *Köhler* in Köhler/Bornkamm, UWG § 3 Rn. 27.

1. *Nr. 7 Schwarze Liste: unwahre Angabe über Laufzeiten von Kopplungsangeboten*

Kopplungsangebote sind häufig Aktionsangebote. Bei einem Aktionskopplungsangebot wird eine Ware oder Dienstleistung nicht stets in einer vermeintlich oder tatsächlich vergünstigenden Kopplung mit einer anderen Ware oder Dienstleistung angeboten, sondern die Kopplung erfolgt nur für einen gewissen Zeitraum, den sogenannten Aktionszeitraum. Besonders bei Kopplungsangeboten in Form von Zugaben werden die nicht gesondert berechneten Zugaben vielfach nur für kurze Zeit abgegeben und dieser zeitlich begrenzte Vorteil wird intensiv beworben.

Diese kurz befristeten Kopplungsangebote dienen regelmäßig dazu, den Verbraucher zu einer schnellen oder sogar sofortigen Entscheidung zu veranlassen. Anbieter haben an solchen kurzen Entscheidungszeiträumen ein Interesse, weil ein Großteil der Kaufentscheidungen intuitionsgesteuert unterbewusst im limbischen System des Großhirns stattfindet.[929] Dem Kunden wird also (zutreffend oder unzutreffend) suggeriert, er müsse sich sofort intuitiv entscheiden, um von dem Vorteil zu profitieren. In extremen Fällen soll es nicht zu einer umfassenden Abwägung des Für- und Wider des Angebots kommen, sondern es soll kaufpsychologisch ein Impulskauf (auch: Spontankauf) getätigt werden. Von der Knappheitsbehauptung geht ferner möglicherweise ein eigener Reiz aus. Besonders kurze Fristen werden etwa in Fällen des Produktvertriebs über Live-Verkaufssendungen und Dauerwerbesendungen im Fernsehen eingesetzt. So wird bei Aktionskopplungsangeboten häufig damit geworben, eine bestimmte Zugabe gäbe es nur für einen bestimmten Zeitraum (»Wenn Sie sofort bestellen, erhalten Sie zusätzlich kostenlos…«).

Aktionskopplungsangebote sind grundsätzlich auch dann lauterkeitsrechtlich zulässig, wenn der Aktionszeitraum knapp bemessen ist. Allerdings verbietet das Per-se-Verbot der Nr. 7 der Schwarzen Liste unter bestimmten Umständen falsche Angaben über den Aktionszeitraum. Nach Nr. 7 der Schwarzen Liste in Verbindung mit § 3 Abs. 3 UWG ist stets unlauter: »die unwahre Angabe, bestimmte Waren oder Dienstleistungen seien allgemein oder zu bestimmten Bedingungen nur für einen sehr begrenzten Zeitraum verfügbar, um den Verbraucher zu einer sofortigen geschäftlichen Entscheidung zu veranlassen, ohne dass dieser Zeit

929 Vgl. *Holtfort*, Versicherungswirtschaft 2011, 507, 507 ff.; ferner Stuttgarter Zeitung vom 02.02.2013, Rubrik Fideler-Zeitung.

und Gelegenheit hat, sich aufgrund von Informationen zu entscheiden.« Die Regelung entspricht inhaltlich Nr. 7 des Anhangs I der UGP-Richtlinie.[930]

Es liegt bisher noch keine Rechtsprechung zu Kopplungsangeboten unter Nr. 7 der Schwarzen Liste vor. Jedoch führt eine Auslegung des Verbots dazu, dass die falsche Behauptung, ein Kopplungsangebot würde nur für eine kurze Zeit angeboten, von dem Per-se-Verbot erfasst wird.

a) Schutzzweck des Verbotes

Nach der kritisierten[931] amtlichen Begründung des Gesetzesentwurfes der Bundesregierung vom 23.05.2008[932] handelt es sich bei den von Nr. 7 erfassten Sachverhalten um Fälle der Ausübung psychologischen Kaufzwangs durch übertriebenes Anlocken. Systematisch müsste es sich bei Nr. 7 nach dieser Auffassung um ein spezielles Verbot im Rahmen des allgemeineren Regelbeispiels des § 4 Nr. 1 UWG (unangemessene unsachliche Beeinflussung, übertriebenes Anlocken) handeln.[933] In jedem Fall stellt die Angabe eines sehr kurzen Angebotszeitraums – gleich ob sie richtig oder falsch ist – eine Knappheitsbehauptung dar, die bei dem Verbraucher einen hohen Entscheidungsdruck verursachen kann. Denn die Zeit, die dem Verbraucher zur Verfügung steht, um sich für oder gegen das Angebot zu entscheiden, wird durch die Knappheitsbehauptung verkürzt. Aktionskopplungsangebote gehören daher grundsätzlich zu den Lockangeboten.[934] Allerdings wäre es – in Anbetracht des gewandelten Verbraucherleitbildes – verfehlt, allein aus dem Vorliegen einer Knappheitsbehauptung auf einen Fall des psychischen Kaufzwangs – zudem auf einen als Per-se-Verbot vertypten Fall – zu schließen. Die Qualifikation eines Kopplungsangebots als Lockangebot macht das Kopplungsangebot für sich genommen nicht unlauter. Ein Kopplungsangebot ist nach Nr. 7 der Schwarzen Liste vielmehr nur dann unlauter, wenn die Knappheitsbehauptung unwahr ist.

---

930 Nr. 7 Anh. I UGP-Richtlinie: »Falsche Behauptung, dass das Produkt nur eine sehr begrenzte Zeit oder nur eine sehr begrenzte Zeit zu bestimmten Bedingungen verfügbar sein werde, umso den Verbraucher zu einer sofortigen Entscheidung zu verleiten, sodass er weder Zeit noch Gelegenheit hat, eine informierte Entscheidung zu treffen.«

931 Vgl. *Pfeifer* in Fezer, UWG Anh. UWG Nr. 7 Rn. 6; *Sosnitza*, WRP 2008, 1014, 1022.

932 BR-DrS. 345/08, S. 64.

933 Vgl. *Pfeifer* in Fezer, UWG Anh. UWG Nr. 7 Rn. 6; *Sosnitza*, WRP 2008, 1014, 1022.

934 Vgl. *Pfeifer* in Fezer, UWG Anh. UWG Nr. 7 Rn. 3. Es liegt indes kein sog. Lockvogelangebot vor (Ware ist in geringerer Stückzahl verfügbar als der Verbraucher erwartet), sondern dessen Gegenstück (Ware ist in größerer Stückzahl verfügbar als der Verbraucher erwartet) vor, *Weidert* in Harte-Bavendamm/Henning-Bodewig, UWG Anh. § 3 Abs. 3 Nr. 7 Rn. 3.

Überzeugender ist daher das Verständnis der Nr. 7 als einen Fall der Irreführung des Verbrauchers.[935] Denn Nr. 7 verbietet nicht die Ausübung des Drucks an sich, sondern nur das Vortäuschen eines Zeitdrucks.[936] Tatbestandlich verlangt Nr. 7 das Vorliegen einer *falschen* Angabe. Die zwingende Unlauterkeitsfolge des Per-se-Verbots stützt sich damit nicht darauf, dass psychologischer Kaufzwang durch übertriebenes Anlocken ausgeübt würde, was auch bei einer (jedenfalls nach Nr. 7 zulässigen) zutreffenden Angabe über einen sehr kurzen Aktionszeitraum der Fall wäre. Per se unlauter wird ein Kopplungsangebot nach Nr. 7 erst dann, wenn der Verbraucher durch eine Fehlinformation dazu verleitet wird, seine Kaufentscheidung sofort zu treffen.[937] Die Unlauterkeit stützt sich also auf ein Informationsdefizit beim Verbraucher durch eine Falschbehauptung des Anbieters,[938] nicht auf die Anlockwirkung.

b) Unwahre Angabe

Der Anbieter muss eine unwahre Angabe machen. Das Tatbestandsmerkmal setzt eine ausdrückliche, also nicht nur konkludente, Behauptung[939] voraus, die objektiv unrichtig[940] sein muss. Bei Kopplungsangeboten wird diese Behauptung regelmäßig im Rahmen der Werbung für das Kopplungsangebot erfolgen. Weil Nr. 7 jedoch keine bestimmte Kommunikationsform der unwahren Angabe verlangt, sind auch unwahre mündliche Erklärungen eines Verkäufers am Point of Sale (POS) umfasst.

Aufgrund des kollektiven Schutzmodells des Lauterkeitsrechts ist es irrelevant, ob die unwahre Angabe auch tatsächlich eine Täuschung einzelner Verbraucher bewirkt.[941] Es kommt vielmehr nur darauf an, dass eine falsche Aussage getätigt wird.

Beispiel: Auch wenn ein Zuschauer einer Dauerfernsehsendung nicht glaubt, er erhalte das an den Verkauf eines Topfsets gekoppelte Messerset nur, wenn

---

935 So auch *Bornkamp* in Köhler/Bornkamm, UWG Anh. zu § 3 Rn. 3 Rn. 7.1.

936 *Weidert* in Harte-Bavendamm/Henning-Bodewig, UWG Anh. § 3 Abs. 3 Nr. 7 Rn. 3.

937 *Bornkamp* in Köhler/Bornkamm, UWG Anh. zu § 3 Rn. 3 Rn. 7.1.

938 Eine solche Falschbehauptung ist zudem ein Fall der Irreführung § 5 Abs. 1 UWG und widerspräche auch der unternehmerischen Sorgfalt, § 3 Abs. 2 UWG.

939 *Pfeifer* in Fezer, UWG Anh. UWG Nr. 7 Rn. 8; *Bornkamp* in Köhler/Bornkamm, UWG Anh. zu § 3 Rn. 3 Rn. 7.2; A.A *Sosnitza* in Piper/Ohly/Sosnitza, UWG Anh. § 3 Abs. 3 Rn. 22.

940 *Pfeifer* in Fezer, UWG Anh. UWG Nr. 7 Rn. 9; *Bornkamp* in Köhler/Bornkamm, UWG Anh. zu § 3 Rn. 3 Rn. 7.2.

941 *Weidert* in Harte-Bavendamm/Henning-Bodewig, UWG Anh. § 3 Abs. 3 Nr. 7 Rn. 6.

er »jetzt gleich« bestelle – was ein verständiger Verbraucher gerade dann nicht glauben wird, wenn es sich nicht um eine Livesendung, sondern um eine aufgezeichnete Werbesendung handelt – ist das Angebot, vorausgesetzt, die Knappheitsbehauptung ist falsch, wegen Nr. 7 der Schwarzen Liste per se unlauter.

c) Verfügbarkeit zu bestimmten Bedingungen

Objekt der unwahren Knappheitsbehauptung können nur bestimmte Waren und Dienstleistungen sein.[942] Kopplungsangebote sind, weil sie bezüglich der angebotenen Waren und Dienstleistungen regelmäßig genau bestimmt sind, praktisch immer taugliche Objekte einer nach Nr. 7 unwahren Angabe.

Inhaltlich muss die Angabe entweder die allgemeine Verfügbarkeit oder die Verfügbarkeit zu bestimmten Bedingungen betreffen. Die zweite Variante (Verfügbarkeit zu bestimmten Bedingungen) betrifft auch und gerade Kopplungsangebote. Denn »bestimmte Bedingungen« im Sinne der Nr. 7 der Schwarzen Liste bezeichnet allgemein alle Erwerbsbedingungen, die in der konkreten Werbung genannt werden, also neben dem Preis auch alle sonstigen Bedingungen des Kaufs.[943]

Nach hier vertretener Auffassung beinhaltet das auch eine Kopplung: Denn sowohl das Angebot, neben einer (Haupt-)Ware eine kostenlose Zugabe abzugeben, als auch das klassische Kopplungsangebot zu einem bestimmten Gesamtpreis, beschreiben bestimmte Bedingung des Kaufs und damit der Verfügbarkeit im Sinne der Nr. 7 der Schwarzen Liste. Auch die Tatsache, dass der Erwerb einer Ware oder Dienstleistung zur Teilnahme an einem Kundenbindungssystem qualifiziert, ist eine Bedingung in diesem Sinne, jedenfalls dann, wenn sie dem angesprochenen Verbraucher in hinreichend bestimmter Form bekannt gegeben wird.

Die Konditionen von Kopplungsangeboten fallen damit regelmäßig unter die »Bedingungen der Verfügbarkeit«.

d) Nur für einen sehr begrenzten Zeitraum

aa) Bezug der unwahren Knappheitsbehauptung

Die objektive Falschheit der Knappheitsbehauptung muss sich darauf beziehen, dass ein »sehr begrenzter Zeitraum« angekündigt wird, während dieser sehr begrenzte Aktionszeitraum tatsächlich nicht besteht, sondern das Kopplungsangebot länger als angekündigt – oder immer – zu den angebotenen Konditionen

---

942 *Pfeifer* in Fezer, UWG Anh. UWG Nr. 7 Rn. 10.

943 Vgl. *Weidert* in Harte-Bavendamm/Henning-Bodewig, UWG Anh. § 3 Abs. 3 Nr. 7 Rn. 11, der Zugaben als Beispiel für Bedingungen nennt.

angeboten wird. Es muss also über das Vorliegen eines Sonderangebots, mithin über eine Abweichung von den üblichen Konditionen, eine unwahre Aussage getätigt werden[944] oder die Laufzeit des Sonderangebots muss kürzer dargestellt werden, als sie tatsächlich ist.[945] Es besteht insoweit eine ähnliche Situation wie bei der Auszeichnung durchgestrichener niemals aufgerufener Mondpreise (Statt-Preise).

Bei Vorliegen der übrigen Tatbestandsvoraussetzungen der Nr. 7 führt das Tatbestandsmerkmal des sehr begrenzten Zeitraums zu folgenden Ergebnissen für die Zulässigkeit befristeter Kopplungsangebote:

- Zulässig bleibt es, ein Kopplungsangebot tatsächlich auf einen im Sinne der Nr. 7 sehr kurzen Aktionszeitraum zu beschränken, solange das Angebot nicht anschließend weiter zu denselben Konditionen angeboten wird.
- Unlauter ist es dagegen, wenn von Anfang an vorgesehen wird, das mit einem im Sinne der Nr. 7 sehr kurzen Aktionszeitraum beworbene Kopplungsangebot auch nach dem beworbenen Zeitraum noch zu den beworbenen Konditionen anzubieten.
- Zulässig nach Nr. 7 der Schwarzen Liste ist es dagegen, wenn ein Kopplungsangebot auf einen Zeitraum befristet wird, der nicht »sehr kurz« im Sinne der Nr. 7 ist, und dabei von Anfang an vorgesehen wird, das Kopplungsangebot auch nach dem beworbenen Zeitraum noch zu denselben Konditionen anzubieten. Eine solche Falschangabe ist aber an den Voraussetzungen des § 5 Abs. 1 S. 2 Nr. 1 UWG zu messen.
- Wird ein zutreffend angegebener sehr kurzer Aktionszeitraum aufgrund später hinzutretender Ereignisse verlängert (etwa weil eine gekoppelte Zugabe länger als erwartet lieferbar ist), darf nicht länger mit dem sehr kurzen Aktionszeitraum geworben werden.

bb) Sehr kurzer Zeitraum

Verlangt wird die Angabe eines Zeitraumes.[946] Nicht unter das Verbot fällt also eine Begrenzung eines Kopplungsangebots in quantitativer Hinsicht, bei Kopplungsangeboten etwa anhand der Stückzahl abzugebender Zugaben (»Die ersten einhundert Besteller erhalten zusätzlich kostenlos…«). Nicht erfasst wird damit auch die teilweise in Dauerwerbesendungen praktizierte Werbemethode, dass ein Zähler eingeblendet wird, der die angeblich noch verfügbaren Einheiten des

---

944 *Pfeifer* in Fezer, UWG Anh. UWG Nr. 7 Rn. 9.
945 *Weidert* in Harte-Bavendamm/Henning-Bodewig, UWG Anh. § 3 Abs. 3 Nr. 7 Rn. 6.
946 *Pfeifer* in Fezer, UWG Anh. UWG Nr. 7 Rn. 9.

beworbenen Angebots anzeigt und herunterzählt. Eine falsche Knappheitsbehauptung, die nicht unter Nr. 7 der Schwarzen Liste fällt, kann aber nach § 5 Abs. 1 und § 3 Abs. 2 UWG unlauter sein.

Der sehr kurze Aktionszeitraum wird in der Regel im Rahmen der Werbung konkret beschrieben (»nur heute«, »nur diese Woche«, »Nur Samstag den…«, »Angebotszeitraum vom … bis …«). Allerdings können auch unbestimmte Zeitangaben unter das Verbot fallen, wenn sie geeignet sind, den Verbraucher zu einer sofortigen Entscheidung zu drängen.[947] Dies gilt nach hier vertretener Auffassung etwa für die bei der TV-Werbung für Kopplungsangebote mitunter vorzufindende Formulierung »wenn Sie jetzt gleich bestellen, erhalten Sie zusätzlich«.

Wann ein Angebotszeitraum »sehr begrenzt« ist, ist Gegenstand der lauterkeitsrechtlichen Diskussion und unterschiedlicher Auslegung zugänglich. Es lassen sich für Kopplungsangebote keine allgemeinen zulässigen Laufzeiten formulieren, sondern es kommt in jedem Einzelfall auf die Art und den Wert der gekoppelten Produkte, mithin auf die wirtschaftliche Bedeutung des Angebots für den Verbraucher an.

Der Tatbestand der Nr. 7 verlangt jedenfalls, dass der Angebotszeitraum kürzer bemessen ist, als es für Sonderangebote im jeweiligen Angebotsbereich üblich ist.[948] Die Norm zielt darauf ab zu verhindern, dass durch Vorspiegelung extrem kurzer Zeiträume besondere Eile erzeugt wird, sodass im Regelfall nur Zeiträume von einem bis zwei Tagen von dem Verbot der Nr. 7 erfasst werden.[949] Längere Fristen können bei der Werbung für hochpreisige Kopplungsangebote (Kraftfahrzeuge, Einbauküchen) tatbestandsmäßig im Sinne der Nr. 7 sein. Bei wirtschaftlich unbedeutenden Kopplungsangeboten kann die unter Nr. 7 noch zulässige Frist hingegen auch sehr kurz ausfallen. Kopplungsangebote in Bars oder Restaurants (etwa »ein kostenloser Cocktail zu einer Essensbestellung«) sind daher auch dann noch nicht zeitlich »sehr begrenzt« im Sinne der Nr. 7, wenn der Angebotszeitraum nur eine Stunde (»Happy Hour«) umfasst.[950] Ein tatbestandlicher Angebotszeitraum dürfte hingegen vorliegen, wenn ein Autohändler wirbt: »Nur diese Woche: Null-Prozent Finanzierung beim Kauf eines Neufahrzeugs!«

Bei der Beurteilung des Angebotszeitraumes nach Nr. 7 der Schwarzen Liste muss daher stets im Einzelfall der marktübliche Angebotszeitraum für vergleichbare Angebote ermittelt werden, um sodann zu prüfen, ob dieser Zeitraum

---

947 *Weidert* in Harte-Bavendamm/Henning-Bodewig, UWG Anh. § 3 Abs. 3 Nr. 7 Rn. 13.

948 *Bornkamp* in Köhler/Bornkamm, UWG Anh. zu § 3 Rn. 3 Rn. 7.3.

949 *Pfeifer* in Fezer, UWG Anh. UWG Nr. 7 Rn. 13.

950 *Pfeifer* in Fezer, UWG Anh. UWG Nr. 7 Rn. 13.

wesentlich unterschritten wird. Bei der Beurteilung kann ergänzend darauf abgestellt werden, ob der Verbraucher eine zumutbare Möglichkeit hat, das Kopplungsangebot mit Angeboten von Konkurrenzanbietern zu vergleichen.[951]

e) Absicht, den Verbraucher zu einer sofortigen Entscheidung zu veranlassen

Das Gesetz setzt die Absicht voraus, den Verbraucher zu einer sofortigen geschäftlichen Entscheidung zu verleiten. Der Unternehmer muss mit der begrenzten Zeitangabe also subjektiv das Ziel verfolgen, den Verbraucher dazu zu veranlassen, sich schnell für das Kopplungsangebot zu entscheiden.[952] »Sofort« ist allerdings nicht wörtlich im Sinne von »an Ort und Stelle« zu verstehen.[953] Die Absicht muss von Anfang an vorliegen.[954]

Die nur versehentlich falsche Angabe, die nicht in der Absicht erfolgt, den Verbraucher zu einer sofortigen Entscheidung zu verleiten, ist daher von dem Verbot nicht umfasst.[955] Für Kopplungsangebote bedeutet das: Es bleibt dem Anbieter, der glaubt, ein Kopplungsangebot – etwa wegen Unsicherheiten bei der Verfügbarkeit einer Zugabe – nur für einen kurzen Zeitraum anbieten zu können und der dementsprechend mit einer aus seiner Sicht richtigen, sehr kurzen Aktionszeit wirbt, unbenommen, den Aktionszeitraum zu verlängern, sobald er feststellt, dass die Verfügbarkeit der Zugabe gesichert ist.[956]

f) Keine Gelegenheit des Verbrauchers, sich aufgrund von Informationen zu entscheiden

Der Tatbestand setzt ferner voraus, dass der Verbraucher keine Gelegenheit hat, sich auf Grund von Informationen zu entscheiden. Aus diesem Erfordernis ergibt sich, dass Nr. 7 eben keinen Fall des übertriebenen Anlockens vertypt, sondern dass Nr. 7 dem lauterkeitsrechtlichen Informationsmodell Rechnung trägt.

Dies bedeutet andererseits, dass Kopplungsangebote, bei denen der Verbraucher kaum Informationen benötigt, um sich zu entscheiden, also an Ort und Stelle eine informierte Entscheidung treffen kann, aus dem Anwendungsbereich

---

951 *Pfeifer* in Fezer, UWG Anh. UWG Nr. 7 Rn. 7.

952 Vgl. *Weidert* in Harte-Bavendamm/Henning-Bodewig, UWG Anh. § 3 Abs. 3 Nr. 7 Rn. 16.

953 *Weidert* in Harte-Bavendamm/Henning-Bodewig, UWG Anh. § 3 Abs. 3 Nr. 7 Rn. 17.

954 *Pfeifer* in Fezer, UWG Anh. UWG Nr. 7 Rn. 15.

955 *Weidert* in Harte-Bavendamm/Henning-Bodewig, UWG Anh. § 3 Abs. 3 Nr. 7 Rn. 16.

956 Vgl. *Weidert* in Harte-Bavendamm/Henning-Bodewig, UWG Anh. § 3 Abs. 3 Nr. 7 Rn. 16.

der Nr. 7 ausgenommen sind. Dies gilt – wie dargelegt – etwa für einfache Kopplungsangebote im Gastronomiebereich (»gratis Cocktail bei jeder Bestellung über 10 Euro in der Happy Hour«).[957]

g) Beispiel eines wegen Nr. 7 Schwarze Liste unlauteren Kopplungsangebots

Nach hier vertretener Auffassung wäre demnach das folgende Kopplungsangebot wegen eines Verstoßes gegen Nr. 7 der Schwarzen Liste unlauter:

Beispiel: Ein Küchenstudio wirbt im Verkaufsraum mit einem Schild: »Nur heute erhalten Sie beim Kauf einer Einbauküche die Montage kostenlos dazu.« Tatsächlich werden Küche und Montage stets zu dem angegebenen Gesamtpreis angeboten.

2. Nr. 17 Schwarze Liste: unwahre Angabe in Gewinnmitteilungen

Nach Nr. 17 der Schwarzen Liste ist stets unlauter »die unwahre Angabe oder das Erwecken des unzutreffenden Eindrucks, der Verbraucher habe bereits einen Preis gewonnen oder werde ihn gewinnen oder werde durch eine bestimmte Handlung einen Preis gewinnen oder einen sonstigen Vorteil erlangen, wenn es einen solchen Preis oder Vorteil tatsächlich nicht gibt, oder wenn jedenfalls die Möglichkeit, einen Preis oder sonstigen Vorteil zu erlangen, von der Zahlung eines Geldbetrags oder der Übernahme von Kosten abhängig gemacht wird.« Die Norm setzt Nr. 31 des Anhangs I der UGP-Richtlinie um.[958]

Der Tatbestand setzt nach dem vorstehenden Wortlaut eine »unwahre Angabe« oder das Erwecken eines »unzutreffenden Eindrucks« voraus. Es handelt sich demnach um ein Irreführungsverbot.[959] Anders als im Kopplungsverbot

---

957 Vgl. *Bornkamm* in Köhler/Bornkamm, UWG Anhang zu § 3 Abs. 3 Rn. 7.5.

958 UGP-Richtlinie Anhang I Nr. 31: »Erwecken des fälschlichen Eindrucks, der Verbraucher habe bereits einen Preis gewonnen, werde einen Preis gewinnen oder werde durch eine bestimmte Handlung einen Preis oder einen sonstigen Vorteil gewinnen, obwohl: es in Wirklichkeit keinen Preis oder sonstigen Vorteil gibt, oder die Möglichkeit des Verbrauchers, Handlungen in Bezug auf die Inanspruchnahme des Preises oder eines sonstigen Vorteils vorzunehmen, in Wirklichkeit von der Zahlung eines Betrags oder der Übernahme von Kosten durch den Verbraucher abhängig gemacht wird.«

959 Ferner handelt es sich auch um ein Verbot aggressiver Geschäftspraktiken, *Köhler* in Köhler/Bornkamm, UWG Anhang zu § 3 Abs. 3 Nr. 17 Rn. 17.1; EuGH Urteil v. 18.10.2012 – C-428/11 *(Purely Creative)*, BeckRS 2012, 82054; *Bruhn* in Harte-Bavendamm/Henning-Bodewig, UWG Anhang zu § 3 Abs. 3 Nr. 17 Rn. 20.

nach § 4 Abs. 6 UWG wird das Verbot nicht auf die von einem aleatorischen Reiz ausgehende Anlockwirkung (oder die Gefahren des Glücksspiels) gestützt, sondern der Verbraucher wird vor Fehlinformationen[960] durch den Anbieter geschützt. Nr. 17 vertypt also keinen Fall des übertriebenen Anlockens.

Der Gesetzgeber nahm ausweislich der Entwurfsbegründung der Bundesregierung an, dass Nr. 17 Schwarze Liste insbesondere auch Kopplungsangebote in Form von Gewinnspielkopplungen erfasse.[961]

a) Untersagte Konstellationen

Nr. 17 Schwarze Liste erfasst mehrere unterschiedliche Konstellationen: In der ersten Variante ist es verboten, einem Verbraucher mitzuteilen, er habe sicher einen Preis gewonnen, den es nicht gibt. Insoweit kommt es nicht auf eine Kopplung an.[962] Gleichwohl kann ein Kopplungsangebot diese Tatbestandsvariante erfüllen, nämlich dann, wenn im Rahmen einer Gewinnspielkopplung eine falsche Gewinnmitteilung unterbreitet wird.

Die komplexere zweite Variante erfasst die unlautere Kopplung der Gewinnausschüttung an die Zahlung eines Geldbetrages oder die Übernahme von Kosten. In der zweiten Variante gibt es also den Gewinn tatsächlich, sonst bedürfte es der zweiten Variante nicht, auch wenn der Wortlaut der Norm insoweit missverständlich ist.[963]

Dem ersten Anschein nach könnte das Verbot der zweiten Variante für ein weitreichendes – letztlich mit § 4 Nr. 6 UWG gleichlaufendes – Verbot von Gewinnspielkopplungen gehalten werden. Denn bei einer Gewinnspielkopplung wird die Teilnahme am Gewinnspiel und damit auch die Auszahlung des Gewinns an die kostenpflichtige Nachfrage des gekoppelten Angebotselementes geknüpft, also letztlich an eine Zahlung des Verbrauchers. Dass Nr. 17 kein so weitreichendes Verbot vorgibt, ergibt sich schon daraus, dass § 4 Nr. 6 UWG

---

960 Soweit vorsätzlich unwahre Angaben gemacht werden, könnte auch von »Lügen« gesprochen werden.

961 Der Verstoß gegen Nr. 17 würde nach Auffassung des Gesetzgebers zugleich einen Verstoß gegen Nr. 4 Nr. 6 UWG darstellen, BT-Drs 16/10145, S. 33. Dies ändert jedoch nichts an den unterschiedlichen Schutzrichtungen der beiden Verbote. *Bruhn* bringt dies mit der Formulierung, § 4 Nr. 6 und Nr. 17 Schwarze Liste, hätten »überhaupt keine inhaltlichen Überschneidungen« auf den Punkt, *Bruhn* in Harte-Bavendamm/Henning-Bodewig, UWG Anhang zu § 3 Abs. 3 Nr. 17 Rn. 7.

962 *Bruhn* in Harte-Bavendamm/Henning-Bodewig, UWG Anhang zu § 3 Abs. 3 Nr. 17 Rn. 7.

963 So auch *Hecker* in *Fezer*, WRP 2010, 677, Anhang UWG Nr. 17 Rn. 31.

nach der Rechtsprechung des EuGH richtlinienkonform eingeschränkt auszulegen ist.[964]

Nr. 17 verlangt, anders als § 4 Nr. 6 UWG, dass dem Verbraucher suggeriert wird, dass er schon einen Preis gewonnen habe oder gewinnen werde. Erfasst werden also Gewinnmitteilungen, nicht die an eine Warenabnahme gekoppelte Teilnahme an einem Gewinnspiel. Ein Unternehmer soll nicht die mit einer Gewinnmitteilung einhergehende psychologische Wirkung ausnutzen.[965] Denn in einer solchen Konstellation könnte der Verbraucher, um den vermeintlichen Gewinn nicht mehr zu verlieren, gewillt sein, finanzielle Verpflichtungen einzugehen, die er andernfalls nicht einzugehen bereit wäre.

Letztlich erfasst die zweite Variante die Bezeichnung einer tatsächlich existenten Leistung des Unternehmers als »Preis« oder »Gewinn«, wenn diese nicht gegenleistungsfrei gewährt wird. Dies ist insbesondere dann zu missbilligen, wenn für die Auszahlung des »Preises« ein Betrag aufzuwenden ist, der dem Wert des »Preises« entspricht oder diesen übersteigt.[966] Dann nämlich liegt nicht ein »Preis« oder ein »Gewinn« vor, für dessen Auszahlung der Verbraucher nur geringe Abwicklungskosten zu tragen hat, sondern wirtschaftlich ein Verkaufsgeschäft.

So lag es etwa im Fall *Purely Creative*[967] des EuGH. Das britische OFT[968] hatte nach ergebnislosen Verhandlungen mit Versendern von Werbewurfsendungen, die gehalten werden sollten, bestimmte Gewinnmitteilungen zu unterlassen, beim High Court of Justice eine Untersagungsverfügung beantragt. Am Ende des Instanzenzuges kam es zu einer Vorlage beim EuGH. Der EuGH entschied, dass die Inanspruchnahme eines Gewinns keinerlei unerwartete Kosten beim Verbraucher auslösen dürfe, also auch keine geringen Kosten.[969] Im entschiedenen Fall hatten die Unternehmer unter anderem Gewinnmitteilungen über Schweizer Uhren (tatsächlich waren es japanische Uhren im Wert von 9,36 GBP) versandt. Um die Uhr zu erhalten, mussten die Verbraucher insgesamt Abwicklungskosten

---

964 EuGH Urteil v. 14.01.2010 – Rs. C-304/08 *(Plus Warenhandelsgesellschaft)*, GRUR 2010, 244; BGH Urteil v. 05.10.2010 – I ZR 4/06 *(Millionen-Chance II)*, GRUR 2011, 532.

965 *Köhler* in Köhler/Bornkamm, UWG Anhang zu § 3 Abs. 3 Nr. 17 Rn. 17.6.

966 Allerdings erfüllen auch geringe Kosten den Tatbestand, EuGH Urteil v. 18.10.2012 – C-428/11 *(Purely Creative)*, BeckRS 2012, 82054 2. Leitsatz.

967 EuGH Urteil v. 18.10.2012 – C-428/11 *(Purely Creative)*, BeckRS 2012, 82054.

968 Siehe hierzu oben, S. 140 ff.

969 EuGH Urteil v. 18.10.2012 – C-428/11 *(Purely Creative)*, BeckRS 2012, 82054 2. Leitsatz.

von über 15 GBP tragen.[970] Das Angebot wurde als ein Verstoß gegen Nr. 31 des Anhangs I der UGP-Richtlinie gewertet.[971]

b) Anforderungen des Verbots Nr. 17 Schwarze Liste an Kopplungsangebote

Besteht ein Kopplungsangebot aus einer kostenpflichtigen Leistung und einer als »Preis« bezeichneten Leistung (Zugabe), muss es den Preis zunächst tatsächlich geben (Nr. 17 Variante 1 der Schwarzen Liste). Variante 2 verlangt sodann, dass beim Verbraucher nicht durch eine Gewinnmitteilung ein falscher Eindruck über den »Preis« oder das, was er dafür tun muss, entsteht.

Bei einem Kopplungsangebot ist zu unterscheiden, ob die Verpflichtung zur Abnahme des entgeltlichen Angebotselementes Voraussetzung dafür ist, an dem Gewinnspiel teilzunehmen (Fall des § 4 Nr. 6 UWG, heute weitgehend zulässig[972]), oder ob dem Verbraucher ein bereits gewonnener Preis versprochen wird und er erst später bei der Inanspruchnahme des Preises erfährt, dass der Gewinn Teil eines entgeltlichen Kopplungsangebots ist (Fall der Nr. 17 Schwarze Liste, unlauter).[973] Ist Letzteres der Fall, kommt es für die zwingende Unlauterkeitsfolge nicht darauf an, ob die Kopplung zwischen Inanspruchnahme des Gewinns und entgeltlicher Leistung rechtlich oder nur faktisch gegeben ist.[974]

Wenn dagegen bereits im Rahmen des Kopplungsangebots mitgeteilt wird, dass die Inanspruchnahme des Gewinns an eine entgeltliche Leistung gekoppelt wird, dann muss diese Mitteilung alle Informationen darüber enthalten, welchen »Preis« der Verbraucher erhalten wird und was er für die Inanspruchnahme des Preises tun muss.[975] Der Verbraucher muss sich auf Grundlage vollständiger Informationen dafür entscheiden können, den Preis (eigentlich das Kopplungsangebot) in Anspruch zu nehmen oder nicht. Die Kosten der Inanspruchnahme

---

970 Die genauen Kosten hingen davon ab, ob eine postalische oder telefonische Abwicklung erfolgte, EuGH Urteil v. 18.10.2012 - C-428/11 *(Purely Creative)*, BeckRS 2012, 82054, Rn. 15.

971 Die genauen Kosten hingen davon ab, ob eine postalische oder telefonische Abwicklung erfolgte, EuGH Urteil v. 18.10.2012 - C-428/11 *(Purely Creative)*, BeckRS 2012, 82054, Rn. 15.

972 BGH Urteil v. 05.10.2010 – I ZR 4/06 *(Millionen-Chance II)*, GRUR 2011, 532.

973 *Köhler*, GRUR 2012, 1211, 1214.

974 *Bruhn* in Harte-Bavendamm/Henning-Bodewig, UWG Anhang zu § 3 Abs. 3 Nr. 17 Rn. 21.

975 *Köhler* in Köhler/Bornkamm, UWG Anhang zu § 3 Abs. 3 Nr. 17 Rn. 17.6.

umfassen dabei alle Aufwendungen, die im Zusammenhang mit der Teilnahme und der Abwicklung erforderlich sind.[976] Wird dem Verbraucher mit der Gewinnmitteilung hinreichend klar erläutert, was er für die Inanspruchnahme des Gewinns zu tun hat, greift das Verbot der Nr. 17 Schwarze Liste nicht.[977] Die Kopplung einer Gewinnauszahlung an eine entgeltliche Leistung (letztlich handelt es sich um eine Zugabe, die als »Gewinn« oder »Preis« bezeichnet wird) bleibt also nach Nr. 17 Schwarze Liste zulässig.

Beispiel: Folgende fiktive Werbung für ein Kopplungsangebot eines Bekleidungsgeschäfts stellt jedenfalls keinen Verstoß gegen Nr. 17 der Schwarzen Liste dar, wenngleich die Bezeichnung als »Gewinn« nach hier vertretener Auffassung lauterkeitsrechtlich unter den Gesichtspunkten der Irreführung § 5 Abs. 1 UWG und der fachlichen Sorgfalt § 3 Abs. 2 UWG grenzwertig ist: »Herzlichen Glückwunsch, Sie haben als eine unserer ersten 100 Kundinnen nach der Eröffnung unseres Salons XY einen Gutschein für einen kostenlosen Damen-Haarschnitt gewonnen (Haarschnitt bis max. 50 EUR). Den Gewinn erhalten Sie nur bei Kauf von Waren im Wert von über 100 Euro in den nächsten sechs Monaten in unserem Bekleidungsgeschäft.«

Hinzuzufügen ist, dass sich ein Unternehmer, der mit Zugaben, die er als »Gewinne« bezeichnet vertragsrechtlich dem Risiko aussetzt, die »Gewinne« nach § 661a BGB auch als solche vergeben zu müssen.

c) Beispiel eines wegen Nr. 17 Schwarze Liste unlauteren Kopplungsangebots

Beispiel: Einem Verbraucher wird eine Gewinnmitteilung über einen Spa-Tag zugeschickt. Nachdem der Verbraucher bei der auf der Gewinnmitteilung angegebenen Nummer anruft, um den Preis einzufordern, erfährt er, dass die Inanspruchnahme an den Erwerb eines Produktes des Anbieters gekoppelt ist.

3. Nr. 20 Schwarze Liste: unwahre Angabe über Gewinne bei Preisausschreiben

Nr. 20 der Schwarzen Liste untersagt »das Angebot eines Wettbewerbs oder Preisausschreibens, wenn weder die in Aussicht gestellten Preise noch ein

976 *Bruhn* in Harte-Bavendamm/Henning-Bodewig, UWG Anhang zu § 3 Abs. 3 Nr. 17 Rn. 19.

977 *Hecker* in *Fezer*, WRP 2010, 677, Anhang UWG Nr. 17 Rn. 35.

angemessenes Äquivalent vergeben werden.« Die Vorschrift setzt Nr. 19 des Anhangs I der UGP-Richtlinie um.[978]

Die Vorschrift betrifft einen besonders krassen Fall der Irreführung, nämlich falsche Versprechungen in Bezug auf Preisausschreiben, die im Bereich der Kopplungsangebote häufig im Zusammenhang mit sogenannten Kaffeefahrten vorkommen.[979] Kopplungsangebote sind nach Nr. 20 der Schwarzen Liste unlauter, wenn ein Gewinnspiel an die Warenabnahme gekoppelt wird, und Preise ausgelobt werden, die tatsächlich nicht vergeben werden sollen. Wird ein solches Kopplungsangebot bereits mit dem Vorsatz angeboten, die Gewinne nicht auszuzahlen, liegt also eine Lüge vor. Zudem kann es sich um einen Fall der strafbaren Werbung nach § 16 Abs. 1 UWG handeln.[980] Nr. 20 2. Alt der Schwarzen Liste stellt klar, dass der Anbieter eines Kopplungsangebots, der einen bestimmten Preis – etwa wegen Lieferschwierigkeiten – nicht auszahlen kann, ein angemessenes Äquivalent anbieten kann, um sich nicht dem Vorwurf der Unlauterkeit auszusetzen.[981]

a) Erfassung nur theoretischer Gewinnmöglichkeiten?

Bei Kopplungsangeboten stellt sich insbesondere die Frage, wie Fälle zu werten sind, in denen ein an die Warenabnahme gekoppeltes Gewinnspiel so ausgestaltet ist, dass einige Preise zwar theoretisch gewinnbar sind, in der Praxis aber regelmäßig nicht gewonnen werden.[982]

Beispiel: Ein Fastfood-Anbieter bringt auf seinen Produktpackungen Lose an, die neben kleineren Sofortgewinnen (Getränke, Mahlzeiten) auch sogenannte Sammelgewinne ermöglichen. Um einen hochwertigen Sammelgewinn (Hauptpreis: eine Million Euro) zu erzielen, muss der Verbraucher zwei bestimmte zueinander passende Lose einschicken.[983] Würde der Anbieter eines solchen Kopplungsangebots den Hauptgewinn nur als Sammelgewinn anbieten und insgesamt nur zwei zueinander passende Lose fertigen, die für den Hauptgewinn berechtigten, dürfte die Auszahlung des Hauptgewinns praktisch ausgeschlossen

978 UGP-Richtlinie Anhang I Nr. 19: »Es werden Wettbewerbe und Preisausschreiben angeboten, ohne dass die beschriebenen Preise oder ein angemessenes Äquivalent vergeben werden.«

979 *Hecker* in *Fezer*, WRP 2010, 677, Anhang UWG Nr. 20 Rn. 15.

980 Vgl. *Hecker* in Fezer, UWG, Anhang UWG Nr. 20 Rn. 15.

981 *Köhler* in Köhler/Bornkamm, UWG Anhang zu § 3 Abs. 3 Nr. 17 Rn. 20.4.

982 *Berlit*, WRP 2011, 1225, 1231.

983 Vgl. LG München Urteil v. 25.02.2003 – 33 O 1562/03 NJW 2003, 3066. Das hier beschriebene fiktive Kopplungsangebot weicht von dem Kopplungsangebot, über das das Landgericht zu entscheiden hatte, ab.

sein. Denn wenn deutschlandweit Hunderttausende von Losen ausgegeben werden, wäre es zwar theoretisch möglich aber praktisch höchst unwahrscheinlich, dass derselbe Verbraucher beide Lose zieht und einschickt. Der Anbieter könnte also wirtschaftlich damit kalkulieren, den Gewinn nicht auszahlen zu müssen.

b) Stellungnahme

Nach hier vertretener Auffassung wäre ein solches Kopplungsangebot nicht nach Nr. 20 der Schwarzen Liste unlauter. Denn die strenge Konzeption der Schwarzen Liste als Per-se-Verbote ohne Wertungsmöglichkeit, gebietet es, die Normen eng am Wortlaut auszulegen. Im beschriebenen Beispiel ist der Wortlaut der Norm allerdings nicht erfüllt. Denn es werden die Preise, auf die eine Berechtigung besteht, vergeben. Die Tatsache, dass der Hauptgewinn nicht vergeben wird, liegt daran, dass die Voraussetzungen, die an die Vergabe geknüpft sind, praktisch nicht eintreten. Der Makel des Angebots liegt also nicht darin, dass die Auslobung nicht eingehalten wird, sondern darin, dass eine Gewinnauslobung beworben wird, die für die Verbraucher keinen Wert hat, weil sie für keinen Verbraucher jemals eintritt. Deswegen dürfte das Angebot in der hier beschriebenen Ausgestaltung zwar nicht gegen Nr. 20 der Schwarzen Liste, aber gegen das Erfordernis der fachlichen Sorgfalt der Verbrauchergeneralklausel, § 3 Abs. 2 UWG, verstoßen. Je nach Ausgestaltung der Werbung, insbesondere der Kommunikation der Teilnahmebedingungen, käme auch ein Verstoß gegen § 4 Nr. 5 oder § 5 Abs. 1 UWG in Betracht. Denn freilich liegt bei diesem Angebot nahe, dass es geeignet ist, die Verbraucher über das Bestehen einer realistischen Gewinnchance für irgendeinen Verbraucher zu täuschen.

c) Beispiel eines nach Nr. 20 Schwarze Liste unlauteren Kopplungsangebots

Beispiel: In den Deckeln von Limonadenflaschen werden Gewinncodes angebracht und auf den Flaschenetiketten dafür geworben, dass der Kunde, der den richtigen Gewinncode ziehe, eine zweiwöchige Karibik-Kreuzfahrt gewinne. Nachdem die Reederei, bei der der Getränkehersteller die Kreuzfahrt gebucht hatte, Insolvenz anmeldet und den Geschäftsbetrieb einstellt, wird ersatzweise eine zehntägige Mittelmeer-Kreuzfahrt gebucht und als Hauptgewinn vergeben.

4. Nr. 21 Schwarze Liste: unwahre Bezeichnung einer Ware oder Dienstleistung als »gratis«

Schließlich verbietet die Schwarze Liste in Nr. 21 »das Angebot einer Ware oder Dienstleistung als ›gratis‹, ›umsonst‹, ›kostenfrei‹ oder dergleichen, wenn hierfür gleichwohl Kosten zu tragen sind.« Ausweislich Halbsatz zwei gilt dies »nicht für Kosten, die im Zusammenhang mit dem Eingehen auf das Waren- oder Dienstleistungsangebot oder für die Abholung oder Lieferung der Ware oder die Inanspruchnahme der Dienstleistung unvermeidbar sind.« Nr. 21 der Schwarzen Liste setzt Nr. 20 Anh. I UGP-Richtlinie in nationales Recht um.[984]

a) Vorliegen eines allgemeinen Zugabeverbots?

Aus dem Wortlaut könnte geschlossen werden, dass es sich hierbei um ein grundsätzliches Zugabeverbot handelt. Denn Wesen der Zugabe ist gerade, dass sie eine Ware oder Dienstleistung ist, die als »gratis«, »umsonst«, »kostenfrei« oder dergleichen angeboten wird. Ferner ist die Zugabe dadurch definiert, dass sie nicht ohne eine kostenpflichtige Hauptware abgegeben wird. In den Genuss der Zugabe kommt also nur, wer hierfür gleichwohl Kosten trägt. Die Grundaussage, eine Zugabe sei »gratis« ist also streng betrachtet immer falsch. Damit ist der Wortlaut des ersten Halbsatzes der Nr. 21 der Schwarzen Liste erfüllt. Dieses Ergebnis ändert sich auch nicht nach dem zweiten Halbsatz. Denn die für die Zugabe entstehenden Kosten bestehen eben nicht in dem Abwicklungsaufwand, der mit dem Eingehen auf das Angebot, der Lieferung der Ware oder der Inanspruchnahme der Dienstleistung unvermeidbar ist. Vielmehr lässt sich der Anbieter des Kopplungsangebots die Zugabe, die mit »gratis« beworben wird, über den Absatz der Hauptware bezahlen. Dies gilt unabhängig davon, ob er den Preis der Hauptware erhöht, um die Kosten der Zugabe abzusetzen, oder ob er die Kosten der Zugabe über den Mehrabsatz der preislich unveränderten Hauptware deckt.

Wäre dieses Verständnis der Nr. 21 der Schwarzen Liste zutreffend, würde dies eine praktisch höchst bedeutsame und weitreichende Schranke für Kopplungsangebote darstellen. Von einer Liberalisierung des Rechts der Kopplungsangebote – gegenüber dem im Deutschland nach Aufhebung der Zugabeverordnung geltenden Recht – könnte dann nicht mehr die Rede sein. Das OLG Köln hat jedoch klargestellt, dass Nr. 21 der Schwarzen Liste kein so weitreichendes Zugabeverbot vertypt:

---

984 Nr. 20 Anh. I UGP-Richtlinie: »Ein Produkt wird als ›gratis‹, ›umsonst‹, ›kostenfrei‹ oder Ähnliches beschrieben, obwohl der Verbraucher weitere Kosten als die Kosten zu tragen hat, die im Rahmen des Eingehens auf die Geschäftspraktik und für die Abholung oder Lieferung der Ware unvermeidbar sind.«

aa) Die Entscheidung Winter-Check-Wochen[985] *des OLG Köln*

Ende des Jahres 2008 hatte das OLG Köln einen Fall zu entscheiden, in dem ein Unternehmer folgendes Kopplungsangebot unterbreitete: »Wir bieten Ihnen einen Winter-Check für 15 Euro und schenken Ihnen dazu auch noch einen Gutschein für einen kostenlosen Winter-Check, den Sie für ein weiteres Auto gleich welcher Marke nutzen können.«

Das OLG Köln wertete das Angebot als eine Zugabe,[986] die nicht durch Nr. 20 des Anhangs I der UGP-Richtlinie[987] untersagt sei. Entscheidend für das Vorliegen der Voraussetzungen des Per-se-Verbots sei, ob der durchschnittliche Verbraucher mit Kosten rechne, die ihm »im Rahmen des Eingehens auf die Geschäftspraktik« entstünden.[988] Die UGP-Richtlinie verfolge nicht das Ziel, sämtliche Zugaben zu untersagen.[989] Blieben »für sich genommen kostenlose« Zugaben zu einem entgeltlichen Angebot erlaubt, müssten diese auch als »kostenlos« oder als »Geschenk« Beworben werden dürfen.[990] Der Tatbestand des Per-se-Verbots sei erst dann erfüllt, wenn beim Durchschnittsverbraucher der Eindruck entstünde, »er brauche, um die Zugabe in Anspruch nehmen zu können, nichts anderes abzunehmen und an den Anbietenden folglich überhaupt nichts zu bezahlen«.[991]

bb) Zwischenergebnis

Nach der Auffassung des OLG Köln ist »die Fiktion der Irreführung« des Per-se-Verbots demnach bei Zugaben nur erfüllt, wenn über die Kopplung an eine

985 OLG Köln Beschluss v. 30.12.2008 – 6 W 180/08 *(Winter-Check-Wochen)*, GRUR 2009, 608.

986 Genau genommen liegt ein Naturalrabatt vor, weil es sich um ein Zwei-für-Eins Angebot handelt und die gekoppelte »Zugabe« mit der Hauptleistung identisch ist.

987 Das OLG hatte nach dem UWG 2004 zu entscheiden und stellte daher auf die der heutigen Nr. 21 der Schwarzen Liste entsprechende Regelung der UGP-Richtlinie (Anhang I Nr. 20 UGP-Richtlinie) ab.

988 OLG Köln Beschluss v. 30.12.2008 – 6 W 180/08 *(Winter-Check-Wochen)*, GRUR 2009, 608, 608.

989 OLG Köln Beschluss v. 30.12.2008 – 6 W 180/08 *(Winter-Check-Wochen)*, GRUR 2009, 608, 608; siehe auch *Sosnitza* in Piper/Ohly/Sosnitza, UWG, Anhang zu § 3 Abs. 3 Rn. 51.

990 OLG Köln Beschluss v. 30.12.2008 – 6 W 180/08 *(Winter-Check-Wochen)*, GRUR 2009, 608, 608.

991 OLG Köln Beschluss v. 30.12.2008 – 6 W 180/08 *(Winter-Check-Wochen)*, GRUR 2009, 608, 608.

entgeltliche Hauptleistung getäuscht wird. Damit liegt kein allgemeines Zugabeverbot vor.[992]

b) Anforderungen des Verbots Nr. 21 Schwarze Liste an Kopplungsangebote, insbesondere Zugaben

Zugaben sind allerdings nicht von dem Verbot in Nr. 21 Schwarze Liste ausgenommen.[993] Das Verbot erfüllt den Zweck, die Verbraucher vor einer Irreführung im Zusammenhang mit Begriffen wie »gratis[994], von denen eine hohe Anlockwirkung ausgeht, zu schützen.[995] Es muss also Preistransparenz vorliegen und es dürfen keine »versteckten Kosten« mit dem Angebot verbunden sein. Der Begriff »Kosten« ist dabei weit zu verstehen und umfasst alle Aufwendungen, die mit dem Gesamtangebot einhergehen.[996] Kosten, auf die der Verbraucher ausdrücklich hingewiesen wird (»Bei Einkauf im Wert von über 100 Euro erhalten Sie einen kostenlosen Geschenkgutschein im Wert von 10 Euro«), unterfallen nach Sinn und Zweck der Norm nicht dem Verbot, denn insoweit ist ein Irrtum ausgeschlossen.

Für Kopplungsangebote ergibt sich also aus dem Verbot, dass bestimmte Informationspflichten über die Kopplung entstehen.[997] Wann ein Kopplungsangebot diese Informationspflichten verletzt, kann abstrakt nicht beurteilt werden, sondern hängt von den Umständen des Einzelfalls ab. Nr. 21 der Schwarzen Liste verlangt, anders als § 5 UWG, nicht das Vorliegen oder den Nachweis eines Irrtums.[998] Vielmehr ist entscheidend, ob ein Durchschnittsverbraucher aufgrund der ihm zur Verfügung stehenden Informationen aus dem Angebot versteht, dass die Zugabe eben nicht »kostenlos« ist, sondern an eine entgeltliche Leistung gekoppelt ist. Es muss also für die Verbrauchergruppe, an die sich das

---

992 Nach Boesche sei Nr. 21 »weit entfernt« von einem allgemeinen Zugabeverbot, *Boesche*, WRP 2011, 1345, 1347.

993 So auch: *Bruhn/Weidert* in Harte-Bavendamm/Henning-Bodewig, UWG, Anhang zu § 3 Abs. 3 Nr. 21 Rn. 8.

994 Begriffe wie »umsonst«, »kostenfrei«, »Geschenk«, »kostenlos«, »0,00 Euro« (*Köhler* in Köhler/Bornkamm, UWG, Anhang zu § 3 Abs. 3 Rn. 21.2) sowie wie »unentgeltlich«, »Präsent«, »zum Nulltarif«, »free« (*Bruhn/Weidert* in Harte-Bavendamm/Henning-Bodewig, UWG, Anhang zu § 3 Abs. 3 Nr. 21 Rn. 4a.) sind ebenfalls tatbestandsmäßig, *Köhler* in Köhler/Bornkamm, UWG, Anhang zu § 3 Abs. 3 Rn. 21.2.

995 *Köhler* in Köhler/Bornkamm, UWG, Anhang zu § 3 Abs. 3 Rn. 21.1.

996 *Köhler* in Köhler/Bornkamm, UWG, Anhang zu § 3 Abs. 3 Rn. 21.3.

997 Vgl. *Köhler* in Köhler/Bornkamm, UWG, Anhang zu § 3 Abs. 3 Rn. 21.1.

998 *Bruhn/Weidert* in Harte-Bavendamm/Henning-Bodewig, UWG, Anhang zu § 3 Abs. 3 Nr. 21 Rn. 4.

Kopplungsangebot wendet, klar sein, dass die Inanspruchnahme der kostenlosen Zugabe Kosten verursacht.

Bei der Frage, wie Durchschnittsverbraucher ein Kopplungsangebot verstehen, ist zu berücksichtigen, dass »gratis«, »umsonst« oder »kostenlos« auch wirklich »kostenlos« bedeutet. Das mit einer als »gratis« beworbenen Zugabe adressierte Publikum erwartet also grundsätzlich, dass keinerlei Kosten auf es zukommen.[999] Damit die als »gratis« beworbene Zugabe dennoch zulässig ist, muss diese Grundannahme durch die Ausgestaltung des Kopplungsangebots klar und eindeutig widerlegt werden. Es muss also bereits aus dem Kopplungsangebot – und nicht etwa erst später – hervorgehen, dass eben keine kostenlose Leistung, also kein Geschenk, sondern ein kostenpflichtiges Kopplungsangebot vorliegt. Die wesentliche Information, dass keine kostenlose Leistung erfolgt, muss umso prominenter herausgestellt werden, desto stärker durch die Formulierung »gratis« der Eindruck des Gegenteils erzeugt wird. Ein Sternchenhinweis an dem blickfangmäßig herausgestellten Wort »gratis« kann die Aussage jedenfalls nicht in das Gegenteil verkehren.[1000] Zulässig dürfte folgender – in Größe, Farbe und Schrifttype einheitlicher – Werbetext sein: »Gratis Bierfässchen beim Kauf eines Grillsets!« Die genaueren Konditionen dieses Angebots (nähere Beschreibung der Hauptware und der Zugabe) könnten dann aus einem kleineren Text hervorgehen.

Nr. 21 Schwarze Liste stellt darüber hinaus keine Anforderungen an die Beschreibung des Inhaltes oder des Werts der gekoppelten Angebotselemente. Diese Erfordernisse richten sich vielmehr nach § 5 UWG.[1001]

Unvermeidbar im Sinne des zweiten Halbsatzes der Nr. 21 sind nur Abwicklungskosten, bei denen es sich nicht um eine Gegenleistung für den Anbieter handelt. Wenn etwa auf einer Warenverpackung mit einer kostenlosen Zugabe geworben wird, darf der Verbraucher nicht gezwungen sein, zur Inanspruchnahme der Zugabe eine kostenpflichtige Sonderrufnummer[1002] anzurufen. Zulässig nach dem zweiten Halbsatz der Nr. 21 wäre es hingegen, wenn der Verbraucher eine Telefonnummer zum Basistarif anrufen und Standard-Versandtkosten zu zahlen hätte. Allerdings muss auch insoweit dem Verbraucher

---

999 *Bruhn/Weidert* in Harte-Bavendamm/Henning-Bodewig, UWG, Anhang zu § 3 Abs. 3 Nr. 21 Rn. 4a.

1000 *Bruhn/Weidert* in Harte-Bavendamm/Henning-Bodewig, UWG, Anhang zu § 3 Abs. 3 Nr. 21 Rn. 4a.

1001 *Bruhn/Weidert* in Harte-Bavendamm/Henning-Bodewig, UWG, Anhang zu § 3 Abs. 3 Nr. 21 Rn. 11.

1002 Vgl. *Köhler* in Köhler/Bornkamm, UWG, Anhang zu § 3 Abs. 3 Rn. 21.5.

bereits im Kopplungsangebot (hier: auf der Verpackung) mitgeteilt werden, dass Kosten entstehen. Sofern solche Informationen nicht eindeutig sind, findet eine Bewertung nicht nach dem Per-se-Verbot, sondern nach § 4 Abs. 4 UWG statt.[1003]

Grundsätzlich geht es dem Verbraucher nur um solche Kosten, die er selbst zu tragen hat. Nr. 21 der Schwarzen Liste verbietet also nicht die Werbung für eine Brille »zum Nulltarif«, wenn nur die Versicherung des Verbrauchers Kosten zu tragen hat.[1004]

c) Verbot der Erhöhung des Preises der Hauptware bei Zugabegewährung?

Bei Kopplungsangeboten stellt sich die praktisch überaus relevante Frage, ob sich der Anbieter die Zugabe, die er als kostenlos bewirbt, wirtschaftlich dadurch bezahlen lassen darf, dass er den Preis der Hauptware erhöht. Diese – von der Rechtsprechung bisher nicht entschiedene – Frage wird in der Literatur mitunter verneint. Wenn der Unternehmer gleichzeitig mit der Kopplung die Preise der Hauptware erhöhe, oder deren Qualität senke, sei nach dieser Auffassung der Tatbestand der Nr. 21 der Schwarzen Liste erfüllt, wenn die Zugabe als »gratis« beworben wird.[1005] Das gelte auch, wenn der Unternehmer bei unverändertem Angebot einen Bestandteil eines Kopplungsangebots nunmehr als kostenlos bewerben würde.[1006] In solchen Konstellationen werde mit einem Vorteil für den Verbraucher geworben, der tatsächlich keiner sei.[1007]

Die Gegenauffassung sieht das Verbot der Nr. 21 nicht dadurch als erfüllt an, dass der Preis der Zugabe in die Hauptware einberechnet werde.[1008]

d) Stellungnahme

Einiges spricht für die Auffassung, Nr. 21 der Schwarzen Liste untersage eine versteckte Preiserhöhung der Hauptware, wenn gleichzeitig behauptet wird, die an die Hauptware gekoppelte Zugabe werde kostenlos abgegeben. Zunächst spricht dafür der weite Wortlaut der Verbotsnorm, der – wie oben dargelegt – sogar die Annahme eines allgemeinen Verbots, Zugaben als »kostenlos« zu bezeichnen, rechtfertigen

---

1003 *Köhler* in Köhler/Bornkamm, UWG, Anhang zu § 3 Abs. 3 Rn. 21.4.

1004 *Bruhn/Weidert* in Harte-Bavendamm/Henning-Bodewig, UWG, Anhang zu § 3 Abs. 3 Nr. 21 Rn. 6.

1005 *Köhler* in Köhler/Bornkamm, UWG, Anhang zu § 3 Abs. 3 Rn. 21.3.

1006 *Köhler* in Köhler/Bornkamm, UWG, Anhang zu § 3 Abs. 3 Rn. 21.3.

1007 *Köhler* in Köhler/Bornkamm, UWG, Anhang zu § 3 Abs. 3 Rn. 21.3.

1008 *Bruhn/Weidert* in Harte-Bavendamm/Henning-Bodewig, UWG, Anhang zu § 3 Abs. 3 Nr. 21 Rn. 8.

würde.[1009] Die Schlussfolgerung des OLG Köln, dass, wenn eine Zugabe grundsätzlich gewährt werden dürfe, diese auch als »gratis« beworben werden dürfe,[1010] erscheint jedenfalls nicht zwingend. Ohnehin stünde diese Rechtsprechung aber dem Verständnis nicht entgegen, dass die Grenze der Zulässigkeit erst recht dann erreicht sei, wenn der Preis der Hauptware gleichzeitig erhöht wird. Denn in einem solchen Fall weiß der Verbraucher zwar, dass er im Zusammenhang mit der Zugabe Kosten zu tragen hat, nämlich die der Hauptware. Er weiß aber nicht, dass er die Zugabe selbst auch bezahlt, zumal ihm das Gegenteil mitgeteilt wird. Für die häufig angeführte Argumentation, der moderne Verbraucher wisse, dass ein Unternehmer nichts zu verschenken habe,[1011] ist in der heutigen Wirtschaftsrealität kein Raum mehr. Freilich haben Unternehmen ein langfristiges und globales Profitziel. Aber gerade im modernen Wettbewerb sind Unternehmen sogar für ausgedehnte Zeiträume bereit, Verluste hinzunehmen, um langfristig wertvolle Marktanteile zu gewinnen. Dies kann etwa darin zum Ausdruck kommen, dass Produkte unter den Herstellungskosten veräußert werden.[1012] Es können aber über Zugaben – die dann tatsächlich kostenlos sind – Marktanteile erworben werden. So sind aus der Rechtsprechung Sachverhalte bekannt, in denen allein der Wert der Zugabe den Verkaufspreis des Kopplungsangebote um ein Vielfaches übersteigt.[1013] Die Vorstellung, ein Unternehmer würde mit jedem einzelnen Verkauf einen Stückgewinn erzielen, ist demnach falsch und ein verständiger Verbraucher muss nicht von dieser Vorstellung ausgehen, wenn ihm das Gegenteil versprochen wird. Weil Kopplungsangebote gerade von Newcomern eingesetzt werden, um sich Marktanteile zu sichern, liegen zudem in der Praxis häufig solche Situationen vor, in denen der Unternehmer letztlich doch gehalten sein könnte, etwas zu verschenken. Sieht der Verbraucher also eine als »gratis« beworbene Zugabe, z. B. ein Cognacglas zu einer Flasche Cognac, dann muss er nicht davon ausgehen, dass der Unternehmer den Preis der Zugabe in den Preis eben jener Flasche Cognac einkalkuliert hat.

1009 Siehe oben S. 247.

1010 OLG Köln Beschluss v. 30.12.2008 – 6 W 180/08 *(Winter-Check-Wochen)*, GRUR 2009, 608.

1011 Begründung zum Gesetz zur Aufhebung der Zugabeverordnung vom 15.03.2001, (BT-Drs.14/5594), S. 7 mit Verweis auf BGH Urteil v. 8.10.1998 – I ZR 187/97 (Handy für 0,00 EUR), GRUR 1999, 264; vgl. ferner *Köhler* in Köhler/Bornkamm, UWG, § 5 Rn. 7.27.

1012 Vgl. zum Tablet-Markt, Stuttgarter Nachrichten vom 08.03.2013, Rubrik Wirtschaft.

1013 Verkauf einer Zeitschrift für 2,25 EUR, der eine Sonnenbrille im Wert von 15 Euro beigelegt ist, BGH Urteil v. 22.09.2005 – I ZR 28/03 *(Zeitschrift mit Sonnenbrille)*, GRUR 2006, 161, 161.

Die Auffassung, es sei unlauter, eine Zugabe als kostenlos zu bewerben, wenn der Preis der Zugabe auf die Hauptware aufgeschlagen wird, hat zudem historische Vorbilder in Deutschland[1014] und Europa[1015].

Allerdings bestünden in der Praxis erhebliche Abgrenzungsschwierigkeiten, weil Preise der Hauptwaren selbst dem Wandel unterliegen und es kaum möglich wäre, festzustellen, wann und zu welchem Anteil die Kosten einer Zugabe in den Preis einer bestimmten Hauptware eingerechnet werden. Dies gilt erst recht bei komplexeren Kundenbindungssystemen. Es bietet sich daher im Interesse der Rechtssicherheit an, Nr. 21 der Schwarzen Liste eng auszulegen und die Quersubvention zwischen Hauptware und Zugabe nicht als Verstoß gegen das Per-se-Verbot zu werten.

Die falsche Behauptung, eine Zugabe sei kostenlos, wenn hierfür der Preis der Hauptware erhöht wird, ist nach alldem nicht über die Schwarze Liste zu erfassen, sondern über § 5 Abs. 1 Satz 2 Nr. 2 UWG, wonach eine Täuschung über das Vorhandensein eines besonderen Preisvorteils die Unlauterkeit begründen kann.

e) Beispiel eines nach Nr. 21 der Schwarzen Liste unlauteren Kopplungsangebots

Beispiel: Ein Kino wirbt kurz vor der Eröffnung auf Plakaten mit dem Slogan: »Zur Neueröffnung am kommenden Samstag gratis Kinotag für die ganze Familie!*« Das Sternchen verweist sodann auf den Hinweis: »*Weitere Informationen auf (Internetadresse).« Auf der Internetadresse wird dargelegt, dass der Kinobesuch kostenlos sei, aber der Erwerb eines Verzehrgutscheins von 5 Euro für Erwachsene und 2 Euro für Kinder vorausgesetzt werde.

II. Verbot irreführender Kopplungsangebote (§§ 5, 5a UWG; § 4 Nr. 1, Nr. 3, Nr. 4, Nr, 5 UWG)

1. Gesetzliche Grundlagen

Eine besondere Gefahr der Kopplungsangebote ist die Gefahr der Irreführung des Verbrauchers.[1016] Kopplungsangebote können sowohl durch positives Tun

---

1014 Dies war nach § 4 UWG 1909 sogar eine Straftat, vgl. RG Urteil v. 23.12.1926 – III 574/26 RGSt 61, 58; siehe dazu oben, S. 95 ff.

1015 Vgl. Clause 1.10.4 der britischen *Consumer Protection* Verordnung: »Do not claim that an offer is free if (…) you have inflated the price of any product the consumer must buy (…) to get the »free offer«; siehe hierzu oben, S. 140 ff.

1016 BGH Urteil v. 13.06.2002 – I ZR 173/01 *(Kopplungsangebote I)*, GRUR 2002, 976, 978.

als (§ 5 UWG) als auch durch Unterlassen gegen das lauterkeitsrechtliche Verbot der Irreführung (§ 5a UWG) verstoßen.[1017]

Diese Verbote setzten Art. 6 und 7 der UWG Richtlinie um. Art. 6 regelt das Verbot der aktiven Irreführung und stellt primär darauf ab, ob eine geschäftliche Handlung falsche Angaben enthält.[1018] Art. 7 der UGP Richtlinie betrifft die Irreführung durch Unterlassen und stellt darauf ab, ob Informationen vorenthalten werden, die erforderlich sind, damit der Verbraucher eine informierte Entscheidung treffen kann.[1019] Im Rahmen der lauterkeitsrechtlichen Prüfung,

---

1017 *Lettl*, Wettbewerbsrecht, S. 233.

1018 Art. 6 Abs. 1 UGP-Richtlinie: »Irreführende Handlungen: Eine Geschäftspraxis gilt als irreführend, wenn sie falsche Angaben enthält und somit unwahr ist oder wenn sie in irgendeiner Weise, einschließlich sämtlicher Umstände ihrer Präsentation, selbst mit sachlich richtigen Angaben den Durchschnittsverbraucher in Bezug auf einen oder mehrere der nachstehend aufgeführten Punkte täuscht oder ihn zu täuschen geeignet ist und ihn in jedem Fall tatsächlich oder voraussichtlich zu einer geschäftlichen Entscheidung veranlasst, die er ansonsten nicht getroffen hätte: a) das Vorhandensein oder die Art des Produkts; b) die wesentlichen Merkmale des Produkts wie Verfügbarkeit, Vorteile, Risiken, Ausführung, Zusammensetzung, Zubehör, Kundendienst und Beschwerdeverfahren, Verfahren und Zeitpunkt der Herstellung oder Erbringung, Lieferung, Zwecktauglichkeit, Verwendung, Menge, Beschaffenheit, geografische oder kommerzielle Herkunft oder die von der Verwendung zu erwartenden Ergebnisse oder die Ergebnisse und wesentlichen Merkmale von Tests oder Untersuchungen, denen das Produkt unterzogen wurde; c) den Umfang der Verpflichtungen des Gewerbetreibenden, die Beweggründe für die Geschäftspraxis und die Art des Vertriebsverfahrens, die Aussagen oder Symbole jeder Art, die im Zusammenhang mit direktem oder indirektem Sponsoring stehen oder sich auf eine Zulassung des Gewerbetreibenden oder des Produkts beziehen; d) der Preis, die Art der Preisberechnung oder das Vorhandensein eines besonderer Preisvorteils; e) die Notwendigkeit einer Leistung, eines Ersatzteils, eines Austauschs oder einer Reparatur; f) die Person, die Eigenschaften oder die Rechte des Gewerbetreibenden oder seines Vertreters, wie Identität und Vermögen, seine Befähigungen, seinen Status, seine Zulassung, Mitgliedschaften oder Beziehungen sowie gewerbliche oder kommerzielle Eigentumsrechte oder Rechte an geistigem Eigentum oder seine Auszeichnungen und Ehrungen; g) die Rechte des Verbrauchers einschließlich des Rechts auf Ersatzlieferung oder Erstattung gemäß der Richtlinie 1999/44/EG des Europäischen Parlaments und des Rates vom 25. Mai 1999 zu bestimmten Aspekten des Verbrauchsgüterkaufs und der Garantien für Verbrauchsgüter oder die Risiken, denen er sich möglicherweise aussetzt.«

1019 Art. 7 Abs. 1 UGP-Richtlinie: »Irreführende Unterlassungen: (1) Eine Geschäftspraxis gilt als irreführend, wenn sie im konkreten Fall unter Berücksichtigung aller tatsächlichen Umstände und der Beschränkungen des Kommunikationsmediums ob ein Kopplungsangebot irreführend ist, ist zum einen die Frage zu klären, ob das Kopplungsangebot unwahre ausdrückliche (§ 5 Abs. 1 Satz 2 UWG) oder konkludente Angaben (§ 5 Abs. 3 2. Alternative UWG) enthält. Nach § 5 Abs. 1 UWG handelt unlauter, »wer eine irreführende geschäftliche Handlung vornimmt«. Wann eine geschäftliche Handlung irreführend ist, wird in den – unten dargestellten[1020] – Fallgruppen des § 5 Abs. 1 Satz 2 UWG definiert. Bei Kopplungsangeboten sind neben den produktmerkmalsbezogenen Angaben (§ 5 Abs. 1 Satz 2 Nr. 1 UWG) insbesondere die Preis- und konditionsbezogenen Angaben (§ 5 Abs. 1 Satz 2 Nr. 2 UWG), die unter anderem die Kopplung selbst betreffen, besonders relevant. Bei Sponsoring-Kopplungen ist ergänzend zu prüfen, ob die Angaben zur Sponsoringleistung des Unternehmens den gesetzlichen Voraussetzungen (§ 5 Abs. 1 Satz 2 Nr. 4 UWG) entsprechen.[1021] Alle Angaben, die im Rahmen des Kopplungsangebots ausdrücklich oder konkludent getätigt werden, sind also auf ihre Richtigkeit hin an diesen Maßstäben zu messen.

Zum anderen ist zu klären, ob das Kopplungsangebot durch Unterlassen (§ 5a UWG) irreführend ist, weil *Aufklärungspflichten* nicht nachgekommen wurde. Gemäß § 5a kommt es für die Beurteilung, ob das Verschweigen einer Tatsache irreführend ist, auf die Bedeutung des Verschweigens für die geschäftliche Entscheidung sowie auf die Eignung des Verschweigens zur Beeinflussung der Entscheidung an. In § 5a Abs. 3 UWG werden sodann bestimmte Informationen spezifiziert, die wesentlich sind und daher gemäß § 5a Abs. 2 UWG zwingend mitgeteilt werden müssen. Bei Kopplungsangeboten sind in der Praxis insbesondere die Pflichtangaben zum Preis (§ 5a Abs. 3 Nr. 3 UWG in Verbindung mit § 1 Abs. 1 PAngV) sowie zu den wesentlichen Merkmalen der Angebotselemente (§ 5 Abs. 1 Nr. 1 UWG) entscheidend.

Von den hier maßgeblichen Aufklärungspflichten nach § 5a UWG zu trennen sind die *Transparenzpflichten*, die sich aus den Regelbeispielen des § 4 UWG ergeben. Neben der sich aus dem Verbot der unangemessenen und unsachlichen Beeinflussung ergebenden allgemeinen Transparenzpflicht des § 4 Nr. 1 UWG kommt bei der Bewertung verkaufsfördernder Kopplungsangebote vor allem die Transparenzpflicht des § 4 Nr. 4 UWG zum Tragen, wonach bei Verkaufsförderungsmaßnahmen wie u.a. Zugaben und anderen Kopplungsangeboten die

---

wesentliche Informationen vorenthält, die der durchschnittliche Verbraucher je nach den Umständen benötigt, um eine informierte geschäftliche Entscheidung zu treffen, und die somit einen Durchschnittsverbraucher zu einer geschäftlichen Entscheidung veranlasst oder zu veranlassen geeignet ist, die er sonst nicht getroffen hätte.«

1020 Siehe unten S. 257 ff.

1021 Zu der Prüfungsreihenfolge vgl. *Pfeifer* in *Fezer*, WRP 2010, 677§ 5 Rn. 20.

Bedingungen für ihre Inanspruchnahme klar und eindeutig angegeben werden müssen. Für Gewinnspielkopplungen besteht zudem eine besondere Transparenzpflicht gemäß § 4 Nr. 5 UWG, wonach die Teilnahmebedingungen des Gewinnspiels klar und eindeutig angegeben werden müssen. Die aktiven Aufklärungspflichten ergeben sich dogmatisch aus § 5a UWG, nicht auch aus § 4 UWG.[1022]

Zusammenfassend ist also zu überprüfen, ob das Kopplungsangebot Angaben unterlässt, die erforderlich sind, damit der Verbraucher eine informierte Entscheidung für oder wider das Angebot treffen kann (vgl. Art. 7 Abs. 1 UGP-Richtlinie).

2. *Irreführungspotenzial von Kopplungsangeboten*

In der Praxis beruht die Irreführungsgefahr von Kopplungsangeboten zumeist auf deren Preisverschleierungspotential.[1023] Es besteht gerade im Zusammenhang mit Kopplungen, die ein Dauerschuldverhältnis einschließen, die Gefahr, dass der Verbraucher darüber, was er letztlich zahlen muss, in die Irre geführt wird.[1024] Eine Preisverschleierung kann von einem Kopplungsangebot auch im Zusammenhang mit Zugaben oder Gewinnspielen ausgehen,[1025] insbesondere dann, wenn deren Bedingungen nicht klar angegeben sind.

Von der Preisverschleierungsgefahr zu unterscheiden ist die ebenfalls von Kopplungsangeboten ausgehende Gefahr der Verschleierung des (Markt)Wertes des Angebots.[1026] Der Marktwert ist deshalb für eine Kaufentscheidung des Verbrauchers wichtig, weil sich der Betrag, den ein durchschnittlicher Verbraucher für ein Angebot zu zahlen bereit ist, nicht nur daraus ergibt, welchen Nutzen er von dem Angebot hat. Vielmehr will der verständige Verbraucher gerade bei größeren Anschaffungen den Marktpreis oder jedenfalls einen Vergleichspreis als Referenzwert für ein Angebot einholen um festzustellen, ob das Angebot objektiv günstig ist, also um im Sinne des Art. 7 Abs. 1 UGP-Richtlinie eine informierte Entscheidung zu treffen. Durch Kopplungsangebote findet eine

---

1022 *Stuckel* in in Harte-Bavendamm/Henning-Bodewig, UWG § 4 Rn. 59; BGH Urteil v. 26.10.2006 – I ZR 33/04 *(Regenwaldprojekt I)*, GRUR 2007, 247, 250; BGH Urteil v. 26.10.2006 – I ZR 97/04 *(Regenwaldprojekt II)*, GRUR 2007, 251, 252.

1023 BGH Urteil v. 13.06.2002 – I ZR 173/01 *(Kopplungsangebote I)*, GRUR 2002, 976, 978. *Sosnitza* in Piper/Ohly/Sosnitza, UWG, § 4 Nr. 1.91.

1024 BGH Urteil v. 13.06.2002 – I ZR 71/01 *(Kopplungsangebote II)*, GRUR 2002, 979.

1025 *Boesche*, WRP 2011, 1345, 1347.

1026 Vgl. zu einer Täuschung über den Wert eines Kopplungsangebots, *Stuckel* in Harte-Bavendamm/Henning-Bodewig, UWG § 4 Nr. 1 Rn. 61.

Diversifikation des Angebots statt, wodurch die Preisvergleichsmöglichkeiten eingeschränkt werden.[1027]

Schließlich besteht – wie bei allen Verkaufsförderungsmaßnahmen – auch bei den Kopplungsangeboten ein Irreführungsrisiko dadurch, dass dem Verbraucher im Zusammenhang mit dem Aktionsangebot eine Vergünstigung versprochen wird. Das Versprechen einer Vergünstigung birgt das Risiko, dass deren Ausmaß falsch dargestellt oder falsch verstanden wird,[1028] oder dem Verbraucher ein Alleinstellungsmerkmal des Angebots suggeriert wird, das tatsächlich nicht vorliegt.[1029]

Bei speziellen Kopplungsangeboten wie Sponsoringkopplungen und Gewinnspielkopplungen besteht zudem ein Irreführungspotenzial im Zusammenhang mit gekoppelten altruistischen bzw. aleatorischen Anreizen. Die Irreführung liegt in solchen Fällen oftmals darin, dass der Verbraucher die altruistischen Leistungen (Sponsoringkopplungen) bzw. die Gewinnchancen (Gewinnspielkopplungen) höher einschätzt, als diese tatsächlich sind.

3. *Produktbezogene Angaben bei Kopplungsangeboten (§ 5 Abs. 1 Satz 2 Nr. 1 UWG; § 5a Abs. 3 Nr. 1 UWG)*

Kopplungsangebote dürfen keine falschen oder sonstige zur Täuschung geeignete Angaben über die wesentlichen produktbezogenen Merkmale des Kopplungsangebots enthalten (§ 5 Abs. 1 Satz 2 Nr. 1 UWG). Aus § 5a Abs. 3 Nr. 1 UWG ergibt sich zudem die Pflicht, alle wesentlichen Merkmale der Ware oder Dienstleistung in dem Umfang anzugeben, der dem Kommunikationsmittel angemessen ist. Die Informationspflichten, die hinsichtlich eines Kopplungsangebotes bestehen, hängen also davon ab, was dem Unternehmer in Bezug auf das konkrete Medium, das zur Kommunikation verwendet wird, zumutbar ist.[1030] Allerdings kommt bei Kopplungsangeboten dem Aufklärungsgebot aus § 5a UWG ein besonderes Gewicht zu.[1031]

Beispiel: Ein Vielfliegerprogramm kann in einer TV-Werbung lediglich mit einem kurzen Slogan beworben werden, muss aber in einer Broschüre, die

---

1027 Vgl. zur eingeschränkten Preisvergleichsmöglichkeit *Sosnitza* in Piper/Ohly/Sosnitza, UWG, § 4 Nr. 1.91.

1028 Vgl. zur Angabe von Mondpreisen im Zusammenhang mit Kopplungsangeboten *Stuckel* in Harte-Bavendamm/Henning-Bodewig, UWG § 4 Nr. 1 Rn. 61; *Stuckel* in Harte-Bavendamm/Henning-Bodewig, UWG § 4 Nr. 1 Rn. 58.

1029 Vgl. BGH Beschluss v. 25.08.2011 – 4 U 50/11 BeckRS 2012, 13391.

1030 *Kügele*, GRUR 2006, 105, 107.

1031 *Boesche*, WRP 2011, 1345, 1347.

konkrete Vorteile auflistet und zur Mitgliedschaft auffordert, umfassend erläutert werden.

Die Abwägung, welche Informationen bezüglich eines Kopplungsangebots der Unternehmer preisgeben muss, hat auch zu berücksichtigen, wie aufwendig es für die angesprochenen Verbraucher ist, sich diese Informationen selbst zu beschaffen.[1032] Keinesfalls muss der Unternehmer Angaben machen, die beim durchschnittlichen Publikum des Kopplungsangebots vorausgesetzt werden dürfen.[1033] Die Informationspflichten zielen darauf, dem Verbraucher eine informierte Entscheidung zu ermöglichen. Hierzu ist es in der Regel erforderlich, dass der Verbraucher in die Lage versetzt wird, in etwa den Wert des Kopplungsangebots abzuschätzen.[1034] Dagegen muss der Unternehmer selbst in der Regel keine unmittelbaren Angaben zum Wert des Kopplungsangebots machen.[1035] Werden solche jedoch gemacht, müssen sie freilich stimmen.[1036] Die lauterkeitsrechtlichen Informationspflichten aus § 5a Abs. 3 UWG gelten erst, wenn der Unternehmer unter Hinweis auf die Merkmale und den Preis des Kopplungsangebots dieses in einer dem verwendeten Kommunikationsmittel angemessenen Weise so anbietet, dass ein durchschnittlicher Verbraucher das Geschäft abschließen kann. Der Verbraucher muss das Angebot als eine Aufforderung zum Kauf verstehen können.[1037] Reine Aufmerksamkeitswerbung bedingt deshalb keine detaillierten Informationspflichten nach dem UWG.[1038] Bei Kopplungsangeboten erstreckt sich die Informationspflicht grundsätzlich auf alle Angebotselemente eines Kopplungsangebots, also auch auf Zugaben.[1039]

Eine irreführende produktbezogene Angabe liegt bei einem Kopplungsangebot dann vor, wenn beim durchschnittlichen Adressaten eine falsche Vorstellung darüber erweckt wird, woraus das Angebot besteht. Als Konsequenz kann der Verbraucher den Wert des Angebots nicht einschätzen. Der Durchschnittsverbraucher muss in der Lage sein, die Zusammensetzung und Qualität des

1032 *Kügele*, GRUR 2006, 105, 107.
1033 *Kügele*, GRUR 2006, 105, 107.
1034 Vgl. *Mankowski*, GRUR 2007, 1013, 1022.
1035 *Köhler* in Köhler/Bornkamm, UWG, § 4 Rn. 1.107.
1036 *Köhler* in Köhler/Bornkamm, UWG, § 4 Rn. 1.107.
1037 Vgl. Art. 7 Abs. 4 UGP-Richtlinie; *Köhler* in Köhler/Bornkamm, UWG, § 4 Rn. 1.106.
1038 Vgl. Art. 7 Abs. 4 UGP-Richtlinie; *Köhler* in Köhler/Bornkamm, UWG, § 4 Rn. 1.106.
1039 *Köhler* in Köhler/Bornkamm, UWG, § 4 Rn. 1.105.

Gesamtangebots beurteilen zu können.[1040] Dies bedeutet nicht, dass die Werbung zu allen Angebotselementen umfangreiche Angaben machen muss. Vielmehr muss der Unternehmer anhand des Einzelfalls entscheiden, welche Angaben die Kunden benötigen, um eine informierte Entscheidung treffen zu können. Dabei kommt dem Kommunikationsmedium eine besondere Bedeutung zu. In einer TV-Werbung müssen etwa keine umfassenden Angaben zu der Ausgestaltung eines Kundenbindungssystems stattfinden. Insoweit kann eine stufenweise Information erfolgen.[1041] Der Schutz des § 5 Abs. 1 UWG greift allerdings immer dann, wenn der Unternehmer ausdrückliche oder konkludente Angaben macht.[1042] Macht der Unternehmer nämlich Angaben, müssen diese grundsätzlich richtig sein.

Beispiel: Ein Kopplungsangebot bestehend aus einem Computer und einem Softwarepaket ist irreführend und unlauter, wenn auf der Verpackung einige Computer-Programme namentlich genannt sind und es im Übrigen den Hinweis: »und viele Programme mehr« enthält, obwohl es sich bei den übrigen Programmen um kostenlose Share-Ware-Versionen zu Testzwecken handelt, denen wesentliche Funktionen der Vollversionen fehlen.[1043]

Qualitätsbeschreibungen, von denen der durchschnittliche Verbraucher annehmen darf, dass sie für das gesamte Kopplungsangebot gelten, müssen auch für alle Angebotselemente gelten.

Beispiel: Bei einem Zugabeangebot: »Nur diesen Samstag: kostenlose passende Teekanne beim Kauf eines gratis Kaffeeservice!«, muss das Qualitätsmerkmal »erste Wahl« sowohl auf das Kaffeeservice als auch auf die Teekanne zutreffen.

Eine Täuschung über die Beschaffenheit einer Zugabe kann auch konkludent erfolgen, wenn die Darstellung sie wertvoller macht, als sie ist.[1044] Dabei ist allerdings zu berücksichtigen, dass der durchschnittlich informierte und verständige Verbraucher davon ausgeht, dass die Anbieter ihre Produkte in einem besonders positiven Licht darstellen.

Durch die Kopplung von Waren, die in einem Funktionszusammenhang stehen, trifft der Unternehmer nach hier vertretener Auffassung regelmäßig eine konkludente Aussage (§ 5 Abs. 3 2. Alternative UWG) darüber, dass die

---

1040 Vgl. *Boesche*, WRP 2011, 1345, 1347.

1041 So auch *Fischer*, Schutz der Entscheidungsfreiheit im Rahmen der Verkaufsförderung – Ein Vergleich des deutschen, französischen und englischen Rechts, S. 175.

1042 *Stuckel* in Harte-Bavendamm/Henning-Bodewig, UWG § 4 Nr. 1 Rn. 61.

1043 Vgl. zur Werbung auf der Hülle eines Softwarepakets: BGH Urteil v. 24.06.1999 – I ZR 61/97 *(Schareware-Version)*, GRUR 2000, 76.

1044 *Köhler* in Köhler/Bornkamm, UWG, § 4 Rn. 1.105.

Angebotselemente miteinander harmonieren, also zusammen verwendet werden können. Sofern es zwischen den Angebotselementen Kompatibilitätsprobleme gibt, muss der Unternehmer darauf hinweisen.

Beispiel: Ein Mobilfunknetzbetreiber bietet in Deutschland ein Smartphone an, das einen besonders schnellen Datenfunkstandard unterstützt und international vom Hersteller mit dieser Eigenschaft beworben wird. In Deutschland unterstützt das Gerät aber nicht den schnellen Funkstandard des Mobilfunknetzbetreibers, sodass nur Internetverbindungen mit herkömmlicher Geschwindigkeit aufgebaut werden können. Der Anbieter muss in dem Kopplungsangebot bestehend aus Smartphone und Netzkartenvertrag auf diesen Umstand hinweisen, damit die Verbraucher in ihre Entscheidung einbeziehen können, dass ein Vorzug des neuen Gerätes für sie nicht nutzbar ist.

Eine irreführende Angabe zu einem Kopplungsangebot liegt freilich auch dann vor, wenn eine Zugabe angekündigt wird, die nicht gewährt wird.[1045] Wird im Rahmen eines Kopplungsangebots ein Gewinnspiel angeboten, dürfen keine falschen Angaben über die Gewinnchancen oder die Teilnahmevoraussetzungen gemacht werden.[1046] Wird ein Gewinn ausgelobt, dann wird damit gleichzeitig eine konkludente Aussage darüber getroffen, dass eine realistische Gewinnchance besteht, dass einer der teilnehmenden Verbraucher den Preis gewinnt. Die Ankündigung von Gewinnen, die zwar theoretisch gewonnen werden können, in der Praxis aufgrund der Gewinnbedingungen aber (so gut wie) niemals ausgezahlt werden, sondern beim Unternehmer verbleiben, stellt deshalb nach hier vertretener Auffassung eine Irreführung des Verbrauchers über eine Eigenschaft des gekoppelten Gewinnspiels dar.[1047]

4. *Preisangabenpflicht bei Kopplungsangeboten (§§ 5a Abs. 3 Nr. 3, 5 Abs. 1 Satz 2 Nr. 2 UWG in Verbindung mit § 1 Abs. 1 Abs. 6 PAngV)*

Die Preisangabenpflicht für Kopplungsangebote ergibt sich aus §§ 5a Abs. 3 Nr. 3, 5 Abs. 1 Satz 2 Nr. 2 UWG in Verbindung mit § 1 Abs. 1 Abs. 6 PAngV. Nach § 5a Abs. 1 Nr. 3 UWG gehört der Preis zu den wesentlichen Informationen, über die eine Angabe zu machen ist. Nach § 5 Abs. 1 Satz 2 Nr. 2 UWG darf die zum Preis gemachte Angabe nicht irreführend sein. Die Anforderungen an

---

1045 BGH Urteil v. 17.02.2000 – I ZR 239/97 *(Space Fidelity Peep-Show)*, GRUR 2000, 820, 822.

1046 *Boesche*, WRP 2011, 1345, 1347.

1047 Siehe oben, S. 245 ff.

die Preisauszeichnung werden zudem durch § 1 Abs. 1 und Abs. 6 der PAngV spezifiziert. Hiernach gilt für Kopplungsangebote Folgendes:

a) Einheitliche Preisdarstellung

Das entscheidende Erfordernis für die Preisauszeichnung bei Kopplungsangeboten ist, dass die Preise einheitlich anzugeben sind. Der BGH hat in der Grundsatzentscheidung *Kopplungsangebote I*[1048] entschieden, dass es wettbewerbswidrig ist, in der Werbung »allein das Versprechen unentgeltlicher Teilleistungen oder den günstigen Preis einer Teilleistung herauszustellen, ohne gleichzeitig in klarer Zuordnung leicht erkennbar und deutlich lesbar auf das Entgelt hinzuweisen, das für den anderen Teil des Kopplungsangebots verlangt wird«.[1049] Dieses Erfordernis betrifft nicht nur die textliche, sondern auch die grafische Gestaltung des Angebots. Es dürfen gegenüber einem blickfangmäßig herausgestellten Hinweis auf ein günstiges Angebotselement nicht die Preise der übrigen Angebotselemente, aus denen sich die wirtschaftliche Belastung ergibt, vollständig in den Hintergrund treten.[1050] Ein Kopplungsangebot darf also nicht eine besonders günstige Teilleistung herausstellen und verschweigen (oder im »Kleingedruckten« verstecken), dass das günstige Angebotselement an eine weitere kostenpflichtige Leistung gekoppelt ist.[1051]

Beispiel: Ein Mobilfunknetzbetreiber wirbt in einer Zeitschrift für ein Smartphone zum Preis von 199 EUR. Der Preis ist blickfangmäßig neben einem Bild des Smartphones herausgestellt. Ein Sternchen verweist auf einen in kleiner Schriftgröße am Rand der Seite in weniger kontrastreicher Farbe gehaltenen und senkrecht angeordneten Text: »Preis gilt nur im Zusammenhang mit dem Abschluss eines Mobilfunkvertrags mit Laufzeit von 24 Monaten und einer monatlichen Grundgebühr von 39 EUR.«[1052]

1048 BGH Urteil v. 13.06.2002 – I ZR 173/01 *(Kopplungsangebote I)*, GRUR 2002, 976.

1049 BGH Urteil v. 13.06.2002 – I ZR 173/01 *(Kopplungsangebote I)*, GRUR 2002, 976, 978.

1050 BGH Urteil v. 13.06.2002 – I ZR 173/01 *(Kopplungsangebote I)*, GRUR 2002, 976, 978; BGH Urteil v. 08.10.1998 – I ZR 187/97 *(Handy für 0,00 EUR)*, GRUR 1999, 264, 267.

1051 BGH Urteil v. 17.07.2008 – I ZR 139/05 *(Telefonieren für 0 Cent!)*, WRP 2008, 48; *Lettl*, BB 2009, 2042, 2043.

1052 Die Unlauterkeit hängt in diesen Fällen mitunter von Nuancen der grafischen Gestaltung ab. Ein Beispiel für eine lautere und eine unlautere grafische Gestaltung eines ähnlichen Angebots bieten die Urteile BGH Urteil v. 13.06.2002 – I ZR 173/01 *(Kopplungsangebote I)*, GRUR 2002, 976 (lauter) und BGH Urteil v. 13.06.2002 – I ZR 71/01 *(Kopplungsangebote II)*, GRUR 2002, 979 (unlauter).

b) Angabe von Endpreisen

Bei Kopplungsangeboten gegenüber Verbrauchern ist gemäß § 1 Abs. 1 Satz 1 PAngV in Verbindung mit § 5a Abs. 3 Nr. 3 UWG der Endpreis des Kopplungsangebots, also der Gesamtpreis, anzugeben.[1053] Der Endpreis ist definiert als der Preis, der einschließlich der Umsatzsteuer und sonstiger Preisbestandteile zu zahlen ist (§ 1 Abs. 1 Satz 1 PAngV).

Beispiel: Werden Mobiltelefone als »vertragsfreie Handys« zu einem bestimmten Preis beworben, muss der angegebene Preis der Endpreis des Gerätes sein.[1054]

Abweichend hiervon ist bei Kopplungsangeboten, bei denen ein solcher Endpreis aufgrund der Beschaffenheit des Kopplungsangebots nicht feststeht, etwa bei Abgabe eines Angebotselementes in Leistungseinheiten im Rahmen eines Dauerschuldverhältnisses (z. B. Kopplung mit Stromliefer- oder Mobilfunkverträgen), der Preis pro Leistungseinheit anzugeben (vgl. § 1 Abs. 1 Satz 2 PAngV, § 5a Abs. 3 2. Halbsatz UWG).[1055] Bei der Aufgliederung von Preisen sind die Endpreise nach § 1 Abs. 6 Satz 3 PAngV hervorzuheben.

Die Angabe von Einzelpreisen der Angebotselemente ist heute[1056] nicht mehr erforderlich.[1057] Verdeckte Kopplungsangebote sind also grundsätzlich zulässig. Werden Einzelpreise dennoch angegeben, ersetzt dies nicht die Angabe der Endpreise.[1058] Etwas anderes gilt in den vorgenannten Fällen, in denen die Angabe eines Endpreises nicht möglich ist. Bei solchen Kopplungsangeboten folgt aus §§ 5 Abs. 1, 4 Nr. 4 UWG und § 1 Abs. 1 Satz 1 PAngV die Pflicht, die Preise für einzelne Angebotselemente deutlich zu machen.[1059] Denn nach § 1 Abs. 6 PAngV müssen Preisangaben stets der allgemeinen Verkehrsauffassung und den Grundsätzen von Preisklarheit und Preiswahrheit entsprechen.

Beispiel: Bei einer Werbung für einen Festnetztarif mit dem Slogan »Telefonieren für 0 Cent!« muss die Werbung alle Kosten auszeichnen, die monatlich und einmalig (z. B. für die Bereitstellung des Anschlusses) anfallen.[1060]

1053 *Stuckel* in Harte-Bavendamm/Henning-Bodewig, UWG § 4 Nr. 1 Rn. 57.

1054 LG Hanau Urteil v. 28.09.2011 – 5 O 52/11 WRP 2012, 363, 363.

1055 Vgl. BGH Urteil v. 13.06.2002 – I ZR 173/01 *(Kopplungsangebote I)*, GRUR 2002, 976.

1056 Zur früheren Rechtslage siehe oben, S. 108 ff.

1057 BGH Urteil v. 27.02.2003 – I ZR 253/00 *(Gesamtpreisangebot)*, GRUR 2003, 538, 539; BGH Urteil v. 04.11.2003 – KZR 16/02 *(Strom und Telefon I)*, GRUR 2003, 255, 259.

1058 *Köhler* in Köhler/Bornkamm, UWG, § 4 Rn. 1.108.

1059 *Stuckel* in Harte-Bavendamm/Henning-Bodewig, UWG § 4 Nr. 1 Rn. 57.

1060 BGH Urteil v. 17.07.2008 – I ZR 139/05 *(Telefonieren für 0 Cent!)*, WRP 2008, 48, 48.

Ebenfalls grundsätzlich zulässig, wenngleich missbrauchsanfällig,[1061] ist die Angabe von quersubventionierten Preisen. Das gilt sowohl in Fällen, in denen die Subvention offensichtlich ist (Handy für 0 EUR[1062], ein elektrisches Gerät für 1 EUR[1063]) als auch in Fällen, in denen die Subvention jedenfalls nicht ohne weiteres ersichtlich ist (iPhone Markteinführung für 399 EUR[1064]). Gerade in Fällen, in denen die Subvention nicht klar ersichtlich ist, dürfte es sich bei der Werbung mit den subventionierten Preisen jedoch regelmäßig um Grenzfälle handeln, sodass, um den Anforderungen der Preiswahrheit und Preisklarheit (§ 1 Abs. 6 PAngV) gerecht zu werden, besonders hohe Anforderungen an die Kennzeichnung der Preise der übrigen Angebotselemente des Kopplungsangebots zu stellen sind.

Stets irreführend ist die Angabe von durchgestrichenen Mondpreisen, zu denen die Angebotselemente angeblich außerhalb der Kopplung angeboten würden, wenn diese Preise tatsächlich nie durchsetzbar waren oder auch nur gefordert wurden.[1065]

5. *Pflicht zum Hinweis auf die Kopplung (§ 5 Abs. 1 Satz 2 Nr. 2 UWG, § 5a UWG)*

Weil Kopplungsangebote keine falschen Angaben über die Bedingung enthalten dürfen, unter denen die Ware geliefert oder die Dienstleistung erbracht wird (§ 5 Abs. 1 Satz 2 Nr. 2 UWG) ist stets auf die Kopplung hinzuweisen.[1066] Es darf nicht durch grafische Gestaltung oder durch die Terminologie des Angebots der Eindruck erweckt werden, eine Kopplung läge nicht vor.

Beispiel: Ein Mobilfunk-Kopplungsangebot, das zwingende Folgekosten im Zusammenhang mit dem Mobilfunkvertrag bedingt, ist unlauter, wenn das Endgerät als »vertragsfrei« beworben wird.[1067] Das gilt auch dann, wenn das Mobiltelefon keinen SIM-Lock hat, also mit jedem beliebigen Vertrag eingesetzt

---

1061 *Pfeifer* in Fezer, UWG, Anhang zu § 3 Abs. 3 Nr. 21 Rn. 11.

1062 BGH Urteil v. 08.10.1998 – I ZR 187/97 *(Handy für 0,00 EUR)*, GRUR 1999, 264.

1063 OLG Celle Urteil v. 29.12.2000 – 13 U 235/00 *(Elektrische Geräte für 1 DM)*, GRUR 2001, 855; KG Berlin Urteil v. 08.05.2001 – 5 U 6904/00 (nicht rechtskräftig) GRUR-RR 2011, 277.

1064 LG Hamburg Urteil v. 04.12.2007 – 315 O 923/07 BeckRS 2008, 19970.

1065 Vgl. *Köhler* in Köhler/Bornkamm, UWG, § 4 Rn. 1.105.

1066 OLG Stuttgart Urteil v. 06.08.1971 – 2 U 65/71 GRUR 1972, 658, 658; *Köhler* in Köhler/Bornkamm, UWG, § 4 Rn. 1.105; *Fischer*, Kopplungsgeschäfte im Europäischen und deutschen Wettbewerbsrecht, S. 169.

1067 LG Hanau Urteil v. 28.09.2011 – 5 O 52/11 WRP 2012, 363, 363.

werden kann. Wird dagegen ein Mobiltelefon ohne Vertragsverpflichtung geliefert und wird lediglich eine SIM-Karte mitgeliefert, die fakultativ freigeschaltet werden kann, sodass nur im Fall der Freischaltung ein Netzkartenvertrag zustande kommt, dann darf das Mobiltelefon als »vertragsfrei« beworben werden.

Die Pflicht, auf die Kopplung hinzuweisen, gilt auch für die Voraussetzungen, unter denen eine Zugabe gewährt wird.[1068] Bei komplexeren Kopplungsangeboten wie Kundenbindungssystemen kommt dem Erfordernis, die Bedingungen der Inanspruchnahme klar und unmissverständlich mitzuteilen, eine besondere Bedeutung zu.[1069] Dabei ist zu berücksichtigen, dass das Transparenzgebot durch die UGP-Richtlinie, die auf eine »informierte Entscheidung« des Verbrauchers abstellt (Art. 7 Abs. 1 UWG), in ihrer Bedeutung zugenommen hat.[1070] Aus § 5a Abs. 1 Satz 2 Nr. 2 UWG folgt zunächst nur die Pflicht, auf die Kopplung hinzuweisen und die allgemeinen Bedingungen der Inanspruchnahme offenzulegen. Die Auskunftspflichten des § 5a UWG werden dann durch die Transparenzpflichten (insbesondere § 4 Nr. 4 UWG) ergänzt.

Beispiel: Werden einem Verbraucher bei Mitgliedschaft in einem Buchklub fünf Bücher kostenlos überlassen, ist darauf hinzuweisen, dass die kostenpflichtige Mitgliedschaft in dem Buchklub Voraussetzung für die kostenlose Überlassung der Bücher ist.[1071]

6. *Täuschung über Vorliegen eines Vorteils (§ 5 Abs. 1 Satz 2 Nr. 2 UWG)*

Bei Kopplungsangeboten bestehen beim Verbraucher mitunter falsche Vorstellungen darüber ob und in welchem Ausmaß mit der Kopplung ein Vorteil einhergeht. Diese Fehlvorstellungen können durch den Unternehmer durch irreführende ausdrückliche oder konkludente Angaben oder durch das pflichtwidrige Unterlassen von Angaben entstehen. Ist das der Fall, liegt ein Verstoß gegen §§ 5, 5a UWG vor.

Allerdings schützt das Irreführungsverbot des § 5 UWG den Verbraucher nicht grundsätzlich vor Kopplungsangeboten, die objektiv nicht günstig sind,

---

1068 BGH Urteil v. 13.06.2002 – I ZR 173/01 *(Kopplungsangebote I)*, GRUR 2002, 976; BGH Urteil v. 13.06.2002 – I ZR 71/01 *(Kopplungsangebote II)*, GRUR 2002, 979; *Köhler* in Köhler/Bornkamm, UWG, § 4 Rn. 1.105.

1069 So auch *Fischer*, Kopplungsgeschäfte im Europäischen und deutschen Wettbewerbsrecht, S. 174.

1070 *Henning-Bodewig*, WRP 2006, 621, 629.

1071 BGH Urteil v. 10.04.2003 – I ZR 291/00 *(Buchclub-Kopplungsangebot)*, GRUR 2003, 890.

oder die subjektiv dem Verbraucher keinen Vorteil bringen.[1072] Mit der Kopplung muss deshalb kein Mehrwert für den Verbraucher einhergehen.[1073]

Wenn allerdings der Preis des Kopplungsangebots höher ist als der Preis der Summe der Einzelelemente, liegt regelmäßig eine Irreführung vor, denn üblicherweise erwartet der Verbraucher für das Eingehen der Kopplung eine Prämie.[1074] Das gilt freilich nicht, wenn der Durchschnittsverbraucher weiß, dass er für das Kopplungsangebot mehr zahlt, als er im Einzelvertrieb zahlen würde.

Wenn einzelne Angebotselemente günstig und andere preiserhöht abgegeben werden (Quersubvention), kommt es für die Frage der Irreführung darauf an, ob das Gesamtangebot immer noch günstig ist.[1075] Ist das nicht der Fall, liegt also ein objektiv ungünstiges Kopplungsangebot vor, kommt es für die Frage der Irreführung darauf an, ob ein Durchschnittsverbraucher der durch das Kopplungsangebot angesprochenen Zielgruppe (z. B. Jugendliche) dies erkennen kann.[1076]

Eine Täuschung über einen besonderen Preisvorteil im Sinne des § 5 Abs. 2 Satz 2 Nr. 2 UWG liegt dann vor, wenn ein Kopplungsangebot vorgibt, die einzelnen Angebotselemente seien im Einzelvertrieb zu nicht ernstlich kalkulierten Mondpreisen erhältlich.[1077]

Irreführend ist es auch, wenn ein Angebotselement eines Kopplungsangebots als kostenlos herausgehoben und angepriesen wird, obwohl es im Markt selbstverständlich ist, dieses Angebotselement kostenlos beizufügen (Werben mit Selbstverständlichkeiten).[1078]

7. Angaben in Bezug auf gekoppelte Sponsoringleistungen (§ 5 Abs. 1 Satz 2 Nr. 4 UWG, § 5a UWG)

Nach § 5 Abs. 1 Satz 2 Nr. 4 UWG sind Sponsoringkopplungen unlauter, wenn irreführende Aussagen im Zusammenhang mit direktem oder indirektem Sponsoring getätigt werden (»Für jeden verkauften … spenden wir…!«). Die konkrete

---

1072 *Kügele*, GRUR 2006, 105, 107 *Bruhn/Weidert* in Harte-Bavendamm/Henning-Bodewig, UWG, Anhang zu § 3 Abs. 3 Nr. 21 Rn. 11.

1073 *Stuckel* in Harte-Bavendamm/Henning-Bodewig, UWG § 4 Nr. 1 Rn. 60.

1074 *Kügele*, GRUR 2006, 105, 107; *Stuckel* in Harte-Bavendamm/Henning-Bodewig, UWG § 4 Nr. 1 Rn. 61.

1075 *Bruhn/Weidert* in Harte-Bavendamm/Henning-Bodewig, UWG, Anhang zu § 3 Abs. 3 Nr. 21 Rn. 11.

1076 *Boesche*, WRP 2011, 1345, 1348.

1077 *Köhler* in Köhler/Bornkamm, UWG, § 4 Rn. 1.105.

1078 *Bruhn/Weidert* in Harte-Bavendamm/Henning-Bodewig, UWG, Anhang zu § 3 Abs. 3 Nr. 21 Rn. 11.

Art und Weise der Durchführung einer an die Warenabnahme gekoppelten Sponsoringleistung ist allerdings regelmäßig keine wesentliche Information im Sinne des § 5a Abs. 3 Nr. 1 UWG, sodass der Anbieter den Verbraucher über die Durchführungsmodalitäten der Sponsoringleistung nicht zu informieren braucht.[1079] Denn die Rechtsprechung des BGH verlangt nicht schon aufgrund einer Werbebehauptung über eine Sponsoringleistung eine Aufklärung über die Einzelheiten, wie das versprochene altruistische Ziel erreicht wird. Es besteht auch keine Aufklärungspflicht darüber, wie hoch der Wert der altruistischen Leistung ist.[1080] Es kommt für die Irreführung vielmehr darauf an, dass das Kopplungsangebot falsche Vorstellungen hervorruft, die für die Kaufentscheidung relevant sind.[1081]

8. *Sonstige gesetzliche Angaben*

Schließlich besteht bei Kopplungsangeboten, wie bei allen anderen Angeboten auch, eine Pflicht zur Mitteilung der gesetzlichen Pflichtangaben, etwa bezüglich des Bestehens von Rücktritts- und Widerrufsrechten (§ 5 Abs. 3 Nr. 4 UWG).[1082] Nach § 5 Abs. 4 UWG müssen Informationen angegeben werden, die aufgrund unionsrechtlicher Richtlinien und Verordnungen anzugeben sind. Besondere Informationspflichten bestehen etwa, wenn ein Angebotselement eine Pauschalreise[1083] oder eine Finanzdienstleistung[1084] ist.

1079 *Puchinger*, Irreführung durch Informationspflichtverletzung, S. 104–105.

1080 BGH Urteil v. 26.10.2006 – I ZR 33/04 *(Regenwaldprojekt I)*, GRUR 2007, 247, 250.

1081 BGH Urteil v. 26.10.2006 – I ZR 33/04 *(Regenwaldprojekt I)*, GRUR 2007, 247, 250.

1082 Die Informationspflichten der Verbraucherrichtlinie (Richtlinie 2011/83/EU des Europäischen Parlaments und des Rates vom 25. Oktober 2011 über die Rechte der Verbraucher, zur Abänderung der Richtlinie 93/13/EWG des Rates und der Richtlinie 1999/44/EG des Europäischen Parlaments und des Rates sowie zur Aufhebung der Richtlinie 85/577/EWG des Rates und der Richtlinie 97/7/EG des Europäischen Parlaments und des Rates, ABl. L 304 vom 22.11.2011 S. 64) sind zu beachten. Die Verbraucherrichtlinie hat die Fernabsatzrichtlinie (Richtlinie 97/7/EG des Europäischen Parlaments und des Rates vom 20. Mai 1997 über den Verbraucherschutz bei Vertragsabschlüssen im Fernabsatz, ABl. L ABl. L 144 vom 04.06.1997, S. 19–27) ersetzt. Die Verbraucherrichtlinie wurde in Deutschland mit dem Gesetz zur Umsetzung der Verbraucherrechterichtlinie und zur Änderung des Gesetzes zur Regelung der Wohnungsvermittlung vom 20.09.2013, BGBl. I 2013 Nr. 58 27.09.2013 S. 3642, in nationales Recht umgesetzt.

1083 Richtlinie 90/314/EWG des Rates vom 13. Juni 1990 über Pauschalreisen, ABl. L 158 vom 23.06.1990 S. 59–64.

1084 Richtlinie 2002/65/EG des Europäischen Parlaments und des Rates vom 23. September 2002 über den Fernabsatz von Finanzdienstleistungen an Verbraucher und

9. *Spürbarkeitsschwelle*

Wenn ein Kopplungsverbot nach den vorstehenden Maßstäben irreführend ist, dann ist es gleichzeitig auch dazu geeignet, »die Interessen von Mitbewerbern, Verbrauchern oder sonstigen Marktteilnehmern spürbar zu beeinträchtigen« (§ 3 Abs. 1 UWG) bzw. »die Fähigkeit des Verbrauchers, sich aufgrund von Informationen zu entscheiden, spürbar zu beeinträchtigen und ihn damit zu einer geschäftlichen Entscheidung zu veranlassen, die er andernfalls nicht getroffen hätte« (§ 3 Abs. 2 UWG). Die wettbewerbliche Erheblichkeit ist eine tatbestandsimmanente Voraussetzung der Irreführung, denn nach der Rechtsprechung des BGH ist eine Werbung nur dann irreführend, wenn sie geeignet ist, »bei einem erheblichen Teil der umworbenen Verkehrskreise irrige Vorstellungen über das Angebot hervorzurufen und die zu treffende Marktentschließung in wettbewerblich relevanter Weise zu beeinflussen.«[1085] Mit anderen Worten: eine Beeinflussung unterhalb der Bagatellschwelle ist keine Irreführung. Liegt eine Irreführung vor, ist diese zwangsläufig auch erheblich. Eine gesonderte Erheblichkeitsprüfung findet daher nicht statt.

III. Regelbeispielwidrige Kopplungsangebote (§ 4 Nr. 1–11 UWG)

Führt die Prüfung eines Kopplungsangebots nach den §§ 5, 5a UWG zu dem Ergebnis, dass das Angebot nicht irreführend ist, ist zu untersuchen, ob das Kopplungsangebot ein Regelbeispiel des § 4 UWG für unlautere geschäftliche Handlungen erfüllt. Die Regelbeispiele vertypen häufige Erscheinungsformen unlauteren Handelns und konkretisieren damit den Begriff der Unlauterkeit.[1086] Aus der Formulierung des § 4 UWG »Unlauter handelt insbesondere, wer« folgt, dass die Regelbeispiele anders als die Schwarze Liste nicht abschließend sind.[1087]

---

zur Änderung der Richtlinie 90/619/EWG des Rates und der Richtlinien 97/7/EG und 98/27/EG, ABl. L 271 vom 9.10.2002, S. 16–24; Richtlinie 98/7/EG des Europäischen Parlaments und des Rates vom 16. Februar 1998 zur Änderung der Richtlinie 87/102/EWG zur Angleichung der Rechts- und Verwaltungsvorschriften der Mitgliedstaaten über den Verbraucherkredit, ABl. L 101 vom 01.04.1998 S. 17–23.

1085 BGH Urteil v. 26.02.2009 – I ZR 219/06 (*Thermoroll*), GRUR 2009, 888, 889 mit weiteren Nachweisen.

1086 *Köhler* in Köhler/Bornkamm, UWG, § 4 Rn. 4.02.

1087 Vgl. *Köhler* in Köhler/Bornkamm, UWG, § 4 Rn. 4.02.

1. *Verbot intransparenter Kopplungsangebote (§ 4 Nr. 4 UWG)*

a) Rechtlicher Rahmen

Die Prüfung eines Kopplungsangebots nach den Maßstäben des § 4 UWG beginnt mit dem speziellen Regelbeispiel für Verkaufsförderungsmaßnahmen, § 4 Nr. 4 UWG. Hiernach handelt unlauter insbesondere, »wer bei Verkaufsförderungsmaßnahmen wie Preisnachlässen, Zugaben oder Geschenken die Bedingungen für ihre Inanspruchnahme nicht klar und eindeutig angibt«.

Im verbraucherbezogenen Wettbewerb ist die Norm – wie alle Normen des UWG – in Übereinstimmung mit europäischem Recht auszulegen. Die Auslegung erfolgt im elektronischen Geschäftsverkehr an den Maßstäben des Art. 6 lit. c der Richtlinie über den elektronischen Geschäftsverkehr,[1088] auf den § 4 Nr. 4 UWG zurückgeht.[1089] Danach müssen »Angebote zur Verkaufsförderung wie Preisnachlässe, Zugaben und Geschenke (…) klar als solche erkennbar sein, und die Bedingungen für ihre Inanspruchnahme müssen leicht zugänglich sein sowie klar und unzweideutig angegeben werden.« Im nicht elektronischen Geschäftsverkehr erfolgt die Auslegung des § 4 Nr. 4 UWG an den Maßstäben des Art. 7 Abs. 1, Abs. 2 der UGP-Richtlinie, wonach ein Anbieter etwa dann irreführend handelt, wenn er wesentliche Informationen »auf unklare, unverständliche, zweideutige Weise« bereitstellt. Art 6 lit. c der Richtlinie über den elektronischen Geschäftsverkehr und Art. 7 Abs. 1, Abs. 2 UGP-Richtlinie geben – mit unterschiedlichen Formulierungen – denselben lauterkeitsrechtlichen Maßstab vor,[1090] sodass auch die Transparenzpflichten nach § 4 Nr. 4 UWG für den Online- und Offline-Geschäftsverkehr dieselben sind. Unterschiedliche Maßstäbe zwischen Online- und Offline-Geschäftsverkehr können sich allerdings – wie unten dargestellt – aus dem verwendeten Kommunikationsmedium ergeben.

b) Anwendungsbereich für alle verkaufsfördernden Kopplungsangebote

Aus der Formulierung »wie« in § 4 Nr. 4 UWG folgt, dass der Anwendungsbereich der Norm nicht nur auf die beispielhaft genannten Zugaben beschränkt ist, sondern dass auch alle sonstigen Verkaufsförderungsmaßnahmen erfasst

---

1088 Richtlinie 2000/31/EG des Europäischen Parlaments und des Rates vom 8. Juni 2000 über bestimmte rechtliche Aspekte der Dienste der Informationsgesellschaft, insbesondere des elektronischen Geschäftsverkehrs, im Binnenmarkt (»Richtlinie über den elektronischen Geschäftsverkehr«), ABl. Nr. L 178 S. 1.

1089 § 4 Nr. 4 UWG geht auf § 7 Nr. 3 Teledienstegesetz zurück (BT-Drs 15/1487, S. 17), der seinerseits auf Art. 6 lit. c der Richtlinie über den elektronischen Geschäftsverkehr beruht.

1090 Vgl. *Köhler* in Köhler/Bornkamm, UWG, § 4 Rn. 4.5.

werden.[1091] Der Anwendungsbereich des § 4 Nr. 4 UWG ist in sachlicher Hinsicht daher weit und erfasst alle verkaufsfördernden Kopplungsangebote, mithin alle hier besprochenen Angebote.

Auch hinsichtlich der praktischen Relevanz nehmen die Kopplungsangebote im Anwendungsbereich des § 4 Nr. 4 UWG eine bedeutende Rolle ein. So wies der Gesetzgeber in der Gesetzesbegründung zur UWG-Novelle 2004, mit der § 4 Nr. 4 UWG eingeführt wurde, ausdrücklich auf das besondere Missbrauchsrisiko hin, das von Kundenbindungssystemen ausgehe, die einerseits aufgrund ihrer Attraktivität die Kaufentscheidung der Verbraucher beeinflussen könnten, oftmals jedoch hohe Hürden für die Inanspruchnahme der gekoppelten Prämien vorsähen.[1092] Tatsächlich sind die Bedingungen der Inanspruchnahme eines Kopplungsangebots oftmals komplexer als bei den anderen beispielhaft genannten Verkaufsförderungsmaßnahmen, wie Preisnachlässen oder Werbegeschenken. Bei letzteren handelt es sich ohnehin nur dann um ein Werbegeschenk und nicht um ein Kopplungsangebot, wenn es keine weiteren Abnahmeverpflichtungen, also keine »Bedingungen für die Inanspruchnahme« gibt.[1093]

c) Transparenzpflichten für Kopplungsangebote nach § 4 Nr. 4 UWG

Bei § 4 Nr. 4 UWG handelt es sich um ein Transparenzgebot.[1094] Danach hat der Anbieter grundsätzlich Transparenz in Bezug auf die Bedingungen des Kopplungsangebots herzustellen, sie also »klar und eindeutig« und nicht missverständlich oder mehrdeutig anzugeben.

Die bisher zu § 4 Nr. 4 UWG ergangene Rechsprechung ist stark von Einzelfällen geprägt, sodass nur wenige abstrakte Aussagen dazu getroffen werden können, wann ein Kopplungsangebot diesen Anforderungen gerecht wird, also hinreichend transparent ist. Es ist daher stets auf Grundlage des Einzelfalls zu bewerten, ob die mitgeteilten Bedingungen für einen durchschnittlichen Verbraucher aus der angesprochenen Kundengruppe (z. B. Jugendliche) hinreichend klar und eindeutig beschrieben sind.

Gleichwohl bestehen auch Transparenzpflichten nach § 4 Nr. 4 UWG, denen jedes Kopplungsangebot zu genügen hat:

1091 Dies ergibt sich aus der Formulierung: »Verkaufsförderungsmaßnahmen wie«.

1092 BT-Drs 15/1487 S. 17.

1093 Siehe oben, S. 59 ff. Ausgenommen sind freilich Bedingungen in der Person des Kunden, etwa ein bestimmtes Mindestalter.

1094 Vgl. *Heermann*, WRP 2011, 688, 696.

aa) Transparenz bezüglich der Kopplung

So ist bei Kopplungsangeboten zunächst zu beachten, dass die Kopplung selbst eine »Bedingung der Inanspruchnahme« im Sinne des § 4 Nr. 4 UWG ist. Das sich bereits aus § 5a UWG ergebende Erfordernis, auf die Kopplung hinzuweisen, ergibt sich daher auch aus § 4 Nr. 4 UWG. Wird also etwa bei einem mehrseitigen Kopplungsangebot die Abgabe einer Ware zu einem vergünstigten Preis von dem Abschluss eines Vertrags mit einem Dritten abhängig gemacht, so ist auf diese Kopplung im Angebot hinzuweisen.[1095] § 4 Nr. 4 UWG geht jedoch über das Erfordernis der bloßen Mitteilung hinaus und trifft eine Aussage dazu, wie die erforderlichen Informationen bezüglich der Kopplung mitzuteilen sind, nämlich »klar und eindeutig« (§ 4 Nr. 4 UWG), also in unzweideutiger (Art. 6 lit. c der Richtlinie über den elektronischen Geschäftsverkehr; Art. 7 Abs. 2 UGP-Richtlinie) und verständlicher (Art. 7 Abs. 2 UGP-Richtlinie) Weise.

Eindeutigkeit bedeutet in diesem Zusammenhang etwa, dass eine blickfangmäßig herausgestellte und für sich genommen falsche Information nicht durch einen Sternchenhinweis in eine gegenteilige richtige Aussage korrigiert werden kann. Deshalb ist ein Angebot für ein Mobiltelefon mit blickfangmäßig herausgestellter Information »ohne Vertragsbindung« unlauter, wenn ein Sternchen zu einem Text verweist, aus dem sich ergibt, dass eben doch ein Vertrag abzuschließen ist.

bb) Transparenz bezüglich der Bedingungen der Inanspruchnahme

Ferner sind neben der Kopplung selbst auch die sonstigen Modalitäten des Kopplungsangebots zu beschreiben. Bei einfachen Kopplungsangeboten ist regelmäßig nur eine entsprechend einfache Information bezüglich der Bedingung der Inanspruchnahme mitzuteilen (z. B. »Beim Kauf von … erhalten Sie …«).

Im Rahmen von Kopplungsangeboten wird die Berechtigung zur Inanspruchnahme einer Vergünstigung (z. B. einer Prämie) jedoch oftmals verschiedentlich eingeschränkt. Kommen etwa nur bestimmte Personen in den Genuss einer Vergünstigung (z. B. Neukunden), so ist diese personenbezogene Einschränkung anzugeben.[1096] Dasselbe gilt für zeitliche Einschränkungen, wenn also etwa bei einem Kopplungssystem Bonuspunkte nach einer bestimmten Zeit verfallen oder Zugaben nur für einen bestimmten Zeitraum gewährt werden. Auch hierbei handelt es sich um Bedingungen der Inanspruchnahme, die grundsätzlich

---

1095 *Köhler* in Köhler/Bornkamm, UWG, § 4 Rn. 4.14.

1096 BGH Urteil v. 11.03.2009 – I ZR 194/06 *(Geld-zurück-Garantie II)*, GRUR 2009, 1064, 1064.

angegeben werden müssen. Schließlich sind auch Beschränkungen in sachlicher Hinsicht anzugeben, etwa wenn zu Prämien berechtigende Bonuspunkte nur durch die Nachfrage bestimmter Leistungen (z. B. nicht bei der Buchung aller Flüge, sondern nur bei solchen der First oder Business Class) erworben werden können.

§ 4 Nr. 4 UWG verlangt dabei nicht bloß die Kommunikation solcher Beschränkungen, sondern macht auch Vorgaben zur Form der Kommunikation (»klar und eindeutig«). Für die vorgenannten Beschränkungen bedeutet dies Folgendes:

(i) Angaben zu zeitlichen Beschränkungen von Kopplungsangeboten

Bei Aktionsangeboten sind zeitliche Beschränkungen so anzugeben, dass sie nach dem Kalender bestimmt oder bestimmbar sind.[1097] Deshalb ist es regelmäßig erforderlich, den Anfangs- und Endzeitpunkt in Form einer Datumsangabe mitzuteilen.[1098] So reicht die Angabe »gültig für 14-Tage« in einer Zeitungsanzeige nach der Rechtsprechung des OLG Brandenburg nicht aus.[1099] Freilich dürfen Datumsangaben nicht falsch sein oder einen falschen Eindruck, d. h. eine unzutreffende Knappheitsbehauptung, darstellen.[1100]

Hält der Unternehmer eine Zugabe in einem geringeren Umfang als die Hauptware vor, muss er darüber informieren. Insoweit genügt regelmäßig der Hinweis »solange der Vorrat reicht«[1101] (z. B. »Beim Kauf von ... erhalten Sie, solange der Vorrat, reicht ein vergünstigtes ...!«). Werden Kopplungsangebote in dieser Weise mengenmäßig beschränkt, müssen hinsichtlich der Vorratsmenge sonst keine Angaben gemacht werden.[1102] Das gilt nicht, wenn die Werbung im Einzelfall irreführend ist, weil die bereitgehaltene Menge an Zugaben in keinem angemessenen Verhältnis zur erwarteten Nachfrage steht.[1103] Denn der Anbieter darf nicht so wenige Angebotselemente vorhalten, dass er das Kopplungsangebot

---

1097 *Köhler* in Köhler/Bornkamm, UWG, § 4 Rn. 4.11a.

1098 *Köhler* in Köhler/Bornkamm, UWG, § 4 Rn. 4.11a.

1099 OLG Brandenburg Urteil v. 16.11.2004 - 6 U 38/04 *(14-tägige Gültigkeit)*, GRUR-RR 2005, 227, 227.

1100 LG Stuttgart Urteil v. 20.05.2005 - 31 O 67/05 *(Angemessener Zeitraum bei Orientteppichen)*, WRP 2005, 777, 777.

1101 BGH Urteil v. 18.06.2009 – I ZR 224/06 *(Solange der Vorrat reicht)*, GRUR 2010, 247, 247.

1102 *Heermann*, WRP 2005, 141, 143; *Köhler* in Köhler/Bornkamm, UWG, § 4 Rn. 4.9.

1103 BGH Urteil v. 18.06.2009 – I ZR 224/06 *(Solange der Vorrat reicht)*, GRUR 2010, 247, 247.

nicht für einen angemessenen Zeitraum ausliefern kann (Lockvogelangebot). Bei einem Vorrat, der schon nach einem Zeitraum von weniger als zwei Tagen ausgeht, liegt es am Unternehmer, die Angemessenheit nachzuweisen (Nr. 5 der Schwarzen Liste). Schließlich verlangt § 4 Nr. 4 UWG auch die transparente Mitteilung von Mindest- oder Höchstabnahmemengen zur Erlangung der Vergünstigung (z. B. ab Bahnfahrten für 2.000 Euro im Jahr).[1104]

(ii) Angaben zu produktbezogenen Beschränkungen von Kopplungsangeboten

Bei produktbezogenen Beschränkungen kann es gerade bei komplexen Kundenbindungssystemen erforderlich sein, umfassende Angaben dazu zu machen, welche Produkte zum Bezug von Prämien (oder zu einer Anwartschaft auf Prämien in Form von Bonuspunkten) führen. Die Anforderungen an die Transparenz werden hierbei umso höher, je komplexer das System ist.[1105]

Ob diese Angaben zur Berechtigung der Inanspruchnahme einer Vergünstigung transparent sind, lässt sich daran messen, ob die Gefahr besteht, dass Kunden fälschlicherweise glauben, sie seien durch den Erwerb eines Produktes prämienberechtigt. Beruft sich der Unternehmer dann darauf, dass die Bedingungen der Inanspruchnahme nicht erfüllt seien, wird die Unlauterkeit der vorangegangenen Werbung erkennbar.[1106]

cc) Grenzen der Transparenzpflicht nach § 4 Nr. 4 UWG in Bezug auf Kopplungsangebote

§ 4 Nr. 4 UWG verlangt nicht, dass alle erdenklichen Angaben zu einem Kopplungsangebots gemacht werden. Transparenz ist nicht dahingehend zu verstehen, dass der Unternehmer dem angesprochenen Verbraucher – oder anderen angesprochenen Kreisen, denn der Anwendungsbereich von § 4 Nr. 4 UWG ist nicht auf den Geschäftsverkehr gegenüber Verbrauchern beschränkt – sämtliche Informationen zu dem Kopplungsangebot bereitstellt. So umfasst der Tatbestand

---

1104 *Köhler* in Köhler/Bornkamm, UWG, § 4 Rn. 4.12.

1105 So sieht etwa das Kundenbindungssystem *Miles and More* der Lufthansa AG ein vergleichsweise komplexes System von produktbezogenen Beschränkungen vor. Es gibt drei verschiedene Arten von Bonusmeilen: »Prämienmeilen«, die nicht nur durch Flüge, sondern auch durch Kreditkartenumsätze erworben werden können, »Statusmeilen«, die nur durch Flüge erworben werden können und »HON-Circle-Meilen«, die nur durch Flüge in der First Class und Business Class erworben werden können. Hierbei handelt es sich um jeweils produktbezogene Beschränkungen, die durch den Anbieter ausführlich erklärt werden müssen.

1106 *Köhler* in Köhler/Bornkamm, UWG, § 4 Rn. 4.9.

des § 4 Nr. 4 UWG (»Bedingungen der Inanspruchnahme«) insbesondere keine Angaben zu dem Wert der einzelnen Angebotselemente.[1107]

(i) Problemstellung

Umstritten ist die Frage, ob die wesentlichen Eigenschaften, insbesondere wertqualifizierende Merkmale, von Zugaben anzugeben sind.[1108] Befürworter einer solchen Pflicht weisen darauf hin, dass, um dem Werbeadressaten eine informierte Entscheidung zu ermöglichen, die wertqualifizierenden Merkmale der Zugabe anzugeben sind.[1109] Als Beispiele für solche wertqualifizierenden Merkmale werden Eigenschaften der Zugabeware wie Alter, Größe oder Ausstattungsmerkmale genannt.[1110]

(ii) Stellungnahme: keine Transparenzpflicht bezüglich produktbezogenen Eigenschaften des Kopplungsangebots im Rahmen des § 4 Nr. 4 UWG

Eine soweit gehende Transparenzpflicht ergibt sich aus § 4 Nr. 4 UWG nicht. Vielmehr muss – nach hier vertretener Auffassung – die Zugabe noch nicht einmal der Art nach bezeichnet werden.[1111] Dafür streitet zunächst der Wortlaut der Norm. § 4 Nr. 4 UWG macht seinem Wortlaut nach keine Vorgaben für die Beschreibung der zu veräußernden Waren oder Dienstleistungen, sondern beschränkt sich auf Vorgaben zur Beschreibung der »Bedingungen der Inanspruchnahme«. Transparenzpflichten betreffend Waren und Dienstleistungen selbst – auch von Zugaben – können sich dagegen, wie dargestellt, aus § 5a Abs. 2 und Abs. 3 UWG ergeben.

Auch der Zweck des § 4 Nr. 4 UWG spricht gegen eine Einbeziehung von produktbezogenen Transparenzpflichten. Durch § 4 Nr. 4 UWG soll der Kunde nicht davor geschützt werden, Fehlvorstellungen über die Produktmerkmale eines Angebots zu entwickeln, sondern er soll nach dem Willen des Gesetzgebers davor geschützt werden, von einer Verkaufsförderungsmaßnahme angelockt zu werden, ohne hinreichend genau darüber informiert zu werden, was er tun muss, um in den Genuss der Vergünstigung zu kommen.[1112] Wenn eine Zugabe nur angekündigt, aber nicht detailliert beschrieben wird, oder überhaupt nicht beschrieben

1107 *Heermann*, WRP 2011, 688, 693; *Köhler* in Köhler/Bornkamm, UWG, § 4 Rn. 4.9.

1108 So etwa *Heermann*, WRP 2011, 688, 694; dagegen: *Köhler* in Köhler/Bornkamm, UWG, § 4 Rn. 4.15.

1109 *Heermann*, WRP 2011, 688, 694.

1110 *Heermann*, WRP 2011, 688, 694.

1111 So auch *Köhler* in Köhler/Bornkamm, UWG, § 4 Rn. 4.15.

1112 Vgl. BT-Drs 15/1487, S. 17.

wird, ist allein hierdurch der vom Gesetzgeber intendierte Schutzbereich der Norm noch nicht eröffnet. Wirbt beispielsweise ein Kaufhaus: »Am ersten Adventswochenende erhalten alle Kunden beim Kauf von Waren über 100 Euro ein Überraschungsgeschenk!«, besteht nicht die Gefahr einer Fehlvorstellung darüber, was der Kunde tun muss, um in den Genuss des Geschenks zu kommen. Freilich wird der Kunde im Unklaren darüber gelassen, worin das Geschenk besteht (der durchschnittlich informierte und angemessen aufmerksame und verständige Verbraucher wird dementsprechend nur ein geringwertiges Geschenk erwarten). Der Werbeadressat erhält aber detaillierte Informationen zu den Bedingungen der Inanspruchnahme der Zugabe, nämlich wann (am ersten Adventswochenende) er was kaufen muss (mangels anderslautender Informationen: jegliche Waren des Kaufhauses, sofern diese einen Gesamtpreis von 100 Euro oder mehr erreichen), um die Zugabe zu erhalten. Ein Verstoß gegen § 4 Nr. 4 UWG liegt daher bei dieser Werbung nicht vor. Ein Verstoß läge dagegen vor, wenn der Kunde bei gleichem Wortlaut der Werbung erst bei Einforderung des Geschenks erführe, dass die von ihm gekauften preisreduzierten Bekleidungsartikel bei der Berechnung des Mindesteinkaufswertes von 100 Euro nicht berücksichtigt werden. Nur in dem Fall wird der Kunde über die Bedingungen der Inanspruchnahme im Unklaren gelassen, sodass die Werbung nach § 4 Nr. 4 UWG unlauter wäre.

Schließlich folgt die hier vertretene Auffassung auch aus der Gesetzessystematik: Würde § 4 Nr. 4 UWG verlangen, dass der Anbieter die wertbildenden Eigenschaften eines Angebots »klar und eindeutig« angibt, wäre das ausdifferenzierte System der Informationspflichten nach den §§ 5, 5a UWG obsolet. § 4 Nr. 4 UWG würde dann für Waren, die im Rahmen einer Verkaufsförderungsmaßnahme abgegeben werden, ein weitaus strengeres produktbezogenes Informationspflichtenregime vorgeben, als es §§ 5, 5a UWG für alle Waren vorgeben. Hierfür ist kein sachlicher Grund erkennbar.

Im Ergebnis macht § 4 Nr. 4 UWG daher keine Transparenzvorgaben bezüglich der produktbezogenen Eigenschaften. Deren Transparenzpflichten bestimmen sich vielmehr nach §§ 5, 5a UWG.

d) Zeitpunkt der Information / sukzessive Informationen in der Werbung

Damit der Kunde eine informierte geschäftliche Entscheidung treffen kann, müssen die nach § 4 Nr. 4 UWG erforderlichen Informationen rechtzeitig mitgeteilt werden, sodass der Kunde sie bei der Kaufentscheidung berücksichtigen kann.[1113] Keinesfalls reicht es, wenn der Kunde die Bedingungen der Inanspruchnahme

1113 *Köhler* in Köhler/Bornkamm, UWG, § 4 Rn. 4.17.

eines Kopplungsangebots im Einzelnen erst nach dem Kauf erfährt, weil die Informationen in der Innenseite der Verkaufsverpackung – die der Kunde vor dem Kauf nicht öffnen kann – wiedergegeben sind.[1114]

Allerdings bedeutet dies nicht, dass jede Werbung für ein Kopplungsangebot bereits alle nach § 4 Nr. 4 UWG erforderlichen Informationen enthalten muss. Zu berücksichtigen ist nämlich, dass Werbung mehrstufig erfolgen kann. Oftmals wird zunächst TV-Werbung eingesetzt, um Aufmerksamkeit für ein bestimmtes Aktionsangebot zu generieren. Dabei kann die bloße Aufmerksamkeitswerbung durchaus noch – nach § 4 Nr. 4 UWG erforderliche – Informationen verschweigen, sofern diese bis zum Zeitpunkt des Kaufs, etwa auf der Außenseite der Produktverpackung, dargestellt sind.

Die Transparenzpflichten nach § 4 Nr. 4 UWG sind umso höher, desto stärker der Kunde von einer Werbekommunikation Vollständigkeit erwarten kann. Umfassende Informationen erwartet der Kunde insbesondere bei Kommunikation, die darauf abzielt, einen endgültigen Entschluss auszulösen und die deshalb eine direkte Abschlussmöglichkeit vorsieht. Es macht also einen Unterschied, ob ein Kunde durch eine Broschüre dazu aufgefordert werden soll, einen beigelegten Mitgliedsantrag für ein Kundenbindungssystem auszufüllen (strenge Transparenzpflicht nach § 4 Nr. 4 UWG) oder ob durch einen Fernsehwerbespot lediglich Aufmerksamkeit für ein bestimmtes Aktionskopplungsangebot hervorgerufen werden soll.

Bei der Bewertung des Angebots ist auch das Medium der Kommunikation zu berücksichtigen, nach dem sich die Erwartungen des Verbrauchers an den Umfang der Informationen richten. Diese Mediumsadäquanz korrespondiert mit der situationsadäquaten Aufmerksamkeit des Durchschnittskunden bei der Betrachtung unterschiedlicher Medien. In diesem Zusammenhang hat der BGH in seiner Entscheidung *Geld zurück Garantie II*[1115] aus dem Jahr 2009 in Bezug auf ein Kopplungsangebot ausgeführt, dass bestimmte Werbemedien, insbesondere das Fernsehen, aus medienimmanenten Gründen nicht geeignet seien, ausführliche Informationen zu den Teilnahmebedingungen von Verkaufsförderungsmaßnahmen bereitzustellen.[1116] So wäre etwa eine Fernsehwerbung für ein Kundenbindungssystem kaum möglich, müssten alle Bedingungen der Prämiengewährung im TV-Spot verlesen werden. Folglich erwartet

1114 BGH Urteil v. 11.03.2009 – I ZR 194/06 *(Geld-zurück-Garantie II)*, GRUR 2009, 1064, 1067.

1115 BGH Urteil v. 11.03.2009 – I ZR 194/06 *(Geld-zurück-Garantie II)*, GRUR 2009, 1064.

1116 BGH Urteil v. 11.03.2009 – I ZR 194/06 *(Geld-zurück-Garantie II)*, GRUR 2009, 1064, 1068.

der situationsadäquat aufmerksame Verbraucher von einer Fernsehwerbung auch keine Vollständigkeit bei der Beschreibung eines Kundenbindungssystems. In diesen Fällen können daher mittels Verweisen die einzelnen Hinweise auf gesonderten Medien, insbesondere auf Internetseiten, erfolgen.

Voraussetzung dafür, dass die Informationsbereitstellung über gesonderte Verweise auf externe Quellen zulässig ist, ist dabei stets, dass die Werbung den Angesprochenen nicht unmittelbar zur Inanspruchnahme des Angebots auffordert.[1117] Dies ist bei Aufmerksamkeitswerbung im Fernsehen regelmäßig der Fall, nicht aber bei Werbung mit unmittelbarer Kaufmöglichkeit im Internet oder bei einer Broschüre für ein Kundenbindungssystem, in der der Kunde einen Mitgliedschaftsantrag direkt ausfüllen kann. In letzteren Fällen müssen also alle Informationen nach § 4 Nr. 4 UWG bereits in der Werbung enthalten sein. Auslassungen und Unklarheiten in der Werbebroschüre können also nicht durch einen Verweis auf eine Internetquelle geheilt werden.

e) Beispiel eines nach § 4 Nr. 4 UWG unlauteren Kopplungsangebots

Beispiel: Auf einer Internetseite wird ein Kundenbindungssystem beworben. Es werden umfassende Informationen zu den Prämien und dem System des Punktesammelns sowie zu persönlichen (Teilnahme ab 18 Jahren) und zeitlichen Schranken (Verfallen von Punkten nach einem Jahr) angegeben. Ebenfalls besteht die Möglichkeit, auf der Seite direkt eine Mitgliedschaft zu beantragen. Ein Link am Ende der Homepage verweist auf eine zweite Internetseite auf der – zusätzlich zu den vorgenannten persönlichen und zeitlichen Schranken – auch produktbezogene Schranken dargestellt sind (keine Prämienpunkte für den Erwerb von Produkten unter 10 EUR). Dieses Angebot ist unlauter, denn der situationsadäquat aufmerksame Durchschnittsverbraucher konnte von der ersten Internetseite aufgrund des Mediums und der Darstellung der Schranken Vollständigkeit erwarten. Dass die Bedingungen der Inanspruchnahme der Prämien dort nicht vollständig beschrieben waren, kann deshalb durch den Verweis auf die zweite Internetseite nicht mehr geheilt werden.

2. *Gewinnspielkopplungsangebote (§ 4 Nr. 5, Nr. 6 UWG)*

a) Praktische Erscheinungsformen von Gewinnspielkopplungen

In der Praxis von besonderer Bedeutung sind Kopplungen mit Gewinnspielen, die in unterschiedlicher Gestaltung eingesetzt werden. Oftmals handelt es sich

---

1117 Vgl. BGH Urteil v. 11.03.2009 – I ZR 194/06 *(Geld-zurück-Garantie II)*, GRUR 2009, 1064, 1068; *Köhler* in Köhler/Bornkamm, UWG, § 4 Rn. 4.17.

um eine besondere Form der Zugabe. Bei solchen Kopplungsangeboten ist die Teilnahme an dem Gewinnspiel akzessorisch an den Kauf eines bestimmten Produktes gekoppelt, das Gewinnspiel stellt die Zugabe dar. Zu diesem Zweck können z. B. Rubbellose direkt auf die Verpackung angebracht werden,[1118] oder es werden Gewinncodes in die Innenseite einer Verpackung (z. B. in einen Getränkeflaschenverschluss) angebracht. Daneben wird häufig die Möglichkeit angeboten, auch ohne Kauf an dem Gewinnspiel teilzunehmen, wozu dann regelmäßig eine kostenpflichtige Premium-Telefonnummer anzurufen ist. Eine weitere Möglichkeit der Gewinnspielkopplung sieht die gekauften Hauptwaren selbst als Gewinn vor. Hierzu kann ein Händler anbieten, jeden einhundertsten oder jeden eintausendsten Kassenbon zu stornieren.[1119] Ganz einfach ist eine Gewinnspielkopplung, wenn etwa ein Friseur seinen Kunden nach dem Haarschnitt die Möglichkeit einräumt, zwei Würfel zu werfen und bei zwei Sechsen den Haarschnitt kostenlos anbietet. Für mediales Echo sorgte eine – später vom LG Hamburg untersagte – Werbeaktion einer Elektronikmarktkette, die vor der Fußball Europameisterschaft 2004 seinen Kunden anbot, dass der Kaufpreis eines Fernsehers erstattet wird, wenn die Deutsche Nationalmannschaft Europameister wird.[1120]

Bei komplexeren Gewinnspielkopplungen wird das Gewinnspiel in ein längerfristiges Kundenbindungssystem integriert. So lag es etwa in dem Sachverhalt, der den Entscheidungen *Millionen Chance I*[1121], *Plus Warenhandelsgesellschaft*[1122] und *Millionen Chance II*[1123] zugrunde lag. Die Supermarkt-Kunden erhielten je fünf Euro Einkauf einen Bonuspunkt. Wenn die Kunden innerhalb

1118 So etwa im Fall LG München Urteil v. 25.02.2003 – 33 O 1562/03 NJW 2003, 3066, bei dem eine Fastfood-Restaurantkette Rubbellose an die Außenseiten von Hamburgerverpackungen aufgebracht hatte.

1119 BGH Urteil v. 22.01.2009 – I ZR 31/06 *(Jeder 100. Einkauf gratis)*, WRP 2009, 950; BGH Beschluss v. 21.07.2005 – I ZR 172/04 *(Glücksbon Tage)*, GRUR 2005, 886; vgl. zu weiteren Fallgestaltungen *Berlit*, WRP 2009, 1188.

1120 Die einstweilige Verfügung des LG Hamburg wurde nicht veröffentlicht. Vgl. Hamburger Abendblatt vom 05.07.2004 »MediaMarkt nimmt Fernseher zurück«; Lebensmittel Zeitung vom 11.07.2004 »Gericht stoppt Media-Markt; Einstweilige Verfügung gegen ›Fernseher für umsonst‹-Aktion«. Nicht unbemerkt blieb in den Medien, dass die Eletronikmarktkette mit dieser Aktion gegen einen Sieg der Deutschen Nationalmannschaft wettete, vgl. Berliner Kurier vom 02.06.2004.

1121 BGH Urteil v. 05.06.2008 – I ZR 4/06 *(Millionen Chance I)*, WRP 2008, 1175.

1122 EuGH Urteil v. 14.01.2010 – Rs. C-304/08 *(Plus Warenhandelsgesellschaft)*, GRUR 2010, 244.

1123 BGH Urteil v. 05.10.2010 – I ZR 4/06 *(Millionen-Chance II)*, GRUR 2011, 532.

des Aktionszeitraumes von etwa zwei Monaten mindestens 20 Bonuspunkte gesammelt hatten, also für mindestens 100 Euro bei dem Discounter eingekauft hatten, konnten sie ihre gesammelten Bonuspunkte auf eine Gewinnkarte des Anbieters aufkleben und sechs Lottozahlen wählen, mit denen sie an der staatlichen Lottoziehung teilnehmen konnten. Daneben bestand die Möglichkeit auf Gewinne des Anbieters im Wert von mehreren Millionen Euro.[1124]

Eine besondere Form der Gewinnspielkopplung liegt dann vor, wenn das Glücksspiel bereits in ein Produkt integriert ist. So werden etwa Finanzprodukte angeboten, bei denen der Zinssatz für den Anleger mit jedem Sieg der Deutschen Fußball Nationalmannschaft in einem Turnier um 0,5 Prozentpunkte steigt.[1125] Dass der Kreativität der Anbieter – und der Komplexität von Kopplungsangeboten – keine Grenzen gesetzt sind, zeigen Finanzprodukte, bei denen aleatorische und altruistische Angebotselemente an einen Sparkontovertrag gekoppelt werden. Bei solchen Angeboten kann der Zinssatz von einem Gewinnbonus abhängen, der wiederum abhängig ist von den Endziffern einer bestimmten Lottoziehung des jeweiligen Monats. Wiederum hiervon abhängig ist sodann ein Spendenbetrag, den die Bank für den Kunden an eine wohltätige Organisation abführt.[1126]

1124 Vgl. BGH Urteil v. 05.06.2008 – I ZR 4/06 *(Millionen Chance I)*, WRP 2008, 1175, 1175.

1125 Vgl. zu solchen Angeboten *Hoffmann*, NStZ 2006, 249.

1126 Derartige Kopplungsangebote sind häufig sehr komplex und können daher Bedenken bezüglich der Transparenz begründen, vgl. Spiegel Online vom 18.02.2013, »Aktion Mensch ärgere Dich«. So sah etwa ein lediglich mit »Zinsen bis zu 3,7 %« beworbenes Angebot »Gewinnsparen« vom Februar 2012 vor, dass ein Basiszinssatz von 1,6 Prozent gewährt wird. Dieser Zinssatz wurde allerdings erst bei einer Einzahlung ab 50.000 Euro angeboten. Für Einzahlungen unter 5.000 Euro wurde ein Zinssatz von 1,1 Prozent angewendet, für Beträge dazwischen erfolgte eine Staffelung. Zu dem Basiszinssatz wurde sodann ein variabler »Gewinnbonus« addiert und ein »Extra Bonus« addiert. Der Gewinnbonus konnte zwischen 0,1 und 0,6 Prozentpunkten betragen und war abhängig von den Endziffern der dritten Geldziehung der ersten Gewinnkategorie der Aktion-Mensch-Lotterie eines jeden Monats. Lagen die Endziffern der Lottozahlen zwischen 00 und 20, betrug der Gewinnbonus 0,1 Prozent für den Monat der Ziehung. lagen sie zwischen 81 und 99, betrug der Gewinn-Bonus für den Monat 0,6. Bei Werten dazwischen erfolgte eine Staffelung, die allerdings nicht linear war. Als drittes Element wurde zu Basiszins und Gewinn-Bonus ein »Extra Bonus« von 1,5 Prozent Zinsen hinzuaddiert. Dieser Bonus wurde jedoch nur für maximal sechs Monate und nur für neues Spargeld in Höhe von mindestens 1.000 Euro gewährt. Das neue Spargeld muss nach der Anmeldung aber vor Schluss der zweimonatigen Aktion neu eingezahlt werden. Der

b) Rechtlicher Rahmen

aa) Per se verbotene Gewinnspielkopplungen

Gewinnspielkopplungen unterliegen im UWG einem besonderen Regelungsregime. Zunächst sind, wie bereits dargelegt, per se verboten solche Gewinnspielkopplungen, bei denen gegenüber dem Verbraucher der unzutreffende Eindruck erweckt wird, der Verbraucher habe bereits einen Preis gewonnen (Nr. 17 Schwarze Liste),[1127] oder bei denen Preise in Aussicht gestellt werden, die nicht vergeben werden (Nr. 20 Schwarze Liste).[1128]

bb) Intransparente Gewinnspielkopplungen

Eine besondere Transparenzvorschrift für Gewinnspiele mit Werbecharakter sieht § 4 Nr. 5 UWG vor. Danach handelt unlauter, wer bei Preisausschreiben oder Gewinnspielen mit Werbecharakter die Teilnahmebedingungen nicht klar und eindeutig angibt (unabhängig davon, ob sich das Angebot an Verbraucher oder sonstige Marktteilnehmer, z. B. Händler, richtet). Die Vorschrift beruht auf § 6 Abs. 1 Nr. 4 Telemediengesetz und ist auf Grundlage der Maßstäbe des Art. 6 lit. d der Richtlinie über den elektronischen Geschäftsverkehr auszulegen, soweit es sich um ein Onlineangebot handelt. Danach müssen Preisausschreiben und Gewinnspiele »klar als solche erkennbar sein, und die Teilnahmebedingungen müssen leicht zugänglich sein sowie klar und unzweideutig angegeben werden«. In der UGP-Richtlinie findet die Norm keine unmittelbare Entsprechung dieser Vorgaben für den Offline-Geschäftsverkehr. Vielmehr sind insoweit die Maßstäbe des Art 7 Abs. 1 und Abs. 2 UGP-Richtlinie heranzuziehen, in denen allgemein irreführende Geschäftspraktiken geregelt sind. Weil § 4 Nr. 5 UWG die unbestimmten Rechtsbegriffe »klar und eindeutig« enthält, in denen das Regelungsregime der UGP-Richtlinie zur Anwendung kommt, ist die Norm mit dem Zweck der Totalharmonisierung der UGP-Richtlinie vereinbar.

cc) Der verbleibende Anwendungsbereich des § 4 Nr. 6 UWG

Anders liegt es bei § 4 Nr. 6 UWG. Dort ist ein Verbot bestimmter Gewinnspielkopplungen gegenüber Verbrauchern[1129] geregelt. Nach dem Wortlaut des

---

Kunde konnte den Zinssatz von 3,7 % also nie für sein gesamtes eingesetztes Kapital erreichen, sondern nur für einen Teil desselben und auch für den Teil nur für einen kurzen Zeitraum und nur bei optimal verlaufenden Lottoziehungen.

1127 Siehe oben 248 ff.

1128 Siehe oben 252 ff.

1129 Die Norm gilt nicht im Geschäftsverkehr gegenüber anderen Marktteilnehmern, vgl. hierzu *Vollmerhaus*, GRP 2009, 224, 225–226.

§ 4 Nr. 6 UWG handelt insbesondere unlauter, wer »die Teilnahme von Verbrauchern an einem Preisausschreiben oder Gewinnspiel von dem Erwerb einer Ware oder der Inanspruchnahme einer Dienstleistung abhängig macht, es sei denn, das Preisausschreiben oder Gewinnspiel ist naturgemäß mit der Ware oder der Dienstleistung verbunden.« Damit postuliert § 4 Nr. 6 UWG seinem Wortlaut nach ein generelles Kopplungsverbot für Gewinnspielkopplungen gegenüber Verbrauchern. Schon seit Einführung des Kopplungsverbots mit der UWG-Novelle 2004 war umstritten, inwieweit dieses Kopplungsverbot mit der UGP-Richtlinie, die kein Per-se-Verbot für Gewinnspielkopplungen enthält, vereinbar sei.[1130] Dieses Problem stellt sich insbesondere deshalb, weil die Norm keine unbestimmten Rechtsbegriffe enthält, innerhalb derer die Maßstäbe der UGP-Richtlinie zum Tragen kommen könnten. Heute ist die Frage nach der Vereinbarkeit der Norm mit der Richtlinie höchstrichterlich entschieden.

(i) Maßgaben der Rechtsprechung

Nachdem der BGH dem EuGH mit der Entscheidung *Millionen Chance I*[1131] die Frage vorgelegt hat, ob § 4 Nr. 6 UWG mit der UGP-Richtlinie vereinbar sei, hat der EuGH in seiner Entscheidung *Plus Warenhandelsgesellschaft*[1132] die schon zuvor in der Literatur erhobene Kritik bestätigt, dass § 4 Nr. 6 UWG – sofern als Per-se-Verbot verstanden – mit der UGP-Richtlinie nicht vereinbar sei. Die UGP-Richtlinie stehe einer Regelung entgegen, nach der Gewinnspielkopplungen, ohne Berücksichtigung der besonderen Umstände des Einzelfalls, grundsätzlich unzulässig seien.[1133] An dieser Begründung und bereits an der Vorlageentscheidung *Millionen Chance I* wurde kritisiert, dass sie die Systematik des deutschen UWG nicht ausreichend berücksichtigten.[1134] § 4 Nr. 6 UWG sei kein Per-se-Verbot, denn die Regelbeispiele des § 4 UWG führten nur dann zur Unlauterkeit, wenn ihnen eine Eignung zur spürbaren Beeinträchtigung zukomme (§ 3 Abs. 1 und Abs. 2 UWG).[1135] Deshalb böte § 4 Nr. 6 UWG, sofern nicht isoliert, sondern

---

1130 Gegen eine Vereinbarkeit: *Sosnitza*, GRUR 2003, 739, 743; *Seichter*, WRP 2005, 1087, 1095; Dafür noch: *Köhler*, GRUR 2009, 626, 632–633; ferner *Schmidt*, GRUR 2009, 353, 356.

1131 BGH Urteil v. 05.06.2008 – I ZR 4/06 *(Millionen Chance I)*, WRP 2008, 1175.

1132 EuGH Urteil v. 14.01.2010 – Rs. C-304/08 *(Plus Warenhandelsgesellschaft)*, GRUR 2010, 244.

1133 EuGH Urteil v. 14.01.2010 – Rs. C-304/08 *(Plus Warenhandelsgesellschaft)*, GRUR 2010, 244, 244.

1134 *Köhler*, GRUR 2010, 177, 178.

1135 *Köhler*, GRUR 2010, 177, 183.

im Zusammenhang mit § 3 UWG betrachtet, durchaus die Möglichkeit, die besonderen Umstände des Einzelfalls zu berücksichtigen und die Maßgaben der UGP-Richtlinie bei der Bewertung des Einzelfalls anzuwenden.[1136]

Diese Kritik hat der BGH in der Entscheidung *Millionen Chance II*[1137] zurückgewiesen. Auf Grundlage der Vorgaben des EuGH in der Entscheidung *Plus Warenhandelsgesellschaft* stellte der BGH die Maßstäbe auf, nach denen § 4 Nr. 6 UWG nunmehr auszulegen sei. Im Ergebnis hält er – so ist in der Literatur formuliert worden – »ein Überleben (des § 4 Nr. 6 UWG) am seidenen Faden der richtlinienkonformen Auslegung« für möglich.[1138] Zur Begründung stellte der BGH zunächst klar, dass § 4 Nr. 6 UWG ein generelles Kopplungsverbot für Gewinnspielkopplungen gegenüber Verbrauchern sei. Denn auch unter Berücksichtigung der Spürbarkeitsschwelle des § 3 UWG, die jeder Verstoß gegen ein Regelbeispiel des § 4 UWG durchbrechen muss, um zur Unlauterkeit zu führen, handele es sich noch um ein starres Verbot ohne ausreichende Wertungsmöglichkeit. Denn die Anlockwirkung von Gewinnspielkopplungen sei erheblich, sodass das Spürbarkeitserfordernis regelmäßig erfüllt sei. Bliebe es also bei einer Auslegung am Wortlaut des § 4 Nr. 6 UWG, wären Gewinnspielkopplungen gegenüber Verbrauchern regelmäßig unlauter.[1139] Der BGH argumentiert, dass dieses Ergebnis nicht tragbar sei, weil ein solches generelles Verbot nicht mit der UGP-Richtlinie vereinbar sei. Ein generelles Verbot lasse sich insbesondere deshalb nicht rechtfertigen, weil Gewinnspielkopplungen nicht generell nach Art. 5 Abs. 2 lit. a der UGP-Richtlinie den Erfordernissen der beruflichen Sorgfalt widersprächen.[1140] § 4 Nr. 6 UWG müsse daher in einer Weise ausgelegt werden, dass eine Gewinnspielkopplung nur dann unlauter sei, wenn sie im Einzelfall eine unlautere Geschäftspraxis im Sinne der Richtlinie darstelle.[1141] Da weder der Verstoß gegen ein Per-se-Verbot des Anhangs I der UGP-Richtlinie noch eine aggressive Geschäftspraxis nach Art. 8 und 9 der UGP-Richtlinie in Betracht kämen, bliebe insofern lediglich zu prüfen, ob das beanstandete Verhalten im Einzelfall als irreführende Geschäftspraxis oder als Verstoß gegen die berufliche Sorgfalt einzuordnen sei.[1142] Bei Anwendung dieses Verständnisses sei eine Gesetzesänderung nicht erforderlich.[1143]

1136 *Köhler*, GRUR 2010, 177, 183.

1137 BGH Urteil v. 05.10.2010 – I ZR 4/06 *(Millionen-Chance II)*, GRUR 2011, 532.

1138 *Boesche*, WRP 2011, 1345, 1346.

1139 BGH Urteil v. 05.10.2010 – I ZR 4/06 *(Millionen-Chance II)*, GRUR 2011, 532, 532.

1140 BGH Urteil v. 05.10.2010 – I ZR 4/06 *(Millionen-Chance II)*, GRUR 2011, 532, 532.

1141 BGH Urteil v. 05.10.2010 – I ZR 4/06 *(Millionen-Chance II)*, GRUR 2011, 532, 535.

1142 BGH Urteil v. 05.10.2010 – I ZR 4/06 *(Millionen-Chance II)*, GRUR 2011, 532, 535.

1143 Vgl. hierzu *Zipse*, BB 2011, 1107; *Köhler*, GRUR 2008, 841, 845.

(ii) Stellungnahme: Streichung des § 4 Nr. 6 UWG

Die Auffassung der Rechtsprechung, wonach eine Gewinnspielkopplung nur dann unlauter sei, wenn sie im Einzelfall nach den Maßgaben der UGP-Richtlinie als irreführende Geschäftspraxis oder als Verstoß gegen die berufliche Sorgfalt einzuordnen sei, ist überzeugend. Allerdings stellt sich dann die Frage, weshalb an der Norm des § 4 Nr. 6 UWG noch festzuhalten sei. Denn nicht nur die Gewinnspielkopplung, sondern jedes Kopplungsangebot ist dann unlauter, wenn es irreführend ist oder einen sonstigen Verstoß gegen die berufliche Sorgfalt darstellt. Entscheidend bleiben bei der Bewertung der Gewinnspielkopplungen nach der Rechtsprechung des BGH allein die allgemeinen Maßstäbe der Art. 5 (berufliche Sorgfalt), 6 und 7 (Irreführung) der UGP-Richtlinie. Die Irreführung durch Gewinnspielkopplungen wird im deutschen Recht schon in § 4 Nr. 5 UWG sowie in §§ 5, 5a UWG erfasst. Ein originärer Regelungsbereich könnte § 4 Nr. 6 UWG daher nur dann zukommen, wenn sich die Unlauterkeit nicht aus einer Irreführung, sondern aus einem anderen Verstoß gegen die berufliche Sorgfalt ergäbe, der gerade der Gewinnspielkopplung immanent ist. Von vornherein scheidet aus, dass es sich bei Gewinnspielkopplungen um aggressive Geschäftspraktiken (Art. 8 und 9 UGP-Richtlinie) handeln könnte. Denn die Gewinnspiele sollen den Kunden gerade anlocken und nicht in aggressiver Weise unter Druck setzten. Es bleibt also nur ein sonstiger (allgemeiner) Verstoß gegen die berufliche Sorgfalt (Art. 5 UGP-Richtlinie) als ein der Gewinnspielkopplung immanentes Unlauterkeitsmerkmal. Dieser Verstoß könnte darin gesehen werden, dass bei einer Gewinnspielkopplung die Spiellust der Kunden zum Warenabsatz ausgenutzt wird. Dies war auch die Intention des deutschen Gesetzgebers bei der Schaffung des § 4 Nr. 6 UWG.[1144] Hierzu ist allerdings anzumerken, dass jedes Preisausschreiben und Gewinnspiel, also auch das staatliche Lotto, den aleatorischen Reiz zu einem wirtschaftlichen Zweck nutzt.[1145] Jedenfalls aber ist eben diese Wertung, dass das Ausnutzen der Spiellust zum Warenvertrieb einen besonderen Unlauterkeitstatbestand bilde, nicht durch den europäischen Gesetzgeber in die UGP-Richtlinie übernommen worden. Vielmehr sah der europäische Gesetzgeber – mangels spezieller Regelungen – es als ausreichend an, das Ausnutzen der Spiellust im Einzelfall als allgemeinen Verstoß gegen die berufliche Sorgfalt durch die Generalklausel des Art. 5 Abs. 2 UGP-Richtlinie zu erfassen. Die Generalklausel der UGP-Richtlinie ist jedoch

1144 Bt-Drs 15/1487 S. 18.

1145 Eine Ausnahme gilt für Gewinnspiele und Preisausschreiben im Wohltätigkeitsbereich.

vollständig in § 3 Abs. 2 UWG umgesetzt,[1146] sodass für eine Sonderwertung der Gewinnspielkopplungen kein Raum bleibt. Mit anderen Worten: Wenn der europäische Gesetzgeber keinen Grund dafür sah, das Ausnutzen der Spiellust neben anderen möglichen allgemeinen Verstößen gegen die berufliche Sorgfalt besonders hervorzuheben, ist nicht ersichtlich, worin der Vorteil besteht, wenn das deutsche UWG diese Fallgruppe besonders hervorhebt. Es ist daher vorzugswürdig, wenn die Beurteilung von Gewinnspielkopplungen allein nach dem Maßstab der Verbrauchergeneralklausel des § 3 Abs. 2 UWG erfolgt.[1147] In der Praxis erfolgt dies bereits. So wird etwa in der – aus anderen Gründen aufgehobenen[1148] – Entscheidung *Fruchtgummi-Glückswochen*[1149] des OLG Köln stets §§ 3, 4 Nr. 6 UWG zitiert. Die Maßstäbe, nach denen das OLG die Gewinnspielkopplung bewertet, entnimmt es jedoch ausschließlich aus § 3 Abs. 2 UWG sowie allgemeinen Erwägungen zu der Funktionsweise des streitgegenständlichen Gewinnspiels.[1150]

§ 4 Nr. 6 UWG sollte daher gestrichen werden. Hierfür sprechen zunächst grundsätzliche Erwägungen: Einer Norm ohne eigenen Regelungsbereich bedarf es nicht. Wegen seines eindeutigen Wortlautes als generellem Gewinnspielkopplungsverbot ist die Vorschrift auch geeignet, den Normadressaten, nämlich die Unternehmer, zu verwirren. Gerade ein kleiner mittelständischer Unternehmer – der kaum die Entwicklungen der europäischen Rechtsprechung verfolgen wird – wird bei einem Blick auf § 4 Nr. 6 UWG nicht davon ausgehen, dass er die Teilnahme von Verbrauchern an einem Preisausschreiben oder Gewinnspiel von dem Erwerb einer Ware oder der Inanspruchnahme einer Dienstleistung abhängig machen darf, wenn das Gesetz ihm dies wörtlich untersagt. Diese statische Verbotsnorm beizubehalten und als flexible Einzelfallregelung auszulegen, ist daher nicht überzeugend.[1151]

1146 So auch *Köhler*, GRUR 2011, 478, 485.

1147 So im Ergebnis auch *Köhler*, GRUR 2011, 478, 485. Zunächst muss die Gewinnspielkopplung freilich den Anforderungen der Schwarzen Liste und der Irreführungsverbote genügen.

1148 BGH Urteil v. 12.12.2013 – I ZR 192/12 (Goldbärenbarren), GRUR 2014, 686.

1149 OLG Köln Urteil v. 21.09.2012 – 6 U 53/12 *(Fruchtgummi-Glückswochen)*, GRUR-RR 2013, 168.

1150 OLG Köln Urteil v. 21.09.2012 – 6 U 53/12 *(Fruchtgummi-Glückswochen)*, GRUR-RR 2013, 168, 170–171.

1151 So auch *Boesche*, WRP 2011, 1345, 1349.

c) Anforderungen des § 4 UWG an Gewinnspielkopplungsangebote

Aus den vorstehenden Ausführungen folgt, dass Gewinnspielkopplungen in weitem Umfang zulässig sind. Besteht eine Gewinnspielkopplung die Prüfung nach der Schwarzen Liste und nach den §§ 5, 5a UWG, kommt eine Unlauterkeit nach § 4 UWG nach hier vertretener Auffassung nur in Betracht, wenn die Voraussetzungen der § 4 Nr. 4 und 5 UWG nicht eingehalten werden,[1152] also dem Verbraucher das Angebot nicht hinreichend transparent dargestellt wird.[1153]

Weil Gewinnspielkopplungen sowohl Verkaufsförderungsmaßnahmen (§ 4 Nr. 4 UWG) als auch Preisausschreiben oder Gewinnspiele mit Werbecharakter (§ 4 Nr. 5 UWG) sind (hierunter fallen alle Preisausschreiben und Gewinnspiele, die mittelbar der Förderung des Erscheinungsbilds des eigenen oder eines fremden Unternehmens oder dem Absatz seiner Produkte dienen[1154]), müssen die Voraussetzungen beider Normen erfüllt werden. Allerdings sind die Maßstäbe der beiden Transparenzvorschriften in Bezug auf Gewinnspielkopplungen dieselben, was sich schon aus dem praktisch identischen Wortlaut ergibt. Eine Abweichung im Wortlaut besteht lediglich darin, dass § 4 Nr. 5 nicht von den »Bedingungen der Inanspruchnahme« spricht, sondern von »Teilnahmebedingungen«. Bei den Teilnahmebedingungen handelt es sich um die Voraussetzungen, die der Werbeadressat erfüllen muss, um an dem Gewinnspiel oder dem Preisausschreiben teilnehmen zu können.[1155] Erfasst werden nicht nur die Berechtigung zur Teilnahme, sondern alle Modalitäten der Teilnahme.[1156] Mithin sind die Teilnahmebedingungen des Gewinnspiels die »Bedingungen der Inanspruchnahme«. Wegen der Voraussetzungen an die Darstellung (»klar und eindeutig«) kann daher auf die obigen Ausführungen verwiesen werden.[1157] Weist ein gekoppeltes Gewinnspiel aus Verbrauchersicht keine unerwarteten Teilnahmebeschränkungen auf, reicht es nach den vom BGH in der Entscheidung *Urlaubsgewinnspiel*[1158] entwickelten Maßstäben grundsätzlich aus, wenn mitgeteilt wird, bis wann wie teilgenommen werden kann, wie die Gewinner ermittelt werden und ob besondere Beschränkungen des Teilnehmerkreises (z. B. Ausschluss Minderjähriger) bestehen.[1159]

1152 Zur Nichtanwendbarkeit des § 4 Nr. 1 UWG siehe unten S. 291.

1153 Vgl. *Ruttig*, WRP 2005, 925, 925.

1154 *Köhler* in Köhler/Bornkamm, UWG, § 4 Rn. 5.7.

1155 *Köhler* in Köhler/Bornkamm, UWG, § 4 Rn. 5.9.

1156 *Köhler* in Köhler/Bornkamm, UWG, § 4 Rn. 5.9.

1157 Siehe oben S. 268 ff.

1158 BGH Urteil v. 10.01.2008 – I ZR 196/05 *(Urlaubsgewinnspiel)*, GRUR 2008, 724.

1159 BGH Urteil v. 10.01.2008 – I ZR 196/05 *(Urlaubsgewinnspiel)*, GRUR 2008, 724, 725.

Die Teilnahmebedingungen erfassen nicht auch die Art und die Anzahl der Gewinne oder die Gewinnchancen.[1160] Eine Gewinnspielkopplung: »Gewinnen Sie viele tolle Preise« wäre daher zulässig. Wenn allerdings Angaben gemacht werden, dürfen diese wegen § 5 UWG nicht irreführend sein. Eine »Traumreise« muss also entweder näher beschrieben werden oder tatsächlich so werthaltig sein, dass sie dem entspricht, was sich ein durchschnittlicher Verbraucher unter einer solchen Reise vorstellt. Eine Reise in die Karibik[1161] dürfte darunter fallen, ein innerdeutsches Reiseziel wohl nur dann, wenn die Reise mit besonderen Luxusleistungen verbunden ist. Es darf jedenfalls nicht die Gefahr bestehen, dass sich die Werbeadressaten Fehlvorstellungen über den Gewinn bilden. Ob dies der Fall ist, ist allerdings an den Maßstäben der §§ 5, 5a UWG zu bestimmen, nicht an denen des § 4 Nr. 5 UWG, der sich auf die Teilnahmebedingungen beschränkt.

Eine Besonderheit besteht bei Gewinnspielkopplungen, weil die Kunden hierbei oftmals ihre Adressen und gegebenenfalls andere persönliche Daten angeben müssen. Bei Gewinnspielen, die (neben anderen Zwecken) auch deshalb angeboten werden, um Kundendaten für Werbesendungen zu generieren, muss sich dies aus den nach § 4 Nr. 5 UWG anzugebenden Teilnahmebedingungen ergeben.[1162] Soll der Verbraucher Werbung nicht nur postalisch, sondern etwa auch per E-Mail oder gar per Telefon erhalten, muss eine Opt-In-Regelung gewählt werden.[1163]

d) Beispiel eines nach § 4 Nr. 5 UWG unlauteren Kopplungsangebots

Beispiel: Ein Gewinnspielkopplungsangebot wird unterbreitet: »Im Monat Dezember erhalten Sie in unseren Supermarktfilialen je zehn Euro Einkauf einen Gewinncode. Geben sie diesen auf der folgenden Website (...) ein und gewinnen Sie mit etwas Glück eine Mittelmeerkreuzfahrt für zwei Personen!« Tatsächlich werden jedoch bei der Berechnung des Warenwertes Tabakwaren nicht berücksichtigt. Die Werbung ist daher nicht eindeutig in der Information darüber, was der Kunde tun muss, um an dem Gewinnspiel teilzunehmen. Die erforderliche Transparenz könnte hergestellt werden, wenn die Werbung klarstellen würde, dass Tabakwaren bei der Berechnung nicht berücksichtigt werden.

1160 *Leible* in MüKo-UWG § 4 Nr. 5 Rn. 40 ff.; *Sosnitza* in Piper/Ohly/Sosnitza, UWG § 4 Rn. 5.4; *Köhler* in Köhler/Bornkamm, UWG, § 4 Rn. 5.9.

1161 So im Fall *Urlaubsgewinnspiel*, BGH Urteil v. 10.01.2008 – I ZR 196/05 *(Urlaubsgewinnspiel)*, GRUR 2008, 724.

1162 *Pauli*, WRP 2009, 245, 249.

1163 *Pauli*, WRP 2009, 245, 249.

3. *Verbot von unangemessener unsachlicher Beeinflussung durch Kopplungsangebote (§ 4 Nr. 1 UWG)*

a) Rechtlicher Rahmen

Nach § 4 Nr. 1 UWG handelt insbesondere unlauter, wer »geschäftliche Handlungen vornimmt, die geeignet sind, die Entscheidungsfreiheit der Verbraucher oder sonstiger Marktteilnehmer durch Ausübung von Druck, in menschenverachtender Weise oder durch sonstigen unangemessenen unsachlichen Einfluss zu beeinträchtigen.«

Eine Beeinflussung in »menschenverachtender Weise« kommt durch Kopplungsangebote nicht in Betracht.[1164] Die Ausübung von Druck kann dagegen bei Kopplungsangeboten im Einzelfall vorkommen, wie etwa im Fall *Tony Taler*[1165], indem gruppendynamische Prozesse innerhalb der Klassen- und Schulgemeinschaft (Gruppenzwang) ausgenutzt wurden, um Jugendliche zur Teilnahme an dem Kundenbindungssystem zu bewegen.[1166] Allerdings handelt es sich bei solchen Fällen um Ausnahmen, denn regelmäßig geht von verkaufsfördernden Kopplungsangeboten – anders liegt es bei aufgedrängten Kopplungsangeboten – kein belästigender oder aggressiver Druck aus, sondern eben eine Anlockwirkung, indem sie dem Verbraucher etwas Positives versprochen wird.[1167]

Eben bei jeder Anlockwirkung stellt sich die Frage, ob sie – wenn sie zu einem »übertriebenen Anlocken« gesteigert wird – der dritten Alternative des § 4 Nr. 1 UWG unterfallen kann, nämlich der »sonstigen unangemessenen unsachlichen Beeinflussung«.

b) Problemstellung: § 4 Nr. 1 UWG als Lauterkeitsmaßstab für Kopplungsangebote

In der Vergangenheit diente § 4 Nr. 1 3. Alt UWG als ein Auffangtatbestand, nach dessen Maßstäben insbesondere Verkaufsförderungsmaßnahmen wie Kopplungsangebote unter dem Gesichtspunkt des übertriebenen Anlockens beurteilt wurden.[1168] Die Bedeutung der Norm für die Beurteilung der Kopplungsangebote kommt bis heute darin zum Ausdruck, dass die Kommentarli-

---

1164 *Boesche*, WRP 2011, 1345, 1349; *Köhler*, GRUR 2010, 767, 772. Freilich kann jedes Angebot, also auch ein Kopplungsangebot, so konstruiert werden, dass es dieses Tatbestandsmerkmal erfüllt. Die Unlauterkeit stünde dann aber nicht in Zusammenhang mit den Besonderheiten der Kopplung.

1165 BGH Urteil v. 12.07.2007 – I ZR 82/05 *(Tony Taler)*, GRUR 2008, 183.

1166 Siehe hierzu oben S. 63 ff.

1167 *Boesche*, WRP 2011, 1345, 1349; *Köhler*, GRUR 2010, 767, 772.

1168 *Köhler* in Köhler/Bornkamm, UWG, § 4 Rn. 1.84.

teratur Kopplungsangebote zusammenfassend im Rahmen des § 4 Nr. 1 UWG darstellt.[1169]

Dabei steht heute zunehmend infrage, ob die Anlockwirkung eines Kopplungsangebots überhaupt unter § 4 Nr. 1 3. Alt UWG fallen kann.[1170] Denn nach richtlinienkonformer Auslegung des § 4 Nr. 1 UWG beschränke sich dessen Anwendungsbereich auf aggressive Geschäftspraktiken im Sinne der Art 8 und 9 der UGP-Richtlinie.[1171] Positive Reize, wie die von Kopplungsangeboten ausgehende Anlockwirkung, könnten nicht hierunter fallen, weil sie keine aggressive, also belastende Geschäftspraktik seien.[1172]

Ließe sich die Anlockwirkung eines Kopplungsangebots nicht unter den Tatbestand der sonstigen unangemessenen unsachlichen Beeinflussung subsumieren, schiede § 4 Nr. 1 UWG als Unlauterkeitsmaßstab für die Bewertung von Kopplungsangeboten aus. Die Norm könnte dann nur noch in Fällen die Unlauterkeit begründen, in denen bei einem Kopplungsangebot Umstände jenseits der Anlockwirkung vorlägen, die unter die Tatbestände des § 4 Nr. 1 UWG fallen.[1173] Die Anlockwirkung wäre unter Zugrundelegung dieser Auffassung allein nach den Maßstäben des § 3 Abs. 2 UWG zu bewerten.

aa) Bisherige Rechtsprechung

Bisher hat die Rechtsprechung sich dieser Auffassung nicht angeschlossen und die Fallgruppe des übertriebenen Anlockens bei der Bewertung der Kopplungsangebote nicht aufgegeben, aber extreme Anforderungen an den Grad der Anlockwirkung gestellt. Kopplungsangebote können danach wegen »sonstigem unangemessenen unsachlichen Einfluss« nach § 4 Nr. 1 3. Alt. UWG unlauter sein. Nach der Rechtsprechung des BGH (z. B. *Brillenversorgung II*[1174]) ist die

---

1169 So etwa: *Köhler* in Köhler/Bornkamm, UWG, § 4 Rn. 1.99 ff.; *Stuckel* in Harte-Bavendamm/Henning-Bodewig, UWG, § 4 Nr. 1 Rn. 35 ff.; *Sosnitza* in Piper/Ohly/Sosnitza, UWG, § 4 Rn. 1.88 ff.; *Wirtz* in Götting/Nordemann, UWG, § 4 Rn. 1.47 ff.; *Heermann* in MüKo-UWG, § 4 Nr. 321 ff.; *Steinbeck* in Fezer, UWG, § 4–1 Rn. 160 ff.

1170 Verneinend: *Köhler*, GRUR 2010, 767, 773; *Boesche*, WRP 2011, 1345, 1351; *Kügele*, GRUR 2006, 105, 108; Bejahend: *Steinbeck* in Fezer, UWG, § 4–1 Rn. 213 ff.

1171 Statt Vieler: *Köhler* in Köhler/Bornkamm, UWG, § 4 Rn. 1.7.

1172 *Köhler*, GRUR 2010, 767, 773.

1173 Dies ist freilich im Einzelfall möglich, allerdings stünden solche Umstände dann regelmäßig nicht im Zusammenhang mit der Kopplung und den Besonderheiten eines Kopplungsangebots.

1174 BGH Urteil v. 24.06.2010 – I ZR 182/08 *(Brillenversorgung II)*, GRUR 2010, 850. Siehe zu diesem Erfordernis bereits BGH Urteil v. 13.06.2002 – I ZR 173/01 *(Kopplungsangebote I)*, GRUR 2002, 976, 978.

Grenze zur Unlauterkeit nach § 4 Nr. 1 UWG allerdings erst dann überschritten, »wenn eine geschäftliche Handlung geeignet ist, die Rationalität der Nachfrageentscheidung der angesprochenen Marktteilnehmer vollständig in den Hintergrund treten zu lassen«.[1175] Erforderlich ist dabei, dass der Handelnde die Entscheidungsfreiheit der Werbeadressaten durch Belästigung oder durch unzulässige Beeinflussung im Sinne des Art. 2 lit. j der UGP-Richtlinie erheblich beeinträchtigt.[1176]

»Sonstige unangemessene unsachliche Beeinflussung« könnte nach dieser Auffassung bei einem Kopplungsangebot dann vorliegen, wenn die Anlockwirkung durch das Kopplungsangebot so groß ist, dass bei einem vernünftigen Verbraucher ausnahmsweise die Rationalität der Nachfrageentscheidung vollständig in den Hintergrund tritt, also »der Verstand aussetzt«.[1177] Dies könnte etwa gegeben sein, wenn ein Verbraucher, der eine bestimmte Ware nicht benötigt, sich infolge eines Kopplungsangebots unmittelbar gehalten sieht, die Ware nur um des gekoppelten Vorteils willen zu erwerben, und hierfür eine ihm wichtige Tätigkeit unterbricht.[1178] Statt eine Entscheidung nach den Gesichtspunkten der Preiswürdigkeit und Qualität des Angebots zu treffen, müsste der Verbraucher ein Kopplungsgeschäft allein deshalb tätigen, um in den Genuss der Vergünstigung zu kommen.[1179]

bb) Gegenauffassung der Literatur: Beschränkung des Anwendungsbereichs des § 4 Nr. 1 UWG auf aggressive Geschäftspraktiken

In der Literatur wird diese Rechtsprechung zunehmend zurückgewiesen.[1180] § 4 Nr. 1 UWG komme nicht die Funktion eines Auffangtatbestandes zu für Geschäftspraktiken, die weder irreführend im Sinne der Artikel 6 und 7 UGP Richtlinie oder aggressiv im Sinne der Artikel 8 und 9 UGP-Richtlinie seien.[1181] Bewertungsmaßstab der nicht irreführenden und nicht aggressiven Handlungen

---

1175 BGH Urteil v. 24.06.2010 – I ZR 182/08 *(Brillenversorgung II)*, GRUR 2010, 850, 851; vgl. auch BGH Urteil v. 29.10.2009 – I ZR 180/07 *(Stumme Verkäufer II)*, GRUR 2010, 455, 456.

1176 BGH Urteil v. 24.06.2010 – I ZR 182/08 *(Brillenversorgung II)*, GRUR 2010, 850, 851.

1177 *Boesche*, Wettbewerbsrecht, S. 235 mit weiteren Nachweisen.

1178 *Boesche* nennt als Beispiel einen Fußballfan, der eine Sportsendung, sieht, und infolge einer TV-Werbung für ein Kopplungsangebot sofort aufsteht, um das beworbene Produkt wegen der gekoppelten Zugabe zu erwerben, obwohl er einen ausreichenden Vorrat davon hat, *Boesche*, Wettbewerbsrecht S. 235.

1179 *Kügele*, GRUR 2006, 105, 108.

1180 Köhler in Köhler/Bornkamm, UWG, § 4 Rn. 1.7.

1181 Köhler in Köhler/Bornkamm, UWG, § 4 Rn. 1.7.

sei allein die Verbrauchergeneralklausel, § 3 Abs. 2 UWG.[1182] Dies ergäbe sich bereits aus der Gesetzesbegründung. Der Gesetzgeber habe § 4 Nr. 1 UWG im Zuge der UWG-Novelle 2008 nicht geändert, denn »der Sache nach stimmt diese Regelung mit dem Verbot nach Artikel 8 der Richtlinie in Verbindung mit der Definition des Begriffs ›unzulässige Beeinflussung‹ in Artikel 2 Buchstabe j der Richtlinie überein.«[1183] Die »Ausübung von Druck« und des »sonstigen unangemessenen Einflusses« müssten daher nach Maßgabe der aggressiven Geschäftspraktiken im Sinne des Art. 8 der UGP-Richtlinie ausgelegt werden.[1184] Danach gilt eine Geschäftspraxis als aggressiv, wenn sie »im konkreten Fall unter Berücksichtigung aller tatsächlichen Umstände die Entscheidungs- oder Verhaltensfreiheit des Durchschnittsverbrauchers in Bezug auf das Produkt durch Belästigung, Nötigung, einschließlich der Anwendung körperlicher Gewalt oder durch unzulässige Beeinflussung tatsächlich oder voraussichtlich erheblich beeinträchtigt und dieser dadurch tatsächlich oder voraussichtlich dazu veranlasst wird, eine geschäftliche Entscheidung zu treffen, die er andernfalls nicht getroffen hätte.« Art. 2 lit. j UGP-Richtlinie definiert »unzulässige Beeinflussung« als »die Ausnutzung einer Machtposition gegenüber dem Verbraucher zur Ausübung von Druck, auch ohne die Anwendung oder Androhung von körperlicher Gewalt, in einer Weise, die die Fähigkeit des Verbrauchers zu einer informierten Entscheidung wesentlich einschränkt.«

Unter diese Terminologie lasse sich die positive Anlockwirkung eines Kopplungsangebotes nicht subsumieren, auch wenn die Anlockwirkung erheblich sei. Die Begriffe »Zugabe« und »Aggressivität« muteten geradezu als Gegensatzpaar an.[1185] Es könne auch nicht die Rede davon sein, dass ein Unternehmer, der ein verkaufsförderndes Kopplungsangebot einsetzt, eine »Machtposition« gegenüber einem durchschnittlichen Verbraucher habe, die es ihm ermögliche, durch die Anlockwirkung des Kopplungsangebots Druck auf die Verbraucher auszuüben.[1186] Dies ergebe sich zwingend aus Art. 9[1187] der UGP-Richtlinie, der die

1182 Köhler in Köhler/Bornkamm, UWG, § 4 Rn. 1.7.

1183 BT-Drs 16/10145, S. 18; *Köhler*, GRUR 2010, 767, 772.

1184 *Köhler*, GRUR 2010, 767, 772.

1185 *Boesche*, WRP 2011, 1345, 1349.

1186 *Köhler*, GRUR 2010, 767, 773; *Boesche*, WRP 2011, 1345, 1351.

1187 Artikel 9 UGP-Richtlinie: »Belästigung, Nötigung und unzulässige Beeinflussung – Bei der Feststellung, ob im Rahmen einer Geschäftspraxis die Mittel der Belästigung, der Nötigung, einschließlich der Anwendung körperlicher Gewalt, oder der unzulässigen Beeinflussung eingesetzt werden, ist abzustellen auf: (a) Zeitpunkt, Ort, Art oder Dauer des Einsatzes; (b) die Verwendung drohender oder beleidigender

Mittel der Einflussnahme: Belästigung, Nötigung und unzulässige Beeinflussung näher erläutere.[1188] Allen aufgezählten Mitteln sei gemein, dass sie verbraucherbelastend seien.[1189] Verkaufsförderungsmaßnahmen belasteten indes nicht den Verbraucher mit einem *Nachteil*, sondern böten ihm einen *Vorteil*, sodass die Anlockwirkung von Verkaufsförderungsmaßnahmen grundsätzlich nicht in den Anwendungsbereich des Art. 8 UGP-Richtlinie fielen.[1190]

Befürworter dieser Auffassung fordern, dass das bisher von der Rechtsprechung im Rahmen des § 4 Nr. 1 UWG verwendete Unlauterkeitskriterium der nahezu vollständigen Ausschaltung der Rationalität der Nachfrageentscheidung des Verbrauchers (Rationalitätskriterium) aufgegeben werde. Es wird argumentiert, dass dieses Kriterium mit seinen praktisch unerreichbaren Hürden ohnehin nur dazu gedient habe, die Anwendung des § 4 Nr. 1 UWG auf Verkaufsförderungsmaßnahmen auszuschließen.[1191] Gerade Kopplungsangebote erreichten nie die hohen Voraussetzungen des Rationalitätskriteriums, was sich am Beispiel der Zugabegewährung verdeutlichen ließe: Kunden, denen es nur um die Hauptware gehe, und die an der Zugabe kein Interesse hätten, diese also nur »mitnähmen«, würden die Hauptware unter Preisleistungsgesichtspunkten prüfen und das Angebot insgesamt als gut befunden haben, wenn sie es erwerben.[1192] Kunden, denen es von vornherein nur um die Zugabe gehe, hatten an einer Prüfung der Qualität der Hauptware gar kein Interesse, sodass für sie eine Entscheidung nur nach der Attraktivität der Zugabe unter Berücksichtigung des dafür aufgewendeten Preises rational sei.[1193] In beiden Fällen käme ein Zurücktreten rationalen Verhaltens nicht in Betracht. Dies gelte auch deshalb, weil die

---

Formulierungen oder Verhaltensweisen; (c) die Ausnutzung durch den Gewerbetreibenden von konkreten Unglückssituationen oder Umständen von solcher Schwere, dass sie das Urteilsvermögen des Verbrauchers beeinträchtigen, worüber sich der Gewerbetreibende bewusst ist, um die Entscheidung des Verbrauchers in Bezug auf das Produkt zu beeinflussen; (d) belastende oder unverhältnismäßige Hindernisse nichtvertraglicher Art, mit denen der Gewerbetreibende den Verbraucher an der Ausübung seiner vertraglichen Rechte zu hindern versucht, wozu auch das Recht gehört, den Vertrag zu kündigen oder zu einem anderen Produkt oder einem anderen Gewerbetreibenden zu wechseln; (e) Drohungen mit rechtlich unzulässigen Handlungen.

1188 *Köhler*, GRUR 2010, 767, 773.

1189 *Köhler*, GRUR 2010, 767, 773.

1190 *Köhler*, GRUR 2010, 767, 773.

1191 *Köhler* in Köhler/Bornkamm, UWG, § 4 Rn. 1.104.

1192 *Boesche*, WRP 2011, 1345, 1349.

1193 *Boesche*, WRP 2011, 1345, 1349.

Kunden heutzutage häufig »unsachlich« angelockt würden und der verständige Durchschnittsverbraucher sich daran gewöhnt habe und selbst in der Lage sei zu entscheiden, ob er sich »verführen« lassen wolle, oder nicht.[1194] Mit dem Bild des verständigen Verbrauchers sei grundsätzlich nicht davon auszugehen, dass dieser sich zum Abschluss eines Kopplungsgeschäfts ohne Berücksichtigung der damit verbundenen wirtschaftlichen Belastungen allein von dem Wunsch beherrschen lasse, in den Genuss der Vergünstigung zu kommen.[1195]

c) Stellungnahme: § 4 Nr. 1 UWG scheidet als Bewertungsmaßstab für die Anlockwirkung verkaufsfördernder Kopplungsangebote aus

Der vorgenannten Auffassung der Literatur ist zuzustimmen. Die Anlockwirkung eines Kopplungsangebots stellt keine »sonstige unangemessene unsachliche Beeinflussung« im Sinne des § 4 Nr. 1 UWG dar.

Zunächst ist auf die oben dargelegte Argumentation *Köhlers* zu verweisen, wonach sich § 4 Nr. 1 UWG auf Fälle aggressiver Werbung im Sinne der Art 8 und 9 UGP-Richtlinie beschränkt.

Der Tatbestand des § 4 Nr. 1 3. Alt. UWG verlangt darüber hinaus bereits, für sich betrachtet, Voraussetzungen, die durch die Anlockwirkung eines Kopplungsangebots nicht erfüllt werden:

§ 4 Nr. 1 3. Alt. UWG untersagt eine geschäftliche Handlung, die geeignet ist, »die Entscheidungsfreiheit der Verbraucher« durch »sonstigen unangemessenen unsachlichen Einfluss« zu beeinträchtigen.

Der Einfluss der Anlockwirkung muss sich also auf »die Entscheidungsfreiheit«, nicht etwa »die Entscheidung« beziehen. Also ist eine Einflussnahme auf eine Kaufentscheidung durch unangemessene unsachliche Einflussnahme durch § 4 Nr. 1 UWG noch nicht untersagt. Mit anderen Worten: Selbst wenn die Anlockwirkung eines besonders verführerischen Kopplungsangebots als unangemessener unsachlicher Einfluss betrachtet würde, durch den die Kaufentscheidung der Verbraucher beeinflusst würde, wäre dies noch kein Verstoß gegen § 4 Nr. 1 UWG. Erst wenn die Beeinflussung so weit ginge, dass die Entscheidungsfreiheit, also die Willensfreiheit, der Verbraucher beeinträchtigt würde, läge ein Verstoß gegen § 4 Nr. 1 UWG vor. In Anbetracht des modernen Verbraucherleitbildes muss infrage gestellt werden, ob ein Verbraucher sich tatsächlich durch das in Aussicht Stellen einer Vergünstigung im Rahmen eines Kopplungsangebots in einer Weise fremdsteuern lässt, dass er in seiner

1194 *Boesche*, WRP 2011, 1345, 1350.
1195 *Kügele*, GRUR 2006, 105, 108.

Willensbildung unfrei wird.[1196] Zieht man die namentlich genannten Mittel der unangemessenen unsachlichen Beeinflussung des § 4 Nr. 1 UWG, »Druck«[1197] und »menschenverachtende Weise«[1198] als Vergleichsmaßstäbe heran, so haben beide gemeinsam, dass die auf eine externe Überwindung des Willens des Verbrauchers ohne dessen Zutun abzielen. Durch die Anlockwirkung eines Kopplungsangebots lässt sich ein Verbraucher hingegen allenfalls »verführen«. Anders als im Fall des äußeren Drucks ist also eine Mitwirkung des Verbrauchers erforderlich. Schon aufgrund dieses Unterschieds ist eine Beeinträchtigung des freien Willens durch die Anlockwirkung eines Kopplungsgeschäfts nach hier vertretener Auffassung nicht möglich.

Darüber hinaus ist die Anlockwirkung eines Kopplungsangebots nicht unsachlich. Weil der Gesetzgeber die Attribute »unangemessen« und »unsachlich« nicht durch ein Komma getrennt hat, ist davon auszugehen, dass es sich nicht um eine gleichrangige Aufzählung handelt,[1199] sondern dass das entscheidende Kriterium die Unsachlichkeit der Einflussnahme ist und die Unangemessenheit den erforderlichen Grad der »unsachlichen Einflussnahme« vorgibt.[1200] In diesem Sinne ist auch die Gesetzesbegründung zu verstehen, die klarstellt: »Durch das Kriterium der Unangemessenheit wird der Tatsache Rechnung getragen, dass der Versuch einer gewissen unsachlichen Beeinflussung der Werbung nicht fremd und auch nicht per se unlauter ist.«[1201]

Damit stellen sich die Fragen, wann eine Einflussnahme überhaupt »unsachlich« ist und wann eine unsachliche Einflussnahme unangemessen ist.

In der Vergangenheit wurde als unsachliche Einflussnahme insbesondere die Gewährung von Zugaben verstanden, die den Verbraucher unsachlich beeinflusse, weil die Zugabe nichts mit der Qualität und Preiswürdigkeit der Hauptware zu tun habe. Je weniger das gekoppelte Angebotselement mit dem Restangebot funktionell oder wirtschaftlich zu tun hatte, desto unsachlicher war die Einflussnahme.[1202]

1196 Verneinend: *Köhler*, GRUR 2010, 767, 773.

1197 § 4 Nr. 1 1. Alt. UWG.

1198 § 4 Nr. 1 2. Alt. UWG.

1199 A. A. wohl *Steinbeck* in Fezer, UWG, § 4–1 Rn. 94, die die Begriffe folgerichtig durch ein Komma trennt.

1200 Das Kriterium der Unangemessenheit bezieht sich also sowohl auf die Unsachlichkeit als auch auf die Einflussnahme. Andernfalls hätte die Formulierung »unangemessen unsachlich« verwendet werden müssen.

1201 BT-Drs 15/1487.

1202 Vgl. hierzu oben S. 43 ff und S 110 ff.

Nach hier verstandener Auffassung kann »sachlich« jedoch nicht nur die Beschreibung der Qualität und Preiswürdigkeit eines Angebotselementes (Hauptware) im Rahmen eines Kopplungsangebots sein. Denn bei jedem Kopplungsangebot sind alle Angebotselemente, also z. B. auch Zugaben, Bestandteile des Gesamtangebots, mithin der »Sache«, die der Verbraucher erwerben soll. Liegt etwa einer günstigen Zeitschrift eine teure Sonnenbrille bei,[1203] dann kann es nicht unsachlich sein, für dieses Gesamtangebot zu werben, indem gerade auch die Brille und deren Wert besonders herausgestellt werden. Dasselbe gilt für Gewinnspielkopplungen, bei denen dem Gewinnspiel ein eigener objektiver Wert zukommt.[1204] Zur Unsachlichkeit gehören auch nicht etwa falsche Bezeichnungen von Angebotselementen als »gratis«. Hierbei handelt es sich allein um Fragen der Irreführungs- und Transparenztatbestände (§§ 5, 5a, 4 Nr. 4 UWG), nicht um eine Frage der »unangemessenen unsachlichen Einflussnahme« gemäß § 4 Nr. 1 3. Alt. UWG.

Unsachlich sind daher nach hier vertretener Auffassung nur Angaben, die sich auf Gesichtspunkte außerhalb des Angebots beziehen. Ein Beispiel, das der europäische Gesetzgeber zu einem Per-se-Verbot erhoben hat, bietet Nr. 30 der Schwarzen Liste. Danach ist die ausdrückliche Angabe, dass der Arbeitsplatz oder Lebensunterhalt des Unternehmers gefährdet sei, wenn der Verbraucher die Ware oder Dienstleistung nicht abnehme, unlauter. Weil diese Behauptung – wahr oder falsch – nichts mit dem eigentlichen Angebot zu tun hat, ist sie unsachlich.[1205]

Konsequenz der hier vertretenen Auffassung ist, dass die Fallgruppe des »übertriebenen Anlockens« auch in Gestalt der »Ausschaltung der Rationalität« bei der Beurteilung eines Kopplungsangebote nach § 4 Nr. 1 UWG aufzugeben ist.[1206] Diese Konsequenz ist in Anbetracht der Entwicklung des Lauterkeitsrechts folgerichtig: Das heutige Lauterkeitsrecht setzt gegenüber dem Recht unter Geltung der Zugabeverordnung und des UWG 1909 andere Schwerpunkte. Die Anlockwirkung steht heute nicht mehr im Zentrum der lauterkeitsrechtlichen Bewertung geschäftlicher Handlungen. Das Schutzmodell des heutigen

---

1203 BGH Urteil v. 22.09.2005 – I ZR 28/03 *(Zeitschrift mit Sonnenbrille)*, GRUR 2006, 161.

1204 Vgl. *Boesche*, WRP 2011, 1345, 1350. Die Gewinnchancen bei Gewinnspielkopplungsangeboten betragen oftmals ein Vielfaches etwa der Gewinnchancen der staatlichen Lotterie.

1205 Anders liegt es dagegen bei Kopplungsangeboten, bei denen ein altruistisches Engagement Teil des Angebots ist, also zur Sache gehört, vgl. *Boesche*, WRP 2011, 1345, 1350.

1206 So auch *Kügele*, GRUR 2006, 105, 108.

UWG ist ein Transparenzmodell.[1207] So besteht auch und gerade für Kopplungsangebote ein ausdifferenziertes Regelungsregime von Irreführungsverboten und Transparenzvorschriften nach den Nr. 17, 20, 21 der Schwarzen Liste, §§ 5, 5a, 4 Nr. 4, 4 Nr. 5 UWG sowie der Preisangabenverordnung. Erfüllt ein Kopplungsangebot diese Voraussetzungen, ist zu erwarten, dass der Verbraucher, der sich auf ein solches einlässt, »weiß, was er tut«, also aus seiner Sicht rational handelt. Für einen Schutz des Verbrauchers vor übertriebener Anlockung ist dann kein Raum mehr.[1208]

Die Unlauterkeit kann sich bei vollständiger Transparenz eines Kopplungsangebots nur noch aus einem belastenden Eingriff in die Rationalität der Entscheidung des Verbrauchers ergeben.[1209] Den hohen Voraussetzungen, die der europäische Gesetzgeber an einen unlauteren Eingriff in die Rationalität der Entscheidung der Verbraucher stellt, »Belästigung«[1210], »Nötigung«[1211], »Drohung mit rechtlich unzulässigen Handlungen«[1212], »Ausnutzen einer Machtposition zur Ausübung von Druck«[1213], werden durch positive Reize wie die Anlockwirkung nicht erfüllt.

Nach hier vertretener Auffassung gilt das auch dann, wenn dem Verbraucher nur eine kurze Frist eingeräumt wird, innerhalb derer er sich für ein Kopplungsangebot entscheiden kann.[1214] Denn die Ausübung von Zeitdruck, um eine Vergünstigung in Anspruch nehmen zu können, ist nicht mit dem »Ausnutzen einer Machtposition zur Ausübung von Druck« im Sinne der UGP-Richtlinie vergleichbar. Es steht dem Verbraucher stets frei, sich auf das Angebot nicht einzulassen. Er ist nicht gezwungen, eine »Chance« wahrzunehmen, wenn er sich seiner Entscheidung unsicher ist. Ist die Frist dagegen so kurz, dass der Verbraucher gar keine Möglichkeit hat, die Bedingungen des Angebots wahrzunehmen und zu verstehen, liegt keine »unsachliche Beeinflussung« und kein Verstoß gegen § 4 Nr. 1 UWG vor, sondern ein Verstoß gegen die Transparenzvorschrift des § 4 Nr. 4 UWG.

Es lässt sich daher festhalten: Das moderne Verbraucherleitbild muss sich auch auf das Verständnis darüber auswirken, was eine rationale Verbraucher-

---

1207 *Kügele*, GRUR 2006, 105, 108.
1208 So auch *Kügele*, GRUR 2006, 105, 108.
1209 Vgl. *Lettl*, BB 2005, 1913, 1914.
1210 Art. 8 1. Alt. UGP-Richtlinie.
1211 Art. 8 2. Alt. UGP-Richtlinie.
1212 Art. 9 lit. e UGP-Richtlinie.
1213 Art. 2 lit. j UGP-Richtlinie.
1214 A. A. *Stuckel* in Harte-Bavendamm/Henning-Bodewig, UWG, § 4 Nr. 1 Rn. 77.

entscheidung ist. Es ist anzuerkennen, dass unterschiedliche Verbraucher unterschiedliche Vorlieben haben und dass sie – wenn das Angebot transparent ist – selbst entscheiden können, von welchem Angebot sie den größten Nutzen haben. Ein Kopplungsangebot, das der Mehrheit der verständigen Verbraucher geradezu abwegig erscheint, kann dem einzelnen Verbraucher eine so große Freude bereiten, dass es für ihn genau die richtige Wahl ist. Besteht etwa eine Zugabe zu einer Musikzeitschrift in einer Gewinnchance auf Konzertkarten der ausverkauften Abschiedstournee einer bestimmten Band, dann wird ein leidenschaftlicher Fan dieser Band nur allzu gerne bereit sein, sich die Zeitschrift zu kaufen, selbst wenn es ihm nur um den enthaltenen Gewinncoupon geht und er die Zeitschrift selbst sogleich wegwirft.[1215] Die in der Vergangenheit das Lauterkeitsrecht beherrschende[1216] Vorstellung, der Wettbewerb müsse sich an den Attributen der Qualität und des Preises eines Angebots orientieren, ist endgültig aufzugeben. Ebenso wie im Privatrecht muss die individuelle Neigung des einzelnen Verbrauchers auch im Lauterkeitsrecht maßgeblich sein.[1217] Zwar ist der Verbraucherschutz des Lauterkeitsrechtes anders als der des Privatrechtes ein kollektiver und kein individueller Schutz. Jedoch spricht gerade dieser Umstand dafür, den lauterkeitsrechtlichen Kollektivverbraucherschutz so auszugestalten, dass die Verbraucher in der Verfolgung ihrer individuellen Neigungen frei bleiben. Es war daher richtig, bei den UWG-Novellen 2004 und 2004 die Transparenz in das Zentrum der lauterkeitsrechtlichen Angebotsbewertung zu stellen und (bevormundende) Beschränkungen wie die Zugabeverordnung aufzuheben. Dieser Weg sollte nun von der Rechtsprechung konsequent dadurch fortgeführt werden, dass § 4 Nr. 1 3. Alt. UWG nicht länger als ein Auffangtatbestand angewendet wird, der auch die Anlockwirkung von Verkaufsförderungsmaßnahmen wie Kopplungsangeboten erfasst. Der Anwendungsbereich ist vielmehr streng auf Fälle der aggressiven Eingriffe in die Entscheidungsfreiheit zu beschränken. So wird vermieden, dass überholte lauterkeitsrechtliche Maßstäbe in § 4 Nr. 1 UWG weiterleben.

Liegt tatsächlich einmal ein (seltener) Ausnahmefall vor, in dem ein verkaufsförderndes Kopplungsangebot die Fähigkeit der angesprochenen Verbraucher, eine informierte Entscheidung zu treffen, beeinträchtigt (etwa weil sich das Kopplungsangebot an besonders schutzwürdige Verbraucher, wie Kinder, richtet

---

1215 Vgl. auch den Fall *Mediaprint/»Österreich«-Zeitungsverlag*, EuGH Urteil v. 09.11.2010 – C-540/08 *(Mediaprint/»Österreich«-Zeitungsverlag)*, GRUR 2011, 76 und das darauf beruhende Beispiel bei *Boesche*, WRP 2011, 1345, 1350.

1216 Siehe dazu oben S. 105 ff.

1217 So auch *Boesche*, WRP 2011, 1345, 1352.

und besondere Unlauterkeitsmerkmale hinzutreten), dann können solche Fälle über § 3 Abs. 2 UWG und Art. 5 Abs. 2 und 3 UGP-Richtlinie erfasst werden.

d) Verbleibender Anwendungsbereich von § 4 Nr. 1 UWG bei der Bewertung von Kopplungsangeboten

Scheidet hiernach die Anlockwirkung eines Kopplungsangebots als Unlauterkeitsmerkmal im Rahmen des § 4 Nr. 1 UWG aus, verbleibt nur noch ein geringer Anwendungsbereich der Norm im Geschäftsverkehr gegenüber Verbrauchern. Zum einen kann eine »sonstige unangemessene unsachliche Beeinflussung« im Sinne des § 4 Nr. 1 3. Alt. UWG in Dreieckskopplungen vorliegen, wenn nicht der Verbraucher eine Prämie für seine Nachfragentscheidung erhält, sondern – ohne Wissen des Verbrauchers – ein Dritter, nämlich der den Verbraucher beratende (beeinflussende) Verkäufer. Diese Fallgruppe wird bei den Kopplungsangeboten gegenüber sonstigen Marktteilnehmern dargestellt.[1218] Ein originärer Anwendungsbereich des § 4 Nr. 1 UWG bei Kopplungsangeboten gegenüber Verbrauchern bleibt dort, wo Verbraucher durch Kopplungsangebote besonders belästigt oder in aggressiver Weise unter Druck gesetzt werden. Die Unlauterkeitsschwelle ist jedenfalls dann erreicht, wenn der Verbraucher sich für den Erwerb eines Kopplungsangebots entscheidet, um einer Bedrängnis, in die ihn der Verkäufer führt und die der Verbraucher als bedrohlich empfindet, zu entgehen.[1219]

e) Beispiel eines nach § 4 Nr. 1 UWG unlauteren Kopplungsangebots

Beispiel: Im Rahmen einer sogenannten Kaffeefahrt wird eine Verkaufsveranstaltung für vermeintlich vergünstigte, angeblich nur im Rahmen der Verkaufsfahrt erhältliche Bettdecken »zum Schutz vor Strahlung« sowie für Kochutensilien an einem entlegenen Ort abgehalten. Anschließend, so das Versprechen der Anbieter in der Werbebroschüre, werde eine Schiffsfahrt stattfinden, bei der Kaffee und Kuchen gereicht würden. Den Teilnehmern wird auf der Verkaufsveranstaltung jedoch in aggressiver und bedrohlicher Weise klargemacht, dass die Verkaufsshow nicht ende, die Schiffsfahrt nicht stattfände und der Bus nicht zurückfahre, solange nicht mindestens ein Teilnehmer etwas gekauft habe.[1220]

1218 Siehe unten, S. 305 ff.

1219 *Boesche*, WRP 2011, 1345, 1352; *Köhler*, GRUR 2010, 767, 773.

1220 Für die Unlauterkeit solcher Machenschaften kommt es nicht darauf an, ob sich die Teilnehmer von diesen Drohungen tatsächlich beeindrucken lassen oder die Polizei verständigen, um die in Betracht kommenden Straftaten (je nach Ausgestaltung der Verkaufsveranstaltung kommen insbesondere Nötigung, § 240 StGB, und Betrug,

IV. Sonstige Regelbeispiele

Unter den sonstigen Regelbeispielen des § 4 UWG stellt vor allem § 4 Nr. 11 UWG eine Schranke für die Zulässigkeit von Kopplungsangeboten dar. Danach handelt insbesondere unlauter, wer »einer gesetzlichen Vorschrift zuwiderhandelt, die auch dazu bestimmt ist, im Interesse der Marktteilnehmer das Marktverhalten zu regeln.« Dies kann bei Verstößen gegen die spezialgesetzlichen Kopplungsverbote: im Gesundheitswesen (nach der jeweiligen Berufsordnung der Ärzte)[1221], im Arzneimittelhandel (§ 7 HWG)[1222] und im Tabakhandel (§ 24 Abs. 1 TabStG)[1223] etwa der Fall sein, weil es sich bei diesen Normen um das Marktverhalten regelnde Vorschriften im Sinne des § 4 Nr. 11 UWG handelt.

V. Eignung des Kopplungsangebots zur spürbaren Beeinträchtigung der Interessen der Mitbewerber, Verbraucher oder sonstiger Marktteilnehmer (§ 3 Abs. 1 UWG in Verbindung mit §§ 4 UWG)

Ist ein Verstoß gegen ein Regelbeispiel des § 4 UWG festgestellt, ist gesondert zu prüfen, ob dieser Verstoß auch die Spürbarkeitsschwelle (Relevanzschwelle) des § 3 Abs. 1 UWG überschreitet.

Zwar geht in aller Regel von Kopplungsangeboten keine »spürbare Beeinträchtigung« der Verbraucher- oder sonstiger Interessen aus.[1224] Ist allerdings bei einem Kopplungsangebot ein Verstoß gegen die beruflichen Sorgfaltspflichten und eine unzulässige Beeinflussung in richtlinienkonformer Auslegung festgestellt worden, ist regelmäßig auch die Relevanzschwelle überschritten.[1225] In der Praxis kommt der Relevanzschwelle seit ihrer Einführung im Jahr 2004 daher nur selten eine tatsächliche Filterfunktion zu.[1226]

---

§ 263 StGB, in Betracht) anzuzeigen. Die Unlauterkeit nach § 4 Nr. 1 UWG ist schon dann gegeben, wenn die Handlungen nur dazu geeignet sind, die Entscheidungsfreiheit der Verbraucher zu beeinträchtigen, was im obigen Beispiel ohne Weiteres der Fall ist. Bei den Produkten, die gerade älteren Menschen im Rahmen solcher Werbefahrten angeboten werden, ist stets auch Nr. 18 der Schwarzen Liste zu prüfen, wonach die unwahre Angabe, eine Ware könne Krankheiten heilen, unlauter ist. Bei einer Decke »gegen Strahlung« dürfte das Per-se-Verbot indes noch nicht erfüllt sein.

1221 Siehe oben S. 178 ff; BGH Urteil v. 24.06.2010 – I ZR 182/08 *(Brillenversorgung II)*, GRUR 2010, 850.

1222 Siehe oben S. 179 ff.

1223 Siehe oben S. 182.

1224 *Boesche*, WRP 2011, 1345, 1356.

1225 *Boesche*, WRP 2011, 1345, 1356.

1226 *Boesche*, WRP 2011, 1345, 1356.

Bei einigen Regelbeispielen des § 4 UWG, insbesondere bei § 4 Nr. 1 UWG, ist die Spürbarkeitsschwelle bereits tatbestandsimmanent, sodass ein Verstoß gegen das Regelbeispiel von vornherein nur in Betracht kommt, wenn das Kopplungsangebot die Interessen der Verbraucher oder der Dritten[1227] spürbar beeinträchtigt. Allerdings ist nicht bei jedem Verstoß gegen den Wortlaut eines Regelbeispiels im Sinne des § 4 UWG ohne weiteres ersichtlich, dass hierin zugleich ein Verstoß gegen die berufliche Sorgfalt im Sinne des Art. 5 Abs. 2 lit. a UGP-Richtlinie vorliegt, der geeignet ist, die Interessen der Verbraucher im Sinne des Art. 5 Abs. 2 lit. b UGP-Richtlinie wesentlich zu beeinflussen. Wird etwa bei einem Gewinnspielkopplungsangebot eine völlig nebensächliche Modalität der Teilnahmebedingungen missverständlich angegeben, die aber ohne Einfluss auf die Berechtigung zur Teilnahme am Gewinnspiel ist, so werden die Voraussetzungen des § 4 Nr. 5 UWG, nicht aber jene des § 3 Abs. 1 UWG bzw. des Art. 5 UGP-Richtlinie erfüllt. Der Verstoß gegen § 4 Nr. 4 UWG führt daher in dem Fall nicht zur Unlauterkeit.

Deshalb ist jedenfalls bei Verstößen gegen die Transparenzvorschriften des § 4 UWG (insbesondere §§ 4 Nr. 4, 4 Nr. 5 UWG) stets zu fordern, dass ein Überschreiten der Relevanzschwelle in richtlinienkonformer Weise gesondert festgestellt wird.[1228] In seiner Entscheidung *Preisnachlass für Vorratsware*[1229] hat der BGH klargestellt, dass die Frage, ob eine Verletzung der in § 4 Nr. 4 UWG vorgeschriebenen Informationspflichten den Wettbewerb im Sinne des § 3 Abs. 1 UWG nicht nur unerheblich, sondern spürbar beeinträchtigt, von den Umständen des Einzelfalls abhängig sei und eine tatrichterliche Entscheidung darstelle, die im Revisionsverfahren nur in eingeschränktem Umfang überprüft werden könne.[1230] Es wurden also von der Rechtsprechung keine abstrakten Kriterien entwickelt, wann eine Beeinträchtigung durch einen Regelbeispielverstoß spürbar ist und wann nicht.

Für Kopplungsangebote ist jedoch Folgendes anzunehmen: Die Erfordernisse der Spürbarkeitsschwelle hängen jedenfalls zunächst von der Art des Kopplungsangebots ab. Gerade bei langfristigen Kopplungsangeboten, die den

---

1227 Unlauter ist es nach § 3 Abs. 1 UWG auch, wenn ein an Verbraucher gerichtetes Kopplungsangebot die Interessen der Mitbewerber oder sonstiger Marktteilnehmer spürbar beeinträchtigt.

1228 *Köhler* in Köhler/Bornkamm, UWG, § 4 Rn. 4.19.

1229 BGH Urteil v. 10.12.2009 – I ZR 195/07 *(Preisnachlass für Vorratsware)*, GRUR 2010, 649.

1230 BGH Urteil v. 10.12.2009 – I ZR 195/07 *(Preisnachlass für Vorratsware)*, GRUR 2010, 649, 650.

Verbraucher über einen längeren Zeitraum binden und Folgekosten verursachen, ist ein strenger Maßstab anzusetzen.[1231] Denn in diesen Fällen können auch kleine Unklarheiten relevante wirtschaftliche Folgen haben.

Die Spürbarkeitsschwelle ist jedenfalls erreicht, wenn die fragliche Werbung für ein Kopplungsangebot geeignet ist, den Verbraucher dazu zu bewegen, das Geschäft des Anbieters aufzusuchen, wenn er dies bei voller Transparenz der Werbung nicht getan hätte.[1232] Dabei ist klarzustellen, dass ein spürbarer Verstoß gegen § 4 Nr. 4 UWG nach der Rechtsprechung des BGH in dem Fall *Räumungsverkauf wegen Umbau*[1233] nicht etwa dadurch geheilt wird, dass der Kunde im Geschäft des Anbieters alle erforderlichen Informationen erhält, etwa weil ihm alle Bedingungen (z. B. in Form von AGB) einer Mobilfunkkopplung mitgeteilt werden und hierdurch volle Transparenz hergestellt wird. Denn schon in der Tatsache, dass der Verbraucher durch die intransparente Werbung das Geschäft des Anbieters betreten hat, liegt die spürbare Beeinflussung der möglichen Kaufentscheidung (die Chance für einen Vertragsschluss wird gesteigert) und damit eine spürbare Beeinträchtigung der Interessen des Verbrauchers und der mit lauteren Mitteln werbenden Mitbewerber.[1234]

Zusammenfassend lässt sich daher festhalten: Verstößt ein Kopplungsangebot gegen ein Regelbeispiel des § 4 UWG, ist gesondert festzustellen, ob eine spürbare Interessensbeeinträchtigung im Sinne des § 3 Abs. 1 UWG vorliegt. Im Geschäftsverkehr gegenüber Verbrauchern ergibt sich der Prüfungsmaßstab des § 3 Abs. 1 UWG aus Art. 5 Abs. 2 lit. b UGP-Richtlinie, wonach der Verstoß geeignet sein muss, das wirtschaftliche Verhalten des Durchschnittsverbrauchers wesentlich zu beeinflussen. Bei Kopplungsangeboten ist in Bezug auf Verstöße gegen Transparenzpflichten dabei ein strenger Maßstab anzusetzen.

1231 Es wird jedenfalls ein strengerer Maßstab anzusetzen sein als bei einmaligen Preisnachlässen, und erst recht wird ein strengerer Maßstab anzusetzen sein als bei (echten) Geschenken, vgl. *Köhler* in Köhler/Bornkamm, UWG, § 4 Rn. 4.19.

1232 *Köhler* in Köhler/Bornkamm, UWG, § 4 Rn. 4.19 mit Verweis auf BGH Urteil v. 30.04.2009 – I ZR 66/07 *(Räumungsverkauf wegen Umbau)*, GRUR 2009, 1183, 1184.

1233 BGH Urteil v. 30.04.2009 – I ZR 66/07 *(Räumungsverkauf wegen Umbau)*, GRUR 2009, 1183.

1234 BGH Urteil v. 30.04.2009 – I ZR 66/07 *(Räumungsverkauf wegen Umbau)*, GRUR 2009, 1183, 1184.

VI. Verbot von Kopplungsangeboten, die gegen die fachliche Sorgfalt verstoßen (§ 3 Abs. 2 UWG), sowie sonstiger unlauterer Kopplungsangebote (§ 3 Abs. 1 UWG)

Schließlich ist ein Kopplungsangebot dann unlauter, wenn es gegen die Generalklauseln in § 3 Abs. 1 und Abs. 2 UWG verstößt.

1. Rechtlicher Rahmen

Nach der Verbrauchergeneralklausel § 3 Abs. 2 Satz 1 UWG sind geschäftliche Handlungen gegenüber Verbrauchern jedenfalls dann unzulässig, »wenn sie nicht der für den Unternehmer geltenden fachlichen Sorgfalt entsprechen und dazu geeignet sind, die Fähigkeit des Verbrauchers, sich auf Grund von Informationen zu entscheiden, spürbar zu beeinträchtigen und ihn damit zu einer geschäftlichen Entscheidung zu veranlassen, die er andernfalls nicht getroffen hätte.«

Die Norm dient der Umsetzung des Art. 5 Abs. 2 UGP-Richtlinie, nach dessen Maßstäben die Verbrauchergeneralklausel auszulegen ist.[1235] Die Unlauterkeit nach Art. 5 Abs. 2 UGP-Richtlinie setzt voraus, dass eine Geschäftspraxis erstens den Erfordernissen der »beruflichen Sorgfaltspflicht« widerspricht und zweitens in Bezug auf das jeweilige Produkt dazu geeignet ist, das wirtschaftliche Verhalten des Durchschnittsverbrauchers wesentlich zu beeinflussen.

Der Schutzstandard bestimmt sich grundsätzlich danach, inwieweit sich ein Durchschnittsverbraucher, der nach dem europäischen Verbraucherleitbild ein »durchschnittlich informierter, angemessen aufmerksamer und verständiger« Konsument ist, durch eine sorgfaltswidrige Einflussnahme in seiner Entscheidung beeinflussen lassen wird. Bei Kopplungsangeboten, die sich an bestimmte Verbraucherkreise richten, ist stets auf ein durchschnittliches Mitglied der angesprochenen Gruppe abzustellen (§ 3 Abs. 2 Satz 2 UWG, Art. 5 Abs. 3 UGP-Richtlinie). Spricht ein Kopplungsangebot nur Verbraucher einer besonders schutzwürdigen Gruppe (etwa Kinder und Jugendliche) an, dann ist auf ein durchschnittliches Mitglied dieser Gruppe abzustellen, wenn der Unternehmer dies vorhersehen kann (§ 3 Abs. 2 Satz 3 UWG, Art. 5 Abs. 3 UGP-Richtlinie). In seiner Entscheidung *Goldbärenbarren*[1236] hat der BGH im Dezember 2013 in Bezug auf ein Gewinnspielkopplungsangebot eines Süßigkeitenherstellers

---

1235 *Köhler* in Köhler/Bornkamm, UWG, § 3 Rn. 33.

1236 BGH Urteil v. 12.12.2013 – I ZR 192/12 (Goldbärenbarren), GRUR 2014, 686.; A. A. noch die Vorinstanz OLG Köln Urteil v. 21.09.2012 – 6 U 53/12 *(Fruchtgummi-Glückswochen)*, GRUR-RR 2013, 168.

klargestellt, dass der strenge Prüfungsmaßstab des § 3 Abs. 2 Satz 3 UWG dem Wortlaut der Norm entsprechend nur dann gilt, wenn die in Rede stehende Werbung voraussichtlich und vorhersehbar allein das geschäftliche Verhalten der besonders schutzwürdigen Gruppe beeinflusst.[1237] Richtet sich ein Produkt dagegen etwa an Kinder und Erwachsene gleichermaßen, sei das Verständnis eines durchschnittlichen Verbrauchers, nicht nur der schutzwürdigen Gruppe, maßgeblich.[1238] Es kommt also für die Beurteilung eines Kopplungsangebots nach § 3 Abs. 2 UWG stets auf ein durchschnittliches Mitglied aller angesprochenen Verbraucher an, nicht etwa auf ein durchschnittliches Mitglied einer besonders schützenswerten Teilgruppe der angesprochenen Kreise.

Schließlich kann ein Kopplungsangebot – unabhängig von den Voraussetzungen der Verbrauchergeneralklausel auch dann unzulässig sein, wenn es nach § 3 Abs. 1 UWG eine unlautere geschäftliche Handlung darstellt, die geeignet ist, »die Interessen von Mitbewerbern, Verbrauchern oder sonstigen Marktteilnehmern spürbar zu beeinträchtigen«.

2. *Anforderungen des § 3 Abs. 2 UWG für Kopplungsangebote*

Die Verbrauchergeneralklausel hat in Bezug auf Kopplungsangebote allenfalls einen sehr kleinen, auf besondere Einzelfälle beschränkten, originären Anwendungsbereich. Vorausgesetzt wird nach den vorstehenden Maßstäben dass ein Kopplungsangebot gegen die fachliche Sorgfalt verstößt und zur Beeinträchtigung einer informierten Entscheidung geeignet ist:

a) Verstoß gegen die fachliche Sorgfalt durch Kopplungsangebote

Ein originärer[1239] Verstoß gegen die Verbrauchergeneralklausel setzt voraus, dass das Kopplungsangebot allen oben dargelegten Kriterien sowie allen sonstigen speziellen lauterkeitsrechtlichen Erfordernissen genügt und dennoch gegen die fachliche Sorgfalt verstößt. Das nach § 3 Abs. 2 UWG zu prüfende Kopplungsangebot muss damit auch das nach der Konzeption des UWG 2008 wichtigste

---

1237 BGH Urteil v. 12.12.2013 – I ZR 192/12 *(Goldbärenbarren)*, GRUR 2014, 686.

1238 BGH Urteil v. 12.12.2013 – I ZR 192/12 *(Goldbärenbarren)*, GRUR 2014, 686. Anders liegt es bei dem Per-se-Verbot Nr. 28 Schwarze Liste, das dem Kinderschutz dient und u.a. die »unmittelbare Aufforderung an Kinder, selbst die beworbene Ware zu erwerben« untersagt. Für das Vorliegen des Tatbestands des Per-Se-Verbotes ist erforderlich, dass die Werbung Kinder gezielt anspricht, also auf sie »abzielt«. Vgl. BGH Urteil v. 18.09.2014 – I ZR 34/12 (Runes of Magic II), GRUR 2014, 1211, 1213.

1239 Gemeint ist damit ein Verstoß, der nicht durch einen Spezialtatbestand indiziert wird.

Erfordernis, nämlich das der Transparenz, erfüllen. Vor diesem Hintergrund bleibt für eine Unlauterkeit nach der Generalklausel nach hier vertretener Auffassung nur noch wenig Raum. Mit anderen Worten: Bei einem Kopplungsangebot, das den Test nach 31 Per-se-Verboten[1240] bestanden hat, nicht irreführend ist, das seine Bedingungen klar, eindeutig und rechtzeitig mitteilt, das auch im Übrigen transparent ist, das weder bedrängt, nötigt oder belästigt und das auch keine außerhalb des Lauterkeitsrechts liegenden (Kopplungs)Verbote verletzt, wird man nur in seltenen Ausnahmefällen von dem von § 3 Abs. 2 UWG vorausgesetzten Verstoß gegen die fachliche Sorgfalt sprechen können. Ein Fortbestehen der zu § 1 UWG 1909 entwickelten Fallgruppen als Maßstab für die »berufliche« oder »fachliche Sorgfaltspflicht« scheidet damit aus.

In der Kopplung verschiedener Angebotselemente liegt, sofern diese nicht gegen ein spezialgesetzliches Kopplungsverbot verstößt, für sich genommen kein Verstoß gegen die »fachliche Sorgfalt«.[1241] Denn der BGH hat klargestellt, dass Kopplungsangebote als Ausdruck des gesunden Wettbewerbs die Heterogenität des Angebots fördern können.[1242] Damit ein Kopplungsangebot gegen die fachliche Sorgfalt verstößt, müssen deshalb besondere Unlauterkeitsmerkmale hinzutreten.

Dabei sind – nach hier vertretener Auffassung – insbesondere die Anforderungen in den Blick zu nehmen, die der Gesetzgeber in den Per-se-Verboten der Schwarzen Liste und in den Regelbeispielen an die Unternehmer stellt. Kopplungsangebote, die zwar keinen dieser Tatbestände erfüllen, jedoch die von den Verboten geschützten Interessen verletzen und sich zudem noch an einen besonders schützenswerten Verbraucherkreis richten, können im Einzelfall einen Verstoß gegen die fachliche Sorgfalt darstellen. Dabei ist allerdings zu berücksichtigen, dass der gesetzgeberische Wille gerade in den Grenzen eines Verbotstatbestandes zum Ausdruck kommt, die nicht durch eine uferlose Ausweitung der Verbotstatbestände über die Generalklausel verwischt werden dürfen. Gerade bei den Per-se-Verboten gilt deshalb, dass eine nicht tatbestandliche Verletzungshandlung nur im besonderen Einzelfall nach den Maßstäben des § 3 Nr. 2 UWG zur Unlauterkeit führen kann.

Ein Kopplungsangebot könnte hiernach etwa dann gemäß § 3 Abs. 2 UWG gegen die berufliche Sorgfalt verstoßen, wenn es besonderen Druck ausübt (wenn

1240 Diese bestehen in den 30 Verboten der Schwarzen Liste sowie in § 7 Abs. 2 UWG.

1241 A. A. noch *Köhler*, GRUR 2010, 177, demzufolge alle Kopplungsangebote einen Verstoß gegen die fachliche Sorgfalt darstellen, weil und soweit ihnen eine Sogwirkung zukommt. Diese Auffassung wird von *Köhler* in Köhler/Bornkamm, UWG, § 4 Rn. 113 jedoch nicht mehr vertreten.

1242 BGH Urteil v. 13.06.2002 – I ZR 173/01 *(Kopplungsangebote I)*, GRUR 2002, 976, 978.

auch nicht den von § 4 Nr. 1 UWG vorausgesetzten, auf einer Machtposition beruhenden aggressiven Druck), sich ungefragt auf die Autorität des Staates beruft (ohne aber das Per-se-Verbot der Nr. 4 der Schwarzen Liste[1243] zu erfüllen) und sich dabei an Kinder und Jugendliche wendet (ohne jedoch gegen Nr. 28 der Schwarzen Liste[1244] zu verstoßen). Dass es solche Kopplungsangebote und damit einen originären Anwendungsbereich des § 3 Abs. 2 UWG gibt, zeigt etwa der Fall *Tony Taler*[1245], in dem Schüler angehalten wurden, durch den Konsum von Frühstücksflocken Sportgeräte für ihre Schule zu finanzieren.[1246] Der BGH hatte das Angebot noch nach den Maßstäben des § 1 UWG 1909 zu bewerten und für unlauter erklärt.[1247] Nach heutigen Maßstäben wäre das Kopplungsangebot – nach hier vertretener Auffassung – ein Verstoß gegen die Erfordernisse der fachlichen Sorgfalt im Sinne des § 3 Abs. 2 Satz 1 UWG.

Auch bei Gewinnspielkopplungsangeboten, die sich an Kinder und Jugendliche richten, kann im Einzelfall ein Verstoß gegen die fachliche Sorgfalt vorliegen.

Die Anlockwirkung eines Kopplungsangebots wird hingegen die Voraussetzungen der fachlichen Sorgfalt nur dann verletzen, wenn besondere, die Unlauterkeit begründende Umstände (Zeitdruck, äußeres Einwirken auf die Entscheidungsfreiheit, eine besonders schützenswerte Zielgruppe, ein überhöhter Preis der Hauptleistung, ein kaum gegebener Nutzen des Angebots für die Zielgruppe)[1248] hinzutreten. Die gerechtfertigte Anlockwirkung eines guten Kopplungsangebots ist dagegen nicht unlauter, sondern zu begrüßen, gleich

---

1243 Danach ist im B2C-Geschäftsverkehr stets unlauter »die unwahre Angabe, ein Unternehmer, eine von ihm vorgenommene geschäftliche Handlung oder eine Ware oder Dienstleistung sei von einer öffentlichen oder privaten Stelle bestätigt, gebilligt oder genehmigt worden, oder die unwahre Angabe, den Bedingungen für die Bestätigung, Billigung oder Genehmigung werde entsprochen.«

1244 Danach ist stets unlauter, »die in eine Werbung einbezogene unmittelbare Aufforderung an Kinder, selbst die beworbene Ware zu erwerben oder die beworbene Dienstleistung in Anspruch zu nehmen oder ihre Eltern oder andere Erwachsene dazu zu veranlassen.«

1245 BGH Urteil v. 12.07.2007 – I ZR 82/05 *(Tony Taler)*, GRUR 2008, 183. Siehe hierzu ausführlich oben S. 67 f.

1246 Siehe oben S. 67 f.

1247 BGH Urteil v. 12.07.2007 – I ZR 82/05 *(Tony Taler)*, GRUR 2008, 183. Siehe hierzu ausfürhlich oben S. 67 f.

1248 Beispiele von *Köhler* in Köhler/Bornkamm, UWG, § 4 Rn. 113. Ferner finden sich Beispiele bei *Boesche*, WRP 2011, 1345, 1353, die allerdings von der hier vertretenen Auffassung, es komme auf die Anlockwirkung des Kopplungsangebots nicht an, abweichen.

wie hoch sie auch ist. Davor, dass zu dem Kauf einer Zeitschrift zum Preis von 2,15 Euro eine Sonnenbrille im Wert von 15 Euro zugegeben wird, muss niemand, auch keine Jugendlichen, geschützt werden.[1249]

b) Beeinflussung einer informierten Entscheidung der Verbraucher

Im Rahmen der Verbrauchergeneralklausel findet ein erheblicher Teil der lauterkeitsrechtlichen Kontrolle beim zweiten Tatbestandsmerkmal des § 3 Abs. 2 Satz 1 UWG statt, nämlich dem Erfordernis, dass die Geschäftspraxis zur spürbaren Beeinträchtigung einer informierten Entscheidung der angesprochenen Verbraucher geeignet ist.[1250] Die in diesem Rahmen zum Tragen kommenden Erfordernisse des Art. 5 Abs. 2 lit. b der UGP-Richtlinie, also insbesondere die Eignung, in Bezug auf das jeweilige Produkt das wirtschaftliche Verhalten des Durchschnittsverbrauchers beeinflussen zu können, werden von Kopplungsangeboten, die gegen die berufliche Sorgfalt verstoßen, auf Grund ihrer Anlockwirkung regelmäßig erfüllt.

So wäre etwa im Beispielsfall *Tony Taler*[1251] das Kopplungsangebot geeignet, das wirtschaftliche Verhalten der angesprochenen Schüler und ihrer Eltern in Bezug auf den Erweb von Frühstücksflocken wesentlich zu beeinflussen (vgl. Art. 5 Abs. 2 lit. b UGP-Richtlinie) und Schüler, dazu zu bewegen, Frühstücksflocken zu erwerben, was diese ohne das Kopplungsangebot nicht getan hätten (Vgl. § 3 Abs. 2 UWG). Das Kopplungsangebot *Tony Taler* wäre deshalb auch nach heutigen Maßstäben wegen eines Verstoßes gegen die Generalklausel des § 3 Abs. 2 UWG unlauter.

3. *Anforderungen des § 3 Abs. 1 UWG an Kopplungsangebote*

Noch seltener als ein allein gegen § 3 Abs. 2 UWG verstoßendes Kopplungsangebot ist eines, das nur gegen die allgemeine Generalklausel des § 3 Abs. 1 UWG verstößt. Für Kopplungsangebote im B2C-Geschäftsverkehr kommt ein originärer[1252] Verstoß gegen § 3 Abs. 1 UWG praktisch nur dann in Betracht, wenn das Kopplungsangebot zwar nicht die Interessen der Verbraucher gefährdet (deshalb also den Test nach der Verbrauchergeneralklausel besteht), aber jene

---

1249 Vgl. zu diesem Beispiel BGH Urteil v. 22.09.2005 – I ZR 28/03 *(Zeitschrift mit Sonnenbrille)*, GRUR 2006, 161.

1250 *Köhler*, GRUR 2010, 177, 183.

1251 BGH Urteil v. 12.07.2007 – I ZR 82/05 *(Tony Taler)*, GRUR 2008, 183.

1252 Gemeint ist ein Verstoß nur gegen § 3 Abs. 1 UWG, nicht also ein Verstoß gegen ein Regelbeispiel des § 4 UWG, das zudem das Relevanzkriterium des § 3 Abs, 1 UWG erfüllt.

der Mitbewerber. Der eigenständige Anwendungsbereich der Norm ist insoweit auf Fälle der allgemeinen Marktbehinderung beschränkt,[1253] die durch die hier besprochenen verkaufsfördernden Kopplungsangebote jedoch regelmäßig nicht begründet werden.[1254] Fälle der allgemeinen Marktbehinderung kommen dagegen mitunter vor, wenn marktmächtige Unternehmen aufgedrängte Kopplungsangebote einsetzen.[1255]

D. Abweichungen bei der Bewertung von Kopplungsangeboten im B2B Verkehr

Kopplungsangebote gegenüber sonstigen Marktteilnehmern, etwa gegenüber Wiederverkäufern (z. B. Kopplungsangebote des Großhandels) oder Angehörigen berufsständiger Organisationen (z. B. Ärzte, Rechtsanwälte), durchlaufen nur den oben dargestellten[1256] reduzierten Prüfungskanon. Für sie gelten nicht die Verbote der Schwarzen Liste, nicht die Irreführungsverbote des § 5a Abs. 2–4 UWG, nicht die Regelbeispiele des § 4 Nr. 2 und Nr. 6 UWG und nicht die Verbrauchergeneralklausel, § 3 Abs. 2 UWG.

Im Übrigen muss ein Kopplungsverbot im B2B-Geschäftsverkehr den zum B2C-Geschäftsverkehr dargestellten Anforderungen grundsätzlich genügen, darf also nicht irreführend sein (§§ 5, 5a Abs. 1 UWG) und muss (auch in Bezug auf seine Bedingungen) hinreichend transparent sein (insbesondere § 4 Nr. 4 und Nr. 5 UWG). Die Normen des UWG müssen im B2B-Geschäftsverkehr nicht nach den Maßstäben der UGP-Richtlinie ausgelegt werden, wobei jedoch, um Wertungswidersprüche zu vermeiden, kein abweichendes inhaltliches Normverständnis zugrunde zu legen ist.[1257] Dagegen ist der Schutzstandard der UWG Normen an die Besonderheiten des B2B-Geschäftsverkehrs anzupassen. So ist etwa im Stufenwettbewerb stets zu berücksichtigen, dass es sich bei den durch ein Kopplungsangebot Angesprochenen um Fachkreise handelt, die regelmäßig

1253 Zu dieser Fallgruppe vgl. BGH Urteil v. 29.10.2009 – I ZR 180/07 *(Stumme Verkäufer II)*, GRUR 2010, 455.

1254 *Köhler* in Köhler/Bornkamm, UWG, § 4 Rn. 115.

1255 *Boesche*, WRP 2011, 1345, 1354.; *Köhler* in Köhler/Bornkamm, UWG, § 4 Rn. 115. Siehe hierzu oben S. 86 ff.

1256 Siehe oben S. 230 ff.

1257 Vgl. *Köhler*, GRUR 2010, 767, 776 dort Fn. 34; zur Rechtsprechung in Österreich vgl. *Boesche*, WRP 2009 2009, 661, 672 dort Fn. 104.

keine irrationalen Entscheidungen treffen und sich in ihrer Entscheidungsfreiheit auch nicht ohne Weiteres beeinträchtigen lassen.[1258]

Gegenüber dem B2C-Geschäftsverkehr hinzutretende Voraussetzungen für Kopplungsangebote im B2B-Geschäftsverkehr gibt es insoweit, wie bestimmte Angehörige von berufsständischen Gruppen Adressaten der oben dargestellten[1259] Kopplungsverbote sind. So dürfen etwa Ärzte[1260] und Apotheker, anders als Verbraucher, keine Prämien für den Bezug oder den Verkauf von Arzneimitteln erhalten.

Neben den speziellen Zuwendungsverboten für bestimmte Angehörige berufsständischer Organisationen können auch Dreieckskopplungen[1261] unlauter sein, die Fremdverpflichtete mit Prämien begünstigen. Insoweit ist auf die obigen Ausführungen zu Bestechungskonstellationen zu verweisen.[1262] Auch jenseits von strafbaren Bestechungskonstellationen (die nach § 4 Nr. 11 UWG unlauter sind) kommt eine Unlauterkeit einer Dreieckskopplung nach § 4 Nr. 1 UWG und § 4 Nr. 11 UWG in Betracht.

Ein Beispiel für ein nach § 4 Nr. 1 UWG unlauteres Kopplungsangebot im B2B-Geschäftsverkehr bietet der Fall *Winteraktion*[1263] des BGH: Ein Unternehmen veräußerte Vorratsgesellschaften und warb gegenüber Rechtsanwälten, Steuerberatern und Wirtschaftsprüfern mit folgendem Kopplungsangebot: Erwerben Mandanten der angesprochenen Berufsträger eine Vorratsgesellschaft des Unternehmens, dann können die Berufsträger als Vermittler ein Auto gewinnen. Diese Dreieckskopplung ist gemäß §§ 3, 4 Nr. 1 UWG unlauter,[1264] denn von dem Kopplungsangebot kann eine unangemessene unsachliche Beeinflussung ausgehen. Nicht etwa ein – nur sich selbst verpflichteter – Verbraucher kommt in den Genuss der Prämie, sondern der Berufsträger, der sich ausschließlich nach den Interessen seines Mandanten zu richten hat und zudem selbst durch das Geschäft nicht wirtschaftlich belastet wird. Der Berufsträger wird durch die Prämie angehalten, eigenes (aus der Sicht des Mandanten und des Berufsstandes neben

---

1258 *Stuckel* in Harte-Bavendamm/Henning-Bodewig, UWG, § 4 Nr. 1 Rn. 81.

1259 Siehe oben S. 178 ff. sowie 307 ff.

1260 Vgl. BGH Urteil v. 24.06.2010 – I ZR 182/08 *(Brillenversorgung II)*, GRUR 2010, 850.

1261 Siehe oben S. 168 ff.; ferner: *Stuckel* in Harte-Bavendamm/Henning-Bodewig, UWG, § 4 Nr. 1 Rn. 81.

1262 Siehe oben S. 168 ff.

1263 BGH Urteil v. 02.07.2009 – I ZR 147/06 *(Winteraktion)*, GRUR 2009, 969.

1264 BGH Urteil v. 02.07.2009 – I ZR 147/06 *(Winteraktion)*, GRUR 2009, 969, 969.

der Sache liegendes) Gewinnstreben in seine Empfehlungen bei der Wahl für einen Anbieter von Vorratsgesellschaften mit einzubeziehen.[1265]

Werden durch ein Kopplungsangebot im B2B-Geschäftsverkehr Zuwendungen an Personen gewährt, die nicht aufgrund ihres Berufsstandes besonderen Neutralitätspflichten unterliegen, ist zu unterscheiden: Zuwendungen an Geschäftsinhaber oder deren Unternehmen sind lauterkeitsrechtlich regelmäßig nicht zu beanstanden, insoweit kann nämlich unterstellt werden, dass der Verbraucher durchaus damit rechnet, dass sich ein Händlers in seinem Empfehlungsverhalten durch Lieferanten beeinflussen lässt.[1266] Richten sich die Zuwendungen im Rahmen einer Dreieckskopplung hingegen nicht an das Unternehmen selbst, sondern an einzelne Angestellte des Unternehmens, kann im Einzelfall eine unsachliche Beeinflussung (§ 4 Nr. 1 UWG) oder der Rechtsbruchtatbestand (§ 4 Nr. 11 in Verbindung mit § 299 StGB) vorliegen.[1267] Ob dies der Fall ist, hängt maßgeblich davon ab, ob die Gefahr besteht, dass der Angestellte, mitunter entgegen den Interessen seines Arbeitgebers, unter Verheimlichung der wahren Beweggründe einem Verbraucher ein bestimmtes Produkt empfiehlt, das für diesen nicht geeignet ist und dabei womöglich auch irreführende (§ 5 UWG) Angaben macht.[1268]

Zusammenfassend lässt sich festhalten, dass Kopplungsangebote im B2B-Geschäftsverkehr einem gegenüber dem B2C-Geschäftsverkehr liberaleren Zulässigkeitsregime unterliegen, sie jedoch in Dreieckskonstellationen Interessenskonflikte schüren können, die im Einzelfall zur Unlauterkeit des Kopplungsangebots führen können.

1265 Im B2B-Geschäftsverkehr ist § 4 Nr. 1 UWG nicht nach Art. 8 und Art. 9 UGP-Richtlinie auszulegen, weshalb keine Beschränkung auf aggressive Geschäftspraktiken anzunehmen ist. Eine analoge Heranziehung der UGP-Richtlinie wird teilweise gefordert, um nicht im B2B-Geschäftsverkehr strengere Maßstäbe anzusetzen, als im B2C-Geschäftsverkehr, vgl. *Boesche*, WRP 2011, 1345, 1355. Jedenfalls in Dreieckskonstellationen ist eine solche Beschränkung des Anwendungsbereichs des § 4 Nr. 1 UWG nach hier vertretener Auffassung indes nicht sachgerecht. Ein Wertungswiderspruch zum B2C-Geschäftsverkehr tritt deshalb nicht auf, weil der Verbraucher – mangels Fremdverpflichtung – nicht in denselben Interessenskonflikt kommen kann, wie der durch Zuwendungen beeinflusste fremdverpflichtete Berufsträger.

1266 *Stuckel* in Harte-Bavendamm/Henning-Bodewig, UWG, § 4 Nr. 1 Rn. 94. Auch die Strafnorm der Bestechung im geschäftlichen Verkehr (§ 299 StGB) erfasst keine Zuwendungen an Betriebsinhaber.

1267 Vgl. oben S. 168 ff.

1268 *Stuckel* in Harte-Bavendamm/Henning-Bodewig, UWG, § 4 Nr. 1 Rn. 94.

Zusammenfassung und Thesen

A. Zusammenfassung

I. Wesen und Erscheinungsformen von Kopplungsangeboten

Verkaufsfördernde Kopplungsangebote sind eine Werbemethode, die bestimmte wesenstypische Merkmale aufweist:

Allen Kopplungsangeboten ist gemein, dass es sich um Angebote handelt, in denen zwei oder mehr unterschiedliche Waren oder Dienstleistungen zu einem Gesamtangebot verbunden werden.[1269] Wird infolge eines solchen Angebots ein Vertrag geschlossen, liegt ein – rechtlich gesondert zu bewertendes – »Kopplungsgeschäft« vor.[1270]

Ein Kopplungsangebot verlangt das Vorliegen eines Angebots im wettbewerbsrechtlichen Sinne, was dann der Fall ist, wenn die angesprochenen Kreise eine Werbebotschaft als ein Angebot im Sinne des allgemeinen Sprachgebrauchs auffassen. Deswegen kann ein Kopplungsangebot bereits in einer vergleichsweise allgemeinen Werbebotschaft gesehen werden.[1271]

Ferner verlangt ein Kopplungsangebot zwei oder mehr Angebotselemente, die eine gewisse Selbstständigkeit aufweisen müssen. Werden nur unselbstständige Weiterungen und Besserungen mit einem Angebot verbunden, liegt kein Kopplungsangebot, sondern ein einheitliches Angebot vor. Für die Beurteilung, ob ein Angebotselement hinreichend selbstständig ist, ist auf die Wahrnehmung der angesprochenen Kunden abzustellen. Ist die Individualisierung der einzelnen Angebotselemente aus Sicht der angesprochenen Verbraucher eine künstliche Aufspaltung eines einheitlichen Angebots, liegt kein Kopplungsangebot vor.[1272] Liegen dagegen aus Verbrauchersicht selbstständige und individualisierbare Weiterungen und Besserungen des Angebots vor, handelt es sich nach hier vertretener Auffassung um ein Kopplungsangebot.

Für das Vorliegen eines Kopplungsangebots kommt es nicht darauf an, ob die Angebotselemente in einem funktionellen oder wirtschaftlichen Zusammenhang stehen.[1273] Die unter Geltung der Zugabeverordnung entwickelte Rechtsprechung, wonach eine funktionelle oder wirtschaftliche Einheit der Angebotselemente

1269 Siehe S. 23 ff.
1270 Siehe S. 23 ff.
1271 Siehe S. 34 ff.
1272 Siehe S. 36 ff.
1273 Siehe S. 43 ff.

ein Kopplungsangebot ausschloss, ist im heutigen Lauterkeitsrecht aufzugeben. Denn die Analyse der Rechtsprechung unter Geltung der Zugabeverordnung zeigt, dass sich auf Grundlage dieses vagen Abgrenzungskriteriums keine sicheren Unterscheidungen treffen lassen.[1274] Hinzutritt, dass die Unterscheidung zwischen funktionsnahen und funktionsfremden Kombinationen für die rechtliche Bewertung einer Kombination nur dann fruchtbar ist, wenn das Angebot unter dem Gesichtspunkt der »unsachlichen Beeinflussung« oder des »übertriebenen Anlockens« bewertet wird.[1275] Unter Zugrundelegung des gewandelten Verbraucherleitbildes ist die aus der Funktionsverschiedenheit der Angebotselemente eines Kopplungsangebots erwachsende Anlockwirkung jedoch lauterkeitsrechtlich grundsätzlich unbedenklich. Daher kommt es für das Vorliegen eines Kopplungsangebots und in der Regel auch für dessen lauterkeitsrechtliche Bewertung nicht auf das funktionelle oder wirtschaftliche Verhältnis der Angebotselemente zueinander an. Für die Frage der lauterkeitsrechtlichen Zulässigkeit eines Kopplungsangebotes kommt es daher grundsätzlich nicht mehr darauf an, ob das Kopplungsangebot aus zweckmäßigen Kombinationen besteht (z. B. Mobiltelefon und Mobilfunkvertrag[1276]; Kraftfahrzeugkauf und Finanzierung[1277]) oder völlig willkürlich zusammengesetzt ist (z. B. Autokauf und Flugreise)[1278].

Kein Kopplungsangebot liegt vor, wenn ausschließlich gleiche Angebotselemente zu einem Gesamtangebot verbunden werden.[1279] Denn bei solchen Kombinationen (Gebinden) kann der Einzelpreis der Angebotselemente unmittelbar aus dem Angebot hergeleitet werden. Von Kopplungsangeboten kann dagegen typischerweise die Gefahr der Preisverschleierung ausgehen, denn häufig ist es nicht möglich, nur aufgrund des Kopplungsangebots den Einzelpreis der Angebotselemente zu bestimmen. Ob und wie viel der Verbraucher durch die Kopplung spart, kann daher mitunter nur durch Hinzuziehung externer Informationen bestimmt werden. Hierin liegt eine wesenstypische Gefahr der Kopplungsangebote.

Ein Kopplungsangebot setzt ferner voraus, dass die unterschiedlichen Angebotselemente hinreichend fest verbunden, also gekoppelt sind. Werden die

---

1274 Siehe S. 48 ff.

1275 Siehe S. 48 ff.

1276 Vgl. BGH Urteil v. 08.10.1998 – I ZR 187/97 *(Handy für 0,00 EUR)*, GRUR 1999, 264; LG Hanau Urteil v. 28.09.2011 – 5 O 52/11 WRP 2012, 363.

1277 Vgl. BGH Urteil v. 28.04.1994 – I ZR 68/92 *(Zinsgünstige Kfz-Finanzierung durch Herstellerbank)*, GRUR 1994, 743.

1278 Vgl. OLG Hamm Urteil v. 22.06.1989 – 4 U 85/89 *(Auto und Urlaub)*, GRUR 1989, 923; OLG München Urteil v. 25.11.1999 – 6 U 1862/99 WRP 2001, 319.

1279 Siehe S. 52 ff.

gekoppelten Angebotselemente den Kunden gleichzeitig auch einzeln angeboten, kommt es für das Vorliegen eines Kopplungsangebotes darauf an, ob eine Vergünstigung im Zusammenhang mit der Kopplung versprochen wird. Denn wesenstypisch für ein verkaufsförderndes Kopplungsangebot ist, dass von ihm eine gewisse Anlockwirkung ausgehen soll. Diese Anlockwirkung wird in der Regel dadurch erzielt, dass dem Kunden ausdrücklich oder konkludent versprochen wird, er erhalte im Zusammenhang mit der Kopplung eine Vergünstigung. Werden die Angebotselemente nur im Rahmen eines Kopplungsangebots und nicht auch einzeln abgegeben, kommt es für das Vorliegen eines Kopplungsangebots nicht darauf an, ob eine Vergünstigung auch ausdrücklich versprochen wird. Der versprochene Vorteil liegt in solchen Fällen vielmehr bereits in der Gewährung der sonst nicht angebotenen Elemente.[1280]

Keine Verbindung der Angebotselemente und daher kein Kopplungsangebot liegt bei Geschenken oder Warenproben vor. Ob ein Angebot ein Werbegeschenk oder ein Kopplungsangebot ist, hängt nicht von der Bezeichnung einer Zuwendung als »Geschenk« oder als »gratis« ab, sondern davon, ob die Zuwendung tatsächlich gegenleistungsfrei gewährt wird.[1281] Ein Kopplungsangebot und kein Werbegeschenk liegt auch dann vor, wenn der Kunde eine Prämie für den Bezug einer Leistung erhält, sich aber später aufgrund von Widerrufs- und Rücktrittsrechten von der eigenen Leistungspflicht lösen kann.[1282] Um kein Kopplungsangebot handelt es sich dagegen, wenn ein Verbraucher durch die Abgabe einer kostenlosen oder vergünstigten Leistung nur anstandshalber zum Bezug einer entgeltlichen Leistung bewegt werden soll. Eine Kopplung durch »psychischen Kaufzwang« kommt vor dem Hintergrund des heutigen Verbraucherleitbildes regelmäßig nicht mehr in Betracht.[1283] Damit ist jedoch keine Aussage darüber getätigt, ob von einem Kopplungsangebot nicht auch ein hoher sozialer Druck ausgehen kann. In seltenen Fällen – etwa bei Werbung gegenüber Kindern unter Ausnutzung von Autoritäten – kann nach hier vertretener Auffassung von einem Kopplungsangebot ein solcher Zwang ausgehen.[1284]

Schließlich liegt auch kein Kopplungsangebot vor, wenn eine nur technische und nicht auch rechtliche Verbindung der Angebotselemente stattfindet.[1285]

1280 Siehe S. 57 ff.
1281 Siehe S. 58 ff.
1282 Siehe S. 61 ff.
1283 Siehe S. 64 ff.
1284 Siehe S. 66 ff.
1285 Siehe S. 69 ff.

Zu dem Wesen der hier dargestellten verkaufsfördernden Kopplungsangebote gehört, dass es sich um Verkaufsförderungsmaßnahmen handelt.[1286] Das bedeutet, dass das Kopplungsangebot zur Förderung des Absatzes den angesprochenen Kreisen eine Vergünstigung verspricht. Weil solche Kopplungsangebote den Verkaufsförderungsmaßnahmen unterfallen, gilt für sie das besondere Transparenzgebot des § 4 Nr. 4 UWG. Richten sich Kopplungsangebote an Verbraucher, haben sie zudem den Erfordernissen der UGP-Richtlinie zu genügen.[1287]

Die in der Vergangenheit vorgenommene Kategorisierung der Kopplungsangebote in verschiedene Fallgruppen ist heute aus rechtlicher Sicht bedeutungslos, denn alle Kopplungsangebote sind an denselben lauterkeitsrechtlichen Maßstäben zu messen. Dabei sind die rechtlichen Anforderungen an Kopplungsangebote nach der Harmonisierung des europäischen Verbraucherwettbewerbsrechts zu spezifisch auf die individuelle Ausgestaltung des Angebots gerichtet, als dass sich Fallgruppen bilden ließen, die eine abstrakte Beurteilung in lautere und unlautere Kopplungsangebote ermöglichen würden.[1288] Dessen ungeachtet können unterschiedliche Formen der Kopplungsangebote als praktische Erscheinungsformen beobachtet und unterschieden werden (z. B. klassische Kopplungsangebote, finanzierende Kopplungsangebote, Kopplungen im Zusammenhang mit Mitgliedschaften, klassische Zugaben, Kundenbindungssysteme, Kundengewinnungssysteme, Gewinnspielkopplungen, Kopplungen im Zusammenhang mit Spendenleistungen).[1289]

Bezüglich der Motivation für den Einsatz von Kopplungsangeboten lassen sich wettbewerblich wünschenswerte (Markterschließung durch einen Newcomer; Angebotsdiversifikation) und missbilligte Motive (Preisverschleierung) feststellen.[1290] Bei Nachfragern von Kopplungsangeboten spielt der Wunsch nach einem finanziellen oder sachlichen Vorteil aber auch die Sammelleidenschaft (bei Kundenbindungssystemen) eine Rolle.

Die praktische Verbreitung der Kopplungsangebote, insbesondere moderner Kundenbindungssysteme, ist heute erheblich, ihre wirtschaftliche Bedeutung beträchtlich.[1291]

1286 Siehe S. 71 ff.
1287 Siehe S. 70 ff.
1288 Siehe S. 78 ff.
1289 Siehe S. 84 ff.
1290 Siehe S. 87 ff.
1291 Siehe S. 92 ff.

II. Entwicklung der Kopplungsangebote und ihrer rechtlichen Bewertung

Es ist nicht mit Sicherheit bestimmbar, wann die Kopplung von unterschiedlichen Waren und Dienstleistungen zu Gesamtangeboten als Werbe- und Vertriebsmethode im Handel erstmals auftrat. Moderne Kopplungssysteme lassen sich in Deutschland jedenfalls ab dem beginnenden Zwanzigsten Jahrhundert nachweisen.[1292] Im Deutschen Reich bis 1918 blieben Kopplungsangebote – mit Ausnahme in der Zeit des Ersten Weltkriegs – weitgehend unreguliert, obwohl sie in der Handelspraxis in einer durchaus mit modernen Kundenbindungssystemen vergleichbaren Ausgestaltung eingesetzt wurden.

Etwa ab Mitte der 1920er Jahre wurden Kopplungsangebote von der Rechtsprechung zunehmend restriktiver bewertet. Mit Einführung der Zugabeverordnung im Jahr 1932 konnten Kopplungsangebote in Form von Zugaben untersagt werden, ohne dass ein sittlicher Makel des Angebots im Einzelfall festgestellt werden musste. Unter Geltung der Zugabeverordnung kam es für die Bewertung der sonstigen Kopplungsangebote in der Folgezeit insbesondere darauf an, ob diese als eine Umgehung der Zugabeverordnung gewertet wurden. Unter Herrschaft der Nationalsozialisten erfolgte eine Einbettung der wettbewerbsrechtlichen Bewertung der Kopplungsangebote in die nationalsozialistische Ideologie, was zu weiteren Restriktionen für Kopplungsangebote führte, die schließlich – infolge der Mängel der Kriegswirtschaft – praktisch vollständig untersagt wurden.[1293]

Nach Aufhebung der durch die Kriegswirtschaft bedingen Sonderverordnungen in der Bundesrepublik blieb die Bewertung der Kopplungsangebote, insbesondere aufgrund der Fortgeltung der Zugabeverordnung, restriktiv. Verkaufsförderungsmaßnahmen wurden von der Rechtsprechung und auch von der herrschenden Lehre grundsätzlich missbilligt. Verkaufsförderungsmaßnahmen stellten einen »Nichtleistungswettbewerb« dar, durch den die Verbraucher in ihrer Funktion in der Wirtschaftsordnung gestört würden. Aufgabe des Verbrauchers sei es, den Wettbewerb über die Attribute der Qualität und der Preiswürdigkeit zu entscheiden, sie dürften in dieser Aufgabe nicht sachfremd beeinflusst oder durch Zugaben »bestochen« werden.[1294]

Als primäres Unlauterkeitsmerkmal bei der Bewertung der Kopplungsangebote entwickelte die Rechtsprechung den Maßstab des *übertriebenen Anlockens.*

1292 Siehe S. 95 ff.
1293 Siehe S. 102 ff.
1294 Siehe S. 105 ff.

Eine unlautere Anlockwirkung sollte insbesondere von Kopplungsangeboten ausgehen, für die es keinen sachlichen Grund gab, weil sie etwa aus Kombinationen von Angebotselementen aus unterschiedlichen Branchen bestanden, oder weil die Angebotselemente keinen oder nur einen geringen Gebrauchszusammenhang aufwiesen.[1295] Neben dem Aspekt des übertriebenen Anlockens wurden Kopplungsangebote bereits zu jener Zeit unter dem Gesichtspunkt der *Transparenz* bewertet. Das Transparenzerfordernis bestand grundsätzlich in einer kaufmännisch richtigen Preiskalkulation und in dem Erfordernis, die Einzelpreise auch mitzuteilen. Je geringer die Transparenz eines Kopplungsangebots war, etwa weil die Einzelpreise nicht ausgewiesen waren, desto höher waren die Anforderungen an den Gebrauchszusammenhang der gekoppelten Angebotselemente. In der Folge entstand ein komplexes System der Zulässigkeit der Kopplungsangebote, wobei diese in Fallgruppen kategorisiert wurden und die Rechtsprechung für die einzelnen Fallgruppen unterschiedliche Zulässigkeitserfordernisse entwickelte.[1296]

Ab den 1990er Jahren setzte eine Liberalisierung der rechtlichen Bewertung der Kopplungsangebote ein. Ausgangspunkt der Liberalisierung war ein Wandel des Verbraucherleitbildes in der Rechtsprechung. An die Stelle des flüchtigen Verbrauchers, der allein aufgrund des ersten Eindrucks und ohne Nachdenken seine Kaufentscheidungen treffe, trat allmählich das europäisch geprägte Bild des durchschnittlich informierten und angemessen aufmerksamen und verständigen Durchschnittsverbrauchers.[1297] Eine Folge des gewandelten Verbraucherleitbildes war, dass die Rechtsprechung dem Verbraucher zunehmend auch eigene Anstrengungen zumutete, durch die er ein etwaiges Informationsdefizit eines Kopplungsangebotes kompensieren konnte. Dies führte zu einer Weiterung der Zulässigkeit von Kopplungsangeboten.[1298] Mit dem Wegfall der Zugabeverordnung im Jahr 2001 erfolgte eine Neubewertung der Zulässigkeit der Kopplungsangebote.[1299] In den Entscheidungen *Kopplungsangebote I* und *Kopplungsangebote II* gab der BGH die vergangene Fallgruppenbildung auf und ersetzte diese durch eine einheitliche Missbrauchskontrolle, die sich an den Gefahren der Kopplungsangebote orientiert und die bis heute für die rechtliche Bewertung von verkaufsfördernden Kopplungsangeboten bedeutend ist.[1300]

1295 Siehe S. 110 ff.
1296 Siehe S. 106 ff.
1297 Siehe S. 118 ff.
1298 Siehe S. 119 ff.
1299 Siehe S. 120 ff.
1300 Siehe S. 124 ff.

In den verschiedenen Rechtsordnungen Europas wurden Kopplungsangebote in jener Zeit unterschiedlich bewertet, was sich am Beispiel Großbritannien veranschaulichen lässt.[1301] So waren Kopplungsangebote in Großbritannien in erheblich weiterem Umfang zulässig als unter Geltung der Zugabeverordnung in Deutschland. Dies war einerseits Folge einer bewussten Entscheidung des britischen Gesetzgebers gegen ein Zugabeverbot, andererseits auch eine Konsequenz daraus, dass die Anlockwirkung, die von Kopplungsangeboten ausgehen kann, von dem britischen Gesetzgeber und den Selbstkontrollverbänden nicht als unlauter bewertet wurde. Gleichwohl waren Kopplungsangebote auch im Vereinigten Königreich nicht schrankenlos zulässig. Insbesondere unter dem Gesichtspunkt irreführender Preisauszeichnungen konnten Kopplungsangebote gegen Gebote des *Statutory Law* oder gegen Richtlinien der Selbstkontrollverbände verstoßen. So bestand eine wesentliche Einschränkung der Kopplungsangebote darin, dass eine Zugabe, die sich der Anbieter über eine Erhöhung des Preises der Hauptware bezahlen ließ, nicht als »kostenlos« bezeichnet werden durfte, was sich zunächst aus dem *British Code of Advertising and Sales Promotion* (Rule 32.2) und später zudem aus der *Consumer Protection*-Verordnung (Clause 1.10.4) ergab. Das britische Schutzmodell war mithin im Vergleich zur damaligen Rechtslage in Deutschland stärker auf die Transparenz und den Schutz vor Irreführung ausgerichtet und nicht auf den Schutz vor einer Anlockwirkung.

Die Umsetzung der UGP-Richtlinie führte schließlich über die UWG-Novellen 2004 und 2008 zur Umgestaltung des deutschen Wettbewerbsrechts und damit zu neuen Rahmenbedingungen bei der Bewertung der Kopplungsangebote.[1302] Ziel der UGP-Richtlinie ist die Vollharmonisierung des Wettbewerbsrechts, sodass der lauterkeitsrechtliche Maßstab für die Bewertung der Kopplungsangebote in Geltungsbereich der Richtlinie derselbe ist.

III. Kopplungsangebote im deutschen Vertragsrecht

Im deutschen Vertragsrecht sind Kopplungsgeschäfte aufgrund der Privatautonomie grundsätzlich zulässig.[1303] Die Reichweite der möglichen Kopplungen ist wegen der Vertragsgestaltungsfreiheit grundsätzlich nicht beschränkt.[1304] Vielmehr

---

1301 Siehe S. 138 ff.
1302 Siehe S. 135 ff.
1303 Siehe S. 151 ff.
1304 Siehe S. 153 ff.

gelten für Kopplungsangebote die allgemeinen Grenzen der Vertragsfreiheit (insbesondere §§ 134, 138 BGB) sowie wenige spezialgesetzliche Kopplungsverbote.[1305]

Die Untersuchung der Folgegeschäfte unlauterer Kopplungsangebote führt zu dem Ergebnis, dass aus der Unlauterkeit eines Kopplungsangebots keine zwingende Konsequenz für die daraufhin geschlossenen Kopplungsgeschäfte folgt.[1306] Die teilweise vertretene Auffassung, es müsse infolge der Umsetzung der UGP-Richtlinie eine Neubestimmung des Verhältnisses zwischen Lauterkeits- und Vertragsrecht dergestalt geben, dass aus der Wettbewerbswidrigkeit eines Angebots auch Rückschlüsse auf die Sittenwidrigkeit des Folgevertrags zu ziehen seien, ist abzulehnen: Die vorliegende Arbeit zeigt vielmehr, dass die Rechtsgebiete unterschiedliche Lebenssachverhalte betreffen und rechtliche Beschränkungen mit unterschiedlichen Eingriffsintensitäten für die Parteien einhergehen, sodass unterschiedliche rechtliche Bewertungsmaßstäbe anzusetzen sind.[1307] Für die Rechtsanwendung bedeutet dies: Ob ein Kopplungsgeschäft verbotsgesetzwidrig oder sittenwidrig ist, ist allein anhand der vertraglichen Regelungen nach den Maßstäben des bürgerlichen Rechts und ohne Rückgriff auf die wettbewerbsrechtliche Bewertung des vorausgegangenen Kopplungsangebots zu beurteilen.

Kopplungsgeschäfte können verbotsgesetz- oder sittenwidrig und – ganz oder teilweise (§ 139 BGB) – nichtig sein, wenn eines ihrer Angebotselemente gegen ein gesetzliches Verbot verstößt.[1308] In bestimmten Fällen kann auch die Kopplung selbst Grund zur Beanstandung des Rechtsgeschäfts geben. Dies gilt vor allem für Kopplungsgeschäfte mit Drittverantwortlichen, bei denen ein Agent für einen Prinzipal ein Kopplungsgeschäft eingeht und der Geschäftsgegner dem Agenten hierfür eine Prämie verspricht, ohne dass der Agent durch das Geschäft selbst wirtschaftlich verpflichtet wird.[1309] Solche Kopplungsgeschäfte können die strafrechtlichen Korruptionstatbestände (§§ 299 ff. StGB; §§ 331 ff. StGB) erfüllen. Allerdings gilt das nicht grundsätzlich für Prämiensysteme gegenüber Drittverantwortlichen, selbst nicht für solche, die unlauter sind: Die strafrechtlichen Untersagungstatbestände stellen erheblich höhere tatbestandliche Anforderungen als lauterkeitsrechtliche Verbotsnormen. Damit ein Kopplungsgeschäft einen Straftatbestand erfüllt und in der Folge vertragsrechtlich nichtig ist, muss im Einzelfall festgestellt werden, dass der Anbieter durch das Kopplungsangebot eine Unrechtsvereinbarung mit dem Agenten eingehen wollte. Die vorliegende

1305 Siehe S. 155 ff.

1306 Siehe S. 155 ff. (zu § 134 BGB) und S. 190 ff. (zu § 138 BGB).

1307 Siehe S. 166 ff. (zu § 134 BGB) und S. 193 ff. (zu § 138 BGB).

1308 Siehe S. 167 ff. (zu § 134 BGB) und S. 196 ff. (zu § 138 BGB).

1309 Siehe S. 168 ff.

Studie führt zu dem Ergebnis, dass diese Schwelle durch die weit verbreiteten Kundenbindungssysteme, mit denen sich die Anbieter an verschiedene Kundengruppen wenden und dabei nur unter anderem auch Drittverpflichtete begünstigen, regelmäßig nicht überschritten wird. Für die Praxis bedeutet das: Allein der Umstand, dass ein Kundenbindungssystem einen Vorteil auch an Drittverpflichtete gewährt, macht das Kundenbindungssystem nicht verbotsgesetzwidrig. Der Anbieter eines solchen Kopplungssystems darf grundsätzlich darauf vertrauen, dass die Kunden keine Straftaten begehen, sodass der Anbieter in der Regel nicht eventualvorsätzlich im Sinne einer Angestelltenbestechung (§ 299 StGB) handelt. Allerdings darf der Anbieter umso weniger auf regelkonformes Verhalten vertrauen, desto stärker der Interessenskonflikt ist, der von dem Kopplungsangebot ausgeht. Die Stärke des Interessenskonfliktes nimmt mit dem Wert der Prämien zu. Als Indiz für ein Zielen des Kopplungsangebots auf eine Unrechtsvereinbarung kann gewertet werden, wenn sich das Angebot ausschließlich an Drittverpflichtete richtet und es dem Prinzipal gegenüber nicht offengelegt wird. Liegt ein Verstoß gegen eines der strafrechtlichen Korruptionsverbote im Einzelfall vor, ist das Kopplungsgeschäft regelmäßig gemäß § 134 BGB nichtig. In Fällen, in denen ein Straftatbestand nicht erfüllt ist, jedoch ein vergleichbar schwerer Eingriff in die Interessen des Prinzipals oder des Wettbewerbs vorliegt, kann das Kopplungsgeschäft gemäß § 138 BGB nichtig sein. Angebote, die den freien Wettbewerb in solcher Intensität beeinträchtigen, sind zudem in aller Regel nach § 4 Nr. 11 UWG unlauter.

Weitere Fälle, in denen Kopplungsgeschäfte verbotsgesetzwidrig und nichtig sein können, sind Verträge, die gegen bestimmte spezialgesetzliche Kopplungsverbote verstoßen. Dies gilt jedoch nicht für alle spezialgesetzlichen Kopplungsverbote. Regelmäßig nach § 134 BGB nichtig sind Kopplungsgeschäfte, bei denen ein Arzt für den Bezug von Medizinprodukten eines bestimmten Herstellers Prämien erhält (Verstoß gegen § 31 MBO Ärzte).[1310] Nach § 7 HWG sind Kopplungsgeschäfte im Zusammenhang mit dem Vertrieb von Arzneimitteln unzulässig. Prämiensysteme zwischen Arzneimittelherstellern und Apothekern können nach § 134 BGB nichtig sein, während Kopplungsgeschäfte mit Verbrauchern wirksam bleiben, aber regelmäßig unlauter sind (§ 4 Nr. 11 UWG).[1311] Kopplungsgeschäfte, die einen Grundstückskauf an einen Architektenvertrag binden, sind gemäß Art. 10 § 3 MRVerbG nichtig.[1312] Die Verbindung zwischen einer Warenabnahme

1310 Siehe S. 178 ff.
1311 Siehe S. 179 ff.
1312 Siehe S. 183 ff.

und der Einbeziehung des Kunden in das Vertriebssystem des Anbieters kann unter bestimmten Voraussetzungen ein verbotenes Schneeballsystem sein, innerhalb dessen die vertraglichen Beziehungen zwischen den Teilnehmern nach § 134 BGB oder, in von dem ausdrücklichen Verbot abweichenden Konstellationen, wegen § 138 Abs. 1 BGB in Gänze nichtig sein können.[1313] Schließlich ist auch die Kopplung von bestimmten hoheitlichen Akten an private Leistungen nach § 56 Abs. 1 S. 2 VwVfG untersagt und hiergegen verstoßende Verträge können nach § 59 Abs. 2 Nr. 4 VwVfG oder § 134 BGB nichtig sein.[1314]

Andere Kopplungsverbote führen zur Unlauterkeit verbotsgesetzwidriger Kopplungsgeschäfte, nicht aber auch zur Nichtigkeit der Folgegeschäfte. Das gilt etwa für die Kopplungsverbote in § 24 Ab. 1 TabStG[1315] und § 56a Nr. 2 GewO[1316]. In diesen Fällen ist zwar das Kopplungsangebot unlauter, das daraufhin geschlossene Kopplungsgeschäft ist indes wirksam.

Unabhängig von der lauterkeitsrechtlichen Bewertung eines Kopplungsangebots kann ein Kopplungsgeschäft sittenwidrig und daher ganz oder teilweise nichtig sein, wenn ein gekoppeltes Angebotselement bereits für sich genommen sittenwidrig ist.[1317] Ob das Kopplungsgeschäft dann in Gänze nichtig ist, oder sich die Nichtigkeit auf das rechtlich missbilligte Angebotselement – zum Beispiel ein Prämienversprechen im Rahmen eines Kundenbindungssystems – beschränkt, ist nach § 139 BGB zu beurteilen.

Die Sittenwidrigkeit eines Kopplungsgeschäfts kann sich auch daraus ergeben, dass die Kopplung selbst gegen das Anstandsgefühl aller billig und gerecht Denkenden verstößt. Dies kann etwa dann der Fall sein, wenn durch eine Dreieckskopplung die Interessen eines Dritten verletzt werden, was bei Kundenbindungssystemen gegenüber Drittverpflichteten der Fall sein kann.[1318]

Schließlich kommt eine Sittenwidrigkeit in Betracht, wenn eine Vertragspartei die andere durch die Kopplung übervorteilt. Bei den im Rahmen dieser Arbeit untersuchten verkaufsfördernden Kopplungsangeboten kommen sittenwidrige Übervorteilungen des Abnehmers nur in Ausnahmefällen vor. Verkaufsfördernde Kopplungsgeschäfte erfüllen auch nur selten die strengen Voraussetzungen des

---

1313 Siehe S. 187 ff.
1314 Siehe S. 189 ff.
1315 Siehe S. 182 ff.
1316 Siehe S. 185 ff.
1317 Siehe S. 196.
1318 Siehe S. 197 ff.

Wuchertatbestands.[1319] Bei den aufgedrängten Kopplungsgeschäften sind sittenwidrige oder wucherische Verträge dagegen praktisch häufiger.[1320]

Dass die Unlauterkeit eines Kopplungsangebots keine zwingende Folge für die geschlossenen Folgeverträge auslöst, gilt nicht nur in Bezug auf die Wirksamkeit der Folgeverträge, sondern auch hinsichtlich sonstiger vertragsrechtlicher Konsequenzen. Zwar können die Defizite, die ein Kopplungsangebot unlauter machen, auch in das Kopplungsgeschäft fortwirken. In diesen Fällen können dem Verbraucher Vertragslösungsrechte oder Sachmängelrechte zustehen.[1321] Eine zwingende vertragliche Folge geht indes – wegen der unterschiedlichen Anforderungen der Rechtsgebiete – mit der Unlauterkeit des Kopplungsangebots nicht einher. So gilt etwa für die Anfechtungsrechte gemäß §§ 119, 123 BGB, dass deren Anwendungsspektrum nur einen Schnittbereich mit lauterkeitsrechtlichen Irreführungsverboten aufweist. Ein Anfechtungsrecht gemäß § 119 Abs. 1 BGB aufgrund eines unlauteren Kopplungsangebots kommt insbesondere nur dann in Betracht, wenn Informationsdefizite der Werbung bis zum Vertragsschluss nicht geheilt werden. Von einem infolge unlauterer Druckausübung oder Täuschung geschlossenen Kopplungsgeschäft kann sich der Kunde gemäß § 123 BGB nur dann lösen, wenn der Anbieter vorsätzlich handelte. Der Feststellung eines unlauteren Kopplungsangebots folgt also nur in bestimmten Fällen ein Vertragslösungsrecht.

Gleichwohl ist der Anbieter eines unlauteren Kopplungsangebots nicht vor sonstigen privatrechtlichen Risiken in Bezug auf die Folgeverträge gefeit. So kann er etwa für die im Rahmen eines irreführenden Kopplungsangebots getätigten Angaben nach Sachmängelrecht haften.[1322]

IV. Kopplungsangebote im deutschen Lauterkeitsrecht

Verkaufsfördernde Kopplungsangebote sind im geltenden deutschen und europäischen Wettbewerbsrecht grundsätzlich zulässig, gleich ob es sich um offene oder verdeckte Kopplungsangebote, Zugaben, Gewinnspielkopplungen oder Kundenbindungssysteme handelt.[1323]

Die lauterkeitsrechtlichen Zulässigkeitsschranken für Kopplungsangebote richten sich danach, ob sich das Kopplungsangebot an Verbraucher oder sonstige

1319 Siehe S. 200 ff.
1320 Siehe S. 202.
1321 Siehe S. 203.
1322 Siehe S. 207.
1323 Siehe S. 215 f.

Marktteilnehmer wendet. Kopplungsangebote gegenüber Verbrauchern müssen nach der Systematik des UWG zunächst den Anforderungen der mit der UWG-Novelle 2008 eingeführten Schwarzen Liste im Anhang zu § 3 Abs. 3 UWG genügen.[1324] Nach Nr. 7 der Schwarzen Liste kann ein Kopplungsangebot beispielsweise dann unlauter sein, wenn falsche Angaben über den Zeitraum der Kopplung (»Nur heute erhalten Sie bei jeder Bestellung zusätzlich...!«) gemacht werden.[1325] Bei Gewinnspielkopplungen besteht eine Zulässigkeitsschranke dann, wenn die Werbung als Gewinnmitteilung ausgestaltet ist (Nr. 17 Schwarze Liste).[1326] Ferner ist bei Gewinnspielkopplungen zu beachten, dass keine unwahren Angaben über die zu gewinnenden Preise gemacht werden dürfen. Unlauter ist es daher auch, wenn eine nur theoretische Gewinnmöglichkeit beworben wird, während die Gewinnbedingungen in der Praxis nicht eintreten können.[1327]

Nr. 21 der Schwarzen Liste verbietet es, ein Kopplungsangebot als »gratis« zu bezeichnen, wenn gleichwohl Kosten zu tragen sind.[1328] Hierin liegt kein allgemeines Zugabeverbot und es ist – jedenfalls nach Nr. 21 der Schwarzen Liste – auch zulässig, dass die Kosten der als »gratis« beworbenen Zugabe auf den Abgabepreis der Hauptware aufgeschlagen werden.[1329] Weil der verständige Verbraucher nach hier vertretener Auffassung allerdings – entgegen der verschiedentlich in Rechtsprechung und Literatur postulierten Forderung – nicht davon ausgehen muss, dass der Unternehmer nichts zu verschenken hat, ist eine Täuschung darüber, ob eine als »gratis« beworbene Zugabe den Preis der Hauptware erhöht, durchaus möglich. Ob eine solche Täuschung vorliegt, ist jedoch im Einzelfall am Maßstab des § 5 Abs. 1 Satz 2 Nr. 2 UWG und nicht im Rahmen des Per-se-Verbots der Nr. 21 der Schwarzen Liste festzustellen.[1330]

Von besonderer praktischer Bedeutung sind bei der lauterkeitsrechtlichen Bewertung der Kopplungsangebote die Zulässigkeitsschranken der §§ 5, 5a UWG, die irreführende geschäftliche Handlungen untersagen. Denn bei der Bewertung der Kopplungsangebote ist deren hohes Irreführungspotenzial zu beachten.[1331] Das Irreführungsverbot verlangt grundsätzlich, dass bei der Werbung für Kopplungsangebote ein einheitlicher Maßstab gewählt wird. Dies gilt einerseits für

1324 Siehe S. 231 ff.
1325 Siehe S. 233 ff.
1326 Siehe S. 240 ff.
1327 Siehe S. 246 f.
1328 Siehe S. 246 ff.
1329 Siehe S. 251 f.
1330 Siehe S. 251 ff.
1331 Siehe S. 256 f.

produktbezogene Angaben, z. B. Qualitätsangaben, die – wenn aus dem Angebot nicht ausdrücklich etwas anderes hervorgeht – grundsätzlich für alle Angebotselemente gelten müssen.[1332] Andererseits gilt die Vorgabe eines einheitlichen Maßstabs bei der Preisauszeichnung des Kopplungsangebots, denn sowohl nach §§ 5, 5a UWG als auch nach der Preisangabenverordnung besteht die Pflicht der einheitlichen Preisauszeichnung. Die Preisangaben zu dem Angebotselement, aus dem sich die wirtschaftliche Belastung ergibt, dürfen also hinter dem blickfangmäßig herausgestellten günstigen Preis eines anderen Angebotselementes nicht völlig zurücktreten.[1333] Ferner darf ein Kopplungsangebot auch nicht über das Bestehen der Kopplung selbst,[1334] oder über das Vorliegen eines besonderen Preisvorteils oder sonstigen Vorteils täuschen.[1335] Bei Sponsoringkopplungen müssen zwar nicht die Durchführungsmodalitäten angegeben werden, die getätigten Aussagen dürfen jedoch Art und Ausmaß der gekoppelten Sponsoringleistung nicht irreführend darstellen.[1336] Schließlich müssen Kopplungsangebote wie alle anderen Angebote auch die gesetzlichen Pflichtangaben enthalten, etwa bezüglich Rücktritts- und Widerrufsrechten.[1337]

Besteht ein Kopplungsangebot die Prüfung des Irreführungsverbots (§§ 5, 5a UWG), ist festzustellen, ob durch das Kopplungsangebot der Tatbestand eines Regelbeispiel des § 4 Nr. 1–11 UWG erfüllt wird.[1338] Nach § 4 Nr. 4 UWG müssen die Modalitäten eines Kopplungsangebots grundsätzlich »klar und eindeutig« angegeben werden.[1339] Dabei müssen dem Kunden vor Abschluss des Geschäfts insbesondere alle Beschränkungen in zeitlicher, sachlicher oder persönlicher Hinsicht mitgeteilt werden.[1340] § 4 Nr. 4 UWG stellt dagegen, anders als §§ 5, 5a UWG, keine Transparenzanforderungen bezüglich der Merkmale der einzelnen gekoppelten Angebotselemente.[1341] Bei bloßer Aufmerksamkeitswerbung, insbesondere bei solcher im Fernsehen, müssen die nach § 4 Nr. 4 UWG erforderlichen Informationen nicht aus der Werbung selbst hervorgehen, sondern es

---

1332 Siehe S. 257 ff.
1333 Siehe S. 261 f.
1334 Siehe S. 263 f.
1335 Siehe S. 264 f.
1336 Siehe S. 265.
1337 Siehe S. 266 ff.
1338 Siehe S. 267 ff.
1339 Siehe S. 268.
1340 Siehe S. 270 ff.
1341 Siehe S. 272 ff.

genügt dann, wenn auf eine Internetseite verwiesen wird, aus der sich die Teilnahmebedingungen im Einzelnen ergeben.[1342]

Von besonderer praktischer Bedeutung sind Kopplungen mit aleatorischen Reizen, also Gewinnspielkopplungen, die in unterschiedlichen Fallgestaltungen in der Wettbewerbspraxis eingesetzt werden.[1343] Genügt ein Gewinnspielkopplungsangebot den Erfordernissen der Schwarzen Liste und ist es nicht irreführend im Sinne der §§ 5, 5a UWG, stellt sich die Frage, ob es auch hinsichtlich der Kommunikation der Teilnahmebedingungen ausreichend klar und eindeutig ist (§ 4 Nr. 5 UWG).[1344] Die Transparenzpflicht entspricht insoweit der Transparenzpflicht des § 4 Nr. 4 UWG.[1345] Bei einfachen Gewinnspielkopplungen genügt es, wenn mitgeteilt wird, in welchem Zeitraum der Werbeadressat unter welchen Bedingungen teilnehmen kann und wie die Gewinner ermittelt werden.[1346]

§ 4 Nr. 6 UWG stellt dagegen – nach hier vertretener Auffassung – keine eigenständige Schranke für die Zulässigkeit von Gewinnspielkopplungen dar. Genügt ein Gewinnspielkopplungsangebot den Irreführungs- und Transparenzerfordernissen der §§ 5, 5a, 4 Nr. 5, UWG und damit den Anforderungen der Art. 6 und 7 der UGP-Richtlinie, kommt eine Unlauterkeit nur noch dann in Betracht, wenn die Gewinnspielkopplung im Einzelfall einen Verstoß gegen die berufliche Sorgfalt im Sinne des Art. 5 UGP-Richtlinie darstellt.[1347] Ob dies der Fall ist, ist nach hier vertretener Auffassung im Geschäftsverkehr gegenüber Verbrauchern anhand des Maßstabs des § 3 Abs. 2 UWG zu bestimmen, ohne dass es dazu eines Rückgriffes auf § 4 Nr. 6 UWG bedarf. § 4 Nr. 6 UWG ist daher nach hier vertretener Auffassung obsolet.[1348]

Der ehemals wichtigste Maßstab für die lauterkeitsrechtliche Bewertung von Kopplungsangeboten, § 4 Nr. 1 UWG, ist seit Inkrafttreten der UGP-Richtlinie richtlinienkonform nur noch auf aggressive Geschäftspraktiken im Sinne der Art. 8 und 9 der UGP-Richtlinie anzuwenden.[1349] Das schließt eine Anwendbarkeit auf alle Fälle positiver Reize, insbesondere auf die Anlockwirkung eines Kopplungsangebots, aus.[1350] Die Fallgruppe des »übertriebenen Anlockens« als

---

1342 Siehe S. 274 ff.
1343 Siehe S. 276 ff.
1344 Siehe S. 279 ff.
1345 Siehe S. 279 ff.
1346 Siehe S. 279 ff.
1347 Siehe S. 282 ff.
1348 Siehe S. 282 ff.
1349 Siehe S. 282 ff.
1350 Siehe S. 288 ff.

Lauterkeitsmaßstab des § 4 Nr. 1 UWG für Kopplungsangebote ist daher aufzugeben.[1351] Die Rechtsprechung hat diese Aufgabe bis heute noch nicht vollständig vollzogen, sondern subsumiert die Anlockwirkung eines Kopplungsangebots noch immer dann unter § 4 Nr. 1 UWG, wenn im Einzelfall die Anlockwirkung dazu führt, dass »die Rationalität der Nachfrageentscheidung der angesprochenen Marktteilnehmer vollständig in den Hintergrund« tritt.[1352] Die vorliegende Arbeit vertritt hingegen die These, dass sich die Anlockwirkung eines Kopplungsangebots in keinem Fall unter den Tatbestand der »unsachlichen Beeinflussung« im Sinne des § 4 Nr. 1 3 Alt UWG subsumieren lässt.[1353] Daher stellt § 4 Nr. 1 UWG nach hier vertretener Auffassung nur noch für solche Kopplungsangebote eine Zulässigkeitsschranke dar, die mit aggressiven Mitteln im Sinne der UGP-Richtlinie auf die Entscheidungsfreiheit der Verbraucher einwirken.[1354]

Eine weitere Zulässigkeitsschranke für Kopplungsangebote bilden die spezialgesetzlichen Kopplungsverbote.[1355] Verstöße hiergegen können nach § 4 Nr. 11 UWG unlauter sein, wenn es sich bei dem spezialgesetzlichen Kopplungsverbot um das Marktverhalten regelnde Vorschriften handelt, was etwa bei dem Kopplungsverbot im Arzneimittelhandel (§ 7 HWG), der Fall ist.[1356]

Verstößt ein Kopplungsangebot gegen ein Regelbeispiel des § 4 UWG, ist gesondert festzustellen, ob eine spürbare Interessensbeeinträchtigung (§ 3 Abs. 1 UWG, Art. 5 Abs. 2 lit. b UGP-Richtlinie) vorliegt. Das ist nur dann der Fall, wenn der Verstoß geeignet ist, das wirtschaftliche Verhalten des Durchschnittsverbrauchers wesentlich zu beeinflussen. Bei Kopplungsangeboten ist, insbesondere bei Transparenzverstößen, insoweit ein strenger Maßstab anzusetzen.[1357]

Unlauter ist ein Kopplungsangebot im B2C-Geschäftsverkehr auch dann, wenn es nur die Voraussetzungen der Verbrauchergeneralklausel verletzt,[1358] also einen sonstigen (nicht vertypten) Verstoß gegen die fachliche Sorgfalt des Unternehmers darstellt und zudem geeignet ist, eine informierte Entscheidung des Verbrauchers zu beeinträchtigen.[1359] Weil allerdings ein Kopplungsangebot, bevor es nach diesen allgemeinen Maßstäben zu prüfen ist, schon einen umfassenden Prüfungskanon

---

1351 Siehe S. 291 ff.
1352 Siehe S. 287 ff.
1353 Siehe S. 291 ff.
1354 Siehe S. 291 ff.
1355 Siehe S. 297.
1356 Siehe S. 297 ff. und S. 178 ff.
1357 Siehe S. 297 ff.
1358 Siehe S. 300 f.
1359 Siehe S. 300 f.

bestanden hat, insbesondere also die Transparenz des Kopplungsangebotes nicht zu beanstanden ist, verbleibt nur noch wenig Raum für die Annahme eines sonstigen Verstoßes gegen die fachliche Sorgfaltspflicht.[1360] Erforderlich ist in der Regel, dass zu der Anlockwirkung eines Kopplungsangebots besondere, die Unlauterkeit begründende Merkmale hinzutreten, sodass im Einzelfall von einem Verstoß gegen die fachliche Sorgfaltspflicht ausgegangen werden kann.[1361] Hinzutreten muss, dass das Kopplungsangebot geeignet ist, eine informierte Entscheidung des Verbrauchers zu beeinträchtigen, wobei maßgeblich auf die Regelung des Art. 5 Abs. 2 lit b UGP-Richtlinie abzustellen ist.[1362]

Schließlich besteht noch die Möglichkeit, dass ein Kopplungsangebot im B2C-Geschäftsverkehr deshalb unlauter ist, weil es die Interessen der Mitbewerber oder der Allgemeinheit beeinträchtigt, § 3 Abs. 1 UWG. Dies kann bei machtbedingten Kopplungsangeboten der Fall sein und ist bei verkaufsfördernden Kopplungsangeboten dagegen selten.[1363]

Für Kopplungsangebote im B2B-Geschäftsverkehr gilt ein liberaleres Zulässigkeitssystem.[1364] Sie werden nicht durch die Verbote der Schwarzen Liste, die Irreführungsverbote des § 5a Abs. 2–4 UWG, die Regelbeispiele des § 4 Nr. 2 und Nr. 6 UWG und die Verbrauchergeneralklausel § 3 Abs. 2 UWG beschränkt. Im Übrigen müssen sie – insbesondere hinsichtlich der Transparenz – denselben Anforderungen genügen wie Kopplungsangebote im B2C-Geschäftsverkehr. Bei der Bestimmung des Schutzstandards ist allerdings zu berücksichtigen, dass die Werbeadressaten eines Kopplungsangebots im B2B-Geschäftsverkehr regelmäßig Fachkreise sind, die sich in ihrer Entscheidungsfreiheit nicht ohne Weiteres beeinflussen lassen. Deswegen sind Kopplungsangebote im B2B-Geschäftsverkehr in noch weiterem Umfang lauterkeitsrechtlich zulässig als im B2C-Geschäftsverkehr. Besonderheiten gelten jedoch im B2B-Geschäftsverkehr für Kopplungsangebote, die sich an Angehörige bestimmter Berufsstände (z. B. Ärzte, Rechtsanwälte) wenden, sowie in Dreieckskonstellationen, wenn sich das Kopplungsangebot an sonstige Fremdverpflichtete richtet. In solchen Fällen kann von einem Kopplungsangebot im Einzelfall eine unangemessene unsachliche Beeinflussung (§ 4 Nr. 1 UWG) ausgehen, oder sie können gegen ein gesetzliches Verbot – z. B. das Verbot der Bestechung im geschäftlichen Verkehr (§ 299 StGB) – verstoßen.[1365]

1360 Siehe S. 301 ff.
1361 Siehe S. 301 ff.
1362 Siehe S. 304.
1363 Siehe S. 304.
1364 Siehe S. 305 ff.
1365 Siehe S. 305 ff.

B. Thesen

1.
Die Entwicklung der lauterkeitsrechtlichen Beurteilungsmaßstäbe für Kopplungsangebote verlief historisch nicht stetig in eine wirtschaftspolitische Richtung, sondern es standen sich seit Aufkommen moderner Kopplungssysteme im Wettbewerb stets liberale und protektionistische, verbraucherschützende und anbieterfreundliche Strömungen gegenüber, deren jeweilige Gewichtung in Literatur und Rechtsprechung sich im Laufe der vergangenen einhundert Jahre mehrfach wandelte. Im heutigen vollharmonisierten europäischen Verbraucherlauterkeitsrecht unterliegen Kopplungsangebote einem engmaschigen Regelungsregime, das auch Vorgaben ohne Wertungsmöglichkeit im Einzelfall fixiert. Es ist nicht auszuschließen, dass diese verringerte Elastizität der lauterkeitsrechtlichen Beurteilungsmaßstäbe in Zukunft – in Anbetracht der wechselvollen Geschichte der rechtlichen und wirtschaftspolitischen Bewertung der Kopplungsangebote – Probleme aufwerfen wird.

2.
Kopplungsangebote sind lauterkeitsrechtlich nicht länger unter dem Aspekt ihrer Anlockwirkung auf Verbraucher zu beurteilen. Der Unlauterkeitsmaßstab des »übertriebenen Anlockens« auch in Gestalt der vom BGH noch verlangten »vollständigen Ausschaltung der Rationalität der Nachfrageentscheidung des Verbrauchers« ist endgültig aufzugeben. Die Anlockwirkung eines Kopplungsangebots – gleich mit welcher Intensität sie den Verbraucher anzieht – ist keine »sonstige unangemessene unsachliche Beeinflussung« im Sinne des § 4 Nr. 1 UWG. § 4 Nr. 1 UWG ist als Bewertungsmaßstab für die Beurteilung von nicht aggressiven Kopplungsangeboten gegenüber Verbrauchern deshalb hinfällig. Bedeutung kommt § 4 Nr. 1 UWG noch bei Kopplungsangeboten gegenüber Fremdverpflichteten zu.

3.
Unsicherheiten betreffend die lauterkeitsrechtliche Beurteilung von Kopplungsangeboten gegenüber Verbrauchern folgen aus der Weite des Wortlauts der Verbotsnorm Nr. 21 der Schwarzen Liste (Anh. zu § 3 Abs. 3 UWG), der grundsätzlich auch das Verständnis der Norm als ein allgemeines Zugabeverbot erlaubt. Um Wertungswidersprüche mit dem Regelungsregime der UGP-Richtlinie zu vermeiden, muss die Norm – ebenso wie ihr entsprechendes Pendant in der UGP-Richtlinie – einschränkend ausgelegt werden. Der Verbotstatbestand untersagt nach der hier vertretenen Auffassung in Bezug auf Kopplungsangebote lediglich eine Irreführung über das Bestehen der Kopplung. Die in der

Werbepraxis häufige falsche Behauptung, eine Zugabe sei kostenlos, wenn hierfür der Preis der Hauptware erhöht wird, wird nicht von Nr. 21 Schwarze Liste erfasst, kann aber im Einzelfall die Voraussetzungen des § 5 Abs. 1 Satz 2 Nr. 2 UWG erfüllen.

4.
Jenseits der Per-se-Verbote wird die lauterkeitsrechtliche Zulässigkeit von Kopplungsangeboten heute – entsprechend dem Transparenzmodell des reformierten UWG – durch ein engmaschiges System von Irreführungsverboten und Informationspflichten (§§ 5, 5a UWG, 1 PAngV) sowie Transparenzgeboten (insbesondere § 4 Nr. 4 UWG) reglementiert. Dabei ist zu berücksichtigen, dass gerade von den modernen, komplexen Kopplungssystemen ein erhebliches Irreführungspotenzial ausgehen kann, sodass von einer vollständigen Liberalisierung des Rechts der Kopplungsangebote infolge der UWG-Novellen nicht die Rede sein kann.

5.
Der Verbotsnorm für Gewinnspielkopplungen (§ 4 Nr. 6 UWG) kommt im Geschäftsverkehr gegenüber Verbrauchern bei europarechtskonformer, einschränkender Auslegung gegenüber der Generalklausel (§ 3 Abs. 2 UWG) kein originärer Regelungsbereich zu. Die Norm ist für die lauterkeitsrechtliche Beurteilung von Gewinnspielkopplungen ohne Bedeutung und sollte gestrichen werden.

6.
Zwischen der lauterkeitsrechtlichen Bewertung von Kopplungsangeboten und der vertragsrechtlichen Bewertung von Kopplungsgeschäften besteht keine Interdependenz. Unabhängig hiervon ist, dass Defizite eines Kopplungsangebots gleichzeitig zu deren Unlauterkeit und zu vertragsrechtlichen Folgen (insbesondere Vertragslösungsrechten) führen können.

7.
Das allgemeine Vertragsrecht weist aufgrund der Vertragsgestaltungsfreiheit nur wenige Schranken für die Wirksamkeit von Kopplungsgeschäften auf. Verstöße gegen spezialgesetzliche Kopplungsverbote haben nur in seltenen Konstellationen nach § 134 BGB die Nichtigkeit des Kopplungsgeschäfts im Ganzen oder des verbotswidrigen Angebotsteils (etwa eines Prämienversprechens) zur Folge. Die Nichtigkeitsfolge geht aber regelmäßig einher mit verbotenen Kopplungsgeschäften im Gesundheitswesen, bei denen Ärzten oder Apothekern Prämien für den Bezug von Medizinprodukten oder Arzneimitteln versprochen werden (Verstöße gegen § 31 MBO Ärzte, bzw. § 7 HWG). Andere Kopplungsverbote

führen zur Unlauterkeit verbotswidriger Kopplungsangebote, nicht aber auch zur Nichtigkeit der Folgegeschäfte (so etwa Verstöße gegen § 24 Abs. 1 TabStG und § 56a Nr. 2 GewO).

8.
Eine bedeutende vertragsrechtliche Schranke für Kopplungsangebote besteht bei Dreieckskopplungen, bei denen einem fremdverantwortlichen Agenten eine Prämie dafür in Aussicht gestellt wird, dass der Agent Verträge mit Wirkung für seinen Geschäftsherren abschließt. Diese Konstellationen können erhebliche Interessenskonflikte hervorrufen und nach § 138 Abs. 1 BGB sittenwidrig und (teil)nichtig sein. Für die Frage der Sittenwidrigkeit von Kundenbindungssystemen gegenüber Drittverpflichteten ist insbesondere auf die Sozialadäquanz des Prämienversprechens und die Offenlegung der Vorteilsgewährung gegenüber dessen Treugeber abzustellen. Zielen Kopplungssysteme systematisch auf die Erzeugung eines solchen Interessenskonflikts bei Fremdverantwortlichen, kann es sich um verbotene und nichtige Korruptionsabsprachen handeln (§ 134 BGB i.V.m. § 299 StGB).

Literaturverzeichnis

Acker, Wendelin / Ehling, Jan, Einladung in die Business-Lounge? – Strafbarkeitsrisiko bei Vergabe oder Annahme von Einladungen im geschäftlichen Verkehr, BB 2012, 2517–2522.

Adelung, Johann-Christoph, Versuch eines vollständigen grammatisch-kritischen Wörterbuchs der hochdeutschen Mundart mit beständiger Vergleichung der übrigen Mundarten, Band II, 1. Aulage, 1796.

Alexander, Christian, Vertrag und unlauterer Wettbewerb – Eine Untersuchung von Vertragsrecht und Wettbewerbsrecht zueinander, 2002.

– Die »Schwarze Liste« der UGP-Richtlinie und ihre Umsetzung in Deutschland und Österreich, GRUR Int 2010, 1025–1033.

Alisch, Katrin / Arentzen, Ute / Winter, Eggert (Hrsg.), Gabler Wirtschaftslexikon, 16. Auflage, 2004.

Alsberg, Max, Preistreiberstrafrecht, 6. Auflage, 1920.

Ambs, Friedrich (Hrsg.), Erbs / Kohlhaas, Strafrechtliche Nebengesetze, 193. Ergänzungslieferung, 2013.

Apostolopoulos, Haris, Das europäische Irreführungsverbot: Liberalisierung des Marktgeschehens oder Einschränkung für die Anbieterseite?, GRUR Int 2005, 292–299.

Bach, Florian, Kundenbindungsprogramme und Bestechung im geschäftlichen Verkehr nach § 299 II StGB, wistra 2008, 47–50.

Bamberger, Heinz Georg / Roth, Herbert (Hrsg.), Bamberger/Roth, Kommentar zum Bürgerlichen Gesetzbuch, 3. Auflage, 2012.

Bassenge, Peter / Brudermüller, Gerd / Diederichsen, Uwe / Ellenberger, Jürgen / Grüneberg, Christian / Thorn, Karsten / Sprau, Hartwig / Weidenkaff, Walter (Hrsg.), Palandt, Bürgerliches Gesetzbuch, 72. Auflage, 2013.

Baudenbacher, Carl (Hrsg.), Lauterkeitsrecht Kommentar zum Gesetz gegen den unlauteren Wettbewerb (UWG), 2001.

Beater, Axel, Unlauterer Wettbewerb, 2002.

Berlit, Wolfgang, Auswirkungen der Aufhebung des Rabattgesetzes und der Zugabeverordnung auf die Auslegung von § 1 UWG und § 3 UWG, WRP 2001, 349–354.

– Gewinnspiel im Einzelhandel: Stornierung des Kassenbons, WRP 2009, 1188–1192.

– Die Zukunft des Preisausschreibens im Lichte der Entscheidung »Millionen-Chance II«, WRP 2011, 1225–1231.

Berneke, Wilhelm, Zum Lauterkeitsrecht nach einer Aufhebung von Zugabeverordnung und Rabattgesetz, WRP 2001, 615–622.

Bernreuther, Friedrich, Die Verkehrsauffassung und der Gedanke der Funktionseinheit, WRP 1999, 475–478.

– Sachmangelhaftung durch Werbung, WRP 2002, 368–388.

– Das Vertragsangebot in der Werbung, WRP 2003, 846–883.

Bodewig, Theo, Das Recht des unlauteren Wettbewerbs in Großbritannien: Ein Dreiklang von Fallrecht, Gesetzesrecht und Selbstkontrolle, GRUR Int 2004, 543–558.

Bodewig, Theo / Henning-Bodewig, Frauke, Rabatte und Zugaben in den Mitgliedstaaten der Europäischen Union, WRP 2000, 1341–1365.

Boesche, Katharina Vera, Über die Folgen der Vollharmonisierung und die vergebliche Rettung der Zugabeverbote, WRP 2009, 661–672.

– Wettbewerbsrecht, 3. Auflage, 2009.

– Drum kopple, was sich (nicht) ewig bindet – Hohe Hürde der gemeinschaftsrechtlichen Unzulässigkeit von Kopplungsangeboten, WRP 2011, 1345–1357.

Bömeke, Falk R., Wie dumm darf der Verbraucher sein? Beurteilung von Wertreklame durch die Konkretisierung des Verbraucherleitbildes, 2005.

Borck, Hans-Günther, Branchenfremde Vorspannangebote, WRP 1975, 1–6.

– Über das Verwerfliche an Vorspannangeboten, WRP 1975, 75–80.

– Mehr über miles & more und »die Moral von der Geschicht'«, WRP 2002, 1131–1132.

Brinkmann, Guido, Wie transparent muss kommerzielle Kommunikation sein? – Lauterkeitsrechtliche Transparenzpflichten des Unternehmers gegenüber dem Verbraucher unter Berücksichtigung der Umsetzung der Richtlinie über unlautere Geschaftspraktiken (2005/29/EG), 2011.

Brune, Ado, Für Freiheit im Wettbewerb, 1931.

Budiner, Erik, Roma locuta causa finita: Das Kopplungsverbot, NZBau 2011, 662–664.

Bülow, Peter, Der psychologische Kaufzwang – Eine Analyse seiner Erscheinungsformen, GRUR 1974, 254–266.

– Kein Abschied vom psychischen Kaufzwang – Erwiderung auf Scherer, WRP 2005, 672, WRP 2005, 954–955.

Charaktiniotis, Stefanos, Die lauterkeitsrechtlichen Zulässigkeitsschranken der Kopplungsangebote nach der Aufhebung der Zugabeverordnung, 2006.

Christiansen-Geiss, Petra, Voraussetzungen und Folgen des Kopplungsverbotes Art. 10 § 3 MRVG, 1, 2008.

Cordes, Christoph, Die Gewährung von Zugaben und Rabatten und deren wettbewerbsrechtliche Grenzen nach Aufhebung von Zugabeverordnung und Rabattgesetz, WRP 2001, 867–878.

Culemann, Hans, Kopplungsgeschäfte, 1937.

Dauner-Lieb, Barbara / Heidel, Thomas / Ring, Gerhard (Hrsg.), Nomos Kommentar BGB, 2. Auflage, 2012.

Derleder, Peter / Thielbar, Carsten, Handys, Klingeltöne und Minderjährigenschutz, NJW 2006, 3233–3239.

Dornis, Tim, Der »Anschein eines besonders günstigen Angebots« i.S. des § 16I UWG Von Kaffeefahrten, Zeitschriftenwerbern und der Auslegung lauterkeitsrechtlicher Strafnormen, GRUR 2008, 742–749.

Dorste, Helmut, Zum Verkauf »branchenfremder« Artikel, GRUR 1976, 466–472.

Duesterberg, Georg, Die Abwehrmaßnahmen gegen das Zugabeunwesen in Rechtsvergleichender Darstellung, 1934.

Emmerich, Volker, Wettbewerbsbeschränkungen durch die Rechtsprechung in Lange, Hermann / Nörr, Knut / Westermann, Harm Peter (Hrsg.): Festschrift für Joachim Gernhuber, 1993.

– Unlauterer Wettbewerb, 8. Auflage, 2009.

Eppe, Mark, Der lauterkeitsrechtliche Tatbestand des übertriebenen Anlockens im Wandel – am Beispiel der Wertreklame, WRP 2004, 153–161.

Fezer, Karl-Heinz, Modernisierung des deutschen Rechts gegen den unlauteren Wettbewerb auf der Grundlage einer Europäisierung des Wettbewerbsrechts, WRP 2001, 989–1022.

– Eine Replik: Die Auslegung der UGP-RL vom UWG aus? Methodensynkretismus zur Abwehr des rechtsverbindlichen Richtlinienbegriffs der Unlauterkeit im Sinne des Art. 5 Abs. 2 lit. a und b UGP-RL, WRP 2010, 677–686.

– (Hrsg.), Lauterkeitsrecht – Kommentar zum Gesetz gegen den unlauteren Wettbewerb (UWG), 2. Auflage, 2010.

Fischer, Sonja, Schutz der Entscheidungsfreiheit im Rahmen der Verkaufsförderung – Ein Vergleich des deutschen, französischen und englischen Rechts, 2008.

Fischer, Thomas, Kopplungsgeschäfte im Europäischen und deutschen Wettbewerbsrecht, 2008.

– Kopplungsgeschäfte im Europäischen und deutschen Wettbewerbsrecht, 2008.

– (Hrsg.), StGB, 60. Auflage, 2013.

Freytag, Stefan, Kombinationsangebote im Pressemarkt, WRP 2004, 537–543.

Geiser, Thomas / Krauskopf, Patrick / Münch, Peter (Hrsg.), Schweizerisches und europäisches Wettbewerbsrecht, 2005.

Gerstenberg, Eckehard, Die sichtbaren Verführer Verpackung, Vorspann- und Animier-Angebote, GRUR 1980, 618–622.

Gloy, Wolfgang / Loschelder, Michael / Erdmann, Willi (Hrsg.), Handbuch des Wettbewerbsrechts, 4. Auflage, 2010.

Götting, Horst-Peter, Das deutsche Zugaberecht im Vergleich zur Reformgesetzgebung in Belgien, Frankreich und Schweden * – 1. Teil, GRUR Int 1986, 687–701.

Götting, Horst-Peter / Nordemann, Axel / Ackermann, Brunhilde (Hrsg.), UWG Handkommentar, 2. Auflage, 2013.

Grimm, Jacob / Grimm, Wilhelm, Deutsches Wörterbuch, 1854.

Günther, Philipp / Beyerlein, Thorsten, Zur Zulässigkeit von Zugaben nach dem Wegfall der Zugabeverordnung, WRP 2004, 1142–1145.

Günther, Tim, Fernsehwerbung im Konflikt Mediale Aufmerksamkeit vs. Unlauterkeit, MMR 2010, 393–396.

Gutberlett, Harald, Kopplungsgeschäfte, 1939.

Haberkamm, Markus, Wirklich nichts Neues? Das EuGH-Urteil Mediaprint und seine Implikationen für die UGP-Richtlinie, WRP 2011, 296–301.

Harte-Bavendamm, Henning / Ahrens, Hans-Jürgen (Hrsg.), Gesetz gegen den unlauteren Wettbewerb mit Preisangabenverordnung, 3. Auflage, 2013.

Hartwig, Henning, Meinungsfreiheit und lauterer Wettbewerb, GRUR 2003, 924–931.

Heermann, Peter, Lauterkeitsrechtliche Informationspflichten bei Verkaufsförderungsmaßnahmen, WRP 2005, 141–151.

- Prämien, Preise, Provisionen, WRP 2006, 8–20.
- Aktuelle Anwendungsfragen und -probleme zu § 4 Nr. 4 UWG, WRP 2011, 688–696.

Heermann, Peter / Hirsch, Günter (Hrsg.), Münchener Kommentar zum Lauterkeitsrecht, 1, 2006.

Hefermehl, Wolfgang, Werbung mit Vorspannangeboten, GRUR 1974, 542–545.

Heil, Maria / Klümper, Mathias, Die Werbung mit der sozialen Verantwortung – »Social Sponsoring« im Bereich der Arzneimittelwerbung, PharmR 2008, 226–236.

Henning-Bodewig, Frauke, Neuorientierung von § 4 Nr. 1 und 2 UWG?, WRP 2006, 621–628.

Heuermann, Bernd / Brandis, Peter (Hrsg.), Blümich – Einkommensteuergesetz, Körperschaftsteuergesetz, Gewerbesteuergesetz – Kommentar, 119. Ergänzungslieferung, 2013.

Hoffmann, Mark Jens, Finanzprodukte für den Fußballfan: strafbares Glücksspiel?, NStZ 2006, 249–252.

Holtfort, Thomas, Intuition als Managementfaktor im Finanzdienstleistungssektor, Versicherungswirtschaft 2011, 507–511.

Holtz, Hajo Michael, Die AGB-Kontrolle im Wettbewerbsrecht – Zugleich ein Beitrag zum Verhältnis vom UWG und dem Recht der Allgemeinen Geschäftsbedingungen, 2010.

Hoth, Jürgen, Kundenfang durch branche- oder betriebsfremde Vorspannangebote, GRUR 1961, 562–569.

- Kopplungs- und Vorspannangebot, GRUR 1976, 219–224.
- Übertriebenes Anlocken durch preisgünstige Zweitangebote?, GRUR 1978, 147–153.

Huth, Friedrich, Gutschein-System und Zugaben-Unwesen, 1910.

Immenga, Ulrich / Mestmäcker, Ernst-Joachim (Hrsg.), Wettbewerbsrecht – Kommentar zum Europäischen Kartellrecht, 5. Auflage, 2012.

Jacobi, Hannes, Die Anrechnung von Zahlungen Dritter beim Verkauf von Büchern – Ein Verstoß gegen die Buchpreisbindung?, WRP 2011, 703–709.

Jacobs, Rainer / Lindacher, Walter / Teplitzky, Otto (Hrsg.), UWG, 1994.

Jaeger, Wilhelm, Deutsche Industrie und Handelskammern, Handwerks und Gewerbekammern und Landwirtschaftskammern gegen das Zugabe-Unwesen, 2. Auflage, 1931.

Jansen, Udo, Die Kopplungsverträge im Recht der Wettbewerbsbeschränkungen, 1968.

Jauernig, Othmar (Hrsg.), Bürgerliches Gesetzbuch mit Allgemeinem Gleichbehandlungsgesetz (Auszug) – Kommentar, 14. Auflage, 2011.

Jergolla, Maren, Die britische Werbeselbstkontrolle anhand des Advertising Code – eine Gegenüberstellung mit der Rechtslage in Deutschland, WRP 2003, 431–449.

Joecks, Wolfgang / Miebach, Klaus (Hrsg.), Münchener Kommentar zum StGB, 2006.

Kindhäuser, Urs / Neumann, Ulfrid / Paeffgen, Hans-Ullrich (Hrsg.), Nomos-Kommentar Strafgesetzbuch, 4. Auflage, 2013.

Kisseler, Marcel, Handy für 0,00 DM – Was bleibt von der Zugabeverordnung?, WRP 1999, 580–583.

Koch, Eberhard, Die Richtlinie gegen unlautere Geschäftspraktiken – Aggressives Geschäftsgebaren in Deutschland und England und die Auswirkungen der Richtlinie, 2006.

Kock, Günter, Kopplungsgeschäfte, 1939.

Köhler, Helmut, Rabattgesetz und Zugabeverordnung: Ersatzlose Streichung oder Gewährleistung eines Mindestschutzes für Verbraucher und Wettbewerber?, BB 2001, 265–272.

- Zugaben – Die Rechte des Verbrauchers und die Risiken des Handels, BB 2001, 1589–1592.
- Kopplungsangebote (einschließlich Zugaben) im geltenden und zukünftigen Recht, GRUR 2003, 729–739.
- Das neue UWG, NJW 2004, 2121–2127.
- Die Unlauterkeitstatbestände des § 4 UWG und ihre Auslegung im Lichte der Richtlinie über unlautere Geschäftspraktiken, GRUR 2008, 841–848.
- Vom deutschen zum europäischen Lauterkeitsrecht – Folgen der Richtlinie über unlautere Geschäftspraktiken für die Praxis*, NJW 2008, 3032–3037.
- Die UWG-Novelle 2008, WRP 2009, 109–117.

– Ist der Unlauterkeitstatbestand des § 4 Nr. 6 UWG mit der Richtlinie über unlautere Geschäftspraktiken vereinbar?, GRUR 2009, 626–633.

– Grenzstreitigkeiten im UWG – Zum Anwendungsbereich der Verbotstatbestände des § 3 Abs. 1 UWG und des § 3 Abs. 2 S. 1 UWG, WRP 2010, 1293–1304.

– Kopplungsangebote neu bewertet – Zugleich Besprechung der »Plus Warenhandelsgesellschaft«-Entscheidung des EuGH, GRUR 2010, 177–183.

– Neujustierung des UWG am Beispiel der Verkaufsförderungsmaßnahmen, GRUR 2010, 767–776.

– Die Kopplung von Gewinnspielen an Umsatzgeschäfte: Wende in der lauterkeitsrechtlichen Beurteilung – Zugleich Besprechung von BGH, Urt. v. 5.10.2010 – I ZR 4/06 – Millionen-Chance II, GRUR 2011, 478–485.

– »Gratuliere, Sie haben gewonnen!« – neue Kontrollmaßstäbe für Gewinnmitteilungen, GRUR 2012, 1211–1215.

Köhler, Helmut / Bornkamm, Joachim / Baumbach, Adolf (Hrsg.), Gesetz gegen den unlauteren Wettbewerb Preisangabenverordnung, Unterlassungsklagengesetz, Dienstleistungs-Informationspflichten-Verordnung, 32. Auflage, 2014.

Korbion, Hermann / Mantscheff, Jack / Vygen, Klaus (Hrsg.), Honorarordnung für Architekten und Ingenieure, 8. Auflage, 2013.

Körner, Eberhard, Verstöße gegen die Vorschriften des UWG und WZG und ihre Auswirkung auf.

Drittverträge, GRUR 1968, 348–352.

Körner, Lars, Probeabonnements im Pressevertrieb: Ein Preisbindungsmissbrauch?, WRP 2003, 1149–1159.

Kügele, Stephan, Wettbewerbsrechtliche Beurteilung von Kopplungsangeboten, GRUR 2006, 105–110.

Lehmler, Lutz (Hrsg.), Kommentar zum Wettbewerbsrecht (UWG), 2. Auflage, 2011.

Lenckner, Theodor / Eser, Albin / Stree, Walter / Eisele, Jörg / Perron, Walter / Sternberg-Lieben, Detlev (Hrsg.), Schönke/Schröder, StGB, 28. Auflage, 2010.

Lettl, Tobias, Der Lauterkeitsrechtliche Schutz vor irreführender Werbung in Europa, 2003.

– Gemeinschaftsrecht und neues UWG, WRP 2004, 1079–1132.

- Rechtsprechungsübersicht zum Wettbewerbsrecht 2003/2004 – Relevanz im neuen UWG, BB 2004, 1913–1925.
- Rechtsprechungsübersicht zum Wettbewerbsrecht 2004/2005, BB 2005, 1913–1923.
- Rechtsprechungsübersicht zum Wettbewerbsrecht 2005/2006, BB 2006, 2365–2371.
- Rechtsprechungsübersicht zum Wettbewerbsrecht 2006/2007, BB 2007, 2465–2473.
- Rechtsprechungsübersicht zum Wettbewerbsrecht 2008/2009, BB 2009, 2042–2045.
- Wettbewerbsrecht, 2. Auflage, 2013.

Lorenz, Monika, Lockvogel- und Sonderangebote, GRUR 1976, 512–517.

Lorenz, Moritz, Vertriebsfördermaßnahmen marktbeherrschender Unternehmen: Die Beurteilung nach Art. 82 EG, UWG und StGB, WRP 2005, 992–998.

Mankowski, Peter, Klingeltöne auf dem wettbewerbsrechtlichen Prüfstand, GRUR 2007, 1013–1022.

Marchs, Peter / Neumann, Dirk / Bleutge, Peter, Fuchs, Bärbel / Gotthardt, Michael / Pielow, Christian / Kahl, Georg / Schönleiter, Ulrich / Stenger, Anja (Hrsg.), Landmann/Rohmer, Gewerbeordnung und Ergänzende Vorschriften, Kommentar, 63. Ergänzungslieferung, 2013.

Matern, Patrik, Absatzförderung auf nachgeordneten Vertriebsstufen – lauterkeitsrechtliche Bewertung von Verkaufswettbewerben in der Reisebranche, WRP 2008, 575–594.

Maunz, Theodor / Dürig, Günter (Hrsg.), Maunz/Dürig, Grundgesetz, 2012.

Menke, Burkhart, Die Voraussetzungen der ausnahmsweisen Zulässigkeit von Vorspannangeboten nach § 1 UWG, WRP 1997, 532–535.

Möller, Mirko, Gutscheine, Gewinnspiele, Kopplungsangebote – Wie bindend ist der Buchpreis?, GRUR-Prax 2010, 308–308.

Müller, Wilhelm / Zarncke, Friedrich, Mittelhochdeutsches Wörterbuch, 1990.

Namysłowska, Monika, Trifft die Schwarze Liste der unlauteren Geschäftspraktiken ins Schwarze? Bewertung im Lichte der EuGH-Rechtsprechung, GRUR Int 2010, 1033–1039.

Nassall, Wendt, Lauterkeit und Sittlichkeit – Zivilrechtliche Konsequenzen unlauterer Wettbewerbshandlungen?, NJW 2006, 127–130.

Nees, Helmut, Verkaufseinheiten – Komplettangebote – Kopplung, WRP 1993, 369–374.

Nordemann, Jan Bernd, Wegfall von Zugabeverordnung und Rabattgesetz-Erlaubt ist, was gefällt?, NJW 2001, 2505–2512.

Ohlgart, Dietrich, Sales-promotion und unlauterer Wettbewerb, GRUR 1974, 693–697.

Ohly, Ansgar, Die wettbewerbsrechtliche Beurteilung von Gesamtpreisangeboten, NJW 2003, 2135–2137.

– Das neue UWG – Mehr Freiheit für den Wettbewerb?, GRUR 2004, 889–900.

Ohly, Ansgar / Sosnitza, Olaf / Köhler, Helmut / Piper, Henning (Hrsg.), Gesetz gegen den unlauteren Wettbewerb mit Preisangabenverordnung; Kommentar, 5. Auflage, 2010.

Pauli, Dirk, Direktmarketing und die Gewinnung von Kundendaten: Ist die Veranstaltung eines Gewinnspiels ein geeigneter Weg?, WRP 2009, 245–249.

Pfeifer, Karl-Nikolaus, Aufräumen im UWG – Was bleibt nach der Kodifikation zum irreführenden Unterlassen für § 4 Nr. 1, 4, 5 und 6 UWG?, WRP 2010, 1432–1439.

Pfuhl, Fabian, Von erlaubter Verkaufsförderung und strafbarer Korruption – Lauterkeitsrechtliche Analyse der Wertreklame gegenüber Weiterveräußerern und Leitfaden für die werbende Praxis, 2009.

Pluskat, Sorika, Das kombinierte Warenangebot als zulässiges verdecktes Kopplungsgeschäft, WRP 2001, 1262–1268.

– Das kombinierte Warenangebot – dieses Mal als unzulässiges verdecktes Kopplungsgeschäft, WRP 2002, 789–799.

– Zur Zulässigkeit von Kopplungsgeschäften, WRP 2002, 1381–1391.

– Kopplungsangebote und kein Ende – Zugleich Besprechung des Urteils des BGH vom 27.2.2003 – I ZR 253/00 – WRP 2003, 743, WRP 2004, 282–288.

Pralle, Peter, Die Wertwerbung, 1974.

Puchinger, Yvonne, Irreführung durch Informationspflichtverletzung, 2010.

Reichelsdorfer, Jörg, § 1 UWG – ein Verbotsgesetz im Sinne von § 134 BGB?, WRP 1998, 142–144.

Rosenthal, Alfred (Hrsg.), Gesetz gegen den unlauteren Wettbewerb, 8. Auflage, 1930.

Rosenthal, Alfred / Leffmann, Ernst (Hrsg.), Gesetz genen den unlauteren Wettbewerb, 9. Auflage, 1969.

Ruttig, Markus, »Verkaufsverlosungen«: Verkaufsförderung zwischen Gewinnspiel und Sonderangebot, WRP 2005, 925–931.

Sack, Rolf, Das Anstandsgefühl aller billig und gerecht Denkenden und die Moral als Bestimmungsfaktoren der guten Sitten, NJW 1985, 761–769.

- Folgeverträge unlauteren Wettbewerbs, GRUR 2004, 625–634.
- Neuere Entwicklungen der Individualklagebefugnis im Wettbewerbsrecht, GRUR 2011, 953–963.

Säcker, Franz Jürgen, Münchener Kommentar zum Bürgerlichen Recht, 6, 2012, Das UWG zwischen den Mühlsteinen europäischer Harmonisierung und grundrechtsgebotener Liberalisierung, WRP 2004, 1199–1221.

Säcker, Franz Jürgen / Rixecker, Roland (Hrsg.), Münchener Kommentar zum Bürgerlichen Recht, 6, 2012.

Scherer, Inge, Abschied vom »psychischen Kaufzwang« – Paradigmenwechsel im neuen Unlauterkeitsrecht, WRP 2005, 672–676.

- Die »Verbrauchergeneralklausel« des § 3 II 1 UWG – eine überflüssige Norm, WRP 2010, 586–592.
- Erdrutsch im deutschen Lauterkeitsrecht: Europarechtswidrigkeit des § 4 Nr. 6 UWG, NJW 2010, 1849–1850.

Schmeding, Jörg, Kopplungsangebote als Mittel der Wertreklame, WRP 1974, 305–308.

Schmidt, Christof, Unlauter und darüber hinaus, GRUR 2009, 353–356.

Schmidtke, Stefan, Unlautere geschäftliche Handlungen bei und nach Vertragsschluss, 2011.

Schmits, Volker, »Übertriebenes Anlocken« und psychologischer Kaufzwang durch Gewinnspiele?, NJW 2003, 3034–3035.

Schockenhoff, Martin, Wettbewerbswidrige Folgeverträge, NJW 1995, 500–502.

Schulze, Reiner (Hrsg.), Bürgerliches Gesetzbuch, Handkommentar, 7. Auflage, 2011.

Seichter, Dirk, Der Umsetzungsbedarf der Richtlinie über unlautere Geschäftspraktiken, WRP 2005, 1087–1095.

Soppe, Martin, Von »Add-Ons«, »Gadgets« und »Covermounts« im Pressevertriebsrecht - preisbindungsrechtliche Überlegungen, WRP 2005, 565–570.

Sosnitza, Olaf, Das Koordinatensystem des Rechts des unlauteren Wettbewerbs im Spannungsfeld zwischen Europa und Deutschland - Zum Regierungsentwurf zur Reform des UWG vom 09.05.2003, GRUR 2003, 739–746.

- German Law of Unfair Competition: Toward Liberal Standards, IIC 2005, 525–542.

- Der Gesetzentwurf zur Umsetzung der Richtlinie über unlautere Geschäftspraktiken, WRP 2008, 1014–1034.

Spickhoff, Andreas (Hrsg.), Medizinrecht, 2011.

Staudinger, Ansgar (Hrsg.), Staudinger Kommentar zum Bürgerlichen Gesetzbuch mit Einführungsgesetz und Nebengesetzen, 2011.

Steinbeck, Anja, Die Dreieckskopplung - ein Fall des übertriebenen Anlockens?, GRUR 2005, 15–20.

- Übertriebenes Anlocken, psychischer Kaufzwang etc. ... gibt es sie noch?, GRUR 2005, 540–547.

- Der Beispielskatalog des § 4 UWG - Bewährungsprobe bestanden, GRUR 2008, 848–854.

Steingass, Sibille / Teworte, Marie-Christine, Stellung und Reichweite des Transparenzgebots im neuen UWG, WRP 2005, 676–687.

Stekens, Paul / Bonk, Heinz-Joachim / Sachs, Michael (Hrsg.), Verwaltungsverfahrensgesetz, Kommentar, 7. Auflage, 2008.

Taplan, Matthias / Baumgartner, Gerald, Widerrufsrecht bei Fernabsatzverträgen im Zusammenhang mit Stromlieferungsverträgen, NJOZ 2012, 881–887.

Tavianti, Pascal, Gesamtpreis, Zugabe oder übertriebenes Anlocken - Handy und Playstation für DM 1,- auch nach Abschaffung der Zugabeverordnung unzulässig?, WRP 2001, 977–979.

Ullmann, Eike, Das Koordinatensystem des Rechts des unlauteren Wettbewerbs im Spannungsfeld von Europa und Deutschland, GRUR 2003, 817–825.

Veelken, Winfried, Kundenfang gegenüber dem Verbraucher Bemerkungen zum EG-Richtlinienentwurf über unlautere Geschäftspraktiken, WRP 2004, 1–30.

Voigt, Alfons / Voigt, Stefan, Die Entwicklung des Wettbewerbsrechts in der Zeit von 1975 bis 1979, NJW 1981, 12–17.

Vollmerhaus, André, Kopplungeangebote als unlautere Geschäftspraktiken: Anmerkung zu EuGH, Urteil vom 23.4.2009, GRP 2009, 224–226.

Wagner, Saskia / Ruess, Peter, Neues zur wettbewerbsrechtlichen Beurteilung sogenannter Kopplungsangebote - Abkopplung vom Sittenwidrigkeitsbegriff?, WRP 2005, 24–31.

Weiler, Frank, Psychischer Kaufzwang - Ein Abschiedsplädoyer, WRP 2002, 871–876.

Weitnauer, Wolfgang, Bonusprogramme im geschäftlichen Bereich - Eine rechtliche Grauzone, NJW 2010, 2560–2562.

Westermann, Harm Peter / Grunewald, Barbara / Maier-Reimer, Georg (Hrsg.), Erman, Bürgerliches Gesetzbuch, 13. Auflage, 2011.

Zipse, Stefan, BGH: Richtlinienkonforme Auslegung des UWG bei Kopplung von Gewinnspielen an Umsatzgeschäfte, BB 2011, 1107–1108.

Urteilsverzeichnis

Europäischer Gerichtshof

- *EuGH* Urteil vom 16.07.1998 – Rs. C-210–96, NJW 1998, 3183–3185.
- *EuGH* Urteil vom 23.04.2009 – C-261/07, C299/07, GRUR 2009, 599–603 *(VTB / Total Belgium u. Galatea / Sanoma).*
- *EuGH* Urteil vom 14.01.2010 – Rs. C-304/08, GRUR 2010, 244–247 *(Plus Warenhandelsgesellschaft).*
- *EuGH* Urteil vom 09.11.2010 – C-540/08, GRUR 2011, 76–77 *(Mediaprint / »Österreich«-Zeitungsverlag).*
- *EuGH* Urteil vom 18.10.2012 – C-428/11, BeckRS 2012, 82054-*(Purely Creative).*
- *EuGH* Urteil vom 18.07.2013 – C-265/12, GRUR 2013, 1154–1157 *(Citroën / FvF).*

Bundesverfassungsgericht

- *BVerfG* Urteil vom 15.01.1958 – 1 BvR 400/57, NJW 1958, 257–259.
- *BVerfG* Beschluss vom 16.06.2011 – 1 BvR 2394/10, NJW 2011, 2782–2783.

Reichsgericht

- *RG* Urteil vom 23.12.1926 – III 574/26, RGSt 61, 58–63.
- *RG* Urteil vom 15.01.1932 – II 226/31, RGZ 135, 38–55.
- *RG* Urteil vom 10.12.1935 – II 247/35, RGZ 149, 242–251.

Bundesgerichtshof

- *BGH* Urteil vom 22.02.1957 – I ZR 68/56, GRUR 1957, 365–369 *(SUWA).*
- *BGH* Urteil vom 22.12.1961 – I ZR 58/60, GRUR 1962, 415–419 *(Glockenpackung).*
- *BGH* Urteil vom 26.03.1962 – II ZR 151/60, NJW 1962, 1099–1100.
- *BGH* Urteil vom 16.09.1970 – VIII ZR 239/68, NJW 1970, 2017–2018.
- *BGH* Urteil vom 02.07.1971 – I ZR 43/70, GRUR 1971, 582–585 *(Kopplung im Kaffeehandel).*

- *BGH* Urteil vom 14.12.1972 – II ZR 141/71, NJW 1973, 363–363.
- *BGH* Urteil vom 16.03.1973 – I ZR 20/72, GRUR 1973, 591–594 *(Schatzjagd).*
- *BGH* Urteil vom 25.05.1973 – I ZR 27/72, GRUR 1974, 156–158 *(Geld-Gewinnspiel).*
- *BGH* Urteil vom 13.06.1973 – I ZR 65/72, GRUR 1974, 345–349 *(Geballtes Bunt).*
- *BGH* Urteil vom 10.04.1975 – VII ZR 254/73, NJW 1975, 1218–1219.
- *BGH* Urteil vom 04.07.1975 – I ZR 27/74, GRUR 1976, 248–250 *(Vorspannangebot).*
- *BGH* Urteil vom 30.06.1976 – I ZR 119/74, NJW 1976, 2013–2014 *(Rustikale Brettchen).*
- *BGH* Urteil vom 22.05.1978 – III ZR 153/76 NJW 1978, 1970–1972 *(Golden Products).*
- *BGH* Urteil vom 07.03.1979 – I ZR 89/77, GRUR 1979, 482–485 *(Briefmarkenauktion).*
- *BGH* Urteil vom 16.01.1980 – I ZR 25/78, GRUR 1980, 304–306 *(Effektiver Jahreszins).*
- *BGH* Urteil vom 29.04.1982 – I ZR 111/80, GRUR 1982, 564–568 *(Elsässer Nudeln).*
- *BGH* Urteil vom 27.01.1983 – I ZR 141/80, GRUR 1983, 252–254 *(Diners-Club).*
- *BGH* Urteil vom 14.07.1983 – I ZR 67/81, NJW 1984, 51–52 *(Buchklub-Vorspannangebot).*
- *BGH* Urteil vom 25.10.1984 – I ZR 129/82, GRUR 1985, 392–394 *(Sparpackung).*
- *BGH* Urteil vom 22.01.1986 – VIII ZR 10/85, NJW 1986, 2360–2362.
- *BGH* Urteil vom 23.02.1989 – I ZR 138/86, GRUR 1989, 366–368 *(Wirtschaftsmagazin).*
- *BGH* Urteil vom 11.05.1989 – I ZR 132/87, GRUR 1989, 697–698 *(Vertrauensgarantie).*
- *BGH* Beschluss vom 13.07.1989 – III ZR 201/88, NJW-RR 1989, 1068–1068.
- *BGH* Urteil vom 25.01.1990 – I ZR 19/87, GRUR 1990, 522–525 *(HBV-Familien- und Wohnungsrechtsschutz).*
- *BGH* Urteil vom 23.05.1991 – I ZR 172/89, GRUR 1991, 933–934 *(One for Two).*

- *BGH* Urteil vom 23.05.1991 – I ZR 294/89, GRUR 1991, 862–863 *(Rückfahrkarte).*
- *BGH* Urteil vom 11.07.1991 – I ZR 31/90, GRUR 1992, 116–117 *(Topfgucker-Set).*
- *BGH* Urteil vom 23.01.1992 – I ZR 29/90, GRUR 1992, 463–465 *(Anzeigenplatzierung).*
- *BGH* Urteil vom 06.10.1992 – KZR 21/91, GRUR 1993, 137–141 *(Zinssubvention).*
- *BGH* Urteil vom 24.11.1992 – 9 C 905/92, NJW-RR 1993, 1372–1373.
- *BGH* Urteil vom 28.10.1993 – I ZR 246/91, GRUR 1994, 230–232 *(Euroscheck-Differenzzahlung).*
- *BGH* Urteil vom 28.04.1994 – I ZR 68/92, GRUR 1994, 743–745 *(Zinsgünstige Kfz-Finanzierung durch Herstellerbank).*
- *BGH* Urteil vom 17.11.1994 – I ZR 193/92 GRUR 1995, 165–166 *(Kosmetikset).*
- *BGH* Urteil vom 30.11.1995 – I ZR 233/93, GRUR 1996, 363–364 *(Saustarke Angebote).*
- *BGH* Urteil vom 13.06.1996 – I ZR 114/93, GRUR 1996, 789–791 *(Laborbotendienst).*
- *BGH* Urteil vom 25.09.1997 – I ZR 84/95, GRUR 1998, 500–5002 *(Skibindungsmontage).*
- *BGH* Urteil vom 26.11.1997 – I ZR 109/95, GRUR 1998, 415–417 *(Wirtschaftsregister).*
- *BGH* Urteil vom 11.04.1998 – 24 U 6583/87, NJW 1989, 2893–2894.
- *BGH* Urteil vom 17.09.1998 – I ZR 117/96 GRUR 1999, 515–519 *(Bonusmeilen).*
- *BGH* Urteil vom 08.10.1998 – I ZR 147/97, WRP 1999, 517–519 *(Am Telefon nicht süß sein?).*
- *BGH* Urteil vom 08.10.1998 – I ZR 187/97, GRUR 1999, 264–267 *(Handy für 0,00 EUR).*
- *BGH* Urteil vom 06.05.1999 – VIII ZR 132/97, JuS 2000, 87–87.
- *BGH* Urteil vom 24.06.1999 – I ZR 61/97, GRUR 2000, 76–77 *(Schareware-Version).*
- *BGH* Urteil vom 20.10.1999 – I ZR 167/97, GRUR 2000, 619–621 *(Orient-Teppichmuster).*

- *BGH* Urteil vom 14.12.1999 – X ZR 34/98, NJW 2000, 1186–1188.
- *BGH* Urteil vom 13.01.2000 – I ZR 271/97, GRUR 2000, 918–920 *(Null Tarif)*.
- *BGH* Urteil vom 17.02.2000 – I ZR 239/97, GRUR 2000, 820–822 *(Space Fidelity Peep-Show)*.
- *BGH* Beschluss vom 29.02.2000 – 1 StR 46/00, NStZ-RR 2000, 234–234.
- *BGH* Urteil vom 16.11.2000 – I ZR 186/98, GRUR 2001, 446–448 *(Vorzugspreis bei Erstentwicklung von Filmen)*.
- *BGH* Urteil vom 13.06.2002 – I ZR 173/01 GRUR 2002, 976–979 *(Kopplungsangebote I)*.
- *BGH* Urteil vom 13.06.2002 – I ZR 71/01, GRUR 2002, 979–982 *(Kopplungsangebote II)*.
- *BGH* Urteil vom 23.10.2002 – 1 StR 541/01, NJW 2003, 763–767.
- *BGH* Urteil vom 24.10.2002 – I ZR 3/00, NJW 2003, 2014–2017.
- *BGH* Urteil vom 27.02.2003 – I ZR 253/00, GRUR 2003, 538–540 *(Gesamtpreisangebot)*.
- *BGH* Urteil vom 10.04.2003 – I ZR 291/00, GRUR 2003, 890–892 *(Buchclub-Kopplungsangebot)*.
- *BGH* Urteil vom 11.12.2003 – I ZR 83/01, GRUR 2004, 343–344 *(Playstation)*.
- *BGH* Urteil vom 11.12.2003 – I ZR 74/01, GRUR 2004, 344–346 *(Treue-Punkte)*.
- *BGH* Urteil vom 20.11.2003 – I ZR 120/00, WPR 2003, 746–747 *(Zeitung zum Sonntag)*.
- *BGH* Urteil vom 20.11.2003 – I ZR 151/01, GRUR 2004, 602–605 *(20 Minuten Köln)*.
- *BGH* Urteil vom 04.11.2003 – KZR 16/02, GRUR 2003, 255–259 *(Strom und Telefon I)*.
- *BGH* vom 23.03.2005 – III ZR 338/04, NJW 2005, 2076–2077 *(Rechtsnatur eines Access-Provider-Vertrags)*.
- *BGH* vom 29.06.2005 – VIII ZR 299/04, NJW 2005, 2991–2995.
- *BGH* Beschluss vom 21.07.2005 – I ZR 172/04, GRUR 2005, 886–887 *(Glücksbon Tage)*.
- *BGH* Urteil vom 22.09.2005 – I ZR 28/03, GRUR 2006, 161–164 *(Zeitschrift mit Sonnenbrille)*.

- *BGH* Urteil vom 23.02.2006 – III ZR 167/05, MittBayNot 2006, 411–412.
- *BGH* Urteil vom 26.10.2006 – I ZR 33/04, GRUR 2007, 247-251 *(Regenwaldprojekt I).*
- *BGH* Urteil vom 26.10.2006 – I ZR 97/04, GRUR 2007, 251-254 *(Regenwaldprojekt II).*
- *BGH* Urteil vom 11.01.2007 – I ZR 96/04, GRUR 2007, 800-802 *(Außendienstmitarbeiter).*
- *BGH* Urteil vom 12.07.2007 – I ZR 82/05, GRUR 2008, 183–186 *(Tony Taler).*
- *BGH* Urteil vom 10.01.2008 – I ZR 196/05, GRUR 2008, 724-725 *(Urlaubsgewinnspiel).*
- *BGH* Urteil vom 05.06.2008 – I ZR 4/06, WRP 2008, 1175–1177 *(Millionen Chance I).*
- *BGH* Urteil vom 17.07.2008 – I ZR 139/05, WRP 2008, 48–51 *(Telefonieren für 0 Cent!).*
- *BGH* Urteil vom 22.01.2009 – I ZR 31/06, WRP 2009, 950–951 *(Jeder 100. Einkauf gratis).*
- *BGH* Urteil vom 11.02.2009 – 2 StR 339/08, NStZ 2009, 445–446 *(Konkurrenz zwischen Bestechlichkeit und Untreue).*
- *BGH* Urteil vom 26.02.2009 – I ZR 219/06, GRUR 2009, 888–890 *(Thermoroll).*
- *BGH* Urteil vom 26.02.2009 – I ZR 106/06, GRUR 2009, 606–608 *(Buchgeschenk vom Standesamt).*
- *BGH* Urteil vom 11.03.2009 – I ZR 194/06, GRUR 2009, 1064–1069 *(Geld-zurück-Garantie II).*
- *BGH* Urteil vom 26.03.2009 – I ZR 99/07, GRUR 2009, 1082–1085 *(DeguSmiles & more).*
- *BGH* Urteil vom 30.04.2009 – I ZR 66/07, GRUR 2009, 1183–1185 *(Räumungsverkauf wegen Umbau).*
- *BGH* Urteil vom 18.06.2009 – I ZR 224/06, GRUR 2010, 247–248 *(Solange der Vorrat reicht).*
- *BGH* Urteil vom 02.07.2009 – I ZR 147/06, GRUR 2009, 969–970 *(Winteraktion).*
- *BGH* Urteil vom 29.10.2009 – I ZR 180/07, GRUR 2010, 455–458 *(Stumme Verkäufer II).*

- *BGH* Urteil vom 11.11.2009 - VIII ZR 12/08, VersR 2010, 1498–1501.
- *BGH* Urteil vom 10.12.2009 - I ZR 195/07, GRUR 2010, 649–651 *(Preisnachlass für Vorratsware).*
- *BGH* Urteil vom 10.12.2009 - I ZR 149/07, GRUR 2010, 744–749 *(Sondernewsletter).*
- *BGH* Urteil vom 24.06.2010 - I ZR 182/08, GRUR 2010, 850–852 *(Brillenversorgung II).*
- *BGH* Urteil vom 05.10.2010 - I ZR 4/06, GRUR 2011, 532–535 *(Millionen-Chance II).*
- *BGH* Beschluss vom 25.08.2011 - 4 U 50/11, BeckRS 2012, 13391.
- *BGH* Urteil vom 28.10.2011 - V ZR 212/10, NJW-RR 2012, 18–19.
- *BGH* Urteil vom 23.02.2012 - I ZR 231/10, GRUR 2012, 1050–1053 *(Dentallaborleistungen).*
- *BGH* Urteil vom 25.04.2012 - I ZR 105/10, GRUR 2012, 1279–1285 *(Das Große Rätselheft).*
- *BGH* Urteil vom 12.12.2013 - I ZR 192/12, *(Goldbärenbarren), GRUR 2014, 686–689.*
- *BGH* Urteil vom 18.09.2014 - I ZR 34/12, *(Runes of Magic II), GRUR 2014, 1211–1215.*

Bundesarbeitsgericht

- *BAG* Urteil vom 11.04.2006 - 9 AZR 500/05, NJW 2006, 3803–3805.

Oberlandesgerichte

- *KG* Urteil vom 04.02.1936 – I Ss 10/36, JW 1936, 956–956.
- *OLG Karlsruhe* Urteil vom 28.02.1958 - 6 U 7/57, NJW 1958, 913–914.
- *OLG Stuttgart* Urteil vom 06.08.1971 - 2 U 65/71, GRUR 1972, 658–659.
- *OLG Hamm* Urteil vom 01.02.1974 - 4 U 261/73, GRUR 1975, 145–146 *(Verdeckte Kopplung).*
- *OLG Oldenburg* Urteil vom 13.05.1976 - 1 U 26/76, NJW 1976, 1695–1696.
- *OLG Hamm* Urteil vom 17.12.1981 - 4 U 229/81, GewA 1982, 130–132.
- *OLG Hamm* Urteil vom 15.10.1987 - 4 U 195/87 GRUR 1988, 553–554 *(Video-Kopplungsangebot).*

- *OLG Hamm* Urteil vom 22.06.1989 – 4 U 85/89, GRUR 1989, 923–924 *(Auto und Urlaub).*
- *OLG Düsseldorf* Urteil vom 23.06.1995 – 22 U 22/95, NJWE-MietR 1996, 114–116.
- *OLG Hamburg* Urteil vom 23.10.1997 – 3 U 106/97, NJWE-WettbR 1998, 106–107 *(Max goes Music).*
- *OLG München* Urteil vom 25.11.1999 – 6 U 1862/99, WRP 2001, 319–322.
- *OLG Celle* Urteil vom 29.12.2000 – 13 U 235/00, GRUR 2001, 855–856 *(Elektrische Geräte für 1 DM).*
- *OLG Frankfurt* Urteil vom 19.04.2001 – 6 U 184/00 (nicht rechtskräftig), NJW-RR 2002, 40–42.
- *KG* Urteil vom 08.05.2001 – 5 U 6904/00, GRUR-RR 2001, 277–279 *(Fernsehgerät für 1 DM II).*
- *OLG Karlsruhe* Urteil vom 14.08.2001 – 4 U 54/01, GRUR-RR 2001, 272–275 *(Fiat Punto).*
- *OLG Frankfurt* Beschluss vom 31.10.2001 – 6 W 181/01, GRUR-RR 2002, 30–31 *(Traumreise gratis).*
- *OLG Köln* Urteil vom 30.11.2001 – 6 U 103/01, GRUR-RR 2002, 115–117 *(Miles and More-Prämien).*
- *OLG Köln* Urteil vom 15.02.2002 – 6 U 180/01, GRUR-RR 2002, 300–302 *(Fiat Punto).*
- *OLG Hamm* Urteil vom 12.11.2002 – 4 U 109/02, WRP 2003, 396–398 *(Regenwald-Projekt).*
- *OLG Karlsruhe* Urteil vom 23.07.2003 – 6 U 89/03 GRUR-RR 2004, 86–86 *(T-DSL-Anschluss).*
- *OLG Hamburg* Urteil vom 23.10.2003 – 5 U 17/03, GRUR-RR 2004, 117–118 *(sixperts).*
- *Brandenburgisches OLG* Urteil vom 02.12.2003 – 6 U 33/03, OLG-NL 2005, 97–99.
- *OLG Frankfurt* Beschluss vom 02.06.2004 – 6 W 79/04, GRUR-RR 2004, 255–255 *(Internet-Versteigerung).*
- *KG* Beschluss vom 27.09.2004 – 5 Ws 255/04, NStZ-RR 2005, 26–29.
- *OLG Brandenburg* Urteil vom 16.11.2004 – 6 U 38/04, GRUR-RR 2005, 227–228 *(14-tägige Gültigkeit).*

- *OLG Hamburg* Urteil vom 24.02.2005 – 3 U 203/04, BeckRS 2005, 08386– *(Gelddifferenz zurück, wenn Sie Vergleichbares billiger kaufen).*
- *KG* Beschluss vom 03.04.2007 – 5 W 73/07, NJW 2007, 2266–2268.
- *OLG Celle* Urteil vom 10.01.2008 – 13 U 118/07, GRUR-RR 2008, 349–350 *(Reparaturkosten-zurück-Aktion).*
- *OLG Köln* Beschluss vom 16.05.2008 – 6 W 38/08, GRUR-RR 2008, 446–447 *(All-inclusive Testwochen).*
- *OLG Stuttgart* Beschluss vom 26.8.2008 – 6 W 55/08, MMR 2009, 128–129.
- *OLG Köln* Beschluss vom 30.12.2008 – 6 W 180/08, GRUR 2009, 608–608 *(Winter-Check-Wochen).*
- *OLG Köln* Urteil vom 21.09.2012 – 6 U 53/12, GRUR-RR 2013, 168–171 *(Fruchtgummi-Glückswochen).*
- *OLG München* Beschluss vom 15.10.2012 – 7 U 2764/12, WRP 2013, 107–109.
- *OLG Hamburg* Urteil vom 14.02.2013 – 3 U 24/12, GRUR-RR 2013, 344–348 *(Massagesessel).*
- *OLG Frankfurt Urteil vom 12.09.2013 – 6 U 94/13, BeckRS 2014, 05790.*

Landesarbeitsgericht

- *LAG Hamm* Urteil vom 29.06.2005 – 14 Sa 496/05, BeckRS 2005, 42848–.

Landessozialgericht

- *LSG Rheinland-Pfalz* Beschluss vom 14.06.2006 – L 5 ER 57/06, NJOZ 2006, 2815–2820.

Landgerichte

- *LG Trier* Urteil vom 09.10.1973 – I S 210/71, NJW 1974, 151–152.
- *LG Münster* Urteil vom 10.06.1975 – 3 O 560/74, NJW 1975, 2070–2073.
- *LG München* Urteil vom 25.02.2003 – 33 O 1562/03, NJW 2003, 3066–3068.
- *LG Stuttgart* Urteil vom 20.05.2005 – 31 O 67/05, WRP 2005, 777–779 *(Angemessener Zeitraum bei Orientteppichen).*
- *LG Hamburg* Beschluss vom 12.11.2007 – 315 O 923/07, BeckRS 12.11.2007, 12216–*(iPhone I).*

- *LG Hamburg* Urteil vom 04.12.2007 - 315 O 923/07, BeckRS 2008, 19970-.
- *LG Hanau* Urteil vom 28.09.2011 - 5 O 52/11, WRP 2012, 363–365.

Amtsgerichte

- *AG Trier* Urteil vom 22.07.1971 - 6 C 768/70, NJW 1972, 160–161.
- *AG Bremen* Urteil vom 13.07.2012 - 4 C 529/11, NJW-RR 2013, 428–429.

Veröffentlichungen des Instituts für deutsches und europäisches Wirtschafts-, Wettbewerbs- und Regulierungsrecht der Freien Universität Berlin

Herausgegeben von Franz Jürgen Säcker

Band 1 Franz Jürgen Säcker (Hrsg.): Deutsch-russisches Energie- und Bergrecht im Vergleich. Ergebnisse einer Arbeitstagung vom 31. März / 1. April 2006. 2007.

Band 2 Franz Jürgen Säcker / Walther Busse von Colbe (Hrsg.): Wettbewerbsfördernde Anreizregulierung. Zum Anreizregulierungsbericht der Bundesnetzagentur vom 30. Juni 2006. 2007.

Band 3 Dirk Zschenderlein: Die Gleichbehandlung der Aktionäre bei der Auskunftserteilung in der Aktiengesellschaft. Zum Problem der Zulässigkeit der Weitergabe von Informationen an einzelne Aktionäre und Dritte. 2007.

Band 4 Simone Kirchhain: Die Anwendung der Vertikal-GVO auf innerstaatliche Wettbewerbsbeschränkungen nach der 7. GWB-Novelle. 2007.

Band 5 Franz Jürgen Säcker: Der Independent System Operator. Ein neues institutionelles Design für Netzbetreiber? 2007.

Band 6 Stefanie Otto: Allgemeininteressen im neuen UWG. § 1 S. 2 UWG und die wettbewerbsfunktionale Auslegung. 2007.

Band 7 Jochen Eichler: Vertragliche Dritthaftung. Eine Auseinandersetzung mit der Frage der Dritthaftung von sogenannten Experten und anderen Auskunftspersonen im Rahmen des § 311 Abs. 3 BGB. 2007.

Band 8 Markela Stamati: Die Anforderungen der operationellen Entflechtung nach den Beschleunigungsrichtlinien der Europäischen Kommission. Umsetzung in Deutschland und Griechenland. 2008.

Band 9 Franz Jürgen Säcker: The Concept of the Relevant Product Market. Between Demand-Side Substitutability and Supply-Side -Substitutability in Competition Law. 2008.

Band 10 Renate Rabensdorf: Die Durchgriffshaftung im deutschen und russischen Recht der Kapitalgesellschaften. Eine rechtsvergleichende Untersuchung. 2009.

Band 11 Franz Jürgen Säcker: Der beschleunigte Ausbau der Höchstspannungsnetze als Rechtsproblem. Erläutert am Beispiel der 380-kV-Höchstspannungsleitung Lauchstädt – Redwitz – Grafenrheinfeld mit Querung des Rennsteigs im Naturpark Thüringer Wald. 2009.

Band 12 Helen Mahne: Eigentum an Versorgungsleitungen. 2009.

Band 13 Franz Jürgen Säcker (Hrsg.): Russisches Energierecht - Gesetzessammlung. 2009.

Band 14 Franz Jürgen Säcker / Maik Wolf: Integrierte Energieversorgung in geschlossenen Verteilernetzen. Zum Gestaltungsspielraum des Gesetzgebers zur Neuregelung des § 110 EnWG im Lichte des Dritten EG-Energiepakets. 2009.

Band 15 Franz Jürgen Säcker (Hrsg.): Das Dritte Energiepaket für den Gasbereich. Deutsch-Englische Textausgabe mit einer Einführung. 2009.

Band 16 Franz Jürgen Säcker (Hrsg.): Das Dritte Energiepaket für den Elektrizitätsbereich. Deutsch-Englische Textausgabe mit einer Einführung. 2009.

Band 17 Thomas Dörmer: Die Unternehmenspacht. Rechtsstellung der Vertragsparteien unter besonderer Berücksichtigung der Pflicht des Unternehmenspächters zur ordnungsgemäßen Unternehmensführung sowie der Rechtslage bei Vertragsbeendigung. 2010.

Band 18 Klaas Bosch: Die Kontrolldichte der gerichtlichen Überprüfung von Marktregulierungsentscheidungen der Bundesnetzagentur nach dem Telekommunikationsgesetz. 2010.

Band 19 Geng-Sook Leem: Einheitliche Corporate Governance-Grundsätze für die Europäische Aktiengesellschaft (SE). Eine rechtsvergleichende Untersuchung anhand der Ausgestaltung der SE im deutschen und britischen Recht. 2010.

Band 20 Wiebke Gebhardt: Gentechnik und Koexistenz nach der Gesetzesnovelle von 2008: Zivilrechtliche Haftung im Vergleich Deutschland und USA. 2010.

Band 21 Cathrin Isenberg: Die Geruchsmarke als Gemeinschaftsmarke. Schutzfähigkeit und Einsatzmöglichkeiten. 2010.

Band 22 Franz Jürgen Säcker / Jochen Mohr / Maik Wolf: Konzessionsverträge im System des europäischen und deutschen Wettbewerbsrechts. 2011.

Band 23 Judith Antonia Loeck: Die unzumutbare Belästigung nach der UWG Novelle 2008 und dem Gesetz zur Bekämpfung unerlaubter Telefonwerbung und zur Verbesserung des Verbraucherschutzes bei besonderen Betriebsformen. 2011.

Band 24 Jörg Jaecks: Konzernverrechnungsklauseln und verwandte einseitige Verrechnungsbefugnisse im Mehrpersonenverhältnis. 2011.

Band 25 Franz Jürgen Säcker: Marktabgrenzung, Marktbeherrschung, Markttransparenz und Machtmissbrauch auf den Großhandelsmärkten für Elektrizität. 2011.

Band 26 Susanne Wende: Die einheitliche Auslegung von Beihilfen- und Vergaberecht als Teilgebiete des europäischen Wettbewerbsrechts. 2011.

Band 27 Leonie Kempel: Die Anwendung von Art. 102 AEUV auf geistiges Eigentum und Sacheigentum. Die Voraussetzungen des Kontrahierungszwangs nach Art. 102 AEUV und der Essential-Facility-Doktrin unter besonderer Berücksichtigung der Unterschiede zwischen geistigem Eigentum und Sacheigentum. 2011.

Band 28 Christoph Schuldt: Werbejingles – schützenswerte Kompositionen!? Die urheberrechtliche und markenrechtliche Schutzfähigkeit von Werbejingles vor unbefugter Nachahmung. 2012.

Band 29 Lydia Scholz: Die Rechtfertigung von diskriminierenden umweltpolitischen Steuerungsinstrumenten. Eine Untersuchung der Reichweite der Warenverkehrsfreiheit und ihrer Begrenzung durch den Umweltschutz als Vertragsziel am Beispiel der deutschen Energiefördergesetze EEG und KWKModG. 2012.

Band 30 Franz Jürgen Säcker: Investitionen in Kraftwerke zur Sicherung einer zuverlässigen Elektrizitätsversorgung nach der Energiewende. Rechtliche und ökonomische Rahmenbedingungen. 2012.

Band 31 Florian Leib: Kartellrechtliche Durchsetzungsstrategien in der Europäischen Union, den USA und Deutschland. Eine rechtsvergleichende Darstellung. 2012.

Band 32 Holger Hoch: Marktverschlusseffekte und Effizienzen vertikaler Zusammenschlüsse. Kartellrechtliche Beurteilung nach europäischem und deutschem Recht. 2012.

Band 33 Sebastian Kemper: Gasnetzzugang in Deutschland und in Spanien. 2012.

Band 34 Elena Timofeeva: Unbundling in der russischen Elektrizitätswirtschaft im Vergleich zum deutschen und europäischen Energierecht. 2012.

Band 35 Gisela Drozella / Harald Krebs: Marktbeherrschung im Bereich Stromerzeugung / Stromgroßhandel. Eine kritische Analyse der neueren Sicht des Bundeskartellamts. 2013.

Band 36 Christian Rehm: Die Einzel- und Gesamtverantwortung der Vorstandsmitglieder der Aktiengesellschaft. Die Verantwortung für die Leitung und Geschäftsführung im mehrköpfigen Vorstand in der unabhängigen und der herrschenden AG. 2013.

Band 37 Ann-Christin Richter: Mengen- und umsatzbezogene Rabatte marktbeherrschender Unternehmen in den Grenzen des Art. 102 AEUV. 2013.

Band 38 Nikolaos Pitsos: Die erhebliche Behinderung des wirksamen Wettbewerbs (SIEC-Test) im Fusionskontrollrecht. Zugleich ein Beitrag zur Problematik der oligopolistischen Marktbeherrschung unter Vergleich mit dem amerikanischen SLC-Test. 2013.

Band 39 Mirko Heinemann: Das Markenzeichen als Anknüpfungspunkt des Markenimages. 2013.

Band 40 Sylvia Lorenz: Der Immaterialgüterschutz virtueller Ladengeschäfte. Ein Vorschlag für die rechtliche Erfassung virtueller Güter. 2014.

Band 41 Anke Reimers: Wettbewerbsrechtliche und regulatorische Analyse der Kapazitätenvergabe an Grenzkuppelstellen im Elektrizitätsbinnenmarkt. 2014.

Band 42 Franz Jürgen Säcker / Carsten König / Lydia Scholz: Der regulierungsrechtliche Rahmen für ein Offshore-Stromnetz in der Nordsee. 2014.

Band 43 David Preisendanz: Der Humor in der vergleichenden Werbung. 2014.

Band 44 Martin Gerig: Vollendung des EU-Energiebinnenmarktes vs. nationale Marktabschottungen. Europarechtskonformität mitgliedstaatlicher Fördermaßnahmen und Kapazitätsmärkte am Beispiel Deutschlands. 2014.

Band 45 Jan Patrick Ehinger: Dritthaftung für Kunstexpertisen und Aufnahmebestätigungen in den Catalogue raisonné. Ein Beitrag zur Expertenhaftung. 2014.

Band 46 Julia Gerzen: Das Recht der Gesellschafter-Fremdkapitalfinanzierung. Rechtsvergleichende Analyse der Behandlung von Gesellschafterdarlehen vor und in der Insolvenz der GmbH nach deutschem und russischem Recht. 2014.

Band 47 Laura Börger: Die gerichtliche Kontrolldichte bei der Überprüfung von Entscheidungen der Europäischen Kommission auf dem Gebiet der Fusionskontrolle. 2014.

Veröffentlichungen des Instituts für Energie- und Regulierungsrecht Berlin

Band 48 Daniel Simon Travers: Kopplungsangebote. Eine Studie zum Vertrags- und Lauterkeitsrecht. 2015.

www.peterlang.com